贵州农村扶贫开发蓝皮书：2013年贵州农村扶贫开发报告

主　编　王朝新　宋　明
副主编　黄　勇　陈康海　罗颖旭　吴　杰

知识产权出版社
全国百佳图书出版单位

图书在版编目（CIP）数据

贵州农村扶贫开发蓝皮书：2013 年贵州农村扶贫开发报告/王朝新，宋明主编. —北京：知识产权出版社，2014. 8

ISBN 978 - 7 - 5130 - 2538 - 6

Ⅰ. ①贵… Ⅱ. ①王… ②宋… Ⅲ. ①农村—扶贫—经济发展—研究报告—贵州省 Ⅳ. ①F323. 8

中国版本图书馆 CIP 数据核字（2013）第 314325 号

内容提要

扶贫开发是“第一民生工程”。扶贫开发不仅是一个经济问题，而且是一个政治问题；不只是局部问题，而是全局性、战略性问题；不仅关系到广大贫困群众的生存大计，而且还关系到贵州省 2020 年能否与全国同步实现全面小康。本书重点对贵州省扶贫开发工作进行全面监测分析、对实施重大扶贫开发项目进行跟踪调研和评估，总结探索扶贫开发的新路子、新模式、新机制和新策略，以利于贵州省更有效地抢抓国家新阶段扶贫开发的机遇，强化专项扶贫、行业扶贫和社会扶贫相结合，大力推进集团扶贫，积极构建“大扶贫”格局，奋力推进贵州省扶贫开发工作再上新台阶，为全面建设小康社会打下坚实的基础。

责任编辑：石红华　　　　**责任出版**：谷　洋

贵州农村扶贫开发蓝皮书：2013 年贵州农村扶贫开发报告

主　编　王朝新　宋　明

副主编　黄　勇　陈康海　罗颖旭　吴　杰

出版发行：知识产权出版社有限责任公司	**网　址**：http：//www. ipph. cn
社　址：北京市海淀区马甸南村 1 号	**邮　编**：100088
责编电话：010 - 82000860 转 8130	**责编邮箱**：shihonghua@ sina. com
发行电话：010 - 82000860 转 8101/8102	**发行传真**：010 - 82000893/82005070/82000270
印　刷：北京中献拓方科技发展有限公司	**经　销**：各大网上书店、新华书店及相关专业书店
开　本：787mm × 1092mm　1/16	**印　张**：25. 25
版　次：2014 年 8 月第 1 版	**印　次**：2014 年 8 月第 1 次印刷
字　数：440 千字	**定　价**：68. 00 元

ISBN 978-7-5130-2538-6

《贵州农村扶贫开发蓝皮书》编辑部

主　　编　王朝新　宋　明

副 主 编　黄　勇　陈康海　罗颖旭　吴　杰

编　　辑　吴　杰　管毓和　于开封　叶　青

魏　霞　陈绍宥　王　彬　蔡　伟

朱　薇　林　玲　王　前　王炳南

主要编著者简介

宋　明：贵州省社会科学院党委常委、副院长，研究员。贵州省省管专家，贵州省宣传文化系统首批“四个一批”人才。主要研究方向：发展经济学、区域经济学、文化产业。主要著作：《少数民族贫困地区综合扶贫开发》(第一作者)、《提高农产品竞争力研究》(第二作者)、《经营城市的策略——对中国城市经营学的探讨》(第一作者)、《在中国——东盟自由贸易区条件下的贵州与东盟经济合作》(第一作者)、《制度统筹贫困地区城乡发展研究》(第一作者)，编撰出版2007年度、2009年度、2010年度《贵州文化产业发展报告》。主要发表论文：先后在《光明日报》、《中国农村经济》、《生态经济》、《开发研究》、《贵州社会科学》、《贵州日报》等报刊上发表学术论文、调研报告200多篇。主要完成课题：国家社科基金课题《在社会主义市场经济条件下落后地区政府职能定位研究》、《制度统筹国家级贫困县的发展战略研究》；贵州省省长资金课题《在中国——东盟自由贸易区条件下的贵州与东盟经济合作研究》、《我省中小企业价值评估体系研究》、《我省农业发展的历史性跨越研究》；贵州省社科规划办重大招标课题《贵州建立优化投资环境的长效机制研究》；贵州省政府重大招标课题《贵州转变经济发展方式研究》；贵州省“四个一批”人才专项资助项目——《贵州农民发展研究》，贵州省“十一五”、“十二五”规划办前期重点课题《贵州经济区划与发展战略》、《贵州发展生态经济研究》、《贵州“十二五”重大生产力布局研究》、地方政府委托项目《贵阳融入成渝经济的战略研究》、《黔南州文化产业发展规划》、《云岩区国民经济和社会发展第十二个五年规划纲要》、《都匀市国民经济和社会发展第十二个五年规划纲要》、《三都水族自治县国民经济和社会发展第十二个五年规划纲要》、《荔波县国民经济和社会发展第十二个五年规划纲要》、《凤冈县经济开发区产业发展规划》、《独山县现代农业示范园区规划》、《2012年贵州工业运行分析报告》等100多项。主要成果获奖：《贵州加快乡镇企业发展的对策研究》获贵州省第四届社科优秀成果四等奖；《贵州经济区划与发展战略》获贵州省第七届社科优秀成果二等奖；《经营城市的策略——对中国城市经营学的探讨》获贵州省第七届社科优秀成果三等奖，《贵州“十二五”重大生产力布局研究》2011 年荣获省社科优先成果二等奖、《制度统筹国家级贫困县的发展战略研究》2011 年荣获省社科优先成果三等奖等 10 余项。主要社会兼职：贵州省未来研究会副会长、贵州省经济学会副会长、中共贵州省委政策研究室经济咨询专家、瓮安县委、县政府经济发展顾问，龙里县委、县政府经济发展顾问。

黄　勇：贵州省社会科学院研究员，区域经济研究所所长。贵州省省管专家，省宣传文化系统“四个一批”人才。主要研究方向为区域经济与产业经济、投资经济、发展经济学。先后就读于武汉大学、中国社会科学院研究生院，经济学硕士。分别于 2001、2006、2009 年被评为助理研究员、副研究员、研究员（破格）。历任贵州省社会科学院西部开发研究所副所长、区域经济研究所所长。1997 年 2 月至 1998 年 2 月挂职担任贵州省独山县水岩乡政府乡长助理；2007 年 9 月至 2008 年 9 月在国家发展和改革委员会宏观经济研究院作“西部之光”访问学者；2010 年 4 月至 2012 年 3 月挂职担任贵州省万山特区党委常委、副区长、工业园区管委会副主任。至 2013 年，先后主持国家社科基金项目 1 项、省级项目近 10 项、其他类项目 10 余项，参与各级各类课题 80 多项，独立、合作出版专著 7 部。

陈康海：贵州省社科院副研究员、农村发展研究所所长。研究方向：区域经济、产业经济、农村经济、经济社会发展战略等。研究成果：著作《开发畜牧业资源与南贵昆经济区城乡经济协调发展研究》（合作）、《贵州省国民经济运行分析与预测（2009—2010）》（副主编）、《改革创新 科学发展》（毕节试验区 20 年的理论与实践）（合作）、《贵州：优特产业的演进》（第二作者）、《贵州社会发展报告（2011）》（贵州社会蓝皮书）（合作）；发表论文《略论全面振兴贵州经济》、《对振兴和发展贵州机械工业的战略思考》、《基于我国零售业态现状的趋势分析》、《贵州统筹城乡发展的战略思路与对策》、《贵州省产业结构的战略性调整与优化探析》、《坚持创新 促进贵州民营经济大发展》、《贯彻落实科学发展观 加快贵州新农村建设》、《贵州红色旅游的功能与战略对策》、《对构建贵州新农村建设财政投入长效机制的思考》、《充分发挥农民在新农村建设中的主体作用》等 30 余篇。主持课题：国家社科基金课题《开发畜牧业资源与统筹南贵昆经济区城乡经济协调发展研究》（副组长）；省社科规划课题《贵州全方位对外开放问题研究》、《贵州省机械工业技术改造与产业升级》、《贵州建设社会主义新农村的特点、重点及对策研究》等；省长资金项目《加快贵州城乡社会救助体系建设研究》；省软科学课题《贵州新农村建设长效机制研究》；委托课题《贵州省干部教育培训质量评估研究》、《贵州省第三产业发展现状及其对经济增长的影响研究》、《贵阳市“十一五”西部大开发专项规划》、《贵阳市加快推进新型工业化问题研究》、《贵州省领导干部政治理论水平考试办法（试行）研究》等。成果获奖：研究报告《贵州全方位对外开放问题研究》，获贵州省第三届哲学社会科学优秀科研成果四等奖；研究报告《完善党内选举工作研究》（参与），获中组部三等奖；论文《对振兴和发展贵州机械工业的战略思考》获贵州省第六届社科评奖三等奖；调研报告《贵州省干部教育培训质量评估研究》（副组长），获贵州省第七届社科评奖二等奖。

摘 要

扶贫开发是“第一民生工程”。扶贫开发不仅是一个经济问题，而且是一个政治问题；不只是局部问题，而是全局性、战略性问题；不仅关系到广大贫困群众的生存大计，而且还关系到贵州省2020年能否与全国同步实现全面小康。尽管经过20多年的扶贫开发，但是按照国家新一轮扶贫标准，贵州省仍是全国贫困人口最多、贫困程度最深的省份之一。扶贫标准“升级”，对贵州既意味着更加艰巨的任务，更蕴含着奔跑跨越的强劲动能。

《贵州农村扶贫开发蓝皮书》（贵州农村扶贫开发报告）研究工作，重点对贵州省扶贫开发工作进行全面监测分析、对实施重大扶贫开发项目进行跟踪调研和评估，总结探索扶贫开发的新路子、新模式、新机制和新策略，以利于贵州省更有效地抢抓国家新阶段扶贫开发的机遇，强化专项扶贫、行业扶贫和社会扶贫相结合，大力推进集团扶贫，积极构建“大扶贫”格局，奋力推进贵州省扶贫开发工作再上新台阶，为全面建设小康社会打下坚实的基础。

《贵州农村扶贫开发蓝皮书》由总论篇、区域篇、专题篇、案例篇、监测篇等构成。其中：①总论篇。主要对贵州省农村扶贫开发的历程、现状、问题、原因、经验特点、趋势、思路、对策等进行综合研究。②区域篇。专门撰写贵州省各市、州的农村扶贫开发报告，包括农村扶贫开发的基本概况、措施及特点、存在的主要问题、面临的机遇及加快推进农村扶贫开发的思路、对策建议等，着重突出各地区扶贫开发的特点。③专题篇。主要针对贵州农村扶贫开发中的重大问题、年度主题进行专题研究，重点对专项扶贫、行业扶贫、社会扶贫、产业化扶贫、集团扶贫、移民安置扶贫等进行评价分析。④案例篇。本篇主要针对农村扶贫开发的典型做法、创新型模式进行案例分析。⑤监测篇。对贵州扶贫开发的贫困县、三个连片贫困地区、民族贫困地区、贫困人口等扶贫对象，进行逐年跟踪监测分析。

目　录

总　论　篇

区　域　篇

专　题　篇

案 例 篇

监 测 篇

大 事 记

总　论　篇

贵州扶贫开发攻坚的新征程

——2013年贵州农村扶贫开发报告

宋　明　黄　勇　吴　杰　罗颖旭　叶　青*

摘　要

改革开放以来，贵州省农村扶贫开发经历了大至五个阶段，扶贫工作力度不断加大，扶贫对象大幅减少，贵州农村扶贫开发取得显著成效，积累了经验。但是贵州仍然是全国农村贫困面最大、贫困人口最多、贫困程度最深的欠发达省份，目前农村扶贫开发已到了攻坚克难的关键阶段。其原因可总结为：扶贫资金严重不足、经济发展水平低、自我发展能力弱、基本公共服务均等化程度低、生态环境脆弱、生产生活设施落后。进入"十二五"以来，贵州农村扶贫开发面临良好的机遇，中央对西部和贵州的政策支持力度越来越大，财政支持的力度也越来越大。今后一个时期是贵州省全面落实党的十八大精神，按照国发［2012］2号文件要求加快创建全国扶贫开发攻坚示范区的关键时期，是扶贫开发工作的重要战略机遇期，是为2020年与全国同步建成全面小康社会打下具有决定性意义的攻坚期。贵州扶贫要继续创新扶贫机制，提高扶贫政策的针对性和有效性；加快创建全国扶贫开发攻坚示范区；通过推进产业扶贫，提高贫困地区的自我发展能力；注重扶贫与生态保护的有机结合，稳步推进"三位一体"综合治理；完善贫困地区基础设施，着力推进基础设施向县以下延伸；着力推进贫困地区社会事业发展；从资金、专项扶贫、重大事项推进行动、考核评价、扶贫大数据库建设等角度完善要素保障；积极争取国家的财

---

* 宋明，贵州省社会科学院副院长、研究员，研究方向为区域经济、产业经济、发展经济学；黄勇，贵州省社会科学院区域经济研究所所长、研究员，研究方向为区域和产业经济、投资经济、发展经济学；吴杰，贵州省社会科学院区域经济研究所副研究员，研究方向为区域经济、农村经济；罗颖旭，贵州省扶贫开发办公室处长；叶青，贵州财经大学教师。

税、差别化产业政策、投资政策、特惠政策、对口支援等政策支持。

关键词

扶贫开发　新时期　贵州

减少贫困，始终是人类追求社会正义、社会公正、社会平等的伟大理想。改革开放以来，随着贵州社会经济的发展和扶贫工作力度的加大，扶贫对象大幅减少。但是，贵州仍是贫困问题最突出的欠发达省份。按照农民人均纯收入2300元的新国家扶贫标准计算，2011年贵州还有贫困人口1149万，占农村户籍人口的33.4%，占全国农村贫困人口总数的8.9%；2012年全省有贫困人口923万人，占农村户籍人口的26.8%，占全国农村贫困人口总数的9.23%左右。贫困人口多，面广量大程度深是贵州贫困问题的突出特点。贫困地区基础设施建设滞后、基本公共服务均等化水平较低、农民增收渠道窄、石漠化问题突出、扶贫开发投入严重不足等，仍是制约贵州加快实现脱贫致富奔小康的最主要困难和问题。

国务院《关于进一步促进贵州经济社会又好又快发展的若干意见》（国发［2012］2号）文件对贵州的战略定位之一就是要建立“扶贫开发攻坚示范区”。贵州省第十一次党代会把扶贫开发作为全省的“第一民生工程”，会议明确提出要按照区域发展带动扶贫开发、扶贫开发促进区域发展的新思路，大力实施集中连片特殊困难地区发展规划，加快贫困地区基础设施、优势产业、人口素质的提升，大幅度减少贫困人口。通过5年奋战，全力总攻“绝对贫困”，使人民生活水平跃上新台阶，20个县（市、区）实现全面小康，30个国家扶贫开发工作重点县、500个贫困乡实现“减贫摘帽”，农村贫困人口减少到500万人以内。

贵州农村扶贫开发到了攻坚克难的关键阶段。在新的历史时期，贵州农村扶贫开发要以科学发展观为指导，按照构建社会主义和谐社会、全面建成小康社会的要求，深入推进新农村建设和扶贫开发，全面改善农村生产生活条件，促进贫困人口增收和脱贫致富。

一、贵州省农村扶贫开发的历程、概况与特点

改革开放以来，贵州省农村扶贫开发大致可以分为五个阶段：

（一）第一阶段：土地制度改革扶贫阶段（1978—1985 年）

这一阶段的特点是以农村土地经营制度改革促进生产力的发展，从而缓解农村贫困。

改革开放以前，长期的人民公社集体制度严重束缚了贵州农民的生产积极性，导致了农村土地生产效率低下，“吃饭”问题成为贵州农村的主要问题，1978 年以前，一些地方如关岭顶云已经开始“偷偷”试验“定产到组、包干到户”，以解决农民的吃饭问题。

党的十一届三中全会以后，家庭联产承办责任制逐步取代了人民公社制度，极大地激发了农民的生产热情，解放了生产力，提高了土地生产效率，从而使贵州农村贫困问题得到大幅度缓解。1978—1985 年，通过体制改革推动扶贫，按 1986 年人均年纯收入 206 元的绝对贫困标准，贵州农村贫困人口从占总人口的 2/3 下降到 1/2（1500 万），占全省农业人口的 57.5%。

（二）第二阶段：大规模开发式扶贫阶段（1986—1993 年）

这一阶段特点是从零散的民政救济走向有组织、有计划、大规模的开发式扶贫。

为进一步加大扶贫力度，国家自 1986 年起采取了一系列重大措施：成立专门扶贫工作机构，安排专项资金，制定专门的优惠政策，并对传统的救济式扶贫进行彻底改革，确定了开发式扶贫方针，在全国范围内开展了有计划、有组织和大规模的开发式扶贫[1]。按照中央的有关部署，贵州从 1986 年起，对救济式扶贫方式进行了改革，对政策性扶贫进行了完善，以集中连片的国家贫困县为主战场，以解决贫困人口温饱为主要目标，以贫困农户为基本对象，开展了有组织、有计划、大规模的扶贫开发工作。1993 年底，全省农村贫困人口从 1986 年的 1500 万人降到 1000 万人，占农村总人口的比重从 57.5% 下降到 34.4%。

（三）第三阶段：“八七”扶贫攻坚阶段（1994—2000 年）

这一阶段的特点是以实施《国家八七扶贫攻坚计划》为契机，以扶贫到户、解决温饱为重点，以 48 个相对集中连片的国定贫困县为主战场，进行扶贫攻坚。

---

[1] 《中国农村扶贫开发白皮书》，finance. sina. com. cn，2001。

1994 年 4 月，国务院印发了《国家八七扶贫攻坚计划》，明确指出：从 1994—2000 年，集中人力、物力、财力，动员社会各界力量，力争用 7 年左右的时间，基本解决目前全国农村八千万贫困人口的温饱问题。根据国务院制定的《国家八七扶贫攻坚计划》的要求，贵州省人民政府特制定《贵州省扶贫攻坚计划》（黔府发［1994］63 号），提出了力争用 7 年左右时间基本解决全省农村 1000 万贫困人口的绝对贫困问题。

《贵州省扶贫攻坚计划》实施初期，贵州全省贫困人口有 1000 万人，其中人均年纯收入不到 200 元的极贫人口 392 万人，集中连片的贫困县 48 个。贫困人口主要分布在深山区、石山区、高寒山区、地方病高发区和少数民族聚居区，这些地区文化教育落后，人畜饮水困难，生产生活条件极为恶劣。经过 7 年努力，到 2000 年底，基本实现了“八七”扶贫攻坚目标。全省 48 个贫困县先后越过了温饱线，农村尚未解决温饱的贫困人口从 1993 年的 1000 万减少到 313 万，占农村总人口的比重从 34.4% 下降到 9.74%，大多数农村贫困人口的温饱问题已经基本解决，实现了农村粮食基本自给。贫困地区交通、水利、电力、通信等基础设施建设得到加强，自我发展能力得到增强，贫困群众生活水平有所提高；贫困地区人口过快增长的势头得到初步遏制，农民的思想观念和精神面貌发生了积极变化[1]。基本完成农村从普遍绝对贫困向巩固扶贫成果与全面消除贫困的历史性转变。

（四）第四阶段：新阶段扶贫开发（2001—2010 年）

本阶段扶贫特点是：开发式扶贫和社会保障相结合，专项扶贫和行业扶贫、社会扶贫相结合，采取了开发式扶贫、易地扶贫搬迁、社会保障救助等多种扶贫形式，基本解决农村贫困人口的温饱问题。

2001 年，党中央、国务院制定并颁布实施了《中国农村扶贫开发纲要（2001—2010 年）》，明确提出继续解决和巩固农村贫困人口温饱问题、促进贫困地区全面发展、为达到小康水平创造条件的奋斗目标。根据中央的要求和部署，结合贵州实际，贵州省委省政府制定了《中共贵州省委 贵州省人民政府关于切实做好新阶段扶贫开发工作的决定》（黔党发［2001］16 号），提出全省 2001—2010 年扶贫开发总的奋斗目标和主要任务是：加大帮扶力度，力争用 5 年左右时间解决尚未越过温饱线的贫困人口的温饱问题；进一步改善贫

---

[1] 《中共贵州省委 贵州省人民政府关于切实做好新阶段扶贫开发工作的决定》（黔党发［2001］16 号），fpb. gzlps. gov. cn，2001。

困地区的基本生产生活条件，巩固温饱成果，提高贫困人口的生活质量和综合素质，加强贫困乡村的基础设施建设，改善生态环境，逐步改变贫困地区经济、社会、文化的落后状态，力争用10年左右时间实现稳定脱贫奔小康的目标。

2008年以前，中国的贫困标准有两个。一是1986年制定的“绝对贫困标准”206元，2007年调整为785元。一个是2000年制定的“低收入标准”865元，2007年提高到1067元。2008年，两个标准合二为一，定为1067元，2009年提高到1196元，2010年为1274元，2011年为2300元（见图1）。如果按照这一阶段期末2010年1274元标准统一计算，2001年贵州贫困人口仍有860万人。

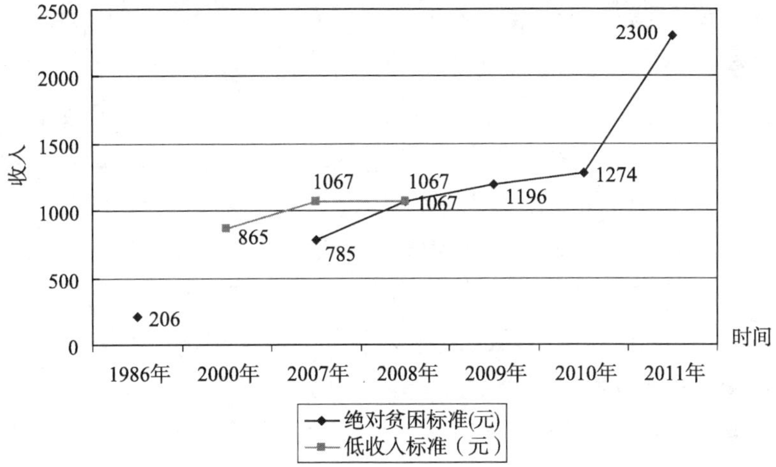

图1 中国扶贫线标准变化图

这一阶段的贵州农村扶贫开发工作，围绕解决改善基本生产生活条件、拓宽基本增收门路、提高基本素质“三个基本问题”，采取开发式扶贫、搬迁式扶贫、救助式扶贫“三类扶贫措施”，抓好整村推进、劳动力转移和产业化扶贫“三项重点工作”。全省累计投入中央和省级财政扶贫资金160.6亿元，实施扶贫项目12.3万个，农村贫困人口温饱问题基本解决，收入水平稳步提高，基础设施明显改善，社会事业不断进步，农村基本结束了总体贫困的历史。按照2010年1274元的扶贫标准，全省农村贫困人口从2000年末的860万人，减少到2010年末的418万人，贫困发生率从27.6%下降到12.1%[1]。

---

[1] 《贵州省副省长禄智明就贵州扶贫开发有关情况接受集体采访》，中国网，2012。

（五）第五阶段：新一轮扶贫开发（2011— ）

这一阶段的特点是：扶贫开发转入巩固温饱成果、加快脱贫致富、改善生态环境、提高发展能力、缩小发展差距阶段，构建“大扶贫”格局，以“工业化、城镇化、农业现代化”推动扶贫，打造扶贫开发攻坚示范区。

2011 年 12 月，中共中央、国务院印发了《中国农村扶贫开发纲要（2011—2020）》，明确提出“提高扶贫标准，加大投入力度，把连片特困地区作为主战场，把稳定解决扶贫对象温饱、尽快实现脱贫致富作为首要任务”，并要求“更加注重转变经济发展方式，更加注重增强扶贫对象自我发展能力，更加注重基本公共服务均等化，更加注重解决制约发展的突出问题，努力推动贫困地区经济社会更好更快发展”，明确将武陵山区、乌蒙山区、滇桂黔石漠化区等 3 个贵州省的连片特困地区作为今后 10 年扶贫攻坚的主战场。2012 年 1 月，国务院出台了《国务院关于进一步促进贵州经济社会又好又快发展的若干意见》（国发［2012］2 号），提出了贵州省作为“扶贫开发攻坚示范区”的战略定位。根据《中国农村扶贫开发纲要（2011—2020）》和《国务院关于进一步促进贵州经济社会又好又快发展的若干意见》的文件精神，2012 年 1 月，贵州省委省政府制定了《中共贵州省委贵州省人民政府关于贯彻落实〈中国农村扶贫开发纲要（2011—2020）〉的实施意见》（黔党发［2012］3 号），提出了“深入实施工业强省战略和城镇化带动战略，在工业化、城镇化深入发展中同步推进农业现代化，实现工业化致富农民、城镇化带动农村、产业化提升农业，推动贫困地区经济社会‘五年上台阶，十年大跨越’”的总体目标。

2011 年，国家贫困标准提高到 2300 元后，贵州贫困人口为 1149 万人，贫困发生率 33.4%[1]。2011 年以来，贵州把武陵山区、乌蒙山区、滇黔桂石漠化区 3 个连片特困地区在贵州的覆盖区域作为扶贫攻坚主战场，动员全社会力量，构建专项扶贫、行业扶贫、社会扶贫“三位一体”的大扶贫格局，突出抓好以交通、水利为重点的基础设施建设、以增加农民收入为重点的产业化扶贫，以生态移民、培训创业就业等为重点的民生改善等工作，盘县、施秉县、兴仁县 3 个国家扶贫开发工作重点县、66 个贫困乡镇实现“减贫摘帽”。2012 年 9 月，贵州省政府召开第 65 次常务会议审议并原则通过《贵州省扶贫开发条例（草案）》。10 月，中共贵州省委贵州省人民政府制定

---

[1] 贵州省统计局编：《贵州统计年鉴 2012》，中国统计出版社 2012 年版。

出台了《关于加快创建全国扶贫开发攻坚示范区的实施意见》。2012 年，全省扶贫投入增长，扶贫产业发展增势快，行业扶贫强劲，国家片区扶贫政策大力支持力度加大，到 11 月为止，武陵山片区、乌蒙山片区、滇桂黔石漠化三个片区省级实施规划基本完成，全省 70 个县列为连片特困地区县。2012 年，贵州省实现 5 县 76 乡镇“减贫摘帽”，按照 2300 元的贫困线标准，全省贫困人口为 923 万人，贫困发生率 26.8%，比 2011 年末减少农村贫困人口 226 万人。

二、近年来贵州农村扶贫开发的基本经验

近年来，贵州在《中国农村扶贫开发纲要（2001—2010 年）》、《中国农村扶贫开发纲要（2011—2020 年）》、《国务院关于进一步促进贵州经济社会又好又快发展的若干意见》等中央文件指导下，紧紧围绕《中共贵州省委贵州省人民政府关于切实做好新阶段扶贫开发工作的决定》、《中共贵州省委贵州省人民政府关于贯彻落实〈中国农村扶贫开发纲要（2011—2020 年）〉的实施意见》、《关于加快创建全国扶贫开发攻坚示范区的实施意见》等文件精神，以增加农民收入为核心，以整村推进、产业扶贫、劳动力转移培训就业为重点，着力改善贫困群众基本生产生活条件、提高基本素质、拓宽基本增收门路，农村扶贫开发取得了阶段性成效，创造了一系列具有贵州特色的扶贫开发新模式，创新了扶贫开发的工作机制，以“工业化、城镇化、农业现代化”推动扶贫，专项扶贫、行业扶贫、社会扶贫相结合的“大扶贫”格局正在逐步形成。同时，贵州也积累了农村扶贫开发的一些经验。

（一）注重规划，健全体制

过去 10 年特别是过去 5 年来，在省委、省政府的正确领导下，在各级各部门的大力支持下，全省扶贫系统紧紧围绕《中国农村扶贫开发纲要（2001—2010 年）》和省委、省政府向“绝对贫困”发起总攻，把加快推进全国扶贫开发攻坚示范区作为全省的重点工作，继续深入实施扶贫脱贫攻坚第一民生工程的重大部署，贵州省委、省政府始终把扶贫开发作为事关全局的大事来抓，纳入了经济社会发展的总体规划。根据国家正式批复的片区区域发展与扶贫攻坚规划，又及时编制了武陵山片区、乌蒙山片区、滇桂黔石漠化片区等三个片区省级和县级实施规划。为搞好扶贫开发，全省各级党委、政府都成立了扶贫开发领导小组及办公室，贫困乡镇建立了扶贫工作站，实行了“省委

省政府负总责、省扶贫开发领导小组统筹协调、省分管领导牵头负责、各厅局各司其职、市州具体负责、县乡狠抓落实、实施扶贫绩效考评挂钩、群众主体参与”的管理体制，和对省直部门、市（州）、县实行“双线”量化考核的责任机制，明确武陵、乌蒙、滇桂黔三大片区分别由3位省领导牵头，扶贫、交通等8个省直单位牵头、联系的片区扶贫攻坚推进工作。各级各有关部门都把扶贫开发列入了重要工作日程，建立了扶贫工作责任制，党政一把手亲自抓、负总责，切实加强了领导。各级党委政府始终强调要发扬动感情、动脑筋、动真格的“三动”精神，扎扎实实地帮助贫困群众解决温饱。

（二）以人为本，科学发展

始终坚持“两手抓，两手都要硬”的方针，促进贫困地区经济加快发展和社会全面进步。贫困是多方面原因造成的，要摆脱贫困必须实行综合治理。各级各部门在扶贫攻坚中做到了五个结合：即把扶贫开发与智力开发相结合，依靠科技兴农解决温饱，发展教育提高劳动者素质；把扶贫开发与计划生育相结合，严格控制人口过快增长，促进少生快富奔小康；把扶贫开发与社会发展相结合，加快农村教育、支化、卫生等基础设施建设，开展群众性精神支明创建活动，丰富农村支化生活；把扶贫开发与农村基层组织建设创“五个好”、实施“四个一”工程相结合，切实加强党支部为核心的村级组织建设，特别是选配好村党支部书记；把扶贫开发与维护农村社会稳定相结合，加强农村社会治安综合治理，创造良好的社会环境。

（三）多措并举，稳步实施

始终坚持开发式扶贫的方式，以改善区域发展条件、生产生活条件和发展种养业为重点，千方百计帮助贫困群众解决温饱问题，并逐步实现脱贫致富。一是大力推进基础设施建设。推进铁路、高速公路、机场、大中型水库等骨干工程建设，切实改善区域发展环境。实施乡乡通公路、通电、通电话工程，大搞“坡改梯”、“渴望工程”等，努力改善贫困群众的生产生活条件。二是推进产业扶贫。各贫困县始终坚持开发式扶贫方针，以发展种养业为重点，依托本地优势资源，认真实施开发项目。“十二五”期间，全省规划发展蔬菜、马铃薯、核桃、油茶、精品水果、中药材、茶园、乡村旅游，使“东油西薯、南药北茶、面上干果牛羊”的扶贫特色产业格局初步形成。经过多年的实践与探索，相继创造出了凝聚各方力量、多重优势叠加的“毕节试验”，种草涵养水土、养畜增加收入、发展防灾避灾产业的“晴隆模式”，山地农业开发、种养长短结合的“长顺做法”，整合资源、连片开发的“印江经验”，因地制宜、扬长避短的“威宁实践”，扶贫抓党建、党建促扶贫、脱贫奔小康的“迤那路子”，“军地两用、参建参治”的部队社会扶贫等扶贫开发的新途径、新方式。在稳步推进农业产业化经营方面，武陵、乌蒙片区共有各类龙头企业500多家，规模以上农产品加工企业200多家。三是大力开展农村劳动力培训。2011年，武陵、乌蒙片区共培训农村劳动力56915人，培训数占全省农村劳动力总培训数的32%，全省农村劳动力培训共使用职业培训资金2.6亿元，两片区共使用职业培训资金8500万元，使用职业培训资金占全省培训资金的32.69%。四是行业扶贫。着力推进教育事业加快发展，加快建成中小学食堂、学生宿舍建设，实施农村义务教育学生营养改善计划。健全社会保障体系，将城市低保和农村低保保障标准分别提高19.8%和14%，企业退休人员基本养老金月人均增加180元；新农合参合率达97.56%，政策范围内住院报销比例达到70%以上；建立农村低保季节性缺粮户粮食救助制度。五是整村推进和易地扶贫搬迁。截至目前，共投入资金6.86亿元，完成整村推进1400个。2011年，投资8483万元对2968户13122人实施易地扶贫搬迁，目前均已完成主体工程。2012年，计划投资1.65亿元，对27550人实施易地扶贫搬迁。

（四）因地制宜，创新模式

根据贵州各地特点，探索出具有贵州特点的“五种扶贫开发新模式”。一是根据山区特点，以提高土地单位面积投入产出比为目的，在草地生态畜牧业、油茶、果药产业中，结合林下经济、粮经套作、果药套种等，发展“短平快”项目，成功探索出“一业为主、多品共生；种养结合、以短养长”的“长顺作法”。二是探索出了“以整村推进为基础、整乡数乡连片开发、区域县域推进”的“印江经验”。三是按照“省领导牵头、定点，部门挂帮，中直机关定点扶贫，对口城市帮扶”的工作格局，开展由省委、省人大、省政府、省政协领导带头，省直部门、金融机构、科研院所、军队和骨干企业参与，定点联系贫困县、乡，在每个帮扶乡投入1000万元财政扶贫资金，用3年左右的时间使帮扶乡整体脱贫的省领导“集团帮扶”模式。四是以阻断贫困延续为目的，实施“雨露计划·圆梦行动”新型智力扶贫模式，资助农村贫困户子女接受高等学历教育。五是建立“政府引导产业、企业申报贷款、专家银行评估、企业承贷承还”的政银企合作机制，探索政银企扶贫融资模式，引导金融和社会资金参与扶贫开发。

（五）健全机制，完善要素

一是创新扶贫瞄准机制，建立精准扶贫工作机制。建立完善“省负总责、市州统筹、县抓落实、工作到村、扶持到户”的扶贫攻坚管理体制，切实做到结对帮扶干部到户到人、产业发展扶持到户到人、教育培训安排到户到人、农村危房改造到户到人、扶贫生态移民到户到人，改“漫灌”为“滴灌”，实现对贫困户的精准扶持。按照国家统一制定的扶贫对象识别办法，在“两项制度”有效衔接的基础上，分级开展进村入户调查和典型抽样调查，切实摸清贵州贫困人口底数，对贫困地区和扶贫对象实行动态监测管理，做到户有卡、村有册、乡（镇）有簿、县有档、省市有（信息）平台。健全对象识别的“瞄准”机制，把扶贫自愿瞄准真正需要帮助的帮扶人群。二是创新扶贫工作机制，实行“摘帽不摘政策”的激励机制。从 2011 年起，实行“摘帽不摘政策”的激励机制，安排专项奖励资金对提前或如期实现“减贫摘帽”的重点县、贫困乡进行奖励，“减贫摘帽”是最大政绩的思想成为全省扶贫开发工作重点县的主流。三是健全扶贫攻坚投融资机制。与国家开发银行签订了《开发性金融支持贵州省扶贫攻坚合作备忘录》，确立“十二五”时期的合作额度为 300 亿元，重点支持片区县。四是强化扶贫资金到户扶持机制。对贫困农户，全面推广雷山县建立村级互助金直补农户的经验和“3 个 15 万元”政策，深入改革雨露计划使用方式，推行雨露计划·圆梦行动，对贫困家庭考取二本以上大学的贫困学生每人给予 4000 元的资金支持。对扶贫龙头企业，全面推行“政府引导、专家银行评估、扶贫部门给予贷款贴息、企业承贷承还”的融资模式。着力推行新型扶贫金融合作机制，制定了《关于做好产业扶贫合作项目的通知》，将市场经济机制引入贫困地区，使扶贫方式变“输血”为“造血”，贫困群众变“被动”为“主动”，探索出一条用扶贫项目直补资金引导金融资金、社会资本推动产业扶贫规模发展的新路子。五是推行规划实施监测评估。着重制定了财政专项扶贫资金管理办法、扶贫开发工作考核办法和建立了扶贫地区经济社会发展统计监测指标体系。

（六）政府主导，各方参与

始终坚持继承和发扬扶贫济困的优良传统，组织和动员全社会的力量参与扶贫攻坚。组织动员全省各级党政军机关和人民团体实行定点挂钩扶贫，开展文化教育、科技、医疗“三下乡”活动。中央和国家机关有关部门、单位，各民主党派中央和全国工商联等 14 个单位在贵州定点扶贫，做了大量卓有成效的工作。在深圳、青岛、大连、宁波 4 个对口帮扶市的基础上，又增加上海市、苏州市、杭州市、广州市等经济发达城市对贵州省进行对口帮扶，与大连、青岛、宁波、深圳等对口帮扶城市签署了“十二五”扶贫协作框架协议、对口合作发展框架协议；与国家开发银行贵州省分行、中国人民银行渝鄂湘黔四省市毗邻地区中心支行、县支行签署了金融合作框架协议；东部十省市统战部门与毕节试验区建立了“10 +1”工作机制；毕节市、铜仁市等还与周边区域的等城市签署了文化旅游、基础设施建设等方面的合作协议，从各个层面推进扶贫攻坚。香港、澳门和台湾同胞及国际友人也在贵州开展了多种形式的扶贫济困活动。

三、贵州农村贫困问题的新特征及原因

尽管贵州在扶贫工作中已经取得了一定的成就，但仍然存在基础设施落后，产业发育层次低，生态环境脆弱，自然灾害频繁，人口素质不高，基本公共服务历史欠账多，社会事业滞后等一系列的问题，仍然是全国农村贫困面最大、贫困人口最多、贫困程度最深的省份。特别是 2012 年，按照国家 2300 元的新扶贫标准，还有 923 万贫困人口，贫困发生率 26.8%，贵州农村贫困又呈现出新的特征。

（一）新特征

1. 贵州仍是全国扶贫开发的主战场

新的贫困标准颁布后，2011 年还有 1149 万贫困人口，贫困发生率 33.4%，占全国农村贫困人口 1.28 亿人的 8.98%，贫困人口数量全国最多，全省农村呈现普遍性贫困。国家确定的 14 个连片特困地区，涵盖全省三大片区 70 个县，86.3% 的贫困人口、87.6% 的贫困乡镇和 84.3% 的贫困村，仍是全国扶贫攻坚的主战场。2012 年，全省农村贫困发生率为 26.8%，农村贫困人口为 923 万人，尽管比 2011 年减少了 226 万人，但全省农村贫困人口数仍占全国农村贫困人口的 9.32%。

2. 普遍性贫困与区域性贫困并存

2012 年，全省 9 个市（州）中，只有贵阳市的农村贫困发生率低于 5%，仅为 2.9%，只有 5.49 万人，其他市（州）农村贫困发生率均高于 15%，其中，遵义市农村贫困发生率为 17.4%，六盘水、安顺、毕节、铜仁、黔东南、

黔南、黔西南等市、州的农村贫困发生率均达到25%以上，尤其是黔东南州的农村贫困发生率仍高达37.8%。全省农村贫困人口多于100万的市、州有遵义市、毕节市、铜仁市、黔东南州、黔南州（详见表1）。

表1　2011—2012年贵州省贫困人口及发生率

市、州	2011年		2012年	
	农村贫困人口（万人）	农村贫困发生率（%）	农村贫困人口（万人）	农村贫困发生率（%）
贵阳市	32.32	16.8	5.49	2.9
遵义市	144.99	21.9	115.61	17.4
六盘水市	97.52	38.3	76.23	29.9
安顺市	74.65	30.8	63.08	25.7
毕节市	250.05	35.5	207.04	30.0
铜仁市	145.21	38.8	115.10	30.5
黔东南州	167.29	42.1	147.74	37.8
黔南州	127.72	36.0	106.36	29.5
黔西南州	109.18	36.2	86.35	28.1
全省合计	1149.00	33.4	923	26.80

资料来源：贵州省统计局、国家统计局贵州调查部队编《贵州统计年鉴—2012》、《贵州统计年鉴—2013》，中国统计出版社。

同时，贵州农村贫困区域性特征十分突出。2012年，50个国家扶贫重点开发县农村贫困人口数为718.35万人，占全省农村贫困人口数的77.8%，农村贫困发生率达到40.6%，高出全省农村贫困发生率13.8个百分点。2012年，武陵山片区涉及贵州省铜仁市、遵义市的16个县（区）农村贫困人口数为167.42万人，占全省农村贫困人口数的18.1%，农村贫困发生率达到26.9%；乌蒙山片区涵盖贵州省毕节市、遵义市的10个县（市、区）农村贫困人口数为226.64万人，占全省农村贫困人口数的24.6%，农村贫困发生率为28.4%；滇桂黔石漠化片区涉及贵州安顺市、六盘水市、黔西南州、黔东南州、黔南州的44县（市、区）农村贫困人口数为442.85万人，占全省农村贫困人口数的48.0%，农村贫困发生率达到31.0%；武陵山、乌蒙山、滇桂黔石漠化3个片区70个县占了全省贫困人口的90.7%（见表2）。

表 2 贵州省 2011 年各类型区域贫困人口及发生率

名称	2011 年			2012 年		
	农村贫困人口（万人）	占全省农村贫困人口比重（%）	农村贫困发生率（%）	农村贫困人口（万人）	占全省农村贫困人口比重（%）	农村贫困发生率（%）
50 个国家扶贫开发重点县	866.40	75.4	40.6	718.35	77.8	33.8
武陵山片区涉及贵州省铜仁市、遵义市的 16 个县（区）	209.62	18.2	33.8	167.42	18.1	26.9
乌蒙山片区涵盖贵州省毕节市、遵义市的 10 个县（市、区）	376.42	24.7	44.8	226.64	24.6	28.4
滇桂黔石漠化片区涉及贵州安顺市、六盘水市、黔西南州、黔东南州、黔南州的 44 县（市、区）	529.74	46.1	39.1	442.85	48.0	31.0

数据来源：1. 贵州省统计局编《贵州统计年鉴 2012》，中国统计出版社，2012。
2. 贵州省扶贫办《贵州省武陵山区、乌蒙山区连片特困地区区域发展与扶贫攻坚工作情况汇报》，2012。

2012 年全省 50 个扶贫开发重点县国土面积占全省的 66.0%、常住人口占全省的 51.1%，但生产总值仅占全省 35.1%、公共财政收入仅占全省的 23.5%、规模以上工业增加值仅占全省的 27.9%、社会消费品零售总额仅占全省的 23.9%、储蓄存款仅占全省的 27.4%，尽管 50 个扶贫开发重点县国土面积、常住人口、农林牧渔业总产值、粮食产量占到全省 50% 以上，但公共财政收入、规模以上工业增加值、社会消费品零售总额、储蓄存款仅占到全省的 30% 以下，扶贫开发重点县与全省其他县的发展差距主要体现在工业发展、第三产业发展方面。从人均收入差距来看，2012 年，贵州省农民人均纯收入、全省城镇居民可支配收入分别为 4753.00 元、18700.51 元，50 个国家扶贫开发工作重点县农民人均纯收入（加权平均收入）为 4628 元，国家扶贫开发工作重点县农民人均纯收入与全省农民人均纯收入、全省城镇居民可支配收入差距分别为 125 元、14072.51 元，与全国农民人均纯收入的差距为 3289 元。

表 3　2012 年贵州省扶贫开发重点县主要指标占全省比重

指　标	2011 年			2012 年		
	全省合计	扶贫开发重点县合计	扶贫开发重点县占全省比重（%）	全省合计	扶贫开发重点县合计	扶贫开发重点县占全省比重（%）
国土面积（万平方公里）	17.61	11.63	66.0	17.61	11.63	66.0
年末常住人口（万人）	3469	1776.21	51.2	3484	1780.09	51.1
生产总值（亿元）	5701.84	1906.94	33.4	6852.20	2408.19	35.1
公共财政收入（亿元）	773.08	162.91	21.1	1014.05	238.55	23.5
公共财政支出（亿元）	2249.40	752.61	33.5	2755.68	957.15	34.7
农林牧渔业总产值（亿元）	1165.46	668.32	57.3	1436.61	794.88	55.3
粮食产量（万吨）	876.90	524.10	59.8	1079.50	649.09	60.1
规模以上工业增加值（亿元）	1723.58	512.87	29.8	2055.46	574.15	27.9
社会消费品零售总额（亿元）	1751.62	417.54	23.8	2027.65	483.94	23.9
储蓄存款（亿元）	3934.48	1093.50	27.8	4806.09	1318.79	27.4

资料来源：贵州省统计局、国家统计局贵州调查部队编《贵州统计年鉴—2013》，中国统计出版社。

4. 贫困问题与生态环境脆弱并存，生产生活条件仍然较差

贵州省岩溶地貌发育成熟，生态环境十分脆弱，岩溶出露面积占全省总面积的61.92%，是全国石漠化面积最大、等级最齐、程度最深、危害最重的省份，截至2011年底，全省石漠化面积302.38万公顷，占全省国土面积的17.16%，潜在石漠化面积325.56万公顷，占全省国土面积的18.48%。从石漠化在各市（州）分布状况来看：贵阳市18.71万公顷，遵义市35.80万公顷，六盘水市28.36万公顷，安顺市32.99万公顷，毕节市59.84万公顷，铜仁市27.92万公顷，黔东南州13.14万公顷，黔南州49.70万公顷，黔西南州35.92万公顷。毕节市石漠化面积最大，占全省的19.79%，其次是黔南州，占全省的16.43%，黔东南州石漠化面积最小，占全省的4.35%。安顺市石漠化发生率最高，为47.35%，其次为黔西南州39.69%，第三为六盘水市36.87%。在石漠化土地中，轻度石漠化面积106.49万公顷，中度石漠化面积153.41万公顷，重度石漠化面积37.50万公顷，极重度石漠化面积4.97万公顷。重度和极重度石漠化主要分布在安顺市、黔西南州、毕节市。从潜在石漠

化在各市（州）分布状况来看：贵阳市 23.23 万公顷，遵义市 78.03 万公顷，六盘水市 15.91 万公顷，安顺市 12.10 万公顷，毕节市 48.80 万公顷，铜仁市 37.26 万公顷，黔东南州 21.66 万公顷，黔南州 66.21 万公顷，黔西南州 22.35 万公顷[1]。而且，全省绝大多数的贫困人口集中分布在石漠化严重的深山区、石山区、边远山区、高寒山区、地方病多发区和少数民族聚居区，在深山区、石山区等不适宜居住的地区生活着 200 万以上需要进行生态移民的贫困人口，占全省贫困人口的 17% 以上，贫困与恶劣的自然环境共存。

贫困人口居住地区不仅生态脆弱，而且生产生活条件比较差，基础设施欠账大。本课题组于 2012 年的调研显示：全省各市（州）中，贫困发生率最高的黔东南州，建制村通水泥公路的仅有 33%，全州有一半的自然村不通公路，许多行政村卫生室处于“空巢”状态，无卫生员、无药品、无医疗器械，很多新建的村无卫生室。黔西南州工程性缺水问题十分突出，2010 年工程总供水量仅为 6.1 亿立方米，水利设施严重不配套，病险水库多，防汛抗旱能力弱，农业灌溉率、水资源开发利用率低，农村人口人均有效灌溉面积仅 0.52 亩，保灌面积仅 0.24 亩，还有 193 万人没有解决饮水安全问题，许多村至今还没有卫生室。黔南州到 2010 年末，仍有 25 个行政村不通公路，通村路绝大部分是无等级路，基本未铺装路面，耕地灌溉率仅为 28%，农业人口人均有效灌面 0.57 亩，旱地有效灌溉面积仅有 43.14 万亩，仅占旱地面积的 11%，并且灌溉设施标准低，老化失修严重，病险水库达 130 座，安全隐患突出；农村居民生活水源缺乏，全州 155.455 万人存在安全饮水问题。毕节市到 2011 年底，尚有 50% 以上行政村未通油路（水泥路），而且建成的通村公路质量差、等级低，多数村还未实施二期农网改造。

5. 少数民族地区贫困状况严重

贵州贫困分布与少数民族区域分布相一致，少数民族地区贫困状况严重，贫困人口占全省的比重比较大，贫困发生率较高。2012 年，黔东南州、黔西南州、黔南州 3 个少数民族自治州农村贫困发生率分别为 37.8%、29.5%、28.1%，均高于 26.8% 的全省农村贫困发生率（见表 4），农村贫困人口分别为 147.74 万人、106.36 万人、86.35 万人，分别占全省农村贫困人口的 15.77%、11.52%、9.36%，3 个州分别有 7 个、14 个、6 个县（市）是扶贫开发工作重点县，占各州县（市）的 87.5%、87.5%、50%。三个自治州以

[1] 贵州省林业厅：《贵州省石漠化状况公报》，www.gzforestry.gov.cn，2012。

外的其他市还有10个自治县，包括道真仡佬族苗族自治县、务川仡佬族苗族自治县、松桃苗族自治县、印江土家族苗族自治县、沿河土家族自治县、玉屏侗族自治县、威宁彝族回族苗族自治县、关岭布依族苗族自治县、镇宁布依族苗族自治县、紫云苗族布依族自治县，这10个少数民族自治县，除玉屏侗族自治县外，其他9个都是扶贫开发工作重点县，共有农村贫困人口151.65万人，占全省农村贫困人口的16.43%，3个自治州和10个自治县合计农村贫困人口492.10万人，虽然比2011年减少贫困人口98.53万人，但贫困人口比例仍占全省的53.31%，比2011年上升了1.91个百分点，如果再加上其他县的自治乡，则贫困人口数量和所占比重更大。

表4　2011—2012年贵州省少数民族地区贫困人口及发生率

名称	2011年				2012年			
	农村贫困人口（万人）	占全省农村贫困人口比重（%）	其中扶贫开发工作重点县（个）	农村贫困发生率（%）	农村贫困人口（万人）	占全省农村贫困人口比重（%）	其中扶贫开发工作重点县（个）	农村贫困发生率（%）
黔东南州	167.29	14.56	14	42.1	147.74	15.77	14	37.8
黔南州	127.72	11.12	6	36.0	106.36	11.52	6	29.5
黔西南州	109.18	9.50	7	36.2	86.35	9.36	7	28.1
10个自治县	186.44	16.23	9	—	151.65	16.43	9	—
合计	590.63	51.40	36	—	492.10	53.31	36	—

数据来源：贵州省统计局编《贵州统计年鉴2012》，中国统计出版社，2012；贵州省统计局编《贵州统计年鉴2013》，中国统计出版社，2013。10个自治县包括道真仡佬族苗族自治县、务川仡佬族苗族自治县、松桃苗族自治县、印江土家族苗族自治县、沿河土家族自治县、玉屏侗族自治县、威宁彝族回族苗族自治县、关岭布依族苗族自治县、镇宁布依族苗族自治县、紫云苗族布依族自治县，三都水族自治县已被计入黔南州。

同时，贵州少数民族地区经济发展相对比较落后。2012年，全省民族自治地方（包括黔西南州、黔东南州、黔南州3个民族自治州，道真仡佬族苗族自治县、务川仡佬族苗族自治县、松桃苗族自治县、印江土家族苗族自治县、沿河土家族自治县、玉屏侗族自治县、威宁彝族回族苗族自治县、关岭布依族苗族自治县、镇宁布依族苗族自治县、紫云苗族布依族自治县10个少数民族自治县）的人均生产总值、人均公共财政收入、城乡居民人均储蓄分别是14690元、1687元和9962元，仅占全省的74.53%、57.84%、72.06%（见表5）。

表 5　2011—2012 年贵州省民族自治地方经济指标

名　　称	2011 年			2012 年		
	民族自治地方	全省	占全省比重（%）	民族自治地方	全省	占全省比重（%）
人均生产总值（元）	11546	16413	70. 35	14690	19710	74. 53
人均公共财政收入（元）	1153	2225. 33	51. 81	1687	2916. 45	57. 84
城乡居民人均储蓄（元）	8130	11325. 50	71. 78	9962	13824. 51	72. 06

数据来源：贵州省统计局编《贵州统计年鉴 2012》，中国统计出版社，2012；贵州省统计局编《贵州统计年鉴 2013》，中国统计出版社，2013。

6. 农村相对贫困程度加重

长期以来，贵州相对贫困程度持续加大。2006 年，贵州农村居民人均纯收入为 1985 元，全国农村居民人均纯收入为 3587 元，二者的绝对差距为 1602 元，2010 年，贵州农村居民人均纯收入 3472 元，全国农村居民人均纯收入 5919 元，二者的绝对差距扩大到了 2447 元，2011 年的二者差距扩大到了 2832 元，2012 年的二者的差距进一步扩大到了 3164 元。同样，贵州城乡收入差距也是不断扩大，2006 年，贵州城镇居民人均可支配收入为 9117 元，与农民人均纯收入的差距为 7132 元，2010 年二者差距增大到了 10671 元，2011 年增大到了 12350 元，2012 年又进一步增大到了 13948 元（见图 2）。

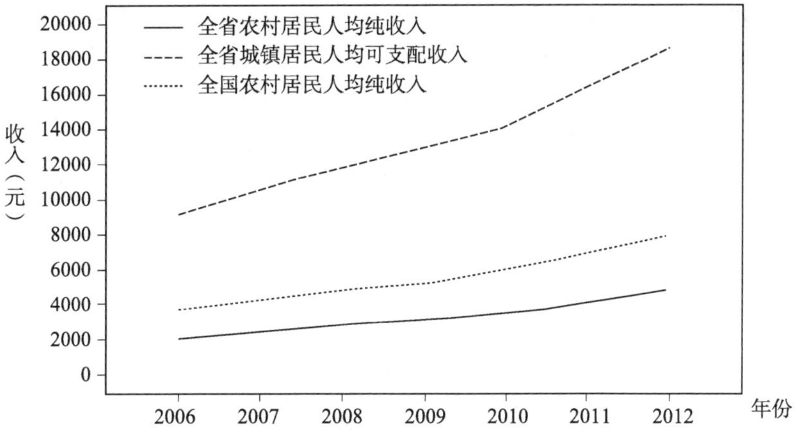

图 2　贵州省城乡收入差距及与全国的差距

数据来源：贵州省统计局编《贵州统计年鉴》（2007—2013），中国统计出版社；《中国统计年鉴 2007—2013》，www. stats. gov. cn

（二）原因分析

1. 扶贫资金严重不足

尽管各级财政对贵州扶贫的投入不断增加，如“十一五”期间共投入中央和省级财政 80 多亿[1]，截至 2012 年 9 月，2012 年共争取中央资金 28.07 亿元（其中中央财政扶贫发展资金 24.4 亿元，同比增长 31.2%），比 2011 年净增 5.8 亿元，2012 年还获得世行贷款项目 1.4 亿美元。但是扶贫资金投入不足与需求总量大的矛盾并没有得到缓解。根据省委、省政府《贯彻落实中国农村扶贫开发纲要（2011—2020 年）的实施意见》（黔党发［2012］3 号）要求，贵州将着力发展蔬菜、马铃薯、烤烟、油茶、核桃、中药材、茶叶、草地生态畜牧业、乡村旅游、农产品加工等十大特色优势产业。据测算，如期完成黔党发［2012］3 号明确的十大扶贫产业建设任务，需要财政专项扶贫资金 130 亿元左右，按目前中央和省级财政专项扶贫资金年度安排规模，尚有 70 亿元资金缺口[2]。

同时，贵州省各级财政收入低也影响了扶贫资金的投入。2011 年，贵州省财政总收入 1330.08 亿元，其中一般预算收入 773.18 亿元[3]，而云南省财政总收入 2258.2 亿元，一般预算收入完成 1110.83 亿元[4]，贵州财政总收入仅有云南的 58.9%。2011 年，贵州占全省人口 51.2% 的 50 个扶贫开发重点县一般预算收入 162.91 亿元，比重仅占全省一般预算收入的 21.1%。

2. 经济发展水平低，工业化、信息化、城镇化水平低，导致工业反哺农业、城市支持农村的难度大

最根本、最重要的是县域层面的工业化、城镇化和农业现代化滞后。由于“三化”滞后，导致产业不发达，就业岗位严重不足，大量农民只能靠外出打工，留下种地的农民缺乏科学技术，缺乏持续增收的途径。由于“三化”滞后，导致工业经济规模小、城镇经济实力弱，对农村带动能力不强，农村繁荣不起来。由于“三化”滞后，导致工业和城镇对农产品需求不足，不能为农产品提供更大市场，农产品变不成商品，经济效益得不到提高。由于“三化”滞后，县和乡镇财政增长缓慢，无钱改善民生，存在大量贫困县和贫困乡镇。

---

[1] 黄喜文等：《我省五年减贫三百五十九点七万人》，www.gzfp.gov.cn，2011 年 11 月 15 日。

[2] 贵州省扶贫办：《关于报送扶贫开发工作总结和工作打算及有关建议的报告》，2012 年。

[3] 贵州省统计局：《贵州省 2011 年国民经济和社会发展统计公报》，www.gzgov.gov.cn，2012 年 2 月 16 日。

[4] 云南省统计局：《云南省 2011 年国民经济和社会发展统计公报》，中国经济网，2012 年 5 月 2 日。

扶贫特色优势产业发展严重滞后。过去扶贫资金安排零星分散、项目点多面广，形不成规模，产业链短，龙头企业和专业合作组织小、散、弱，市场发育层次低，尚在培育中的扶贫特色产业还未成长为助农增收的支柱产业。

2011 年，贵州省生产总值 5701.84 亿元，居全国第 26 位，人均生产总值 16413 元，仍居全国末位。贵州省人均水平低、经济总量小的状况没有得到根本转变。根据中国社科院发布的《工业化蓝皮书（2012）》：广西、山西、甘肃、云南、贵州处于工业化中期的前半阶段，仅高于海南、西藏、新疆等三个边疆省区的工业化初期的后半阶段[1]。贵州省 2011 年第二产业增加值 2194.33 亿元，工业增加值 1829.20 亿元，均居全国 28 位[2]，仅高于宁夏、青海、海南、西藏；工业固定资产投资 1820.99 亿元[3]，云南省、广西、四川、重庆、湖南等周边省市区，工业增加值和工业固定资产投资均比贵州高。同时，贵州信息化发展水平落后，2010 年贵州城镇家庭家用电脑拥有量仅为 56.79 部/百户，农村家庭仅为 1.65 部/百户，2011 年贵州城镇家庭家用电脑拥有量仅为 63.89 部/百户，农村家庭仅为 4.11 部/百户，与全国水平差距呈扩大趋势，而且农村信息网络规模小，信息服务体系不健全，农村电脑上网率低、成本高。在城镇化水平方面，根据第六次人口普查情况，2010 年，贵州城镇化率为 33.81%，低于全国水平 49.68% 不到 16 个百分点。2011 年，尽管贵州城镇化率 34.96%，比上一年增加了 1.15 个百分点，但低于全国水平 51.3% 超过了 16 个百分点。较低的经济发展、工业化和城镇化水平，使得贵州通过工业和城镇支持农业农村发展的能力差、难度大。

3. 贫困农户生计系统低水平维持与自我发展能力弱的困境

贵州贫困农户生计系统十分脆弱，长期处在一种“年收年用”的低水平状态上维持，这种低水平的生计系统使得农户只能解决生存和温饱问题，自我发展能力弱。根据贵州省统计局对 2240 户的调查，从 2006—2011 年，农户平均每人年总收入为 2799.36 元、3217.96 元、3889.69 元、4050.40 元、4560.52 元、5659.58 元，农户平均每人年总支出为 2629.49 元、2960.37 元、3590.51 元、3862.77 元、4350.25 元、5722.46 元，平均每人的总收入与总支出差为 169.87 元、257.59 元、299.18 元、187.63 元、210.27 元、-62.88

[1] 《2012 年中国工业发展论坛发布〈工业化蓝皮书〉》，光明网，2012 年 10 月 26 日。

[2] 国家统计局：《中国统计年鉴 2012》，中国统计出版社，2012 年版。

[3] 贵州省统计局：《贵州省 2011 年国民经济和社会发展统计公报》，www.gzgov.gov.cn，2012 年 2 月 16 日。

元，由此可见，农户的总收入和总支出整体处于比较低的水平，而且每年收支勉强保持平衡，导致了积累少，自我发展的投入不足，发展能力很差。同时，从农户平均每人年总收入的结构来看，2006—2011 年，家庭经营收入分别是 1881.06 元、2116.54 元、2541.26 元、2502.62 元、2674.22 元、3367.61 元，分别占总收入的比重为 67.20%、65.78%、65.33%、61.79%、58.64%、59.50%，来自农业和畜牧业的家庭经营收入占总收入的比重尽管呈现下降趋势，但比重数值一直比较大，这也导致农户生计系统的脆弱性，一旦发生大的自然灾害或事故，必然使农民收入大幅度下滑。从农户平均每人年总支出的结构来看，生活消费支出与家庭经营费用支出所占比重较大，2006—2011 年，生活消费支出分别是 1627.07 元、1913.5 元、2165.70 元、2421.95 元、2852.48 元、3455.76 元，占总支出的比例为 61.88%、64.64%、60.31%、62.7%、65.57%、60.39%，家庭经营费用支出分别是 699.9 元、722.95 元、944.61 元、872.54 元、871.62 元、1218.87 元，占总支出的比重分别是 26.62%、24.42%、26.31%、22.59%、20.04%、21.3%，两项支出加起来每年基本占了总支出的 80% 以上，也说明农户支出主要用于解决生存和简单的再生产（见表 7）。

表 7　贵州省 2006—2011 年农户家庭总收入与支出情况　　单位：元

指　　标	2006	2007	2008	2009	2010	2011
平均每人年总收入	2799.36	3217.96	3889.69	4050.40	4560.52	5659.58
其中：工资性收入	715.49	846.85	1002.68	1074.32	1303.85	1713.52
家庭经营收入	1881.06	2116.54	2541.26	2502.62	2674.22	3367.61
平均每人总支出	2629.49	2960.37	3590.51	3862.77	4350.25	5722.46
其中：生活消费支出	1627.07	1913.50	2165.70	2421.95	2852.48	3455.76
家庭经营费用支出	699.90	722.95	944.61	872.54	871.62	1218.87
收支差	169.87	257.59	299.18	187.63	210.27	-62.88

数据来源：贵州省统计局编《贵州统计年鉴 2012》，中国统计出版社，2012。

收入差距扩大。近年来，贵州省农民人均纯收入增长总体保持了较好的态势，2011 年增幅达到 12.6%（扣除价格因素）。但基数低、绝对值小，“马太效应”十分明显。例如，2011 年 50 个重点县农民人均纯收入 3843 元，与全国农民人均纯收入的差距从 2001 年的 1∶1.87 上升到 2011 年的 1∶1.91。按照目前的增速，贵州省农民人均收入要达到目前全国的平均水平，至少需要 5 年的时间。同时，由于收入差距的扩大，贫困人口减少和收入增长所带来的正面影响在很大程度上被差距扩大所带来的负面影响所抵消，贫困群体弱势地位更加突出。这种状况不仅不利于贫困群体的发展，而且会影响整个经济社会的健康、和谐发展。

4. 频发的自然灾害、脆弱的生态环境、落后的生产生活设施相互作用

贵州自然灾害频发，冰雹、洪涝、干旱、滑坡、泥石流、凝冻等自然灾害近年来出现频率加快。从2006年到2011年，全省88个县基本都会遭受自然灾害，特别是2008年的凝冻，2010年和2011年的大旱，给全省经济造成巨大的损失。2008年、2010年、2011年，全省受灾人口分别高达2935万人次、2633万人次和2883万人次，农作物受灾面积分别达到211.9万公顷、195.64万公顷和253.75万公顷，造成直接经济损失高达488.22亿元、179.77亿元和250.67亿元（见表8）。频发的自然灾害，使脆弱的生态环境不断恶化，加上落后的生产生活设施保障无力，三者相互作用，加重了贵州农村贫困，加大了扶贫减贫的工作难度。

表8　贵州省2006—2011年自然灾害情况

指　　标	2006	2007	2008	2009	2010	2011
遭受自然灾害县个数（个）	88	84	88	84	86	88
受灾人口（万人次）	2321.86	1345.39	2935.00	1687.12	2633.40	2883.44
农作物受灾面积（万公顷）	138.26	52.47	211.90	89.16	195.64	253.75
因自然灾害造成直接经济损失（亿元）	59.10	38.27	487.22	35.60	179.77	250.67

数据来源：贵州省统计局编《贵州统计年鉴2012》，中国统计出版社，2012。

5. 基本公共服务均等化程度低

目前，与全国相比，贵州省等级公路占公路总里程比重排在31位，高速公路占比排在27位；有效灌溉面积占耕地面积比重排在31位；每千人口医院和卫生院床位排在29位；人均受教育年限仅为7.41年，比全国平均水平低1.64年，学前教育、职业教育十分滞后。高等教育毛入学率排在29位，高中阶段毛入学率排在31位，远低于全国平均水平。同时，全省有1300万农村人口存在饮水安全问题，有150万人、约35万户贫困群众居住在深山区、石山区、高寒山区、地质灾害易发区，行路难、吃水难、上学难、就医难、通信难、看电视难等问题仍十分突出。

四、新阶段贵州农村扶贫开发面临的机遇、挑战、趋势

（一）机遇

进入“十二五”以来，贵州农村扶贫开发面临良好的机遇，中央对西部和贵州的政策支持力度越来越大，财政支持的力度也越来越大。同时，随着贵州经济社会发展速度加快，发展方式不断转变，对农村扶贫开发的支持力度也不断加大。

1. 政策支持

2010年6月，中共中央、国务院引发了《关于深入实施西部大开发战略的若干意见》（中发［2010］11号）文件，多个方面涉及贵州。2011年12月，中共中央、国务院印发了《中国农村扶贫开发纲要（2011—2020)》，明确了将武陵山区、乌蒙山区、滇桂黔石漠化区等3个涉及贵州省的连片特困地区也是今后10年扶贫攻坚的主战场。2012年1月，国务院出台了《国务院关于进一步促进贵州经济社会又好又快发展的若干意见》（国发［2012］2号)，提出了贵州省作为“扶贫开发攻坚示范区”的战略定位。2012年2月，国务院正式批复同意国家发展改革委组织编制的《西部大开发“十二五”规划》，贵州省黔中经济区成为率先发展的11个重点经济区之一。

2. 中央财政支持力度

近年来，中央对“三农”和扶贫的投入不断加大。2010年，中央财政用于“三农”的支出合计8579.7亿元，增长18.3%。其中：支持农业生产支出3427.3亿元，对农民的粮食直补、农资综合补贴、良种补贴、农机购置补贴支出1225.9亿元，促进农村教育、卫生等社会事业发展支出3350.3亿元，农产品储备费用和利息等支出576.2亿元[1]。2011年，中央财政用于“三农”的支出合计10497.7亿元，增长22.4%。其中：支持农业生产支出4089.7亿元，对农民的粮食直补、农资综合补贴、良种补贴、农机购置补贴支出1406亿元，促进农村教育、卫生等社会事业发展支出4381.5亿元，农产品储备费用和利息等支出620.5亿元[2]。2012年，中央财政安排用于“三农”的投入为12287亿元[3]。

---

[1] 谢旭人：《关于2010年中央决算的报告》，www.mof.gov.cn，2011年6月27日。

[2] 谢旭人：《关于2011年中央决算的报告》，www.mof.gov.cn，2012年6月27日。

[3] 国务院：《国务院关于落实〈政府工作报告〉重点工作部门分工的意见》，2012年3月22日。

同时，中央逐步构建完善财政综合扶贫政策体系，形成了由专项扶贫、改善民生、发展农业生产等七方面组成的财政综合扶贫政策体系。2010 年，中央财政用于农村贫困地区使贫困农民直接受益的综合扶贫投入约 1618 亿元[1]。其中中央财政专项扶贫支出 222.68 亿元，增长 12.9%，重点支持贫困程度深、扶贫任务重的中西部革命老区、民族地区、边疆地区、贫困地区发展，帮助贫困地区改善生产生活条件，培育特色优势产业，增强贫困地区贫困群众自我发展能力[2]。2011 年，中央财政综合扶贫投入达到 2272 亿元[3]，中央财政支出专项扶贫资金 272 亿元，增长 22.1%，支持农村贫困地区改善生产生活条件，培育特色优势产业，帮助贫困群众增收致富，促进连片特困地区推进扶贫攻坚[4]。对贵州而言，得到中央在“三农”和扶贫的支持力度也不断加大。2010 年，贵州获得中央各项补助为 1052.75 亿元，2011 年获得中央各项补助 1508.93 亿元[5]。从 2003 年到 2011 年，贵州获得中央财政扶贫发展资金 111.8 亿元，以工代赈资金 26.8 亿元，少数民族发展资金 4.5 亿元，截至 2012 年 9 月，2012 年共争取中央资金 28.07 亿元（其中中央财政扶贫发展资金 24.4 亿元，同比增长 31.2%）[6]。

3. 贵州经济社会发展

进入“十二五”以来，贵州经济社会发展不断加快，可用于扶贫开发的财政投入也不断增加。2011 年，贵州省生产总值达到 5701.84 亿元，第二产业增加值 2194.33 亿元，工业增加值 1829.20 亿元[7]。2011 年，全省一般预算收入 773.18 亿元，加上中央各项补助 1508.93 亿元、财政部代理发行地方政府债券收入 54 亿元，调入预算稳定调节基金 24.98 亿元，调入资金 6.08 亿元，当年收入合计 2367.17 亿元。全省农林水事务支出达 275.3 亿元，其中省级安排农林水事务支出 52.64 亿元，比上年增加 10.94 亿元，增幅达 26.25%。集中现代农业发展中央补助资金 2.45 亿元和整合地方各类资金 16.33 亿元，

---

[1] 朱宝琛：《财政部：构建财政综合扶贫政策体系》，中国经济网，2011 年 12 月 07 日。

[2] “财政支持民族地区等发展的政策措施”，《中国财政基本情况（2010）》，www.mof.gov.cn。

[3] 谢旭人：《构建完善财政支农政策体系 谱写“三农”科学发展新篇章》，《经济日报》，2012 年 10 月 29 日。

[4] 《财政支持民族地区等发展的政策措施》，《中国财政基本情况（2011）》，www.mof.gov.cn。

[5] 贵州省财政厅：《关于贵州省 2010 年财政预算执行情况和 2011 年财政预算草案的报告》和《关于贵州省 2011 年财政预算执行情况和 2012 年财政预算草案的报告》，www.mof.gov.cn。

[6] 贵州省扶贫办：《关于报送扶贫开发工作总结和工作打算及有关建议的报告》，2012 年。

[7] 贵州省统计局编：《贵州统计年鉴（2012）》，中国统计出版社 2012 年版。

大力支持以茶产业和精品水果为重点的特色优势产业发展。认真落实国家各项涉农补贴政策，及时拨付中央及省级涉农补贴资金52.3亿元。利用中央财政支持小农水重点县建设政策，整合农发、国土、水利等支农资金4.97亿元，省财政安排资金3.1亿元，在22个县实施高标准农田建设76万亩。完善财政扶贫资金投入稳定增长机制，落实脱贫“摘帽”奖励政策，省级安排奖励资金1.37亿元❶。

（二）挑战

1. 农村劳动力，特别是贫困家庭劳动力受教育程度低

贵州农村劳动力，特别是贫困家庭劳动力受教育程度低。2010年，贵州省农村劳动力受教育年限为7.14年，其中每百个劳动力中，文盲或半文盲、小学、初中教育程度的劳动力占90.58%。2011年贵州省农村劳动力受教育年限下降到了7.07年，其中每百个劳动力中，文盲或半文盲、小学、初中教育程度的劳动力上升到占92.15%（见表8）。贫困与教育相互影响，因为教育花费高，所以上不起学；因为上不起学，所以没有知识，没有技能，所以挣不到钱。贫困地区的大多数孩子，往往因为家庭贫困早早走出学校，重复父辈的生活：种地或打工、早早地结婚生子。由于没有文化和知识，他们可能还会继承父辈、祖辈留下来的贫困。

表8　贵州农村劳动力受教育情况　　单位：%，年

指　标	2010年	2011年
文盲或半文盲	12.32	10.29
小学程度	35.70	38.63
初中程度	42.56	43.23
高中程度	6.59	3.78
中专程度	1.91	1.69
大专以上	0.92	1.31
劳动力平均受教育年限	7.14	7.07

数据来源：贵州省统计局编《贵州统计年鉴2012》，中国统计出版社，2012。

2. 低收入人群比重过大问题

贵州农村居民收入呈现“金字塔”结构或偏正太分布，农村低收入人群

❶ 贵州省财政厅：《关于贵州省2011年财政预算执行情况和2012年财政预算草案的报告》，www.mof.gov.cn。

比重比较大，当扶贫标准提高时，贫困人口规模就呈现显著扩大。2010 年，按照 1274 元标准计算，全省贫困人口为 418 万人，2011 年标准提高到 2300 元后，贫困人口规模增加到了 1149 万人。

3. 贫困地区、贫困人口自我发展能力弱

贵州贫困问题与民族地区的发展问题相互交织。少数民族贫困人口占全省贫困人口的 65.6%。黔南、黔东南、黔西南三个自治州农民人均纯收入、人均国内生产总值、人均固定资产投资、人均财政收入仅相当于全国 30 个州平均水平的 83%、52%、46%、52%，以麻山、瑶山为代表的极贫山区，农民人均纯收入不足全国农民人均纯收入 6977 元的一半。

4. 地方财政投入能力的问题

扶贫资金投入严重不足。贵州扶贫工作重点县工业基础薄弱、第三产业发展滞后，中央财政转移支付占本级总支出的 70% 以上，县本级投入扶贫开发的财力严重不足。从农村扶贫开发需要来看，仅仅从黔党发［2012］3 号明确的产业扶贫助农增收主渠道作用，今后着力发展蔬菜、马铃薯、烤烟、油茶、核桃、中药材、茶叶、草地生态畜牧业、乡村旅游、农产品加工等十大特色优势产业，按测算，如期完成十大扶贫产业建设任务，需财政专项扶贫资金 130 亿元左右，按目前中央和省级财政专项扶贫资金年度安排规模，尚有 70 亿元资金缺口。

（三）趋势

（1）从宏观层次来看，农村扶贫开发更加依赖于工业化、城镇化、农业现代化“三化”同步的发展，扶贫开发与过去相比，范围更广，内容更多，需要整体推进，统筹实施。

（2）从微观层次来看，农村扶贫开发的瞄准机制将从过去区域性瞄准转变为区域与个体瞄准相结合，区域性瞄准将更加集中，贫困农户和个人瞄准将更加精确。

（3）从扶贫开发的方式来看，农村低保制度、农村社会保障制度与扶贫开发制度将不断完善和相互衔接。一部分贫困农户将通过社会救助和社会保障来解决，扶贫开发更多侧重以产业化扶贫方式，培养贫困地区和贫困农民的自我发展能力。

五、加快推进新阶段农村扶贫开发的对策建议

今后一个时期是贵州省全面落实党的十八大精神，按照国发［2012］2 号

文件要求加快创建全国扶贫开发攻坚示范区的关键时期，是扶贫开发工作的重要战略机遇期，是为 2020 年与全国同步建成全面小康社会打下具有决定性意义的攻坚期。

（一）继续创新扶贫机制，提高扶贫政策的针对性和有效性

新一轮扶贫开发重点任务正在由保障贫困人口温饱问题向保障贫困人口温饱并实现贫困人口稳步致富转变，将会形成贫困人口“基本生活靠最低保障，脱贫致富靠扶贫开发”的新机制，尤其要力争实现创新扶贫对象瞄准机制、创新资金使用机制、创新扶贫攻坚重大事项推进机制、创新“大扶贫”推进机制以及创新完善“减贫摘帽”激励机制等机制的创新。一是积极探索建立贫困人口识别机制、分类帮扶机制、动态监管机制，力争做到准确识别贫困人口，提高政策的针对性和有效性。在扶贫区域上，始终瞄准“三片六山”地区，全面落实和推进三大片区区域发展省、县级扶贫攻坚实施规划，加强跨区域合作。在扶贫人口上，始终把国家扶贫标准 2300 元以下的农村人口作为扶贫对象，通过两项制度有效衔接，不断建立健全贫困人口台账，把扶贫脱贫人口任务落到实处。在扶贫方式上，针对不同情况，实行差别化分类施策，通过产业发展、劳动力培训转移、贷款贴息、自主创业就业、生态移民搬迁、社会救助等方式推进扶贫开发，通过开发式扶贫促其脱贫致富。对经过甄别的农村低保对象，力争做到应保尽保，通过救济式扶贫解决其基本生活问题。通过救济式扶贫与开发式扶贫的有机结合，实现对贫困地区农村贫困人口既全面扶持，又做到因户施策，可大大提高扶贫政策的针对性和有效性。

（二）着力加快创建全国扶贫开发攻坚示范区

全面落实党的十八大精神和国发［2012］2 号文件，切实把加快创建全国扶贫开发攻坚示范区作为深入推进扶贫开发工作的主线，把稳定实现扶贫对象“两不愁三保障”作为推动扶贫工作的出发点和落脚点，按照“区域发展带动扶贫开发、扶贫开发促进区域发展”的新思路，把扶贫攻坚作为第一民生工程来抓，以“三片六山”（武陵山片区、乌蒙山片区、滇桂黔石漠化片区；麻山、瑶山、雷公山、月亮山、大娄山、乌蒙山）为主战场，把稳定解决扶贫对象温饱、尽快增加群众收入、稳步实现全面小康作为首要任务，通过稳步提升喀斯特山区水利建设、生态建设、石漠化治理“三位一体”综合治理成效，稳固形成专项扶贫、行业扶贫、社会扶贫“三位一体”的大扶贫格局，以区域推进、连片开发、扶贫到户为主要方式，实行扶贫开发和农村低保“两轮

驱动”，创新扶贫开发机制，不断探索贫困地区科学发展、后发赶超的新路子，为新时期全国扶贫开发工作积累经验、作出示范，加快把贵州建设成全国多民族聚居区、石漠化地区、欠发达省份开发扶贫攻坚示范区，建设成经济持续增长、政治文明进步、文化繁荣发展、民族团结和睦、社会和谐稳定、生态环境良好的后发赶超示范区。力争到2016年，20个县（市、区）实现全面小康，30个国家扶贫开发工作重点县、500个贫困乡实现“减贫摘帽”，5000个贫困村整村推进，农村贫困人口减少到500万人以内，“三片六山”地区农民人均纯收入增幅高于全省平均水平2个百分点以上。到2018年，全面实现50个国家扶贫开发工作重点县、934个贫困乡“减贫摘帽”，8000个贫困村整村推进，“三片六山”地区农民人均纯收入在2012年的基础上翻一番。到2020年，全面实现武陵山片区、乌蒙山片区、滇桂黔石漠化片区区域发展与扶贫攻坚规划目标，稳定实现全省扶贫对象不愁吃、不愁穿，保障其义务教育、基本医疗和住房，与全国同步建成全面小康社会。

（三）通过推进产业扶贫，稳步提高贫困地区的自我发展能力

产业化扶贫是增强贫困人口“造血”功能和提高自我发展能力的很好方式，可以提高贫困人口的参与性、主动性和责任心，也是推进贫困人口在脱贫基础上实现稳步致富的重要保障。要按照“产业化提升农业、工业化致富农民、城镇化带动农村”的思路，大力推进“三化同步”。

一是统筹推进“三化同步”。积极发挥贫困地区在发展特色农业、资源类产业加工、乡村旅游等的比较优势，引进战略投资者，积极推进区域资源优势向产业优势转变，培育新的经济增长点。加快农业现代化进程，大力推进农业结构调整，转变农业发展方式，实现传统农业向现代农业转变，小农经济向市场经济转变。加快工业化进程，广泛吸纳农村贫困人口非农就业，促进农村人口向城镇和产业转移，通过减少农民来富裕农民。大力发展特色优势产业及农产品加工业，提升农业经济效益。有序促进农村土地向大户、公司、专业合作社流转，发展规模经营，提高土地利用水平。要加快城镇化进程，促进城乡互动，产业聚集，以城镇化带动工业化、农业现代化同步协调发展。突出加快小城镇建设，科学编制规划，完善基础设施，活跃城镇经济，加强城镇管理，建设一批各具特色的小城镇。推进小城镇建设与新农村建设“双轮驱动”，推进小城镇建设与扶贫产业协调发展，促进扶贫开发以整村推进为基础，向整乡数乡和整县推进、连片开发转变，形成城乡统筹、产业互动的良好格局。二是全面实施产业扶贫专项规划，大力培育核桃、中药材、蔬菜、马铃薯、烤烟、茶叶、草地生态畜牧业、油茶、乡村旅游、农产品加工十大扶贫特色优势产业，建立健全考核激励机制，加快把十大扶贫产业培育成贫困群众增收致富的支柱产业。每个贫困县因地制宜选择 1～2 个作为支柱产业来培育，确保每个支柱产业覆盖县域内 50% 的贫困乡镇、70% 的贫困村和 80% 的贫困人口，逐步形成“一乡一品、一县一业”特色突出的产业发展格局。按照“品种优化、品质改善、品牌营销”的要求，以贫困村为基本单元，加快发展扶贫龙头企业和农民专业合作经济组织，大力发展山地农业产业园区，采取“市场＋园区＋企业＋合作社＋农户＋基地”等组织模式，在产业特色化、基地规模化、经营产业化、加工精深化、产品市场化、生产标准化上下功夫，改造提升传统优势产业，拓展产业幅、形成产业链、构建产业群，实现集聚发展、集约发展。加大农产品品牌、注册商标和地理标识保护力度，提高农产品质量，加强食品安全建设。扶持壮大省农经网和淘宝网贵州特色馆，加强与国内相关知名网站合作，不断提高优势农产品网上销售率，发展一批骨干物流企业和大型物流园区。大力推进农业信息“进村入户”，加强扶贫产业科技特派员队伍建设。全面实施《贵州省生态文化旅游发展规划》等各类旅游规划，促进农业与旅游的深度融合发展。

（四）注重扶贫与生态保护的有机结合，稳步推进“三位一体”综合治理

针对居住在自然条件恶劣、缺乏基本生存条件的深山区、石山区，以及水源涵养林区、自然保护区、地质灾害区等生态环境脆弱地区的群众，要全面实施扶贫生态移民工程，需要以整村、整社整体搬迁为主，把扶贫生态移民作为减少贫困人口和推进城镇化的重要手段，用 9 年时间完成 200 万人扶贫生态移民搬迁。把生态移民与新农村建设、农村危房改造、小城镇建设、旅游开发等结合起来，探索不同的有效移民模式，建立不同风格的移民新村。积极探索移民人口到城镇购买经济适用房或租住廉租房的新途径和新方式。认真落实扶贫生态移民土地、产业、就业、户籍和社会保障政策，加强对移民人口的创业就业和生产生活习惯培训，使之能够尽快融入当地居民生活，确保移民搬得出、留得住、能就业、有保障。同时，切实加强生态建设和环境保护，加快实施《贵州省水利建设生态建设石漠化治理综合规划》，建设一批中小型水库和引提水工程项目，深入推进小水窖、小水池、小塘坝、小泵站、小水渠建设。大力实施 78 个县石漠化综合治理工程，加强石漠化地区生态用水研究，形成水利工程与生态建设良性互动，大力打造国家级石漠化综合治理示范区。推进退耕还林（草）、天然林资源保护和森林抚育、长江珠江防护林、自然保护区建设、湿地保护与恢复、草地开发利用等工程，加强森林管护，提高河流、湖泊以及森林等生态系统涵养水源、调节局部气候的功能，推进绿色发展、循环发展、低碳发展，努力走出一条破解资源环境制约难题的新路子。建立健全生态补偿、赔付和监督机制，实行“谁污染、谁治理”和“谁受益、谁补偿”，确保生态保护区群众不因保护生态而降低生活质量。

（五）完善贫困地区基础设施，着力推进基础设施向县以下延伸

全面提升“三片六山”地区水、电、路、气、房和环境改善“六到农家”水平。加快县县通高速公路、乡乡通油路（水泥路）和村村通公路建设进度，实现100%的行政村通客车，20户以上集中居住的村寨有公路连接。全面解决农村人畜饮水安全问题，提高自来水普及率，城镇周边实现城乡一体化供水，20户以上集中居住的村寨全部实现自来水（自流水）供应。全面解决无电户用电问题，提高农村用电安全保障水平。实现100%的行政村通电话、宽带，100%的农户通广播电视，自然村和交通沿线手机信号全覆盖。加强社会主义新农村建设和农村危房改造，扩大小水电代燃料规模和范围，带动农村改厨、改厕、改水等，优先支持有条件的贫困户用上沼气。

（六）着力推进贫困地区社会事业发展

巩固发展农村新型合作医疗成果，不断提高参合率。全面开展新型农村社会养老保险工作，对无力承担个人缴费责任的贫困群众，政府要代为缴费，帮助其参保。探索建立“多缴多得、长缴多得”的缴费激励机制。进一步完善农村最低生活保障制度、五保供养制度、临时救助制度，实现应保尽保、应扶尽扶。通过社会保障的全覆盖，促进扶贫开发与农村低保制度的有效衔接，形成“生存靠低保、发展靠扶贫”的工作机制。大力发展教育事业，统筹解决好“三片六山”地区各县中小学学生食堂、教师周转宿舍、营养午餐等问题，巩固“两基”成果，逐渐普及学前三年教育和高中阶段教育。认真实施国家贫困地区儿童营养干预试点项目，对贫困学生的非义务教育进行资助，免除中等职业教育学校家庭经济困难学生和涉农专业学生学费。大力发展公共文化事业，确保县县有图书馆、文化馆，乡乡有综合文化站，村村有文化活动室，并全部实行免费开放。大力发展农村卫生事业，健全县乡村三级卫生服务网络，实现乡镇医院全部配备使用基本药物，至少有1名全科医生。严格计划生育国策，加大计划生育奖励扶助力度，积极实施“少生快富”扶贫工程，控制人口数量，提高人口质量。

（七）完善政策措施保障

1. 加大扶贫开发资金支持力度

国家提高扶贫标准后，随着贵州省农村贫困面的扩大，既要巩固提升扶贫成果，全面推进扶贫对象脱贫，又要突出解决深度贫困问题，困难较大，建议加大对扶贫开发的资金支持力度。一是争取中央财政专项扶贫资金的新增部分重点向贵州省倾斜，并加大均衡性转移支付、民族地区转移支付、国家重点生态功能区转移支付力度。二是争取国家加大对贵州省扶贫生态移民的支持力度。三是适当调整税收政策，对贫困地区通过自身努力发展生产增加的税收，最大限度返还地方以增加扶贫开发的投入。四是全面落实国家取消县及县以下、西部连片特困地区各类公益性建设项目资金配套的政策。五是省级财政逐年增加财政扶贫资金规模。六是创新财政资金使用机制，探索财政专项扶贫资金有偿使用、滚动发展的新方式，主要采取以奖代补、贷款贴息等方式发展产业扶贫项目，通过协议形式明确贫困人口实施扶贫项目的权利义务。对扶贫龙头企业和农村贫困人口在贫困地区发展的经营性项目，优先给予贷款贴息。对贫困地区农村小型基础设施建设项目，实行先建后补或奖励扶持。

2. 加大对以“双十”工程为主要内容的专项扶贫支持

一是着力发展蔬菜、马铃薯、烤烟、油茶、核桃、中药材、茶叶、草地生态畜牧业、乡村旅游、农产品加工等十大特色扶贫优势产业，每年安排3亿元专项资金发展“五大名片”。二是每年度选择十个县创建扶贫攻坚示范县，采取大会战方式，重点在农村基础设施、产业扶贫、生态移民、培训就业、教育扶贫、增加投入等方面安排实施重大项目。三是加快扶贫园区建设，建设贵州山地特色的农业产业园区。

3. 大力实施扶贫攻坚重大事项推进行动

全面落实武陵山片区、乌蒙山片区和滇桂黔石漠化片区区域发展与扶贫攻坚实施规划，每年以省委、省政府名义召开扶贫攻坚推进大会，与“三片六区”地区市（州）政府和省直相关部门签订扶贫攻坚目标责任书，通过建立“定目标、定任务、定时限、定奖惩”的倒逼问责方式，集中实施一批教育、文化、卫生、产业、社会保障等民生工程，把扶贫攻坚重大事项实施内容落到实处，提高扶贫成效。创新扶贫攻坚重大事项推进机制，深入开展创建“扶贫攻坚示范县”活动，每年选择10个县，各安排1亿元左右财政专项扶贫资金集中投入，打造亮点、示范带动，加快实施扶贫攻坚重大事项推进行动，提高扶贫攻坚成效。创新以集团帮扶为龙头的“大扶贫”推进机制。推进专项扶贫、行业扶贫与社会扶贫等的有机结合，深化集团帮扶，完善定点帮扶机制，建立健全与对口帮扶城市和中央国家机关定点扶贫单位的合作发展协调机制，力争实现中直机关、中央企业对贵州省50个国家扶贫开发工作重点县定点帮扶的全覆盖。加强国际扶贫合作交流，鼓励各类企业和社会组织积极支持贫困地区发展，形成攻坚合力。每年深入开展“百企帮百村”活动，组织动员民营企业、社会资本到贫困地区投资兴业，促进贫困地区民营经济加快发展。

4. 加强考核评价

全面推行“省委省政府负总责、省扶贫开发领导小组统筹协调、省分管领导牵头负责、各厅局各司其职、市州具体负责、县乡狠抓落实、实施扶贫绩效考评挂钩、群众主体参与”的管理方式，把扶贫攻坚重大事项实施内容落到实处。从2012年起，按照国家规定，全面实行扶贫工作双线考核机制，对省直相关部门和各市（州）、县（市、区、特区）政府按扶贫攻坚重大事项年度内容，分别考核奖惩。创新完善“减贫摘帽”激励机制。全面落实重点县、贫困乡镇加快脱贫致富奖励政策。对提前“摘帽”的重点县、贫困乡，原有扶持政策不变，并从“摘帽”当年起至2018年，每年给予定额奖励，在产业发展、石漠化治理、水利设施建设、生态建设等项目上优先给予安排。实行“摘帽”绩效与政绩考评挂钩。建立健全扶贫对象动态管理和扶贫开发统计监测机制，对扶贫项目实施进度、建设质量、建设成效等重要内容，进行跟踪监测和综合评价考核。

（八）充分利用并积极争取国家政策支持

1. 充分利用好财税政策

建议加大中央财政专项扶贫资金的扶持力度，明确中央财政专项扶贫资金每年对扶贫开发总投入的增长幅度应当高于其财政经常性收入的增长幅度。同时，贵州全国贫困人口最多、贫困面最大、贫困程度最深的省份，基本公共服务历史欠账多，扶贫开发成本高，是全国扶贫攻坚的主战场、决战区和示范区。建议中央财政专项扶贫资金加大对贵州的倾斜力度，并重点向特色优势产业、劳动者素质提高、改善基本生产生活条件等方面倾斜。建议国家调整相关财税政策，让贫困地区在资源开发过程中能够得到更大收益。我国有不少贫困地区往往也是资源富集地区，如煤炭、石油、天然气、水电、有色金属、黑色金属矿产等，国家要调整相关财税政策，使这些贫困地区能够在资源开发过程中能够有更多的收益。

2. 充分利用好差别化产业政策

一是争取将贵州省遵义市绥阳县、六盘水市钟山区、盘县、黔西南州兴义市纳入国家集中连片特困地区规划范围。二是争取国家支持贵州省实施生态移民工程。贵州现有约 35 万户 150 万人左右的农村贫困户、散居户及地质灾害影响户居住在远离水源、基础设施落后、交通不便的深山区、石山区、高寒山区和地质灾害易发区，农户吃水难、行路难、用电难、住房难、就医难等问题极为严重，通过其他扶贫方式难以实现彻底脱贫致富，而且扶贫成本高，返贫现象普遍。对这部分贫困群体，最有效的办法就是采取依托小城镇集中安置、产业结构调整安置等方式实施生态移民工程，对这部分农户实施整体搬迁，需要国家生态移民资金的支持。

3. 充分利用好投资政策

一是在公共服务方面，由于特殊的地理、自然等方面的原因，贵州省在公共服务均等化，保障和改善民生，交通、水利等基础设施建设和政府行政支出成本远远高于中西部乃至周边省份。因此，需要中央财政加大对贵州省财政转移支付力度，加大对连片特困地区水、路、房等基本公共服务事业的投入力度，重点实施一批重大民生工程，逐步缩小东西部在基本公共服务上的差距。

4. 扩大扶贫特惠政策

建议将适用连片特困地区的特惠政策扩大到非连片特困地区的贫困乡村和扶贫对象，做到特惠政策与普惠政策的有机结合，使党的扶贫政策惠及每一个扶贫对象。近期，迫切需要将“学生营养餐计划”推广到贵州非连片特困地区极贫乡镇中的极贫人口。目前，国家已对贵州省三大片区覆盖范围内的 65 个县实行了“学生营养餐计划”，受益学生约 420 万人。但全省尚有 180 万名贫困家庭学生因地处国家非连片特困地区，享受不到国家每生每天补助 3 元的政策，造成政策执行的不公。

5. 充分利用好对口支援政策

在现有大连市、青岛市、深圳市、宁波市对口帮扶的基础上，已增加了上海市、苏州市、杭州市、广州市等经济发达城市对贵州省进行对口帮扶，使全省除贵阳市以外的 8 个市（州、地）都得到了经济发达城市的对口帮扶，重点向贵州省生态移民、农村寄宿制学校改造、产业化扶贫、社会主义新农村建设等方面进行倾斜扶持。

主要参考文献

[1] 中国农村扶贫开发白皮书 [DB/OL]. finance. sina. com. cn, 2001.
[2] 中共贵州省委、贵州省人民政府关于切实做好新阶段扶贫开发工作的决定(黔党发[2001] 16号) [DB/OL]. fpb. gzlps. gov. cn, 2001.
[3] 贵州省副省长禄智明就贵州扶贫开发有关情况接受集体采访 [DB/OL]. 中国网, 2012.
[4] 贵州省扶贫办. 贵州省武陵山区、乌蒙山区连片特困地区区域发展与扶贫攻坚工作情况汇报 [R]. 2012.
[5] 贵州省林业厅. 贵州省石漠化状况公报 [DB/OL]. www. gzforestry. gov. cn, 2012.
[6] 贵州省扶贫办. 关于报送扶贫开发工作总结和工作打算及有关建议的报告 [R]. 2012.
[7] 贵州省统计局. 贵州省2013年国民经济和社会发展统计公报 [DB/OL]. www. gzgov. gov. cn, 2013.

区 域 篇

2013年贵阳市农村扶贫开发报告

贵阳市农业委员会（市扶贫办）

摘　要

贵阳市长期坚持走开发式扶贫之路，实行扶贫开发与社会救助有机结合，贫困人口显著减少并于2012年底全市实现了整市脱贫，比全省其他地区提前6年全面完成扶贫开发目标任务。全市总结出“三位一体、三化带动、城乡统筹、整市脱贫、率先小康”的开发模式。但扶贫开发工作任务仍很艰巨和繁重。进入新一轮扶贫开发后，国家对扶贫开发提出了新的目标任务和要求，贵阳市要以在全省率先建成全面小康社会为目标，以建设生态文明市为总揽，以“三化同步”助推扶贫开发为抓手，以贫困程度较深的18个贫困乡（镇）和449个贫困村为主战场，以创建扶贫开发攻坚示范乡村为载体，以构建专项扶贫、行业扶贫和社会扶贫“三位一体”大扶贫为支撑，推动贫困地区经济社会生态实现跨越式发展，为打造全省扶贫攻坚示范区作出积极的贡献。全市推进新一轮农村扶贫开发，着力在：进一步加大财政资金扶持力度；扎实推进整村推进扶贫开发；完善新一轮扶贫开发政策措施；积极扶持做大做强扶贫产业；大力提高贫困地区劳动者素质；进一步做好扶贫贴息贷款工作；围绕产业发展加强基础设施建设；健全完善全社会参与的大扶贫体系。

关键词

开发式扶贫　贵阳市　整市脱贫

近年来，贵阳市坚决贯彻执行《中国农村扶贫开发纲要（2001—2010）》和省委、省政府《关于切实做好新阶段扶贫开发工作的决定》，始终坚持开发式扶贫的方针，积极推进农村扶贫开发。特别是2011—2012年，全市认真落实《中国农村扶贫开发纲要（2011—2020）》和省委、省政府关于贯彻落实

《中国农村扶贫开发纲要（2011—2020）》的实施意见，紧紧抓住《国务院关于进一步促进贵州经济社会又好又快发展的若干意见》（国发〔2012〕2号）出台带来的重大机遇，按照市第九次党代会提出的“一先二超一提升”奋斗目标，坚持“三位一体、三化带动、城乡统筹、整市脱贫、率先小康”的开发模式，更新观念、大胆探索、勇于创新、攻坚克难，以率先在全省实现整市脱贫和全面小康为目标，以工业化、城乡一体化、农业现代化“三化同步”为动力，以创建扶贫攻坚示范市为抓手，以构建专项扶贫、行业扶贫、社会扶贫“三位一体”的大扶贫开发体系为支撑，着力创新扶贫开发长效机制，强力推进扶贫攻坚，取得了显著成效。截至2012年底，全市完成了农村18个贫困乡（镇）“减贫摘帽”和32万贫困人口、26.8万扶贫开发对象全部越过国家扶贫开发新标准线，实现了整市脱贫，比全省其他地区提前6年全面完成扶贫开发目标任务，为在2015年实现全面小康打下了坚实基础。

一、贵阳市农村扶贫开发历程、现状及特点

（一）农村扶贫开发历程

自党的十一届三中全会召开到新世纪以来，贵阳市农村扶贫开发经历了救济式扶贫、开发式扶贫、攻坚式扶贫和新阶段扶贫发展时期，按照扶贫开发时间和工作特点可分为四个发展阶段。

1. 第一阶段（1978—1993年）

有组织、有计划、大规模的扶贫开发阶段。这一阶段分为两个时期：一是体制改革推进扶贫开发时期（1978—1985年）。1980年2月贵阳市委转发花溪区《关于进一步落实农村经济政策若干问题的意见》，首次鼓励“可以包产到户”；当年7月在贯彻省委《关于放宽农业政策的指示》意见时，突破性提出“包产到户”政策，实行生产经营逐步自主，农产品价格逐步放开，调动了广大农民生产积极性，劳动生产率大大提高，促进了农业生产发展。到1982年，全市包干到户生产队已占98%，农民人均纯收入213.39元，比1978年增长208.98%；全市408个贫困队1.24万贫困户80%解决了温饱。到1985年，95%的贫困户基本摆脱贫困，部分农民接近或达到富裕水平。二是开发式扶贫推动时期（1986—1993年）。1988年省委、省政府下发了《关于1988年深化农村改革的意见》，将完善土地承包管理制度、提高土地生产率作为农村改革重要内容。贵阳市成立专门工作机构，安排专项资金，制定优惠政策，明确工

作目标，解决“三不”问题（食不果腹、衣不蔽体、房不遮雨），实行救济式与开发式扶贫共同推进，注意抓好救济与开发、生产与生活、生产性扶持与改善生态环境、经济开发与社会化服务体系建设。通过稳定土地承包期、完善家庭联产承包制，推广科技、发展乡镇企业和促进多种经营等，特别是发展村办企业、经济联合社、专业协会等合作经济组织，有效调动了农村家庭经营积极性，既适应了农业生产特点和水平，又适应了农业社会化大生产的要求，涌现出小箐、金关等产值千万元的村，带动了农户脱贫增收。

2. 第二阶段（1994—2000 年）

以工促农的扶贫开发阶段。1994 年国务院出台了第一个扶贫文件《国家八七扶贫攻坚计划》，提出在 20 世纪内基本解决全国农村 8 千万贫困人口的温饱问题。1996 年贵阳市实行市带县体制，原属安顺地区的清镇、修文、息烽、开阳划归贵阳，使全市贫困人口从 1.5 万增加到 31.58 万，其中息烽为国家重点贫困县。在这一阶段，贵阳市 1994 年下发了《关于加强农村基层党建工作、进一步深化“双带双建一奔”活动的意见》（党员带头致富、党员带领群众共同致富、建文明村寨、建文明农户、共同奔小康），激发了农村基层党组织活力，累计联系贫困户 1.68 万户，脱贫 1.18 万户。1998 年下发了《关于进一步稳定和完善农村土地承包关系的通知》，积极推进第二轮土地承包，通过建立健全社会化服务体系，实施科技兴农战略，推动农业向产业化、专业化、生态化发展。如引进恒霸、神奇、汉方等制药企业，打造了 8000 亩“贵阳药谷”等辐射带动农户的农业产业化模式；小河区金山村办金海农业科技开发有限公司引进国外优质水果，发展 3 万余亩基地，辐射带动农户 4000 余户。全市形成了反租倒包、公司 + 农户、公司 + 基地 + 农户等多种产业化模式，连片规模化基地不断增多。另外，还出台了《贵阳市建立和完善农村特困群众社会救助实施意见》，对特困群众从组织、致富门路、市场、投入上进行帮扶。同时，大力加强农村基础设施建设，使农村面貌焕然一新。实行市带县体制后，全市计划每年脱贫 10 万人，三年内使贫困人口基本脱贫，实际上 1996 年脱贫 12.2 万人，息烽县当年就摘掉国家重点贫困县帽子。

3. 第三阶段（2001—2010 年）

为达到小康水平创造基础条件的扶贫开发阶段。2000 年贵阳市农村年人均收入 1200 元以下的贫困人口为 47 万，占全市农村人口 26%，其中在 800 元以下的极贫人口达 21 万。根据国务院《中国农村扶贫开发纲要（2001—2010）》和省委、省政府《关于切实做好新阶段扶贫开发工作的决定》，贵阳市编制了《贵阳市 2001—2010 年扶贫开发规划》，出台了《中共贵阳市委、贵阳市人民政府关于搞好新阶段扶贫开发，加快小康建设的决定》，进一步加大资金投入，加快推进扶贫开发进程。在这一阶段，全市累计投入各种财政扶贫资金 6.4 亿元、整合部门资金和吸引社会帮扶资金近 35 亿元，帮助贫困地区加强生产生活设施建设，推进产业结构调整，使扶贫开发水平有了极大提升。

特别是在“十一五”期间全市农村扶贫开发取得了突出成效。农村基础设施建设进一步加强，完成农村村级公路建设 655 条、3259.44 公里，2010 年底 81% 的行政村通硬化路；实施“渴望工程”、“解困工程”，投入资金 5.7 亿元，兴建农村饮水工程 3000 处，解决近 140 万农村人口饮水问题；实施农村生态能源工程，投入财政资金 4.6 亿元，补助 22.4 万农户建设以沼气池为主及圈、厕、灶、进户路改造的“四改一气”；全面完成农村电网改造，实现城乡用电同网同价；实施“村村通”工程，投入资金 9200 多万元，建成农村广播站 4129 座；18 个贫困乡（镇）及 449 个贫困村电信、移动通讯实现全覆盖。农村经济发展进一步加快，全市第一产业增加值年均增长 8%，2010 年达 57.1 亿元；农民人均纯收入年均增长 14.2%，比全国平均水平高 2.2 个百分点，2010 年农民人均纯收入达 5976 元，在西部省会城市中列第 6 位；城乡收入差距比由 2005 年的 3.07∶1 缩小到 2010 年的 2.78∶1。农村贫困人口大幅减少，从 2000 年的 47 万减少到 2011 年的 13.9 万，减少 33.1 万，农村贫困发生率从 30.3% 下降到 7.4%。

贵阳市“十一五”期间扶贫任务完成情况 （单位：元、万人、%）

年　度	国家贫困线标准	贵阳市贫困人口	占全省比例	贵阳市减贫任务	实际完成数
2006	958	19.96	2.82	0.5	0.5367
2007	1067	16.71	2.77	0.5	0.58
2008	1196	16.98	2.9	1.55	1.6014
2009	1196	16.12	2.9	1.57	1.6689
2010	1196	17.16		1.53	1.5397

4. 第四阶段（2011—2015 年）

整市脱贫提升的扶贫开发阶段。2011 年贵阳市农村贫困人口为 13.9 万，但是按照 2012 年初国家新贫困标准 2300 元，全市贫困人口上升为 31.99 万，仍有18个贫困乡（镇）、449个贫困村，其中农村扶贫开发对象为95220户、共26.8万，主要分布在三县一市和花溪区。在这一阶段，国家进一步加大了扶贫开发工作力度，出台的文件规格更高，扶贫标准进一步提升，工作目标层面更高，强调要更加注重转变经济发展方式，增强扶贫对象自我发展能力，基本公共服务均等化，解决制约发展突出问题，着力构建专项扶贫、行业扶贫和社会扶贫“三位一体”的扶贫工作格局。省委、省政府更加重视农村扶贫开发，坚持将扶贫开发作为新时期第一民生工程来抓，出台了《关于贯彻落实〈中国农村扶贫开发纲要（2011—2020）〉的实施意见》（黔党发［2012］3号），将省扶贫办单列出来作为履行扶贫开发职能的正厅级建制单位。适应发展新形势，贵阳市出台了《关于切实做好新一轮扶贫攻坚工作的实施意见》，切实加大工作力度，实行市领导结对帮扶贫困乡（镇）和有扶贫开发任务的乡（镇），市、区（市、县）直部门结对帮扶贫困村，经济条件好的区结对帮扶扶贫任务多的三县一市，并动员企业与贫困村实施村企共建扶贫点，构建专项扶贫、行业扶贫和社会扶贫“三位一体”的工作格局。同时，加大资金投入，明确了每年安排5千万元专项扶贫资金，动真格打响扶贫开发攻坚战；出台系列管理办法，进一步加强制度建设，完善工作体制机制。通过倾力构建现代农村大扶贫体系，强力推进农村扶贫开发。

贵阳市第九次党代会提出了扶贫攻坚的奋斗目标，就是在2012年全面完成18个贫困乡（镇）“减贫摘帽”和32万贫困人口全部越过贫困线，在全省率先实现整市脱贫；在2015年全面实现扶贫对象“两不愁、三保障、一高于、一接近”的目标，在全省率先建成全面小康。2012年全市围绕这一目标，突出改善农村生产生活条件。重点实施了3.1万亩基本农田基础设施、1000公里串户路、1300公里机耕道、1500公里生产便道、30个大中型沼气池、20个农村清洁工程、2个新农村“整乡推进”省级试点项目、200户庭院经济示范户和100个文明示范村寨改造工程等项目建设；完成农机具购机补贴资金3132万元，购置补贴农机具19807台（套），农机总动力达138万千瓦，同比增长5%；积极开展农村富余劳动力培训，完成“雨露计划”农村劳动力培训11511人，“阳光工程”7040人，实现农村劳动力就业转移或转产25880人。通过加强和完善农村基础设施，农村综合生产能力进一步增强。到2012年12月，全市农村扶贫开发对象95220户、26.8万贫困人口全部越过年人均收入2300元国家扶贫开发新标准线，18个省级扶贫开发重点乡（镇）实现了“减贫摘帽”。同时，开展了省扶贫开发重点村“减贫摘帽”试点，完成了南明区小碧乡大地村和马寨村“减贫摘帽”。全市达到了“整市脱贫”目标，比全省提前 6 年完成扶贫开发目标任务，开创了扶贫开发工作新纪元，推动了扶贫开发跨越式发展。

（二）农村扶贫开发现状及特点

贵阳市长期坚持走开发式扶贫之路，实行扶贫开发与社会救助有机结合，着力改善贫困地区生产生活条件，大力培育发展种养加特色优势主导产业，不断提高贫困对象自我发展能力，切实加强生态环境保护和社会事业发展，使贫困地区经济转型不断加快，经济规模不断扩大，经济实力不断增强，贫困农户收入不断增多，贫困人口显著减少并最终全部超过贫困线。农村贫困地区经济社会全面发展，为全市经济发展、政治稳定、人民团结、社会和谐发挥了重要作用。

1. 贫困地区生产生活条件有了明显改善

农业和农村基础设施是农民增收的保障，是改善农村社会民生的重要途径。通过加强社会主义新农村建设，安排项目和资金向贫困地区倾斜，加大对农业与农村基础设施建设投入，全市贫困地区农田水利建设、病险水库除险加固、安全饮水、动物疫病防控、农业科技研发推广、农村现代流通体系等基础设施建设取得了重大进展和明显成效。2006 年贵阳市基础设施建设获得“国家十大政府创新典型奖”。特别是 2012 年贵阳市通过大力实施水、电、路、气、房和优美环境“六到农家”工程，着力推动基础设施向农村贫困地区延伸，挖掘贫困地区开发潜力，使农村面貌焕然一新。农村基础设施不断完善，有效地改善了农民住房条件和村容村貌，有效地解决了贫困地区农户出行难的问题，改善了贫困地区生产生活条件；有力地推动了农村生态环境建设，进一步优化了贫困地区生存发展环境，为创建美丽农村奠定了良好基础。

2. 贫困地区增收脱贫致富产业发展壮大

根据省产业化扶贫“突出重点、打造亮点、示范带动、区域推进”的思路和扶贫产业项目“23578”的要求，贵阳市出台了《贵阳市人民政府关于坚持走生态农业发展之路、加快农业产业结构调整的实施意见》，大力实施产业化扶贫。全市紧紧围绕确定的“畜、禽、蛋、奶、蔬、果、花、茶、药、烟”等特色优势主导产业，坚持以市场为导向，加强贫困地区产业结构调整，按照“扶贫项目产业化、产业项目园区化、园区项目现代化”的思路，突出打造优势产业园区、特色经济作物产业带和特色产业板块等区域主导扶贫产业，着力推进整村连片开发，建成了一大批有一定规模、主导产业明确、地方特色突出的产业化扶贫基地。通过产业化扶贫，贫困地区增收脱贫致富产业不断发展壮大，有效拓宽了贫困农户的增收门路，农民群众收入持续稳步增长。如2012年全市加大贫困地区特色优势主导产业培育，新建特色蔬菜、精品水果、核桃、特色茶叶、中药材、脱毒马铃薯等产业化基地共9.5万亩，有力促进了全市贫困乡（镇）“减贫摘帽”和贫困人口顺利脱贫。

3. 农村贫困人口减贫脱贫效果十分明显

针对农村贫困人口分布呈区域性和“插花式”并存的现实，全市一方面努力做到产业项目尽可能覆盖，另一方面按照“抓大不放小”，按照“宜种则种，宜养则养，宜转移就业则加强培训”的原则，采取因人设计、按户施策的办法，大力实施“三个一脱贫细胞”工程，实现每户贫困农户转移就业1人，或每户种植1亩蔬菜（经济林），或1户掌握1项二、三产业增收致富门路；并且在贫困地区切实加强人口与计划生育工作，建立健全奖励、保障、救助、优惠计划生育利益导向的“四项制度”机制。通过采取各种有力措施，使每个贫困户都找到增收办法，从而促进全市农村贫困农户收入持续稳定增长，贫困人口不断减少。据统计，2012年贵阳市有扶贫开发任务的花溪、清镇、修文、开阳、息烽等5个区（市、县）农民人均纯收入分别达9025元、8119元、7764元、8035元和7759元，同比分别增长20%、18%、20%、19%和21%，均保持两位数增长。全市全年共减少年人均收入2300元以下农村贫困人口26.8万人，农村贫困发生率由年初的16.8%下降到2.7%，下降幅度达14.1%。

4. 贫困地区扶贫培训取得新突破

为有效提高农村贫困劳动力素质，全市着重开展了扶贫干部培训、农民实用技术培训和贫困村劳动力转移就业培训等。主要是实施“就业技能提升工程”，积极开展农业产业化技能培训，引导农村劳动力参加龙头企业打工培训；强化农企联姻，开展农村劳动力转移就业技能培训，使其成为农业产业化经营者或向非农产业转移；开展“送教上门”式培训，进行“阳光工程”技能培训，增强贫困农民创业就业本领；实施农村“零转移就业家庭工程”，帮助贫困农户至少有1人转移就业或自主创业等。“十一五”以来，全市共完成农村贫困人口培训11.9万人，2012年全市参加各种职业技术培训劳动力达35032人，同比增加8505人，增长32.1%。通过开展形式多样的培训，大批贫困农民掌握了1~2门农村实用技术，贫困地区涌现出大批科技致富带头人；推动了农村劳动力向城镇加快转移，促进农民向市民转变，共实现农村劳动力转移3万余人。开展扶贫培训越来越成为推动农村扶贫开发的一种有效方法。

5. 社会帮扶不断发展扩大

按照“党政主导、社会参与、整合资源、综合发展”的思路，全市大力实施定点结对帮扶工程，将工作重点放在增强贫困对象自身“造血”功能上。121个市直单位结对帮扶121个贫困村，各区（市、县）直部门结对帮扶其他328个贫困村，做到了449个贫困村均有单位帮扶；113家企业主动与贫困村进行结对帮扶，66家企业签订了结对帮扶协议。同时，积极推行机关部门和企业结对帮扶的“271”工作机制，即机关部门和企业领导每年联系走访帮扶村不少于2次，每年下结对贫困村蹲点不少于7天，每年投入帮扶资金不少于1万元。通过定点结对帮扶，帮助贫困乡、村理清脱贫工作思路，落实帮扶资金和项目，2012年全市共派出入乡驻村机关干部450余人，帮助制定乡（村）扶贫规划（方案）467个，落实帮扶资金达2974.3万元（含以物折资），全市初步建立了专项扶贫、行业扶贫和社会扶贫“三位一体”的大扶贫格局，形成了全社会参与扶贫开发的强大合力。

6. 贫困地区各项社会事业加快发展

积极探索建立城乡统筹的养老、医疗、救助、教育、住房、就业、文化等民生体系，全市形成了以最低生活保障、新型农村合作医疗、新型农村社会养老保险三项制度为核心，以农村五保供养、临时救助、社会福利与扶贫开发相结合的农村扶贫和社会保障体系。扎实推进扶贫开发和扶贫救助保障“两项制度”有机衔接，全市农村低保户和五保户共25417户、51955人全部纳入了农村最低生活保障，实现了“应保尽保”。狠抓教育保障体系建设，完成农村幼儿园建设6所，改扩建中学3所，农村教育保障体系进一步改善，学前三年教育和高中阶段毛入学率分别达69.3%和78.8%。着力抓好医疗保障体系建设，改善乡（镇）卫生环境，农村医疗救助制度进一步完善，新型农村合作医疗农民参合率达98%。

经过长期不懈努力，贵阳市农村贫困面貌发生了天翻地覆的变化，通过强化产业化扶贫和龙头企业带动作用，进一步拓宽贫困农户增收渠道，大幅增加了农民收入；深入开展“创先争优”活动，加强农村基层组织建设，进一步增强了农村基层组织创造力、凝聚力和战斗力；建立健全民主管理制度，有效实施村民自我管理、自我服务、自我监督，进一步推动了农村民主政治建设，提高民主管理水平。随着农村支柱产业不断发展壮大，贫困农民收入持续稳步增长，农村生产生活环境明显改善，社会事业不断进步，最低生活保障制度加快建立，农民生存和温饱问题基本解决，贫困人口大幅减少，生活质量逐步提高，城乡差距逐步缩小。全市农村扶贫开发驶上了快车道，取得了显著成效，在全省做到了“做表率、走前列、作贡献”。

二、贵阳市农村扶贫开发基本做法和经验

多年来，贵阳市始终坚持将扶贫开发作为“三农”工作的重中之重、将“三农”工作作为全部工作的重中之重，按照“突出重点、打造亮点、示范带动、区域推进”的思路，以培育产业增加群众收入、改善条件夯实发展基础、提高农民素质增强致富能力为重点，围绕“十大民生工程”（就业增收、扶贫济困、普教优教、健康、养老敬老、安居、平安、畅通、生态建设、传统美德弘扬），强力推进扶贫攻坚。经过不断实践和探索，全市积累了扶贫开发的丰富经验，总结出“三位一体、三化带动、城乡统筹、整市脱贫、率先小康”的开发模式，取得了显著的经济、社会与生态效益，农村经济社会发展萌发出蓬勃生机，在生态文明城市建设中城乡一体化发展新局面正加速形成。

1. 加强组织领导，确保扶贫开发有序开展

一是将扶贫开发作为第一民生工程来抓。全市各级党委、政府和各部门高度重视扶贫开发和农民增收，坚持将其列入重要议事日程，作为中心工作来抓。突出抓好领导班子“五个功夫”建设，在统一思想、深化认识上下工夫，在突出重点、破解难题上下工夫，在健全制度、常抓不懈上下工夫，在创新载体、统筹兼顾上下工夫，在抓住关键、做好表率上下工夫，充分发挥领导班子在扶贫开发中的重要作用。二是建立扶贫开发重大事项协调机制。在市、区（市、县）二级分别成立扶贫开发领导小组，政府主要领导任组长，党委和政府分管领导任副组长，相关职能部门为成员，切实加强对扶贫开发工作的领导，及时召开工作调度会，加强扶贫规划和重大事项协调。三是加强扶贫开发工作机构和队伍建设。在市农委增挂市扶贫办牌子，在区（市、县）和重点扶贫乡（镇）设立工作机构，在有扶贫任务的乡（镇）配备专职工作人员；调入大批优秀干部充实扶贫部门，使扶贫队伍不断壮大。同时加强扶贫部门和干部队伍建设，推进机关制度、党风廉政、业务能力和干部作风建设；开展扶贫干部培训，积极培养想干事、会干事、肯干事、能干事、干好事的扶贫一线队伍，不断提高干部队伍素质，强化工作责任，转变工作作风，提高工作执行力。四是抓紧抓实扶贫开发实际工作。以是否有利于发展农村生产力、是否有利于增加农民收入、是否有利于改变农村面貌和保持稳定为出发点和落脚点，

大力推进扶贫开发。适应扶贫形势发展，高起点规划，精心编制计划，将扶贫开发纳入统筹城乡发展规划，周密安排部署，进一步加大投入，强化责任措施落实。通过充分发挥党委、政府的主导作用，加强领导，强力推进，确保了全市扶贫开发工作扎实有效开展和目标任务如期完成。

2. 创新工作机制，推动扶贫开发任务落实

一是加强扶贫工作管理。根据扶贫开发的需要，坚持创新工作思路，制定出台了《贵阳市新一轮扶贫攻坚工作考核管理办法》等政策文件，不断完善管理机制，强化扶贫开发工作管理，促进工作的规范化、制度化。二是强化扶贫工作责任制。认真贯彻落实《中共贵阳市委、贵阳市人民政府关于切实做好新一轮扶贫攻坚工作的实施意见重要政策措施重大事项责任分解》、《贵阳市扶贫攻坚工作推进联席会议制度》、《贵阳市扶贫攻坚工作督办督查制度》和《贵阳市推进扶贫攻坚工作信息报送制度》，同时实行扶贫推进工作每周报告排位制度和末位约谈制度，切实加强工作督查督促。通过强化责任，确保扶贫开发工作有效落实和强力推进。三是加强扶贫开发工作目标考核。将扶贫开发任务纳入市政府年度目标考核体系，将各级各部门各单位参与扶贫开发的成效作为干部考核、班子考核的重要内容，建立健全扶贫开发工作的责任考评制度。由市政府与各区（市、县）政府和市直部门签订目标责任书，市督办督查局和市扶贫开发领导小组办公室牵头对全市扶贫攻坚工作实行综合考评，对完成任务好、工作突出的单位和个人给予奖励，对因工作不到位致使扶贫攻坚任务未完成的单位和个人进行问责。四是对扶贫绩效实行“第三方”评估。为进一步规范扶贫绩效考评，对扶贫开发项目实施效果进行第三方评估，促进扶贫绩效由自身评估向社会评估转变。五是加强扶贫开发动态统计监测。全市建立了贫困户信息台账收集系统，印发了《贵阳市农村贫困住户台账表》。通过加强扶贫工作动态统计监测，准确把握农村贫困现状，为制定有针对性的扶贫政策措施提供科学依据。

3. 加强基础设施建设，改善农村生产生活条件

全市高度重视农村贫困地区基础设施建设，坚持将其作为政府重点工作来抓。一是统筹规划农村基础设施建设。按照“水、电、路、气、房、林、电视、电话”十字方针，科学规划、统筹安排农村基础设施建设，坚决避免规模大、效益差的形象工程。坚持将有限的资金投入到最需要的地方，针对农业发展的薄弱环节，突出加强农业基础设施，集中力量切实改善农业和农村基础设施。二是建立完善财政投入长效机制。从纵向上加强中央和地方各级政府的

财政转移支付机制建设，加大中央财政转移支付力度；从横向上加强农村基础设施建设各部门的沟通和协调，建立统一协调机制，进一步整合农业、林业、水利、扶贫、卫生、教育、民政等涉农和扶贫部门资源，切实提高投资和建设效益。通过进一步完善投入机制，全市财政投入不断增长，并引导了大量要素资源投入农业和农村基础设施建设中。三是着力抓好贫困地区基础设施建设。针对三县一市农村基础设施较差的实际，大力实施“整乡整县推进扶贫工程”，突出抓好贫困地区重点基础设施。主要是抓农村道路建设，解决通村道路问题；抓生产设施建设，改善农业生产条件；抓饮水安全，使农民群众喝上放心水；抓环境卫生，改善农村生活环境；抓绿化造林，加强村庄和农田林网建设；抓社区服务设施，完善农村市场和医疗卫生、文化体育等公共服务；抓信息化建设，推进农村广播、电视、通信、网络体系发展等。通过加强农业和农村基础设施建设，使农民生产生活条件得到明显改善，农村综合生产能力显著提升。

4. 突出产业化扶贫，促进贫困农民稳步增收

自确立了“服务城市、富裕农民、城乡一体、协调发展”的思路后，贵阳市长期坚持发展城郊型农业，不断调整农村产业结构，积极发展多种经营，从而突破了单一农业生产模式。实施新阶段扶贫开发后，全市始终突出产业化扶贫重点，坚持因地制宜，大力发展特色优势主导产业，积极推进贫困地区产业化经营。围绕确定的蔬菜、生猪、肉鸡、禽蛋、精品水果、茶叶、中药材等优势特色产业，全市着力构建一县一业、一乡一特、一村一品的产业格局；将产业化扶贫与园区建设有机结合起来，加快建设布局合理、特色突出、环境优美、集约高效、产品安全的产业化、园区化现代特色生态农业基地。同时，实施园区集群、引龙强农、品牌引领、保内拓外、生态循环“五大战略”，强化组织领导、投入供给、技术推广、配套设施“四个到位”，走出了整村推进连片开发的产业化扶贫新路子，建成了一大批覆盖面广、标准化程度高、带动力强的产业化扶贫基地。如107国道沿线番茄园区集群产业带，贵遵路食用菌产业园、生态白菜产业园、供港特色生态蔬菜产业园等特色蔬菜产业园集群的蔬菜产业带，贵开线枇杷精品水果走廊等；台农、小桥、雪峰、阳光健特等山区现代生猪产业示范园区，三联、好一多等山区现代乳业示范园区，温氏、大发、特区希望等山区现代肉鸡产业示范园区，南江、长生源、黔福等山区现代蛋鸡产业示范园区。通过大力实施“产业化扶贫脱贫攻坚工程”，切实抓好优质种养示范基地建设，积极扶持发展扶贫龙头企业和经济合作组织，着力培育

贫困农户参与产业开发的能力，构建进入市场的桥梁，形成了“龙头企业+基地+农户”、“经纪人+基地+农户”等多种产业化经营模式，将贫困群众生产纳入产业化经营之中，实现了千家万户小生产与大市场对接，促进了贫困群众收入稳步增长，产业化扶贫成为贫困农户稳产增收的主要途径。

5. 创新帮扶机制，确保扶贫效果到户

全市坚持瞄准贫困对象，以整村推进为主，积极实施开发式和参与式扶贫，认真落实帮扶工作“一户一策”、“一村一品”政策，着力提高贫困群众收入，使扶贫效果惠及每个贫困户。一是倾力构建农村现代大扶贫开发体系。由市四大班子和纪委分别联系有扶贫开发任务的区（市、县），每个市领导结对帮扶1个有扶贫开发任务的乡（镇），每个市级机关部门和有关单位结对帮扶1个贫困村，实行帮扶单位帮扶点一定3年不变，做到帮扶对象不脱贫，帮扶单位不脱钩。同时，在区（市、县）之间开展结对帮扶，由相对发达的四城区结对帮扶相对落后的三县一市；鼓励企业与贫困村结对，开展扶贫济困，村企共建扶贫点。通过建立优势互补、互利共赢的帮扶机制，动员社会各界广泛参与扶贫开发，形成了基础设施建设+产业化扶贫+社会保障+社会帮扶的大扶贫开发格局。二是加强帮扶到户机制创新。总结推广“企业+专业合作社+贫困户”或“龙头企业（专业合作组织、科研院所）+贫困户”等产业化扶贫模式，将产业化扶贫与扶贫到户政策有机结合起来，进一步创新帮扶到户机制。对帮扶工作明确规定，由市、区（市、县）农委（扶贫办）派农技干部带资金和技术深入贫困乡（镇），驻点帮助产业开发；扶贫（农业）系统干部职工每人结对帮扶1个贫困户，切实做到扶贫帮扶不漏1户贫困户；安排扶贫项目和资金重点向贫困乡（镇）、村、户倾斜。全市850名农技人员和帮扶干部深入基层，进村入户积极开展帮扶工作，在实践中探索实施整村推进新路子，为贫困农户办了大量实事好事，使产业化扶贫和帮扶到户政策得到有效落实，扶贫开发取得突出成效。

6. 拓宽投融资渠道，强化扶贫资金保障

一是加强政府预算资金投入。全市各级政府坚持将扶贫开发工作纳入国民经济和社会发展计划，统筹安排年度预算和部门预算，充分发挥政府专项扶贫资金的引导作用。2006—2011年市级财政安排扶贫预算资金共1.57亿元，2012年安排扶贫预算资金5千万元，增长150%。二是积极争取上级资金支持。2006—2011年全市共争取中央和省财政扶贫资金3.42亿元，中央和省产业化财政扶贫资金共到位15331万元，同比增加6831万元，增长80%，为全市扶贫开发增强了后劲。三是着力强化融资手段。进一步创新扶贫开发资金的投放办法，积极探索和实施财政扶贫开发资金的“滚动发展”与“有偿使用”，以放大资金投放规模，提高资金使用效率；充分发挥市农业投资担保公司投融资作用，撬动金融资金参与扶贫开发；加强农村诚信体系建设，积极培育诚信农户、诚信企业，大力争取金融部门对扶贫资金支持。四是积极做好招商引资工作。加强扶贫开发项目库建设，切实做好项目储备，努力用项目吸引产、加、销龙头企业参与贫困地区经济开发。

7. 坚持城乡统筹，加快农村社会事业发展

建设社会主义新农村的总体要求是“生产发展、生活宽裕、乡风文明、村容整洁、管理民主”，既涉及农业基础设施建设、农村产业协调发展、环境综合整治，又涉及农村劳动力转移就业和社会保障、社会事业全面发展。因而，贵阳市近年来在农村扶贫开发中，根据构建和谐社会的目标，坚决贯彻“整村推进，连片开发，综合治理”的扶贫理念，狠抓贫困地区社会事业发展。按照统筹城乡发展的要求，全市积极探索和建立推动农村贫困地区社会事业加快发展的长效机制。主要是稳步发展农村义务教育，将农村义务教育全面纳入公共财政保障范围，切实改善办学条件，实施现代远程教育，实现城乡优质教育共享、义务教育均衡发展；开展农村劳动力技能培训、农民专业技术培训等，不断增强农村劳动力转移就业择业能力，努力提高农民转移就业工资性收入；健全劳务输出机构，完善劳务服务网络，扶持发展职业介绍服务组织、社会中介机构，提升服务水平，不断提高劳务输出的组织化程度；普及新型农村合作医疗制度，提高医疗补助标准，提高保障水平；建立完善农村社会救助体系，提高农村最低生活保障水平，有效保障“五保户”、特困户、灾民等弱势群体生活。通过抓好扶贫开发与社会救助保障“两项制度”有机衔接，加强各项民生工程建设，扩大了城镇职工、农民工养老、失业、医疗、工伤保险覆盖。贫困地区社会事业全面发展，为加快脱贫致富奠定了坚实基础。

8. 实施生态建设战略，推动农村可持续发展

按照“环境立市”的战略决策，贵阳市制定出台了《关于加快生态农业产业发展强力促进农民增收的意见（2011—2015）》，明确提出纵深推进生态农业产业发展，促进农业产业结构调整和转型升级，实现“增比、进位、突破”的战略目标：以发展贵阳特色生态农业为统揽，深化农业农村综合改革，强力增加农民收入；以保障城市农产品供给为主导，服务城市、富裕农村。全市以转变农业增长方式为突破口，推进两个“100 万亩”（100 万亩生态蔬菜

基地建设、100 万亩生态经济作物基地建设）生态种植基地工程和生态畜牧业翻番工程；借助大专院校、科研院所资源优势，以“院地合作”为科技支撑，建设规模化、标准化、专业化山区现代生态循环农业产业基地，大力发展高产、优质、高效农业；围绕调味品、乳制品、茶叶、蔬菜、饮料、粮油、休闲食品、畜禽制品等农产品，重点扶持一批覆盖面广、带动性强的农产品加工企业；以民族风情、农耕文化、乡村风貌为依托，以农业基地、农业设施、民族村镇为载体，重点打造一批以农村休闲、农业观光、农家体验为主要内容的生态农业旅游示范点；推广“草、畜、沼、水、果、路”“六位一体”的循环经济发展模式，以沼气能源为纽带，将生产废弃物利用和能源使用结合起来，努力形成良性循环；实施“蓝天工程”、“绿色工程”，加强植树造林，合理施用化肥农药，防止环境污染，推动生态环境日益好转。从而实现了农村经济发展和生态建设的“双赢”，贵阳市先后获得“中国优秀旅游城市”、“国家森林城市”、“全国绿化模范城市”、“中国人居环境范例城市”、“国家园林城市”、“中国避暑之都”、“全国文明城市”和“国家卫生城市”称号，良好的生态和气候条件成为可依托的后发优势，“避暑经济”、“旅游经济”逐步转化为农村增收的经济优势。

9. 坚持以城带乡，促进城乡一体化发展

“十一五”期间，贵阳市制定下发了关于加快建设社会主义新农村的决定，将“工业反哺农业，城市支持农村”提升到发展战略高度，进一步强化政府在工农和城乡间的协调管理作用，大力推进城乡一体化。一是建立完善增加对“三农”投入的长效机制。按照“多予少取放活”的方针，不断加大财政对“三农”投入，坚持做到各级财政每年对农业总投入增长幅度高于财政经常性收入增长幅度，坚持将基础设施建设和社会事业发展的重点转向农村。二是建立完善加快推进农村工业化的长效机制。大力实施市区传统工业“退二进三”、“进郊优二”战略，推动产业梯次转移；积极推动乡镇企业实施以农产品加工为重点、以培育特色产品增强竞争力为核心的二次创业，充分发挥乡镇企业在推进农村产业化中的主力军作用和壮大区域经济的主导作用；努力搭建企业用工需求和就业信息交流平台，推动农村富余劳动力向非农产业转移；认真落实强农惠农政策，盘活农村用地存量，扩大土地利用空间，提高土地利用率，规范引导城郊农民的房屋出租产业发展。通过建立健全以工补农、以城带乡长效机制，促进城市基础设施向农村延伸，城市公共服务向农村覆盖，城市现代文明向农村辐射，从而改变了重城市、轻农村，重工业、轻农业，重市民、轻农民的发展状况。全市城乡收入差距比从“十一五”初期的3.26:1下降到2011年的2.63:1，低于全国同期3.13:1的水平。这充分表明由于农村经济社会发展不断加快，广大农民摆脱了贫困，逐步走上了文明富裕的发展道路，全市城乡发展差距正逐步缩小，开始向城乡一体化方向发展。

三、贵阳市农村贫困问题的新特征与原因

经过多年扶贫开发，贵阳市农村贫困地区经济发展不断加快，生存状况明显改观，贫困人口已大幅减少。现有贫困人口主要分布在三县一市和花溪区边远地区，5个区、市、县贫困人口占全市贫困人口总数的90%。这些地区自然条件较差，相对封闭，继续推进扶贫开发难度明显增加，因而全市今后扶贫开发工作任务仍很艰巨和繁重。

1. 扶贫难度加大，扶贫成本提高

全市农村现有贫困地区的主要特点是：地理位置偏僻，距离城区远，交通不便，人口少居住分散，耕地少山地多，垂直分带明显，气候差异大，基础设施落后，抵御自然灾害能力弱，缺乏生产发展的基本条件，公共服务设施欠缺。贫困群众的主要困难是：吃粮难、出门行路难，卖农产品难、买工业品难，电器机械维修难，读书难、看病难，发展难、增收难。特别是农村边远贫困山区基层卫生设施薄弱，卫生人才匮乏，“小病看不好、大病看不了”的情况比较突出；文化教育基础设施落后，师资力量薄弱，使贫困儿童和青少年接受教育的起点与城区差距一开始就很大。贫困山区由于长期发展缓慢，贫困程度深重，同时自然资源和经济资源匮乏，缺乏经济发展优势，缺乏脱贫内在动力，加之社会关注度不够，使扶持发展所需资金量很大，扶贫开发投入成本进一步提高，从而增大了贫困群众脱贫难度，并且极易出现返贫现象。

2. 贫困对象自我发展能力仍然较差

由于农村贫困地区生存条件恶劣，农民群众思想相对保守，受教育程度普遍偏低，生产经营能力差，发展资金短缺，致富门路不多，发展机会少，抵御自然风险能力差等，致使贫困对象自我发展能力差的问题仍然突出，特别是贫困农户增收渠道不宽，发展后劲严重不足。突出表现在：一是主导产业优势不明显，产业覆盖面小；二是农业继续增产增收的压力很大；三是农产品价格上涨对农民增收的拉动作用受到较多限制，主要是受居民承受能力等因素制约，农产品价格上升空间有限；四是农村青壮年劳动力仍然缺乏必要的就业培训，

劳动技能掌握不够，整体素质低，大部分只能从事低技术的体力劳动；五是农民工就业稳定性差，就业创业渠道不多，工资性收入难以稳定增长；六是由于自然与人为因素并存，使致贫返贫现象时有发生。

3. 扶贫开发工作进展不平衡

一是市、县财政配套资金相对 32 万贫困人口来说明显偏少，全市扶贫开发投入对上级的依赖性仍然较大。二是个别地方在扶贫开发中依然存在重基础设施建设、轻产业开发，重项目实施、轻项目后续管理等现象。三是县级以下政府财力有限，扶贫开发力量相对较弱，有的乡（镇）没有配备专职工作人员，导致扶贫开发统计数据不可靠，影响了扶贫项目具体实施和有效监督。四是对边远山区发展的扶持资金投入相对不足，交通好、地势低的地区便于推进产业化扶贫，而部分边远山区和分散贫困人口则很难很好享受到产业化扶持政策；仅有的资金投入重点也不够突出，对贫困山区发展生产，增强“造血”功能，缺乏较好的投入增收导向。

4. 贫困农户脱贫的制约因素较多

全市农村贫困人口致贫因素非常繁杂，一方面有生存环境恶劣，产业发展不足，投入不足、交通落后、科技落后、信息不灵、教育落后，制度设计不合理，家庭成员生病、孩子读书或自然灾害等，一千个家庭，就有一千种情况；另一方面全市农村贫困人口呈区域性分布和插花式分布，条件较好的、好扶能扶的贫困户都已过了贫困线，剩下的大多是交通不便、边远分散的贫困户。因而，仅采取一种扶贫方式已很难奏效，或仅靠常规扶贫手段已很难彻底解决这些地区的贫困问题，如目前以产业化扶贫为主导的扶贫开发模式就很难全面覆盖贫困人口。

5. 社会帮扶工作做得还不够到位

在目前专项扶贫、行业扶贫和社会扶贫“三位一体”大扶贫工作格局中，行业扶贫和社会扶贫开展相对滞后，这表明全社会参与扶贫开发做得还不够。这主要是对参与结对帮扶的部门和单位缺乏资金、项目和有效手段，加上舆论宣传氛围不够浓厚，还没有做到全面发动社会力量，因而目前社会帮扶大多仍处于自发状态，一定程度上部分扶贫单位和企业的帮扶效果还没体现出来，其作用发挥有待于进一步提高。

6. 贫困地区社会保障体系依然薄弱

目前全市社会保障体系虽然覆盖面不断加大，但仍然存在保障水平不够高、制度不够健全完善等问题。特别是农村贫困人口所能享受的社会福利和社会救济还比较有限，因学、因灾、因残、因病致贫返贫的现象仍不断发生。

四、贵阳市新一轮农村扶贫开发面临的机遇与挑战

进入“十二五”时期后，贵阳市加快发展面临着新的环境。从全国来看，发展趋势是不再单纯追求生产总值，而更多的是转向就业、社保、住房保障等民生领域。从贵阳来看，所处发展阶段决定了“十二五”期间既要实现生产总值翻番，又要在民生改善上有更多突破，要实现经济社会加速发展、加快转型，从而推动跨越式发展。因而，未来五年是全市全面建成小康社会的关键期、建设生态文明城市的纵深推进期，实施工业化、城镇化战略的加速期，经济社会发展的重要转型期。新的发展环境为推进新一轮扶贫开发创造了有利条件，带来了新的机遇，同时也迎来新的挑战。

（一）中央和省委、省政府对推进新一轮农村扶贫开发提出了新的要求和更高标准

近年来，党中央和国务院对农村扶贫开发工作力度进一步加大。党的十六届六中全会提出了构建社会主义和谐社会，致力于加强和改善民生；党的十七大要求，加大对贫困地区发展的扶持力度，提高扶贫开发水平和扶贫标准；党的十七届三中全会提出实行新的扶贫标准，对农村低收入人口全面实施扶贫政策，将尽快稳定解决贫困对象温饱并实现脱贫致富作为新阶段扶贫开发的首要任务。2011 年是推进扶贫开发工作的转型之年，中央和国务院出台了《中国农村扶贫开发纲要（2011—2020)》，明确指出我国扶贫开发已从以解决温饱为主要任务的阶段转入巩固温饱成果、加快脱贫致富、改善生态环境、提高发展能力、缩小发展差距的新阶段，下个十年将提高扶贫标准，加大投入力度。因而，特别强调要更加注重转变经济发展方式，增强扶贫对象自我发展能力，实现基本公共服务均等化和解决制约发展的突出问题，构建专项扶贫、行业扶贫和社会扶贫作为国家扶贫战略“三位一体”的工作格局。省委、省政府更加重视新阶段扶贫开发，将扶贫开发工作作为全省第一民生工程来抓，省委书记和省长任扶贫开发领导小组组长，坚持亲自抓；在政策上出台了《关于贯彻落实〈中国农村扶贫开发纲要（2011—2020)〉的实施意见》（黔党发［2012］3 号)，以推动全省贫困地区加快发展；同时加强扶贫机构和队伍建设，将省扶贫办单列出来，作为履行扶贫开发职能的正厅级建制单位。从而，为全省推进新一轮扶贫开发提供了强有力的组织机构和政策保障。

（二）国发 2 号文件和省相关文件出台，为全市推进新一轮扶贫开发带来重大机遇

2012 年国务院出台了《关于进一步促进贵州经济社会又好又快发展的若干意见》（国发［2012］2 号）文件，将“黔中经济区”列为国家主体功能区规划和国家新一轮西部大开发的重点开发区域。从空间布局、资源配置、发展格局等来看，贵阳市作为黔中经济区最为重要的区域，是黔中经济区发展的核心和关键，发展前景十分广阔。贵州省委、省政府新班子领导到任后，突出强调贵阳发展事关全省经济社会发展大局，要全力以赴加速发展、加快转型，重点突破、进位提升，在全省加速发展、加快转型、推动跨越中先行一步，走快一些，率先实现全面小康，成为全省经济社会发展的“火车头”和黔中经济区崛起的“发动机”，在推动全省经济社会又好又快、更好更快发展中发挥更加重要、更加有力的带动作用。因此，省委、省政府出台了《关于支持贵阳市加快经济社会发展的意见》，要求省直各有关部门对贵阳市给予特殊支持，为贵阳市“松绑、让利、开绿灯、出政策”，全力支持贵阳加速发展；同时要求贵阳市强化又好又快、更好更快的发展意识，牢牢把握加速发展、加快转型、推动跨越的主基调，奋力创优争先、赶超进位，重点实施工业强市战略和城镇化带动战略，在三次产业提速增效、统筹城乡协调发展、生态环境保护和建设、民生改善等方面实现重大突破。面对新的发展形势，如何“做表率、走前列、作贡献”，当好全省发展的“火车头”和“发动机”，如何稳定解决贫困人口温饱、巩固扶贫开发成果、实现脱贫致富，推动跨越式发展，率先在全省全面建成小康社会，就成为全市今后发展的重要目标和方向，当然也为全面推进新一轮扶贫开发提供了难得的历史性机遇。

（三）深入推进扶贫开发是全市经济社会加速发展，不断提升市民幸福指数的需要

《贵阳市国民经济和社会发展第十二个五年规划纲要》（以下简称《纲要》）确定了“十二五”时期的发展总目标，即五年内全市生产总值、财政收入翻一番，经济总量上再造一个贵阳，建成生态环境更好、产业更发达、市民更幸福的生态城市。《纲要》按照“作表率、走前列、做贡献”的要求，遵循“走科学发展路，建生态文明市”的基本路径，以加快转变经济发展方式为主线，突出实施工业强市和城镇化带动战略。同时，顺应人民群众过上更好生活的新期待，秉持为人民谋幸福的理念，坚持把保障和改善民生作为一切工作的

出发点和落脚点，提出坚持以人为本，着力保障和改善民生，注重解决教育、劳动就业、医疗卫生、养老、住房等民生问题，确保财政对民生的投入占财政支出的比重每年增加 1 个百分点，逐步完善覆盖城乡的基本公共服务体系，不断提升市民幸福指数。这既为全市推进新一轮扶贫开发提供了重要机遇，同时也提出了新的更高要求。而全市经过多年扶贫开发，贫困人口已大幅减少，并形成了全社会参与的大扶贫格局。但是，目前尚未脱贫的贫困群众大多居住在自然条件相对恶劣的多山、多石、多寒山区，生产生活条件很差，由于其贫困层度深、脱贫难度大，因而今后扶贫开发任务不仅没有减轻，反而进一步加重。这就要求全市积极应对挑战，加强工作创新，敢于首创和突破，大力实施就业和增收工程、扶贫济困工程等，切实将贫困群众带离贫困泥潭，走上共同富裕的道路。

“十二五”时期贵阳市农民人均纯收入增比进位计划

城市		2010 年基数	增速（%）	2010 年全国排位	2010 年西部省会排位	“十二五”预计增速（%）	预计数值	预计全国省会排位	预计西部省会排位
西部地区	呼和浩特	8746	12.1	9	1	15	17591	11	2
	成都	8205	15.1	11	2	15	16503	14	3
	西安	7750	23.5	13	3	23	21819	9	1
	乌鲁木齐	7466	12	15	4	15	15017	18	5
	银川	6161	14.3	20	5	15	12392	21	7
	贵阳	5976	12.4	22	6	21.77	16000	15	4
	昆明	5810	14.4	23	7	15	11686	23	8
	西宁	5521	17.5	24	8	20	13738	20	6
	南宁	5005	14.1	25	9	16	10512	25	9
	兰州	4587	14.7	26	10	15	9226	26	10
其他省会（选择贵阳有可能追赶的目标）	武汉	8295	15.8	10		16	17422	12	
	哈尔滨	8020	18.4	12		19	19139	10	
	太原	7611	11.5	14		15	15308	17	
	南昌	7193	14.3	16		15	14468	19	
	合肥	7118	17.4	17		19	16986	13	
	长春	6665	17.7	18		19	15905	16	
	石家庄	6577	10	19		11	11083	24	
	海口	6151	9	21		14	11843	22	

注：排位为全国 26 个省会城市（不含直辖市、拉萨市和台、港、澳），其他城市“十二五”增速采用近三年最高增速。

（四）深入推进扶贫开发是全市率先实现全面小康，为全省发展作出更大贡献的需要

党的十八大提出到2020年实现全面建成小康社会的宏伟目标，这是我们党根据我国经济社会发展实际，在十六大、十七大确立的全面建设小康社会目标基础上要努力实现的新要求。为确保贵州与全国同步实现全面建成小康社会，省委、省政府明确提出了“两步走”战略，即到2016年小康社会实现程度提高到80%以上，达到西部平均水平；到2020年与全国同步实现全面建成小康社会。同时，强调要科学发展、后发赶超，要牢牢把握“加速发展、加快转型、推动跨越”主基调，重点实施工业强省和城镇化带动主战略，在工业化、城镇化深入发展中同步推进农业现代化，实现工业化致富农民、城镇化带动农村、产业化提升农业，推动贫困地区经济社会跨越发展，走出一条追赶型、调整型、跨越式、可持续的发展路子，确保与全国同步全面建成小康社会。

贵阳市第九次党代会明确提出提前五年在全省率先实现全面小康的奋斗目标，实现这一目标关键在农村，重点和难点也在农村，只有加快贫困地区发展，解决贫困人口温饱，实现脱贫致富，才能彻底解决“三农”问题；只有农业发展了，农村繁荣了，农民富裕了，全面建设小康社会的目标才能最终实现。因此，推进农村扶贫开发是确保全市率先在全省建成全面小康社会的政治性、全局性和战略性问题，在经济社会发展中始终具有优先地位，在促进民族团结、社会和谐中始终具有基础地位，在实现可持续发展中始终具有特殊地位。当前，随着扶贫开发从以解决温饱为主转入巩固温饱成果、加快脱贫致富、改善生态环境、提高发展能力、缩小发展差距的新阶段，全市各级党委政府加快推动贫困群众脱贫致富的职责更加明确，任务更加突出。这就要求全市坚决贯彻落实中央和省委、省政府决策部署，以科学发展观统领扶贫开发，以工业化、城乡一体化、农业现代化“三化同步”为主要抓手，以提前实现全面小康为根本目标，集中资源打好扶贫脱贫攻坚战，推动贫困地区实现跨越式发展。

五、加快推进贵阳市新一轮农村扶贫开发的思路与对策

进入新一轮扶贫开发后，国家对扶贫开发提出了新的目标任务和要求，如国家农村扶贫标准已提高到2300元，而东部地区有的省市已提高到4600元，甚至是6000元，贵阳市还有很大差距。到2015年，全市要实现全面小康社会

目标，时间紧、任务重。总结近年来的扶贫开发，贵阳市的主要启示是必须坚持“政府主导、社会参与”的帮扶机制；必须协同推进贫困农户共同奔小康工程的行动，抓好各项工作落实；必须坚持改革创新，不断完善工作机制；必须坚持“输血”与“造血”功能相结合，不断提高贫困对象自我发展能力。

因此，按照中央和省委、省政府的总体部署，为切实打好新一轮扶贫攻坚战，贵阳市的总体思路是：高举中国特色社会主义伟大旗帜，坚持以邓小平理论和“三个代表”重要思想为指导，深入贯彻落实科学发展观和《中国农村扶贫开发纲要（2011—2020年)》，积极抢抓国家实施新一轮西部大开发和建设黔中经济区的战略机遇，牢牢把握“加快发展、加速转型、推动跨越”的主基调，以在全省率先建成全面小康社会为目标，以建设生态文明市为总揽，以“三化同步”助推扶贫开发为抓手，以贫困程度较深的18个贫困乡（镇）和449个贫困村为主战场，以创建扶贫开发攻坚示范乡村为载体，以构建专项扶贫、行业扶贫和社会扶贫“三位一体”大扶贫为支撑，推动贫困地区经济社会生态实现跨越式发展，为打造全省扶贫攻坚示范区作出积极的贡献。

根据以上总体思路，全市推进新一轮农村扶贫开发将采取以下对策措施。

1. 进一步加大财政资金扶持力度

一是市级财政每年安排5千万元专项扶贫资金，加强对扶贫项目的扶持；二是在向省级以上争取扶贫开发项目和安排市级扶贫项目中，坚持向重点贫困乡（镇）倾斜；三是对提前“摘帽”的一、二、三类贫困乡（镇），从“摘帽”当年起至2014年，在享受省对“摘帽”乡（镇）所有奖励政策的基础上，市级财政每年分别奖励项目补助资金40万元、20万元和10万元。在2014—2018年“减贫摘帽”乡（镇）按省的有关精神仍享受省对摘帽乡（镇）的有关奖励政策。

2. 扎实推进整村推进扶贫开发

整村推进工作只能加强，不能削弱。要按照“集中连片、突出重点、示范带动、择优选择”的思路，坚持抓好整村推进扶贫开发。一是重申区（市、县）政府主要负责人是整村推进工作第一责任人的责任制度不变，将整村推进工作效果作为考核各级政府主要负责人政绩的重要内容的政策不变；二是强调各级党委、政府要从贯彻落实科学发展观，构建和谐社会的高度认识和抓好扶贫开发工作，切实把整村推进作为建设社会主义新农村的重要行动与“一把手工程”，进一步加大领导力度、工作力度；三是针对全市整村推进扶贫开发资金缺口大的实际，逐年加大各级财政对整村推进贫困村扶贫开发的投入，保证今后每年增幅都保持在20%以上。

3. 完善新一轮扶贫开发政策措施

一是完善工作责任制，加强考核，落实奖惩。建立扶贫开发绩效考核评估激励机制，将扶贫开发任务纳入市政府年度目标考核体系，定期或不定期检查、考评，考评结果向社会公布；明确对扶贫开发工作奖励、惩罚的标准和举措，进一步调动干部工作积极性。二是建立健全扶贫资金投入和管理机制。创新扶贫投入增长机制，建立扶贫攻坚瞄准机制，完善大扶贫工作机制，健全扶贫攻坚与生态建设的共赢机制，对口帮扶机制。积极争取上级的支持，争取获取更多的财政扶贫资金。三是提高一些扶贫项目的补助标准。进一步提高项目建设资金标准，尽量按实际投资安排项目资金，减少甚至取消到户项目要求农户特别是特困农户自筹的资金，减轻贫困群众负担。四是完善扶贫资金监管，防止资金流失，提高资金使用效益。结合扶贫项目实际，研究具体的资金拨付、项目报账等操作流程，不断完善报账管理制度实施细则。五是构建城乡统一的基础保障机制，建立完善的经济救助、法律援助、教育援助等系列社会救助制度，减轻贫困群体的生存压力。

4. 积极扶持做大做强扶贫产业

合理开发贫困地区资源，积极培育做大做强扶贫产业，建立农民增收的稳定来源。一是切实做大做强扶贫龙头企业，充分发挥其对贫困地区优势产业的辐射带动作用。在全市已认定113家扶贫龙头企业的基础上，在保证质量前提下继续再认定一批扶贫龙头企业；采取加大扶贫贴息贷款发放额和覆盖面及落实有关减免税费优惠政策等措施，进一步加强扶持，积极培植扶贫龙头企业，引导其在贫困地区建立原材料生产加工基地，切实增强辐射带动力。二是抓好扶贫龙头企业与贫困村优势产业及贫困农户的有效对接，形成真正利益共同体。着力推行“公司+基地+农户”或“公司+基地+协会+农户”等产业化经营模式，采用先进管理方式，促使企业与农户形成相互依赖的产业链，保证扶贫产业做大做强，实现贫困农户与龙头企业共同促进、共同发展。三是积极培育和提升扶贫特色产业，切实帮助贫困农民增收致富。以贫困村为平台，进一步发挥资源和产业优势，把一村一户特色小产业与区域性特色支柱产业结合起来，做到户为基础、点面结合、整体推进，大力发展农产品加工，延伸产业链，逐步形成“一村一品、一乡一业”的产业发展格局。

5. 大力提高贫困地区劳动者素质

围绕现代农业产业化和工业化发展，有计划、有针对性地搞好农村贫困地区各种就业和劳动技能培训。一是积极整合各类培训资源，全面实施“雨露计划·圆梦行动”、“阳光工程”等，着力构建贫困农民就业平台，加强农民就业和技能培训，促进农村劳动力转移，向产业农民、产业工人转变。二是积极扶持贫困农民参与当地特色产业发展的实用技能和能力培训，使农村劳动力都能掌握1~2门实用技术和从业技能；以提高科技素质、职业技能和经营能力为核心，着力培养贫困村产业带头人，引领当地特色产业发展，带领当地贫困人口发展生产、参与市场竞争，实现共同致富增收。到“十二五”末，力争使全市农民科技培训率达到80%。

6. 进一步做好扶贫贴息贷款工作

实践证明，做好扶持扶贫龙头企业为主的扶贫贴息贷款和扶持贫困农户发展生产的扶贫到户贴息贷款，能有效促进贫困村产业发展，增强贫困农户自我发展能力，促进农村和谐稳定。为深入推进农村扶贫开发，贵阳市将进一步做好扶贫贴息贷款工作。一是积极向上争取更多信贷扶贫贴息资金，充分发挥贴息资金“四两拨千斤”的作用。不断增加贫困村产业发展投入，扩大扶贫到户贷款覆盖面，同时使扶贫龙头企业获得更多扶持，降低资金成本，增强辐射带动扶贫主导产业发展的能力。二是进一步深化农村信用社改革，放宽农村金融准入政策，发展小额信贷。充分发挥市农业担保有限公司的作用，在各区（市、县）成立相应公司，在市级财政每年注入资本金的基础上，由市农委从支农资金中每年安排2千万元作为增量投入扩大资本金，放大融资规模。三是逐步将农业产业发展资金主要用于担保贷款贴息，发挥乘数效应，切实解决农业投入不足问题。四是启动农村土地承包经营权、林权、宅基地使用权“三权”作为农业农村发展融资有效担保物试点工作。

7. 围绕产业发展加强基础设施建设

加强农业与农村基础设施建设有助于平衡城乡发展、缩小城乡差距，要按照建设社会主义新农村生产发展、生活宽裕、乡风文明、村容整洁、管理文明的标准，坚持民生优先原则，采取缺啥补啥的办法，切实加强农村贫困地区基础建设。一是围绕加快培育特色优势主导产业，将贫困地区基础设施项目建设与产业结构调整结合起来，积极组织实施建设，切实改善生产条件，以促进贫困农户增收。二是突出抓好农村交通、农田水利等重点基础设施，集中力量抓好关系民生的乡村公路建设，改造人行便道，搞好以乡村联网道路为重点的农村交通项目建设；抓好山塘水库除险加固、农民饮用水工程为重点的水利项目建设，以农村电网改造为重点的农村电力项目建设，搞好可再生能源开发和农村环境综合整治。三是着力抓好贫困地区公共文化服务设施建设，加快公共教育服务事业，卫生服务体系，以及广播电视、文化信息资源共享和农家书屋等重大文化惠民工程建设，推动农村全面发展进步。要注意切实抓好 13 个重点贫困乡（镇）和 449 个贫困村水、电、路、气、房、厨、厕、圈、林、电视、通信等基础设施和科、教、文、卫等公共服务设施。

8. 健全完善全社会参与的大扶贫体系

进一步强化树立大扶贫理念，着力构建专项扶贫、行业扶贫和社会扶贫“三位一体”的扶贫开发工作格局，加强机制体制创新，不断充实内容、丰富形式，加快完善大扶贫开发体系。一是进一步抓好机关、部门及有关单位与贫困村结对帮扶。充分发挥行业扶贫的重要作用，采取将扶贫攻坚工作重大事项进行分解的方式，继续推进市直机关、部门和国有企事业单位结对帮扶贫困村工作，强化对贫困村扶贫开发指导，同时加强干部队伍锻炼；健全完善定点扶贫检查评比、表彰制度和各单位年度扶贫成果公布制度，切实推动定点帮扶工作。二是组织动员社会各方面力量广泛参与农村扶贫开发。充分发挥社会扶贫的重要作用，鼓励动员工商联、群众团体、大专院校、科研院所、民营企业甚至个人等社会力量积极参与农村扶贫开发，从而形成全社会参与扶贫开发的强大合力。三是切实做好农村扶贫开发的舆论宣传工作。利用人们传统扶危济困意识，采取多种形式对社会各界支持、参与扶贫开发工作进行宣传发动，特别是要对那些作出突出贡献的机关、企事业单位和个人广为宣传表扬，促使全社会形成扶贫济困的良好氛围。

2013年遵义市农村扶贫开发报告

遵义市农村扶贫开发办公室

摘　要

遵义市扶贫攻坚取得了阶段性成果，贫困人口大幅度减少，贫困县的基础设施、社会面貌、人口素质等方面均得到显著改善，尤其是产业化扶贫、连片开发扶贫、集团帮扶扶贫、乡村旅游扶贫、培训转移扶贫、信贷扶贫、搬迁移民扶贫等方面取得了显著成效。全市扶贫开发实现了“四个转变”：逐步实现了由扶贫部门单线扶贫向全社会合力扶贫转变；实现了由救助式扶贫向开发式扶贫转变；实现了由分散式扶贫向整体推进转变；实现了由等靠式扶持向启动内力脱贫致富转变。但在贫困标准大幅度提高后，扶贫任务仍然繁重，要从根本上解决贫困问题，还需要付出艰苦的努力。新阶段遵义市扶贫开发迎来了良好的外部环境和难得的发展机遇。推进新阶段扶贫开发，要更新扶贫开发理念，要找准路子，创新体制机制，标本兼治，完善人才队伍等扶贫要素支撑体系。

关键词

遵义市　新阶段扶贫开发　体制机制

一、遵义市农村扶贫开发形势

遵义市位于贵州省北部，南临省城贵阳，西与四川接壤，北面紧靠重庆，是大西南通江达海的重要通道。全市总面积30762平方公里，总人口772万人，其中农业人口664万人。辖2区、8县、2市和2个民族自治县，227个乡镇，4874个自然村（并村后为2678个行政村），45502个村民组。

遵义市目前尚有农村贫困人口144.99万人，占全市农村户籍人口的

21.85%，14 个县、区（市）中有国家扶贫开发工作重点县 4 个（务川、正安、凤冈、习水四县），贫困乡（镇）116 个，贫困村 2398 个，分别占全市县、乡（镇）和村的 28.6%、51.11% 和 49.2%。全国“扶贫开发攻坚示范区”“三片六山”67 县中遵义有武陵山片区县 6 个，乌蒙山片区县 3 个，其中武陵山片区 64.08 万人，占全市农村扶贫人口的 44.20%，乌蒙山片区 38.17 万人，占全市农村扶贫人口的 26.33%。遵义贫困人口重点分布以上两个片区及大娄山脉一线，地处边远、高寒的深山区、石山区、石漠化严重区域以及少数民族聚居区，生产生活条件差，是扶贫开发最难啃的“硬骨头”。

十余年来，遵义市各级党委、政府按照新阶段扶贫开发的要求，紧紧围绕解决贫困群众的生产生活条件、拓宽基本增收门路和提高贫困人口基本素质这三个基本问题，切实加强对扶贫开发工作的领导，采取有效措施努力增加扶贫开发投入，在巩固“八七”扶贫攻坚成果的基础上，以加强贫困地区交通、水利、电力、农田、沼气、退耕还林等基础设施和生态环境建设为着力点，坚持实施开发式、开放式扶贫，大力调整贫困地区产业结构、培育经济发展能力、增加贫困群众收入，扶贫开发取得了新的进展和显著成绩。扶贫攻坚取得了阶段性成果，贫困人口大幅度减少，贫困县的基础设施、社会面貌和人口素质等方面均得到显著改善，大批贫困人口越过温饱线，全市农村贫困人口从 1993 年的 227 万人减少到 2011 年贫困标准线提高后的 144.99 万人。2012 年全市共减少农村贫困人口 21 万人，全年共完成 86 个贫困村的整村推进扶贫任务。

二、扶贫开发工作措施及成效

1. 产业化扶贫

按照巩固现有产业，发展特色产业，推进主导产业的基本思路，着力调整产业结构，大力发展特色产业。产业扶贫取得显著进展。以核桃、草地生态畜牧业、精品干（鲜）果、蔬菜、中药材、特色茶叶等为主导的产业建设加快推进，为遵义市贫困地区调整产业结构、促进贫困农民稳定增收奠定了扎实的基础。同时，按照扶持龙头企业就是扶持农户的基本思路，坚持推进产、加、销一体化模式，重点扶持市级以上扶贫龙头企业发展，到 2013 年底，全市市级以上扶贫龙头企业已达到 188 家，其中国家级 5 家，省级 80 家，市级 103 家，带动了贫困人口增收。

（1）草地生态畜牧业项目。在遵义县、习水县、正安县、道真县、务川县五县实施草地生态畜牧业项目，目前已完成投资 16593.5 万元，扶持农户 2314 户，8939 人，其中扶持养羊户 1972 户，扶持养牛户 342 户。种草 4.2215 万亩，建圈舍 6.7096 万平方米，购买基础母羊 3.6403 万只，购买种公羊 1752 只，购能繁母牛 964 头。建设良种繁育场 12 个。累计出栏羊和牛 1.2935 万只（头），销售羊和牛 1.2896 万只（头），销售收入 838.72 万元，新增存栏羊和牛价值 985.665 万元。项目扶贫效果逐步显现。

（2）蔬菜产业化扶贫项目。在红花岗区、汇川区实施蔬菜产业化扶贫项目，已完成投资 4418.6 万元，其中财政扶贫资金 1000 万元，项目覆盖农户 9652 户，其中贫困户 1997 户。项目区已累计规范化种植蔬菜 1.57 万亩，蔬菜总产量 57352 吨，总产值 9958.2 万元。项目区 2011 年预计农民人均纯收入 6219.8 元，比上年增加 660 元。同时启动桐梓县、余庆县蔬菜产业化扶贫项目，争取全省蔬菜产业化扶贫现场会在该市召开。

（3）“果药竹”产业化扶贫项目。在赤水、遵义、绥阳、道真、正安等县（市）开展石斛、核桃、金银花、白芨等特色产业化扶贫项目。发展以石斛、参类和天麻为主的中药材 3.88 万亩，以杨梅、葡萄和李子为主的精品水果 1.36 万亩，优质茶叶 1.68 万亩，花椒 5 万亩，种植核桃 9.03 万亩。

（4）脱毒马铃薯“温饱工程”项目。在正安、绥阳、桐梓 3 县推广脱毒马铃薯种植面积 6750 亩（其中原种基地资金 50 万元，原种扩繁 125 亩、一级种 625 亩）。

（5）“乡镇特色产业”项目。发展“乡镇特色产业”项目，积极支持乡镇特色产业和特种养殖业的发展。计划在湄潭县鱼泉镇实施优质水果种植、凤冈县永和镇实施蜜柚种植、仁怀市实施核桃和脱毒甘薯种植、务川县泥高乡实施蔬菜种植、正安县新州镇实施油桐种植、道真县三江镇实施花椒和核桃种植、遵义县乌江镇建核桃苗育苗基地、赤水市元厚镇实施龙眼种植、习水县东皇镇实施生态兔养殖。

2. 连片开发扶贫

以推动贫困地区特色优势产业开发规模化、集约化和专业化为载体，在连片特困地区集中力量、整合资金实施连片开发和整乡、整村推进扶贫。整合资源、整村推进、连片开发，因地制宜发展特色产业，该市在道真县三桥镇、正安县谢坝乡、习水县大坡乡规模化种植核桃、玄参、板栗和杨梅等特色农产品，有效促进贫困地区整体经济发展和贫困群众稳定增收。同时积极做好连片开发试点和科技扶贫工作。

3. 集团帮扶扶贫

实施集团帮扶是一种集中优势兵力打歼灭战的好方式，是整合各类扶贫资源，充分发挥聚集效应，提升扶贫开发质量和效益的重要措施。该市动员和调动全社会力量参与扶贫开发，推进以专项扶贫为主导、行业扶贫为补充、社会扶贫为支撑的扶贫开发工作格局。各帮扶部门一是紧密结合当地总体扶贫规划，按照高标准规划、高水平启动、高起点发展原则搞好扶贫规划编制。二是依托贫困村实际，制定切实可行的脱贫目标和具体措施，结合本地实际确定力所能及的帮扶项目，选取示范带动好、能展示遵义扶贫成效的实施项目。

一是切实加强与对口帮扶遵义市的大连市的衔接，积极争取大连市加大对遵义市贫困地区的扶持力度。2012 年，实施大连对口帮扶援建项目 23 个，资金 800 万元。

二是全力推进“集团帮扶”，市级“集团帮扶”的务川自治县红丝乡已实施项目 18 个，投资 1286. 7 万元，为红丝乡社会、经济、文化事业提供较好的发展基础。

三是结合“四帮四促”和机关党建扶贫等工作，引导全社会力量关心、支持、参与扶贫开发，市级各定点帮扶单位按照市委、市政府的统一安排部署，有钱出钱，有力出力，全力支持贫困地区加快发展，营造了全市扶贫开发工作的良好氛围。

4. 乡村旅游扶贫

与“贫困”的现状形成鲜明对比的是，遵义市不少贫困地区恰恰是大量优质旅游资源的富集区，为此，遵义市积极发挥生态及红色旅游资源优势，大力发展乡村旅游扶贫开发项目，把乡村旅游作为该市扶贫工作的一个重要措施。以乡村旅游基础设施、产业配套为重点，重点支持发展旅游商品开发，提升乡村旅馆、“农家乐”接待条件，改善项目区旅游步道等基础设施，在习水县、红花岗区、桐梓县、赤水市和新蒲新区等成功推出了众多乡村旅游景区和旅游扶贫项目点，成为贫困地区农民增收的新亮点。

5. 培训转移扶贫

加强教育培训，全面提高贫困人口的素质，从根本上解决贫困人口的脱贫致富问题。一是实施好扶贫细胞工程，按照“每个贫困户有一名务工的人、户均一亩经济林、掌握 1 ~2 门二、三产业致富门路”的要求，进一步加大培训工作力度。二是实施好干部培训工作，做好乡镇扶贫干部和村、支两委干部的培训工作。三是实施“雨露计划”，2012 年完成培训总人数 33829 人，其中资助贫困户子女接受高等学历教育765人，农业产业化培训17535人，助学工程310人，“三位一体”培训15000人，初级技工培训完成248人。四是开展“三位一体”培训。围绕当地城镇重要企业，特别是入驻工业园区企业的用工需求开展“三位一体”培训，已培训完成4000人，有效解决了当地企业的用工问题。五是注重培训的实效。积极开展成人职业教育和技术培训，向贫困农户提供成熟可靠，容易掌握，能直接增加收入的实用技术，落实到具体项目和产业上，转化为现实生产力。5个草地生态畜牧业扶贫项目县在今年农业产业化技能培训中，把草地生态养羊培训作为重点安排，其他各县、区（市）也突出自身产业重点，有计划、有重点地分类开展畜牧、果蔬、生态养殖、中药材等扶贫项目培训，使贫困地区农民学有所用，在农业产业化发展过程中培育了一批懂技术、会经营的农民，为促进农民增收奠定了基础。六是积极引导农村贫困人口向非农产业和城镇转移。积极发展本地农产品加工业，延长产业链，保证农产品加工增值，吸纳贫困人口从事二、三产业。组织劳务输出，使农民开阔视野、增长见识、学习技术、积累资金，提高脱贫致富的能力。积极推进小城镇建设，大力发展乡镇企业和个体私营经济，引导农民进入小城镇。

6. 信贷扶贫

继续抓好扶贫龙头企业申报工作，加强对扶贫龙头企业的监管，撬动更多金融资本投入扶贫产业。继续加大小额信贷的工作力度，加大与信合联社等金融机构的协作力度，寻求更多途径解决贫困农民增收的资金瓶颈。认真抓好村级互助资金试点工作，使其发挥应有作用，在道真、绥阳、余庆3县、15个贫困村实施小额信贷扶贫项目。

7. 搬迁移民扶贫

积极稳妥地搞好搬迁移民。坚持农民自愿、市场主导、政府引导的原则，采用县城安置、中心镇安置、中心村安置和零星安置等多种形式，有组织有计划地开展搬迁移民工作，从根本上解决贫困问题。

遵义市扶贫开发虽然取得了显著成效，但受农业人口众多、小城市大农村市情的制约，特色产业开发相对缓慢、农村基础设施整体水平较低、农民稳定脱贫基础不牢等问题并未得到根本解决，全市城乡、区域之间发展不平衡的现象仍很突出，制约贫困地区发展的深层次矛盾依然存在，特别是贫困标准大幅度提高后，贫困人口盼脱贫、思发展的愿望更加迫切，给扶贫开发工作提出了更高的要求，要完成到2020年基本消除绝对贫困现象、与全国同步建成全面小康社会的重大任务，从根本上解决贫困问题，遵义市还需要付出巨大的努力。

三、遵义农村扶贫开发的基本经验

十几年来，遵义市切实加强领导，加大投入，通过艰苦努力，全市扶贫开发实现了“四个转变”：一是逐步实现了由扶贫部门单线扶贫向全社会合力扶贫转变；二是实现了由救助式扶贫向开发式扶贫转变；三是实现了由分散式扶贫向整体推进转变；四是实现了由等靠式扶持向启动内力脱贫致富转变。

这些经验主要表现在以下八个方面。

（一）加强领导，齐抓共管，落实责任，为扶贫开发工作提供组织保障

针对新阶段扶贫开发工作面临的新情况和新问题，遵义市各级党委政府站在实践“三个代表”重要思想的高度，充分认识搞好新阶段扶贫开发工作对于实现全市小康社会目标的重大意义，把扶贫开发工作列入重要议事日程，各级普遍成立了由党政主要领导任组长，扶贫、财政、交通及农口等有关部门为成员的扶贫开发工作领导小组，强化领导，统一组织，精心安排，周密部署，使全市扶贫开发工作构成了上下相连、左右相通的组织体系，形成了党、政、专、群多管齐下的良好局面，为扶贫工作的开展提供了坚强有力的组织保证。

在扶贫资金管理中，遵义市在全省率先推广了财政扶贫资金的“三专四制”管理体制，确保了项目资金的及时拨付到位和安全封闭运行。同时，在实施直接扶持到农户的种养业项目中，采取“放母还犊”的实物回收办法，多渠道、多形式筹措资金，确保了各项目建设任务的顺利完成，使有限的资金发挥了最大的扶贫效益。实践证明，遵义市探索并推广的财政扶贫资金滚动使用形式，有利于帮助贫困户建立“造血”功能，体现了以公平为主的原则，最大限度地覆盖了贫困农户，为不同类型地区尽快实现稳定解决温饱创造了成功经验。

该市狠抓扶贫资金监管和项目实施，出台了遵义市扶贫开发项目资金管理约谈制度，对在扶贫资金监管和项目实施过程中力度不够、措施不严的县级扶贫办进行定期和不定期的工作约谈，并在务川自治县召开了全市财政扶贫资金、项目和档案三项管理工作现场会，进一步加强全市财政扶贫资金、项目和档案管理，推进了扶贫开发工作科学化、制度化、规范化。

一是在项目管理上，进一步实施全程管理，把项目管理转变到精细化、科学化上来，从项目的前期申报入手，加大项目申报的规范性，坚决杜绝不按规划、现编现造项目的情况发生，使项目管理工作更加规范。

二是在资金管理上，加大监管力度，在资金管理过程中协调、配合纪检监察、财政、审计等监管部门，严格按照“县有专户、乡建专账、专款专用、三级台账”的原则，将资金监管落实到位，确保扶贫资金发挥效益。

（三）认真落实市、县、乡三级党政班子成员挂帮责任制

在拓展市级“集团帮扶”范围和加大工作力度的基础上，实施了市级领导“三个一”工程，即市委、市政府领导分别挂帮一个一类贫困乡镇，联系一个贫困村，帮扶一户贫困户，县级领导分别挂帮联系一个二、三类贫困乡镇和一个贫困村，乡镇领导班子联系一个贫困村，帮扶1～2户贫困农户。市级班子成员从繁忙的工作中挤出时间，多次深入挂帮点访民情、察民意、解实难，帮助解决扶贫工作中的具体问题，同时，进一步明确目标，加强对一类乡镇的扶贫挂帮工作，市直机关组建了19支扶贫工作队（含二类贫困乡镇务川县红丝乡），安排市直单位进行帮扶，各挂帮单位都把扶贫挂帮工作作为一项重要的工作任务来抓，工作队以贫困村为主战场，以贫困户为对象，集中精力，突出重点，使定点挂帮扶贫工作形成了合力。市级每年对19支工作队分年度进行考核评比，并将考核情况在全市通报，使机关定点帮扶取得了实质性效果。

（四）加强管理，推进工作

为了确保扶贫项目能够按时、按质、按量完成项目建设任务，该市定期或不定期督查项目建设进度和质量，抓紧促进平衡发展，确保按时、按质、按量完成项目建设任务，发挥项目扶贫效益。一是切实加强项目管理，提高项目实施质量。按已批复的项目《实施方案》组织实施，该市扶贫办多次到项目区实地检查，对项目实施的各个环节进行督导，指导县、乡（镇）落实方案中的技术标准，提高项目实施质量。二是切实加强资金监管，按照市出台的《关于进一步加强财政扶贫资金项目监督管理的补充规定》和《关于加大扶贫资金监督管理使用党风廉政建设考核的有关规定》，始终抓住完善报账制不放松，努力强化资金管理，在实行“三专四制”管理办法的基础上，进一步细化了财政扶贫项目管理、资金拨付使用的具体措施，基本做到了按子项目结算，确保项目到村到户，报账进度明显快于往年。

（五）协调各方，整合资金

一是通过各级政府或扶贫开发领导小组协调、整合各部门资金，使涉农资金优先投入连片开发、集团帮扶、产业扶贫等项目建设；二是引导市直定点帮扶单位出钱、出力、出计，大力支持党建扶贫点的扶贫项目建设；三是大力动员贫困乡、村的干部群众发挥主人翁的作用，不等不靠、奋发图强，积极投身到扶贫开发中去。

（六）强化扶贫开发投入机制

一是为构建大扶贫格局，创新了资金投入机制。按照省扶贫办的统一安排，按照“统一规划、各司其职、捆绑使用、用途不变、各记其功”的原则，把财政扶贫资金、以工代赈以及农业、水利、林业、交通、教育、卫生等各行业的发展资金、帮扶资金、社会捐助资金等集中整合起来，逐步建立了以政府投入为导向、农户投入为主体、信贷外资和社会投入为补充的多元投入机制。2011 年该市实施的连片开发、集团帮扶、草地生态畜牧业、蔬菜等项目共整合省、市、县各部门的涉农资金达 56317. 89 万元，整合资金主要投向项目区农业基础设施建设，乡村水电路和农村社会公益事业，极大地改善项目区乡村生产生活条件，促进了教育、卫生、医疗的发展，为贫困地区农民脱贫致富奠定了坚实的基础。二是创新了定点帮扶机制。把定点扶贫与干部挂职结合起来，使定点帮扶工作更加制度化、规范化、常态化，调动了帮扶单位开展帮扶工作的积极性，提高了帮扶工作的针对性和有效性。各定点帮扶单位采取直接投资、引进项目、教育帮扶、文化帮扶等形式开展了卓有成效的帮扶，取得了明显的经济和社会效益。三是创新了项目监管机制。在项目实施过程中，切实加强了对扶贫开发项目选择、论证、审批、实施、验收、后续服务等各个环节的监督，健全完善专业监督部门、贫困群众、新闻媒体、社会各界全方位监督体系，为扶贫开发资金和项目的安全运行提供了可靠保证。

（七）转变扶贫开发方式

针对过去扶贫开发项目散、效益低、难以调动贫困群众参与积极性的问题，该市积极转变扶贫开发方式，精心指导各地由单村独户、分散单一实施项目扶贫开发方式向连片开发、产业带动、整体推进的方式转变，走出了一条符合该市实际的连片开发、产业带动、规模经营、整体推进、长期效益的扶贫开发之路。在全市 3 个贫困乡镇实施了“连片开发”扶贫项目，在不具备连片开发条件的贫困乡镇，大力发展“一乡一品”特色优势产业，取得了明显的经济效益和社会效益。

（八）创新扶贫开发模式

该市从不同区域的实际出发，根据各地的资源禀赋，坚持以特色农业增效、贫困农民增收、龙头企业实力增强为目标，以优势资源为依托，以市场多元化需求为导向，以产业化扶贫为抓手，创新扶贫开发模式，建设扶贫开发特色示范基地，着力推进产业化扶贫，取得了企业与贫困户双赢的综合效益。在推进产业化扶贫过程中，采取合作经营、联合经营、承包经营、租赁经营、村企共建、公司带动和能人带动等多种扶贫开发模式，大力发展贫困村特色优势产业，以省政府认定的155家市级以上产业化扶贫龙头企业为主力，积极引导各类企业参与扶贫开发项目，全力打造“企业+专业合作社+农户”、“企业+农户”的产业链条，引导贫困农民由第一产业向第二、第三产业延伸实现增收，加快了贫困群众脱贫致富步伐。

四、遵义市现阶段农村贫困的问题、挑战、新趋势和特点

（一）问题和挑战

随着工业化、城镇化、市场化进程的加快，农业结构和农业发展进入了调整深化期，新的发展形势对扶贫开发工作提出了更高的要求。遵义市扶贫开发虽然取得了显著成效，但受农业人口众多、小城市大农村市情的制约，特色产业开发相对缓慢、农村基础设施整体水平较低、农民稳定脱贫基础不牢等问题并未得到根本解决，全市城乡、区域之间发展不平衡的现象仍很突出，制约贫困地区发展的深层次矛盾依然存在，特别是贫困标准大幅度提高后，贫困人口盼脱贫、思发展的愿望更加迫切，给扶贫开发工作提出了更高的要求，要完成到2020年基本消除绝对贫困现象、与全国同步建成全面小康社会的重大任务，从根本上解决贫困问题，遵义市还需要付出艰辛的努力。

（1）任务仍然繁重。扶贫对象规模大、程度深、成本高。遵义市14个县、区（市）中有4个国家扶贫开发工作重点县，116个贫困乡（镇），2398个贫困村，分别占全市县、乡（镇）和村的28.6%、51.11%和49.2%，武陵山片区县6个，乌蒙山片区县3个，

遵义市目前尚有农村贫困人口144.99万人，占全市农村户籍人口的21.85%，重点分布两个片区及大娄山脉一线，其中武陵山片区64.08万人，占全市农村扶贫人口的44.20%，乌蒙山片区38.17万人，占全市农村扶贫人口的26.33%。这些贫困人口主要集中在重点县、片区县边远高寒的深山区、石山区、石漠化严重区域以及少数民族聚居区，生产生活条件差，是扶贫开发最难啃的“硬骨头”。

（2）形势依旧复杂。在贫困人口数量减少的同时，由于农民科技文化素质总体偏低，农村市场和农业服务体系建设薄弱，贫困地区的自我发展能力不强，市场性、社会性、政策性等致贫因素相互交织，制约了扶贫开发进程，减贫速度趋缓，返贫问题突出，农民人均纯收入增长压力凸显。同时，遵义市农村基本公共服务历史欠账多，贫困地区基础设施建设的瓶颈依然存在，偏远贫困乡村行路难、上学难、就医难等问题依然没有从根本上得到解决，贫困人口脱贫基础不牢，彻底摆脱贫困难度很大。

（3）投入缺口较大。新阶段扶贫开发期间，中央、省的扶贫资金投入力度不断加大，但总量不足的矛盾仍然十分突出。按照中央和省投入遵义市的扶贫资金规模测算，到 2020 年要实现消除绝对贫困现象的脱贫目标，资金缺口很大，投入远远不足。加之扶贫资金渠道广，资金的管理和使用涉及中央和省的多个部门，各部门、各行业的政策规定不尽一致，基层政府整合资金难度很大，达不到重点突破、整体推进的目的，客观上存在项目安排难以统一、资金投入难以整合、扶持措施难以集中等问题，要如期实现预期的扶贫整体效益目标难度不小。

（4）使命更加艰巨。扶贫开发是一项综合性的工作，是各级党委政府义不容辞的责任，但一些地方在领导力度、重视程度上和扶贫开发工作的要求还有不小差距，部分县、乡（镇）对扶贫攻坚信心不足、认识不够，出现不同程度的松懈、厌战和畏难情绪，工作力度减弱，导致扶贫开发思路不清，扶贫措施针对性不强，扶贫效果不理想。

（5）机构不够健全。2010 年，遵义市政府机构改革时，将市扶贫办单独设立，作为市政府的组成部门，充分体现了市委、市政府对扶贫开发工作的高度重视。但是，由于配套的政策、措施没有跟上，市扶贫办目前内设科室 4 个，人员编制仅 8 人。机构改革后，扶贫工作任务更加繁重，投入大幅度增加，但扶贫办内设机构、人员编制被大幅度削减，严重影响了工作。

（二）新趋势和特点

（1）生存条件恶劣，生态环境恶化，农业资源贫乏与浪费现象并存。一是目前的贫困人口大多居住在深山区、石山区和高寒山区，由于过度开垦土地和生产生活等因素，导致土质退化，土壤沙化，生态恶化，水土流失严重，农作物单产低下。二是耕地分布不均，一些村、组人均耕地面积严重不足，而一些村、组耕地资源由于种植水平低等原因，产量远低于盈亏平衡点，农民以牺牲大量的土地资源为代价换取温饱的解决，造成浪费严重。

（2）基础设施落后，制约了贫困地区的经济发展。遵义市是农业大市，劳动力生产要素大量集中在农村，资本要素大量集中在城市和城镇，由于长期实行对城镇有利的直接转移支付项目，资本分配与农业在国民经济中所作的贡献不协调，农村的公共服务、基础设施建设资金投入较少，造成全市农村尤其是贫困山区的基础设施脆弱。群众生产生活资料来源困难，农产品生产成本增大，销售成本过高，农产品难以转化为商品。同时，工程性水资源的缺乏使农业生产得不到保障，加之水利设施年久失修，水库、渠道渗漏现象严重，零星小水源得不到有效利用，导致许多乡村难以彻底、稳定摆脱贫困。

（3）稳定脱贫基础不牢，因灾因病返贫现象突出。新阶段扶贫开发期间，遵义市投入了大量人力、物力、财力，用于贫困地区的发展，但近年来全市贫困人口减少的速度明显趋缓，有的地方当年的贫困人口呈现不减反增的态势，其中最重要的原因就是返贫人口太多。一是自然灾害频繁，阻碍了贫困地区农村经济和社会的可持续发展。二是农村的社会保障体系不健全，尤其在贫困地区，医疗和社会保险未实现全覆盖，若家中有丧失劳动能力的成员，如残疾人、长期生病或体弱多病者，不仅对家庭没有收入贡献，反而因为医疗费用居高不下，使家庭陷入长期贫困之中。

（4）贫困人口素质低下是致贫的根本。由于种种原因，许多贫困人口因贫困而失学，又因失学而成为新一代贫困人口，这在贫困地区已经形成恶性循环，贫困人口素质低，既是贫困的结果，又是造成贫困的最根本原因，劳动力素质低，外出务工难，务工收入少，多数外出务工者仅能勉强维持自身的温饱，根本无法带动家庭摆脱贫困。

（5）农村经济结构单一，新的增长点没有形成。遵义市的大多数贫困地区，农业生产仍然是“粮、油、烟、猪”传统结构，优质农产品比重过低，未形成经济规模，农民增收渠道比较单一，种植结构不合理、农产品商品率不高导致农民稳定增收困难，近年来，农业生产资料和日常消费品价格大幅度上涨，造成了工农产品“比价复归”现象，出现了增产不增收、甚至减收的现象。

四、新阶段遵义市农村扶贫开发面临的机遇

随着以人为本、关注民生、科学发展的执政理念不断深入，各项支农政策力度不断加大，扶贫开发迎来了良好的外部环境和难得的发展机遇。

（1）党的十七届三中全会明确提出："搞好新阶段扶贫开发，对确保全体人民共享改革发展成果具有重大意义，必须作为长期历史任务持之以恒抓紧抓好"，中央及省财政将调整支出结构，进一步加大扶贫开发的投入力度；

（2）遵义市经济社会快速健康发展，工业反哺农业、城市支持农村的能力逐步增强，将推进贫困地区经济社会加快发展；

（3）通过新阶段扶贫开发，党委、政府和全社会对贫困地区和贫困群体更加关注，支持扶贫开发的意识和能力进一步增强，为我们解决贫困地区农民的收入问题、温饱问题，抓好扶贫开发工作打下了良好基础。

五、推进新阶段扶贫开发的思路和对策

（一）观念要更新

采取教育引导、培训示范、政策推动等措施，促进贫困地区的干部群众摒弃旧观念，树立新思想。一是发展的观念。要把发展作为脱贫致富、富民强县的第一要务，改善生产条件，搞好产业开发，拓宽增收渠道，不断提高贫困地区自我积累和自我发展的能力。二是自立自强观念。贫困地区干部群众自身的努力，是改变贫穷落后面貌的决定性因素，因此，必须牢固树立自立自强、艰苦奋斗的观念，靠苦干实干巧干摆脱贫困。三是市场观念。应充分调动农民的积极性，把"扶贫为了群众，脱贫依靠群众"的思想贯穿于工作始终，按照市场经济规律组织扶贫开发工作，变"要我脱贫"为"我要脱贫"，增强农民群众的市场意识，使他们了解市场、适应市场、走进市场。

（二）路子要找准

坚持发展特色产业，用产业开发统领和带动扶贫开发各项措施的落实。贫困地区应因地制宜，以当地资源为基础，根据市场需求确定发展规模，集中力量重点发展一两个特色产业，连片开发，形成气候，同时，按产业化经营的模式，在产业成熟的村、组或区域，积极引导贫困农户组织各类专业协会，让协会联结市场和农户，拓宽农民增加收入的渠道，使贫困群众在产业经营中获得长远和较大的利益，逐步达到稳定脱贫致富的目标。

（三）体制要创新

探索和完善扶贫开发工作重点县、乡（镇）管理机制和扶贫资金的投入使用机制。一是建立激励约束机制。今后，应对扶贫开发工作重点县、乡

（镇）实行动态管理，奖优罚差。对领导重视、工作成效显著的地方，在扶贫资金分配上予以奖励；对工作进展迟缓、项目实施不力、资金管理不当的扣减其扶贫资金投入，并给予通报批评直至追究责任；对连续几年扶贫工作不见成效的，要坚决调整领导班子。二是建立资金捆绑使用机制。将涉农资金从省级开始自上而下地捆绑使用，按照“统筹安排、渠道不乱、性质不变、确保效益、各记其功”的原则，使各方面资金有机结合，形成合力，解决以往资金使用分散造成扶贫效果不理想的问题。三是建立资金滚动投入机制，充分发挥财政扶贫资金的“启动器”和引导功能，调动群众投入的积极性，形成以财政扶贫资金投入为导向，信贷资金和社会投入为补充的多渠道、多元化的投入机制。

（四）措施要治本

（1）大力发展科教卫生事业，提高群众综合素质。采取有力措施，抓好中、小学基础教育，启动贫困地区的内在发展动力，进一步增加投入，调整教育布局，解决好中、小学基本的教学设施问题。同时，积极开展成人职业教育和技术培训，争取让每个农村青壮年劳动力掌握一到两门实用技术，并发动科研机构、大专院校，向贫困农户提供成熟可靠、容易掌握、能直接增加收入的实用技术，落实到具体项目和产业上，转化为现实生产力。

（2）采取措施，积极引导农村贫困人口向非农产业和城镇转移。一是发展农产品加工业，延长产业链，保证农产品加工增值，吸纳贫困人口从事二、三产业。二是组织劳务输出，使农民开阔视野、增长见识、学习技术、积累资金，提高脱贫致富的能力。三是积极推进小城镇建设，大力发展乡镇企业和个体私营经济，引导农民进入小城镇。

（3）积极稳妥地搞好搬迁移民。在一方水土养不活一方人的地区，一般的扶持措施很难奏效，靠大量的投入去改造这些地方的生存条件成本太高。要将对这些地区的基础设施投资转化为移民投资，坚持农民自愿、市场主导、政府引导的原则，采用县城安置、中心镇安置、中心村安置和零星安置等多种形式，有组织有计划地开展搬迁移民工作，从根本上解决贫困问题。

（五）队伍要过硬

（1）加强重点乡镇领导班子建设，选配政治素质好、业务能力强、熟悉农村工作、富有开拓精神的优秀干部进入乡镇领导班子，特别要选配好党政主要领导，确保一任接着一任干，带领群众艰苦奋斗，尽快摆脱贫困。

（2）把加强党支部建设作为一项重要工作，结合扶贫开发，逐个整顿贫困村领导班子，改变基层组织软弱涣散甚至瘫痪的状况。

（3）培训一批有热情、懂技术的基层技术人员，充分发挥“土专家”、“田秀才”的作用，帮助贫困地区建立农技推广服务体系，彻底改变一些地方存在的“网破、线断、人散”的局面。

（4）扶贫开发工作是一项长期而艰巨的任务，因此，必须要加强扶贫开发队伍自身建设，提高工作水平，进一步落实扶贫工作责任制，充实和加强各级扶贫开发的工作机构，稳定人员，改善条件，提高素质，各级应花大力气理顺扶贫办的管理体制，将县、乡（镇）两级扶贫办（工作站）纳入公务员管理序列，以增强扶贫开发的组织领导和协调管理能力，做到机构、编制、人员、经费四落实。

2013年六盘水市农村扶贫开发报告

六盘水市扶贫开发局

摘　要

作为贵州西部的能源原材料工业城市，六盘水市的扶贫攻坚取得了显著成效，贫困状况有了较大改善，但贫困和欠开发依然是当前六盘水市的主要矛盾。在新阶段，六盘水被国家纳入为乌蒙山区域发展与扶贫开发攻坚片区和滇桂黔区域发展与扶贫开发攻坚片区，农村扶贫开发面临着良好机遇。加快推进新阶段农村扶贫开发，要解放思想抢抓机遇，树立大扶贫全新理念思想；要开拓扶贫工作思路，构建大扶贫政策体系；要集聚社会各方力量，形成大扶贫工作格局；要大胆探索、勇于实践，健全大扶贫体制机制。

关键词

六盘水　乌蒙山片区　滇桂黔片区　大扶贫格局

六盘水市是贵州西部的能源原材料工业城市，是“三线建设”时期由三个地区各划出一个县组建而成。经过多年的努力，六盘水市的扶贫攻坚取得了显著成效，贫困状况有了较大改善。但贫困和欠开发依然是当前六盘水市的主要矛盾。

一、六盘水市农村扶贫开发的历程

（一）扶贫开发工作的历程

1978年党的十一届三中全会以来，特别是1988年扶贫开发办公室成立以来，市委、市政府在致力于经济和社会全面发展的进程中，把“三农”工作作为全部经济工作的首位，把扶贫开发工作作为“三农”工作的重中之重，认真贯彻落实国家和省关于扶贫开发的一系列方针政策，实施以解决农村贫困人口温饱问题为主要目标的有计划、有组织的大规模攻坚措施，实现了 20 世纪末基本解决农村贫困人口温饱的战略目标。进入 21 世纪以后，按照党中央提出的全面建设小康社会和消除绝对贫困的目标，继续大力推进扶贫开发，巩固扶贫成果，按照“两不愁、三保障”的基本要求，尽快使尚未脱贫的农村人口解决温饱，并逐步过上小康生活，六盘水市的扶贫开发工作取得了显著的成效。扶贫开发工作的成效在以下几个阶段得到体现。

1. 第一阶段：农村经营体制改革推动扶贫阶段（1978—1985 年）

1978 年，六盘水市农业总产值 2. 37 亿元，粮食产量 37. 76 万吨，肉类产量 1. 66 万吨，农民人均纯收入 78 元。农村处于大面积贫困状态。其主要原因是农业经营体制不适应生产力发展的需要。党的十一届三中全会明确了农村经营制度的改革，并逐步放开农产品价格、发展乡镇企业等多项措施，极大地激发了农民的生产热情，解放了农村生产力，提高了土地产出率。这为解决农村的贫困问题打开了出路。从 1978 年到 1985 年的 8 年间，六盘水市农业总产值达到 5. 08 亿元，粮食产量 38. 09 万吨，肉类产量 2. 97 万吨，农民人均纯收入 230 元。

2. 第二阶段：大规模开发式扶贫阶段（1986—1993 年）

1986 年，党中央、国务院制定并颁布了《关于帮助贫困地区尽快改变面貌的通知》，这是中央关于扶贫开发的纲领性文件。六盘水市党委、政府按照党中央、国务院的部署于 1988 年成立专门扶贫工作机构，制定并落实一系列优惠政策，到 1993 年底，全市农业总产值 9. 28 亿元，粮食产量 43. 49 万吨，肉类产量 3. 88 万吨，农民人均纯收入 545 元。农村绝对贫困人口减少到 155. 24 万人。

3. 第三阶段：“八七”扶贫攻坚阶段（1994—2000 年）

1994 年，国务院制定颁布了《国家“八七”扶贫攻坚计划》，按照中央、省的要求，六盘水市扶贫办结合六盘水市实际制定并实施了《六盘水市“八七”扶贫攻坚计划》。到 2000 年底，各项目标基本实现，国定贫困县六枝特区、盘县、水城县相继于 1997 年、1998 年、2000 年越过温饱线，农村人口的温饱问题得到基本解决，全市农业总产值 20. 34 亿元，粮食产量 70. 63 万吨，肉类产量 5. 60 万吨，农民人均纯收入 1313 元。农村绝对贫困人口减少到 28. 71 万人。

4. 第四阶段：新阶段扶贫开发阶段（2001—2010 年）

随着“八七”扶贫攻坚计划的如期实现，农村贫困人口的温饱问题基本得到解决，进入全面建设小康社会阶段。国务院制定并颁布了《中国农村扶贫开发纲要（2001—2010）》。六盘水市制定了《六盘水市新阶段扶贫开发规划》，根据规划要求，全市扶贫开发工作以六枝特区、盘县、水城县 3 个国务院确定的扶贫开发重点县、68 个重点乡镇，1013 个重点村为主战场，围绕解决农村贫困地区的基本生产生活条件、拓宽贫困农户基本增收门路、提高贫困人口基本素质，着力抓好“整村推进”、产业化扶贫和贫困地区劳动力转移培训工作，把扶贫开发工作推向新的高潮。到 2010 年底，全市农业总产值 36.86 亿元，粮食产量 82.16 万吨，肉类产量 12.97 万吨，水果 1.97 万吨，农民人均纯收入 2348 元。农村绝对贫困人口减少到 18.485 万人，低收入贫困人口减少到 30.91 万人，并将 28.85 万人纳入农村低保。

（二）六盘水扶贫开发工作的概况及特点

全市辖 4 个县（特区、区），其中六枝特区、盘县、水城县是国家扶贫开发重点县，钟山区是省定重点县，98 个乡镇中有 68 个扶贫开发重点乡镇，1036 个行政村中有 1013 个重点村。按照 2300 元的扶贫标准，六盘水市 2011 年底有 97.52 万贫困人口，贫困发生率高达 38.3%，高出全省 5%，全市农民人均纯收入 4437 元，仅为全国平均水平 6977 元的 63.59%，城镇居民可支配收入与农民人均纯收入比为 3.69∶1，远远高于全国 3.13∶1 的比例。

二、农村扶贫开发取得的成就、存在的问题、基本经验及做法

（一）农村扶贫开发工作取得的成就

1. 统一思想、深化认识，扶贫开发工作决策部署全面落实

六盘水市委、市政府紧紧围绕“加速发展、加快转型、推动跨越”的主基调，坚持把发展作为第一要务，把“扶贫攻坚工程”作为第一民生工程来抓。以增加贫困人口收入，减少农村贫困人口和实现扶贫开发重点乡镇减贫摘帽为目标，全面推进扶贫开发工作深入开展。2011 年水城县和六枝特区纳入滇桂黔石漠化连片特困地区。在省扶贫办的大力协调和支持下，在市委、市政府领导下，积极到国务院扶贫办汇报对接，钟山区已整体纳入滇桂黔石漠化片区进行统一规划和建设，六盘水作为滇桂黔石漠化片区中心城市进行建设。

2. 加大投入，强力推进农民增收、减贫摘帽目标进一步实现

近年来中央、省、市、县共投入全市各类扶贫资金 11.258 亿元。其中：

省以上财政扶贫资金4.63亿元、市级财政扶贫资金0.35亿元、信贷资金5.86亿元、大连市对口帮扶资金0.418亿元。2008—2011年，农民人均纯收入由2734元增长到4437元，净增长1703元，增长62.28%；贫困地区农民人均纯收入由2625元增长到4145元，净增长1520元，增长57.9%；农民人均纯收入与城镇居民可支配收入比从1∶4.33上升到1∶3.69；实现盘县和3个乡镇的减贫摘帽，共减少农村贫困人口26.91万人，两项制度有效衔接，42.84万人纳入农村低保。2013年内实现减少贫困人口12.8万人、减贫摘帽12个乡镇的目标。

3. 广泛参与、多方投入，社会扶贫开发成效明显

各级机关在六盘水市定点开展了各具特色的帮扶活动。省领导帮扶点投入财政扶贫资金4000多万元，在4个乡镇实施了“集团帮扶”项目，实施产业项目16个；对口帮扶城市大连市从1996年以来共支持援建项目资金8150余万元，捐赠物资折合资金1430万元，实施教育、卫生、农村社会公益事业和基础设施建设、产业项目等帮扶项目310余个；全市每年副地级以上领导干部开展联乡30多个和市直机关组建党建扶贫工作队驻村100多个进行帮扶；社会各界采取多种形式积极参与到扶贫开发中，促进了六盘水市扶贫开发的深入开展。

4. 财政贴息，加大融资，农村产业扶贫相关链条推进

近年来，全市共发放小额扶贫贷款5.86亿元，覆盖全市87个乡镇，512个村；大力推进了农村种养殖业项目的发展，全市共扶持了32家扶贫龙头企业，企业通过融资在扶贫开发建设中起到积极促进作用；24个贫困村互助资金试点工作有序开展，有效解决了贫困互助农户生产发展资金的瓶颈。六枝特区和水城县建立了“四台一会”融资担保平台，选准以核桃、茶叶、猕猴桃、中药材等产业为重点，完成向国开行申请贷款28.05亿元。盘县、钟山区正在准备项目申报。

5. 突出重点，加大培训，人口素质全面提升

近年来实施“雨露计划”共投入财政扶贫资金1603万元，完成培训28850人，其中：农民实用技术培训6400人；初级技工或专业技能培训2250人；“三位一体”的扶贫格局完成培训1500人；农业产业化技能培训17950人；资助贫困户子女接受高等学历教育试点900人；“助学工程”帮助150人。培训扶贫系统干部、村干部和农村致富带头人12316人。

6. 统筹兼顾，综合推进，农村基础设施建设明显改善

坚持专项扶贫、行业扶贫和社会扶贫“三位一体”的大扶贫格局，通过

整合各方资源，统筹安排部署，瞄准特困地区、贫困人口，集中人力、物力、财力和智力。近年来，农村基础设施显著改善，生态环境和群众的生产生活条件得到较大改善。全市新增、改善和恢复有效灌溉面积20万亩；解决了160.7万人的人饮困难；完成97个乡镇卫生院改扩建，建成881个标准化村卫生室，新型农村合作医疗参合率97.71%；全市退耕还林还草15.1万亩，营造林23.44万亩，新增经济林10.57万亩（自2000年至2009年实施退耕还林工程以来，共完成退耕还林123.4万亩，工程惠及50余万农民，全市增加8%的森林覆盖面积）；实现森林覆盖率由2005年的27%增至2011年的39%，净增12%。石漠化综合治理134平方公里，治理水土流失面积107.8平方公里。累计完成易地扶贫移民搬迁3058户、12230人，实施农村茅屋改造22100户，解决92820人的居住问题。

（二）农村扶贫开发工作存在的问题

（1）贫困面大、贫困程度深。全市有3个县（区）是国家扶贫开发工作重点县，有98个乡镇办，其中扶贫开发重点乡镇有68个（分别是一类乡6个，二类乡40个，三类乡22个），占全市乡镇数的69.39%，占全省934个贫困乡镇的7.28%。全市共有1036个行政村，其中扶贫开发重点村有1013个，占全市行政村数的97.78%。全市2300元扶贫标准以下的农村人口97.52万人，贫困发生率为38.3%，比全省33.40%的贫困发生率高5%。

（2）城乡收入差距大。2011年，全市城镇居民可支配收入与农民人均纯收入虽然下降到3.69∶1，但是，如果考虑到城镇居民所享有的社会保障、公共卫生、教育等福利和补贴，农民人均纯收入中大约三分之一以上用于再生产投入，城乡居民实际收入的差距会更大，城乡二元结构依然突出，收入差距大。

（3）扶贫资金的来源渠道少、总量低，特别是交通、水利对扶贫产业规模化的快速发展制约较大。加之贫困农户总体文化程度低、生产技能落后、产业覆盖面不宽、带动力不强等导致贫困农户增收渠道窄。

（4）生态环境脆弱，农业生产条件差。全市地形起伏剧烈，最高和最低相对高差达2314.3米，山地和丘陵占土地总面积的82.1%，盆谷坝子仅占8.5%；岩溶面积6263.09平方公里，占国土面积的63.18%；石漠化严重，轻度以上石漠化面积3265.6平方公里，占国土面积的32.94%，其中，中度以上石漠化1691.4平方公里，占国土面积的17.05%，远高于全省平均数，位居9个市州之首；以煤炭为主的矿产资源的开发，引起滑坡、地表裂缝、地面塌陷、崩塌等不同程度的地质灾害，导致耕地减少、生态恶化、水源枯竭等，充分说明了六盘水市的生态环境脆弱，农业生产条件极差。

（5）基本公共服务设施欠账较大。水利设施还不能满足生产生活需要，农村人口饮水困难、安全饮用水问题突出；通村公路标准低，“晴通雨不通”现象严重；教育、卫生事业城乡资源配置差异大等，城乡一体化建设任重而道远。

（三）农村扶贫开发工作做法

（1）加强领导、健全机构建立。党政一把手负总责责任制，加强对扶贫开发的领导，市长任扶贫开发工作领导小组组长，分管副市长任副组长，直接抓扶贫开发工作，其他部门和人员配合抓，形成齐抓共管工作格局。建立领导干部扶贫联系点，领导和各部门长期深入乡村开展调查研究，不断总结经验，加强对扶贫工作的指导，各部门、各单位结合自身工作实际，及时制定定点扶贫规划，抽派精兵强将进村帮扶，做到不脱贫不脱钩。从市直机关抽派年轻、优秀的后备干部到乡、村任职，加强基层组织建设，使党建与扶贫有机结合起来。重视扶贫系统机构建设，努力改善扶贫开发工作条件，县级扶贫工作机构单列，乡镇组建了扶贫工作站，加大了扶贫工作力度。

（2）坚持开发式扶贫。就是以经济建设为中心，鼓励贫困地区干部群众在各级党委政府的支持下，发扬自力更生、艰苦奋斗的精神，克服贫困农户中普遍存在的“等、靠、要”思想，投工投劳，开展农田、水利、公路等方面的基础设施建设。以市场为导向发展种植业、养殖业以及相应的加工业项目，开发当地资源，发展商品生产，促进增产增收，增强自我积累和自我发展能力。开展农业先进适用技术、非农技能培训，提高贫困农户的综合素质，增强自我发展能力。同时将扶贫开发与水土保持、环境保护、生态建设相结合，实施可持续发展战略，增强贫困地区和贫困农户的发展后劲。

（3）瞄准贫困群体。以贫困人口为对象，以扶贫开发重点村为主战场，以改善群众生产生活条件和增加收入为重点，坚持解决和巩固温饱问题同时推进，分类指导，对具有发展潜力的着力帮助提高自我发展能力；对丧失劳动能力的贫困人口，给予必要的救济、救助；对一方水土养不活一方人的给予易地搬迁。

（4）实施“整村推进”。以村为单元，整合部门资金，完成《村发展规划》实施，实现贫困村的基础设施明显改善、基本增收门路得到拓宽、人口基本素质明显提高、社会事业协调发展、村级组织建设明显加强，促进农业和农村经济快速发展。

（5）抓好产业化扶贫。调整农业结构，培育增收产业，把草食畜牧业发展作为调整农村经济结构、促进农民增收的主要措施，大力发展草地生态畜牧业。特别是采取“晴隆模式”，在3个扶贫开发重点县连续5年、每年分别投入财政扶贫资金500万元，扶持500户农户大力实施草地生态畜牧业种草养羊科技扶贫项目；以品种改良为重点大力实施种草养牛养禽等科技扶贫项目，畜牧业得到较大发展，畜牧业已成为贫困群众增收的主要来源。

（6）加强培训。加大农业适用技术和绿色证书培训，力争每个贫困家庭户均有一个劳动力掌握1～2门农业适用技术；开展贫困地区干部培训，提高干部素质，增强为民服务的本领；实施“雨露计划”，开展贫困地区农村劳动力转移培训，促使劳动力掌握一门非农职业技能，并实施有组织的转移就业。

（7）加强扶贫资金管理，提高使用效益。出台了《六盘水市财政扶贫资金项目管理办法（试行）》，改革和完善扶贫资金分配方式，建立、健全、规范资金管理制度，加强审计、社会和舆论监督。

（8）动员社会各界积极参与扶贫开发。加大东部地区对中西部贫困地区对口帮扶力度，不断完善机关定点扶贫工作，鼓励和支持中介组织、民间组织参与扶贫项目的实施。

（四）扶贫开发的基本经验

主要经验就是“五个始终坚持”：一是始终坚持把扶贫开发作为“重中之重”的战略地位不动摇，在组织机构、政策措施、工作力度、投入强度等方面都贯穿这一要求。二是始终坚持“三个围绕”强力攻坚，围绕拓宽群众增收门路、着力加快贫困地区经济发展，围绕改善基本生产生活条件、着力加强贫困地区基础设施建设，围绕提高群众基本素质、着力发展贫困地区社会事业。三是始终坚持因地制宜、分类扶持的工作方法，积极探索并创新推广扶贫开发新模式。四是始终坚持构建“大扶贫”工作格局，形成全社会扶贫开发的强大合力。五是始终坚持夯实基层基础，在扶贫攻坚中充分发挥基层党组织的战斗堡垒作用和党员干部的先锋模范作用。

三、农村贫困问题的新特征与原因分析

（一）存在问题

（1）基础设施建设滞后，生产生活条件差。交通基础设施较为落后，社

会事业发展滞后。水利资源丰富，河流众多，但工程性缺水突出，有效灌溉面积小，25%以上的村未通自来水，32.6%的农户饮水安全未能解决。物流不畅，资源难以转化为商品优势，严重制约了贫困地区的经济社会发展。同时，信息不灵，对外界了解甚少。部分村、寨的供电能力弱，不仅影响农村的经济发展，而且影响人们有效地接受外部信息。市场发育不良，商品率低下，自给自足的生产生活方式下，使生活在山区的群众贫困面貌改变缓慢。

（2）贫困人口文化素质低，脱贫难度大。贫困乡村师资严重缺乏，教育基础设施简陋。由于人口文化素质低，思想观念落后，接受新技术和新观念受制约，在很大程度上影响了贫困地区脱贫致富的进程。

（3）产业发展缓慢，收入渠道单一。贫困人口绝大多数都是深居在交通极为不便的边远深山区、石山区，群众长期以来都是靠农业收入维持生活。加上交通落后，物流不畅，即使山区有较为丰富的资源，也难以转化为商品。商品市场主要依靠农产品。加上贫困地区产业结构单一，第一产业比重过大，第二、三产业发展较为缓慢。乡镇企业基础差、底子薄、发展慢，由此决定了收入来源单一，除了来自第一产业的收入外，第二、三产业的收入甚微，很大程度上制约了这些山区经济社会的发展。

（4）地方财政困难，扶贫难度大。贫困县财政困难，资金投入不足，难以激发农村的内部活力。贫困乡镇财政收入极为薄弱，人员工资、办公经费都难以保证，基本无财力投入项目开发和基础设施、社会事业建设。六盘水市是重点的石漠化治理区域，农业生产基础薄弱，县、乡财政和农民群众也就更加无力投入资金来发展生产和进行基础设施、社会事业建设，这也是制约贫困地区经济发展的主要原因之一。

（二）原因分析

六盘水市贫困成因复杂多样，有自然、地理、社会、历史等客观因素的存在；部分领导干部对扶贫工作的重要性、艰巨性、长期性认识不到位，扶贫工作思路有偏差、扶贫体制机制不够健全等主观因素的影响，这些主客观内外因素交错作用，决定了六盘水市贫困地区脱贫之路依然任重道远。

（1）生存环境恶劣，仍然是导致贫困的主要因素。贫困人口集中分布在自然条件恶劣的大石山区，土地贫瘠、生态脆弱、水土流失严重、自然灾害频繁、人均可利用资源低、生产生活环境恶劣仍是导致贫困的主要因素。

（2）思想认识不足，扶贫开发战略地位不突出。基层党政没有真正认识到扶贫工作的重要性、艰巨性和复杂性，在经济社会发展战略大格局中，没有很好地确立扶贫工作应有的地位和作用，措施不够多，工作力度不足等。

四、新阶段农村扶贫开发面临的机遇、挑战、趋势

（一）新阶段农村扶贫开发面临的机遇

2012 年，随着国发 2 号文件的出台，六盘水被国家纳入乌蒙山区域发展与扶贫开发攻坚片区和滇桂黔区域发展与扶贫开发攻坚片区，时任省委书记的栗战书同志在省第十一次党代会报告中提出全省奋战 5 年，努力实现“三高于，一达到，五翻番”，全力总攻“绝对贫困”，20 个县（市、区）实现全面小康，30 个国家扶贫开发工作重点县、500 个贫困乡实现“减贫摘帽”，农村贫困人口减少到 500 万以内的扶贫攻坚目标。市委书记王晓光在市委第六次党代会和其他大会上提出六盘水市实现“四高于，一达到，五翻番”的目标和“创先、创新、创优、增比、进位、突破”的工作要求，加快扶贫攻坚步伐，实现全市 3 个国家扶贫开发工作重点县和 68 个贫困乡镇在“十二五”期间“减贫摘帽”，以提高全市农村人口的收入水平来达到全市共同奔小康的目标。

党中央、国务院新一轮西部大开发和十七届五中全会提出“大力扶持贫困地区加快发展”，“全力实施集中连片特殊困难地区开发攻坚工程，基本消除绝对贫困现象”的战略思路。省委、省政府、市委、市政府高度重视新阶段扶贫开发工作，把扶贫开发作为“三个重中之重”的首要任务。随着统筹城乡一体化发展、新农村建设、“两项制度”衔接等具体工作深入推进，全市不断改善贫困地区基础条件，增强农民的自我发展能力，打破交通、水利等基础设施“瓶颈”，不断改善投资和发展环境，贫困地区加快发展的条件基本具备。

全市扶贫开发工作思路进一步明确，适合各地发展的扶贫开发模式基本建立，最低生活保障制度和扶贫开发工作的有效衔接工作确保能够瞄准贫困区域和贫困对象，并对农村丧失劳动能力的人予以高于扶贫标准实行社会保障。各项扶贫措施及产业结构调整将加快推进工业化、城镇化发展步伐，推动全市农业产业化进程，伴随着体制机制的不断完善，越来越多的社会团体主动投身到扶贫队伍中，各部门积极配合扶贫项目实施，社会帮扶资金和物资逐年增加，帮扶渠道逐渐扩大，“大扶贫”格局基本形成。

（二）新阶段农村扶贫开发面临的挑战、趋势

（1）扶贫开发的任务十分艰巨。贫困面大、贫困程度深、贫困人口大都

分布在深山区、石山区、边远山区、高寒山区、地方病多发区和少数民族聚居区，自然条件恶劣，居住条件很差，扶贫开发成本很高，是扶贫攻坚的“硬骨头”。

（2）脱贫人口返贫的因素十分复杂。在贫困人口数量减少的同时，返贫问题越来越突出。在刚刚脱贫的人口中，有相当一部分收入不稳定，因灾、因病、因学、因生育、因失业等返贫现象突出。常年返贫率在 10% 左右，重大自然灾害年份达到 25%，巩固脱贫成果的任务十分艰巨。

（3）扶贫工作面临的问题十分突出。在工业化、城镇化加快推进的背景下，包括贫困地区在内的农村要素流失加剧，贫困地区面临农业萎缩、农村凋敝、农民更加贫困的危险。在农村低保制度全面建立的情况下，少数同志存在“以低保代替扶贫”的思想，对新形势下扶贫开发的重要性认识不足，工作能力、工作力度有弱化的危险。

（4）扶贫资金的供需矛盾十分尖锐。由于财力有限，扶贫资金供需矛盾很突出。就“整村推进”来说，每个贫困村至少需投入资金 300 万元才能取得好的成效，而目前每村平均只有 25 万元，资金缺口较大。

五、加快推进新阶段农村扶贫开发的对策措施

根据《中国农村扶贫开发纲要（2011—2020 年）》（以下简称新《纲要》）的精神和要求，夺取六盘水市扶贫开发的新胜利，必须采取有力、有效措施扎实推进六盘水市新一轮扶贫开发工作。

（一）解放思想抢抓机遇，树立大扶贫全新理念思想是行动的先导

解放思想，是我们做好一切工作的法宝，只有解放思想，才能转变观念，才能抢抓机遇。树立大扶贫工作新理念，必须要在解放思想上有新突破，在解放思想的基础上善于抢抓、利用好大好机遇。

（1）进一步解放思想，更新观念。全市上下必须坚持与时俱进，进一步解放思想，更新观念，开拓创新，在思想认识上要统一到新《纲要》提出的目标任务上来，统一到中央和自治区党委对新一轮扶贫开发工作的思路和决策部署上来，在解放思想中破解扶贫开发工作难题，在更新观念中转变扶贫方式，树立“大扶贫”观念。

（2）善于抢抓机遇，奋力拼搏。机遇是一种潜在的优势，是有利的条件和环境。当前和今后 10 年，是全面深入推进扶贫开发工作的大好机遇和最为

有利的时期。抢抓机遇，就是要在抓住扶贫开发新形势新机遇新要求研判的基础上，克服消极厌战的畏难情绪，树立迎难而上、永不懈怠、敢啃“硬骨头”、长期作战的“大扶贫”观念，把新《纲要》精神落到实处，落实在实干上、落实到扶贫开发具体工作中去，以新的思路和新的举措谋划好，确保六盘水市“十二五”和新十年扶贫目标任务实现，奋力全面夺取新一轮扶贫开发工作新胜利，走出一条特色扶贫新路子。

（二）开拓扶贫工作思路，构建大扶贫政策体系

构建大扶贫政策体系是做好新一轮扶贫开发工作的基石。对贫困地区来说，政策的支持在一定程度上比资金的支持更为重要。做好新一轮扶贫开发工作，必须把扶贫开发工作纳入整个政策体系。

（1）进一步学好文件，用足政策。在全市上下开展“学习文件，用足政策”活动。认真学习领会吃透西部大开发、新《纲要》等一系列政策，抢抓中央加大对西部贫困地区投入的大好机遇，争取获取中央更多的政策和财政扶贫资金支持。在此基础上，结合实际，制定完善出台六盘水市扶贫开发一系列政策措施。

（2）进一步落实“两项制度”衔接政策。两项制度有效衔接是高度关注民生、坚持以人为本执政理念的具体体现，是提高行政效能和扶贫效果的有益探索。做好最低生活保障制度和扶贫开发政策的有效衔接，就是要把扶贫开发与社会保障有机结合起来，把相关政策落实到对象上，对农村贫困地区没有劳动能力的贫困人口，全部纳入农村低保范围，做到“应保尽保”；对有劳动能力的贫困人口，全面实施扶贫政策，落实帮扶措施，帮助他们脱贫致富奔小康，形成“低保保生存、扶贫促发展”的扶贫开发新格局。

（3）进一步加大财政政策支持力度。通过整村推进、产业扶贫、科教扶贫、培训转移就业、生态扶贫移民等平台，进一步整合资源资金，整合发改、扶贫、国土、交通、农业、教育、卫生等各部门单位支农资金，捆绑集中统一调度，集中用于支持贫困地区和贫困人口发展。建立完善“以拨改投、以奖代补、民办公助、先建后补”的扶贫资金投入机制，进一步提高资金使用成效。

（4）进一步加大金融保险政策支持力度。完善扶贫贷款贴息政策，增加扶贫贷款贴息支持力度，以贫困村互助资金试点工作和扶贫贴息贷款为契机，积极开展贫困村互助资金工作和到户扶贫贷款贴息，建立贫困农户发展产业的担保基金，积极推动农村金融产品和服务方式创新，努力满足贫困地区农户发展生产的资金需求；完善落实鼓励贫困地区农村青年、妇女、残疾人创业小额信贷政策。积极发展农村保险事业，引导和鼓励保险机构在贫困地区建立基层服务网点，完善农业保险保费补贴政策，针对贫困地区特色主导产业，增加政策性农业保险险种，适当提高财政保险补助比例，建立健全贫困地区防化风险机制，尽可能减少返贫现象发生。

（5）进一步广泛吸纳社会资金投入。继续做好中央和国家机关及企事业单位定点扶贫和对口支援工作，争取国家扶贫开发工作重点县（区）都有一个中央对口帮扶部门；进一步深化两广对口帮扶与协作，不断拓展对贫困地区的帮扶内容和领域，把帮扶资金全部用在贫困地区的帮扶对象上，争取每个对口县（区）都能引进两家以上农业产业化龙头企业。鼓励机关干部、爱心人士等参与扶贫，与贫困村、贫困对象结对帮扶。

（三）集聚社会各方力量，形成大扶贫工作格局

扶贫开发工作是一项系统复杂的社会工程，必须统筹城乡区域发展，集聚社会各方力量，形成“政府主导、部门负责、、社会帮扶、群众主体、科学管理”的大扶贫工作格局。

（1）创新工作内容方式，着重提升三大扶贫工作。根据新《纲要》精神和要求，六盘水市新阶段扶贫开发要科学谋划扶贫开发与低保两轮驱动推进和以专项扶贫、行业扶贫、社会扶贫为主要内容的“三位一体”的战略布局。在转变扶贫开发方式上，坚持以政府主导和统筹发展，社会和贫困群众自觉积极参与，把扶贫开发与目标任务纳入全市经济社会发展总体目标，把扶贫开发工作与六盘水市各地优势资源开发和发展优势产业相结合，与加快推进工业化、城镇化、农业产业化相结合，与发展旅游业、现代服务业和新兴产业相结合，积极探索解决制约贫困地区发展的突出问题和扶贫对象的自我发展能力问题。

（2）加大舆论宣传力度，营造大扶贫工作浓厚氛围。各级宣传部门和新闻媒体要以参与推动全区扶贫开发工作为己任，充分发挥行业部门优势，加大扶贫开发宣传力度，广泛宣传我区扶贫开发的政策、成就、经验和典型事迹，宣传新一轮扶贫开发工作面临的新形势、新机遇和新任务。通过宣传，使全社会充分认识到扶贫开发在全区经济社会持续、快速、健康发展中占有重要的战略地位，是实现富民强国新跨越目标的重中之重的工作，充分认识到六盘水市扶贫开发工作的紧迫性、长期性和艰巨性，努力营造全社会关注扶贫、支持扶贫、参与扶贫的浓厚氛围。

（四）大胆探索勇于实践，健全大扶贫体制机制

根据新阶段扶贫开发与农村低保两轮驱动、实现“两不愁、三保障”目标的基本工作思路，做好六盘水市新一轮扶贫开发工作，必须认真探索新的工作体制和机制，形成“省负总责、市重协调、县抓落实、乡镇推进”管理体制和“片为重点、工作到村、扶贫到户”的工作机制。

坚持民主评议与集中决策相结合，充分尊重群众意愿，做到公平、公正、公开，按照规定程序，合理确定农村低保和扶贫对象。坚持根据农村贫困人口的地域分布特点和不同地区两项制度标准的差异情况，实行分类指导，并将贫困村贫困户的真实情况逐村逐户登记造册，做到户有卡，村有册，建立帮扶台账，实时记录帮扶情况。坚持政府支持、社会各界帮扶和农民自力更生相结合，实现对农村贫困人口的全面扶持。

通过两项制度的有效衔接，瞄准扶贫对象，按照既定的目标任务，制定相应的扶持政策和帮扶措施，实施“规划到户、责任到人”的“双到”扶贫工作责任制，把对贫困村和贫困户的帮扶任务、目标、要求等具体分解落实到帮扶单位，明确责任到人。帮扶单位扶贫项目资金要通过项目补助、产业带动、技能培训、贷款贴息等方式，集中用于扶贫对象。

2013年安顺市农村扶贫开发报告

安顺市扶贫开发办公室

摘　要

安顺市扶贫开发已经从以解决温饱问题阶段转入巩固温饱成果、加快脱贫致富、改善生态环境、提高发展能力、缩小发展差距的新阶段，但要完成到2020年基本消除绝对贫困现象、与全国全省同步建成全面小康社会的重大任务，扶贫开发任务异常艰巨和繁重。新一轮农村扶贫开发要以“三化同步”为主要抓手，以实现与全国全省同步进入全面小康社会为根本目标，按照专项扶贫、行业扶贫和社会扶贫“三位一体”国家扶贫战略的要求，着力强基础、扶产业、提素质、保民生、创机制、探路子，突出抓好以交通、水利为重点的基础设施建设，以增加农民收入为重点的产业化扶贫，以生态移民、培训创业就业等为重点的民生改善等工作，着力改变集中连片特殊困难地区城乡面貌，推动贫困地区经济社会实现跨越式发展。

关键词

新一轮农村扶贫开发　石漠化特殊困难地区　安顺市

安顺市位于贵州省中西部，东邻省会贵阳市和黔南布依族苗族自治州，西靠六盘水市，南连黔西南布依族苗族自治州，北接毕节地区。境内属贵州西部高原山区的黔中丘原盆地，全市国土面积9267平方公里，平均海拔1219米，其中山地面积占46.8%，丘陵面积占38.2%，山间平地面积占15%。随着西部大开发各项重点战略项目的全面推进，安顺市基础设施建设进一步加强；结构调整取得积极进展，优势产业逐步形成；社会事业加快发展，人民生活继续改善；社会主义政治文明和精神文明建设取得新的进展。

一、安顺市农村扶贫开发的历程

（一）第一阶段：区域性扶贫（1978—1993 年）

最初是救济式扶贫，主要由民政部门分管，资金来源为民政救济金。采取救济与扶贫相结合的方针，有灾救灾，无灾扶贫，凡遇灾情，救济为主，余款扶贫。

自 1986 年至 1993 年这一段时间，扶贫工作进入了一个新的历史时期。一是确定了开发式的扶贫方针；二是制定专门的政策和措施；三是成立了专门的机构。

1986—1993 年全市共投入扶贫资金 6773 万元，主要以国家扶贫专项贷款和以工代赈的粮、棉、布及化肥、农药等形式扶贫。

到 1993 年，经过 8 年的扶贫，全国从两亿多贫困人口下降到 8000 万人，贵州省为 3000 万人，安顺市为 98.79 万人。

（二）第二阶段：“八七”扶贫攻坚（1993—2000 年）

1. “八七”扶贫攻坚任务

1993 年，国务院提出了《国家八七扶贫攻坚计划》：即从 1994 年开始，到 2000 年用 7 年的时间解决全国 8000 万农村贫困人口的绝对贫困问题，达到基本解决温饱。并向世界作了庄严承诺：不把贫困带入 21 世纪。

“八七扶贫攻坚计划”明确了“到 2000 年基本解决农村贫困人口的温饱问题的任务”，扶贫对象集中在全国尚未解决温饱的 8000 万农村贫困人口。工作范围从大面积的面上贫困逐渐向区域化转变，转向老、少、边、穷地区，转向深山区、石山区、少数民族聚居区。贵州省是全国的重点贫困地区，有 48 个贫困县。安顺市有四个贫困县——镇宁、关岭、紫云三个自治县和普定县。

按 1993 年当时的标准统计，安顺市年收入 200 元以下的极贫人口有 45.73 万人，年收入 300 元以下的贫困人口 98.79 万人，占全市总人口的 44%，占全市农业人口的 49.8%。贫困人口相对集中在 4 个贫困县，占全区贫困人口的 63.7%。

2. “八七”扶贫攻坚成效

实施“八七”扶贫攻坚期间，全市共安排各类扶贫资金 85969.6 万元，主要用于实施改善贫困地区生产生活条件的基础设施项目。取得的成效主要有：

一是贫困面减少，全市农村贫困人口由1994年的98.79万人下降到2000年底的20万人，7年共有78.79万人解决温饱，贫困面由1994年的49.8%下降到9.6%，实现了镇宁、普定、关岭、紫云4个贫困县相继整体越过温饱线。

二是贫困群众生活水平有了较大提高。从农民人均纯收入和人均占有粮食两大指标看，2000年，4个贫困县分别为：普定县1284元/311公斤，镇宁县1260元/300公斤，关岭县1210元/339公斤，紫云县1178元/368公斤。同1993年相比，4个贫困县人均增加情况分别为：普定县799元/69.5公斤，镇宁县770元/70公斤，关岭县725元/43公斤，紫云县703元/66公斤。

三是贫困县经济实力有了明显增强。1993年，4个贫困县的地区生产总值是87092万元，2000年达到259399万元，比1994年前增长197.8%；地方财政收入从1993年的5124万元增加到2000年的19838万元，增长287.2%。

（三）第三阶段：新阶段扶贫开发（2001—2010年）

第三阶段以国务院颁布实施《中国农村扶贫开发纲要（2001—2010年）》为标志。

1. 扶贫开发面临的困难和问题

进入21世纪，我国已经进入了全面建设小康社会、加快推进社会主义现代化建设新的发展阶段。全市扶贫工作虽然顺利实现了“八七”扶贫攻坚目标，但也仅仅是一个“基本解决温饱”的问题。

一是尚未解决温饱的贫困人口还占有相当大的比重，其贫困程度仍然很深，而且主要分布在深山区、石山区、少数民族聚居区，生态环境恶劣，生产生活条件极差，扶贫难度很大。

二是“越温”的标准低，人均年收入625元、325公斤粮食，即为个人“越温”，达此标准的人口占70%～80%，为该县整体“超过温饱线”。所以已经解决温饱的贫困人口，显然是低标准的解决温饱。基础条件差，抵御自然灾害的能力弱，徘徊在温饱线上，很不稳定，“小灾小返贫，大灾大返贫”，如2002年秋，安顺市由于受到“秋风”的袭击，返贫人数明显增加，贫困人口达到20.47万人，超过2000年的20万人。

2. 调整扶贫对象和范围

新阶段扶贫开发以“突出重点、兼顾一般”为原则，既划分重点县，又划分重点乡镇、重点村。

根据调查统计测算，国务院扶贫办将安顺市镇宁、关岭、紫云3个自治县和普定县确定为新阶段扶贫开发工作重点县。

省扶贫办确定安顺市重点乡镇 54 个，重点村 991 个，占全市 1814 个村（2000 年底全市村设置数）总数的 54.63%，其中：一类重点乡镇 6 个；二类重点乡镇 31 个，三类重点乡镇 17 个。

按年人均收入 700 元以下的为一类村，划定一类村 400 个；701～1000 元的为二类村，划定二类村 529 个；1001～1100 元的为三类村，划定三类村 62 个。以上 991 个重点村为新阶段扶贫开发工作的重点。

3. 采取的措施

为推进新阶段扶贫开发工作，安顺市委、市政府制定了《关于切实做好新阶段扶贫开发工作的意见》和《中共安顺市委关于加大新阶段扶贫开发工作力度的实施意见》，明确了总体思路、工作重点、目标任务和措施。提出围绕解决"一个核心"、"三个基本"，实施"两个工程"、"三项重点工作"，有计划、有步骤地抓紧解决 6 个一类重点乡镇、400 个一类重点村贫困人口的温饱问题。

"一个核心"就是增加贫困农户的经济收入。

"三个基本"就是贫困地区要以整村推进扶贫规划为切入点，改善贫困地区的基本生产、生活条件；以劳动力的培训和转移为切入点，提高贫困农户的基本素质；以发展龙头企业为切入点，带动贫困地区调整产业结构，拓宽基本增收门路。

实施"两个工程"就是建立市级扶持贫困地区畜牧业发展专项资金、种植业发展专项资金，每年统筹安排 1600 万元资金，合力攻坚，实施贫困地区发展畜牧业工程、发展种植业工程。通过实施"两个工程"，以贫困人口为主要对象，以增加农民收入解决温饱和抑制返贫为主要目标，采取综合措施啃"硬骨头"，连续三年集中扶持安顺市一类重点乡镇、一类重点村，一个村一个村地解决温饱问题。

"三项重点工作"就是"整村推进"，产业化扶贫和贫困地区农村劳动力转移培训。

4. 取得的成效

通过新阶段扶贫，安顺市贫困人口从 2002 年的 57.58 万人减少到 2010 年的 28.34 万人。贫困人口占全市总人口的比例从原来的 22.55% 降至 13.73%。

以"十一五"期间为例，全市共投入财政扶贫资金 3.76 亿元、青岛对口帮扶资金 4000 万元。在 492 个贫困村实施了"整村推进"，实施"雨露计划"培训 43307 人，转移 35475 人，共建设了 100 个温饱示范村以及茶叶、水果、蔬菜等一批产业基地。4 个扶贫开发重点县农民人均纯收入从 2005 年的

1572.7元增加到2010年的3132.7元，年人均增收300元以上，与“十五”期间的年均增收不足100元相比，增加了200多元。

二、安顺市农村贫困现状

安顺市现辖6个县区中有4个国家扶贫开发重点县，其中包括镇宁、关岭、紫云3个少数民族自治县，在87个乡镇及办事处中有54个贫困乡镇，在1837个行政村中有991个贫困村。贫困县、乡、村分别占66.7%、63%和54%。贫困人口按2300元扶贫新标准，省测算公布安顺市2011年有贫困人口74.65万人。

安顺市扶贫开发已经从以解决温饱问题阶段转入巩固温饱成果、加快脱贫致富、改善生态环境、提高发展能力和缩小发展差距的新阶段。2010年，安顺市镇宁布依族苗族自治县、关岭布依族苗族自治县、紫云苗族布依族自治县、普定县4个扶贫开发重点县农民人均纯收入只是全国平均数的一半，比平坝县和西秀区低800多元，收入差距存在拉大的趋势。

一是贫困现象集中连片，贫困人口集中分布在连片特殊困难地区；二是贫困问题与民族地区的发展问题相互交织，75%以上的深度贫困人口集中分布在民族自治区域；三是贫困现象与恶劣的自然环境共存，在山区尚有25.3%的自然村不通公路；四是以水、电、路、气、房、科、教、文、卫、保为主要内容的基本公共服务均等化历史欠账多，有80万居住山上的农村人口存在饮水安全问题；五是因灾、因病、因学返贫率高，脱贫难度大，扶贫成本高；六是产业基础薄弱与市场发育不足并存。特色产业规模小、零星分散、链条短、附加值低、流通不畅、市场占有率不高、产业体系不健全，难以成为带动贫困群众增收的主导产业等。

以上说明，要完成到2020年基本消除绝对贫困现象、与全国全省同步建成全面小康社会的重大任务，扶贫开发任务异常艰巨和繁重。

三、安顺市农村扶贫开发工作的主要做法与成效

（一）市委、市政府高度重视，各级各部门形成合力，新一轮扶贫开发取得良好开局

安顺市委、市政府始终高度重视扶贫开发工作，把扶贫开发工作作为

“三农”工作的重中之重，作为全面建设小康社会的重点和难点摆在重要的位置，在组织保障、财政投入、队伍建设、产业发展等方面进一步加强，形成了党委政府统领，各级各部门承担，全社会共同参与的大扶贫格局。

（1）加强组织保障。安顺市各级党政一把手亲自抓扶贫开发，把扶贫开发的主要任务列为政府的重点工程，签定目标，将责任具体落实到各级各部门，落实到人。

（2）加大财政投入。市、县级财政每年均安排扶贫专项经费，且逐年增加，用于支持集团帮扶和各类产业化扶贫项目的前期工作，整合各类涉农资金实施整体推进。2012 年，市委、市政府出台了《关于国家扶贫开发工作重点县加快脱贫攻坚步伐进行奖励的实施方案》，确定了扶贫的攻坚目标和奖励政策。对提前摘帽的重点县和贫困乡镇，市级一次性奖励 300 万元和 50 万元。

（3）加强队伍建设。2011 年在机构改革中加强了扶贫机构和队伍建设，市县两级扶贫办机构单设，班子及人员得到加强。2012 年还单独成立了市扶贫开发项目技术服务中心，明确为副县级事业机构。

（4）认真贯彻落实中央、省的扶贫开发政策。2012 年以来，为认真贯彻落实《中国农村扶贫开发纲要（2011—2020 年）》、国发 2 号、黔党发 15 号文件，市委、市政府多次研究扶贫开发工作，召开了全市扶贫开发工作大会，与各县区签订了目标责任书，落实了今年的扶贫开发目标任务，并出台了《中共安顺市委安顺市人民政府关于加强新一轮扶贫开发工作的实施意见》。

在安顺市委、市政府的坚强领导下，全市扶贫开发工作呈现出“团结奋斗、加速发展、减贫增收、民生改善”的新态势，新一轮扶贫脱贫攻坚实现了良好开局。2011 年度减少贫困人口 3.65 万人，超额完成省下达的“减贫 3.23 万人”的目标任务，当年争取财政扶贫资金 16115.1 万元，比 2010 年的 7932.9 万元增加了 103%，批复各类项目共 98 个，项目全部启动实施，竣工率 90.8%。

截至 2012 年 10 月 15 日，安顺市已争取到 2012 年度扶贫资金 22200.28 万元（财政扶贫资金 21200.28 万元，青岛对口帮扶资金 1100 万元），项目正在按要求抓紧实施。上半年，减少农村贫困人口 7.5 万人，西秀区刘官乡、平坝县乐平乡、普定县化处镇、镇宁自治县马厂乡、关岭自治县沙营乡、紫云自治县猫营镇实现减贫摘帽。整乡推进，草地生态畜牧业、蔬菜产业化、中药材、核桃、水果、乡村旅游、油茶、茶叶产业化扶贫项目及特色养殖项目稳步推进。

（二）加大扶贫资金投入使用监管力度

（1）安顺市、县两级财政积极调整支出结构，全面落实国家《财政专项扶贫资金管理办法》（财农［2011］412 号）规定，市县两级财政每年预算安排一定规模的财政专项扶贫资金，并逐年加大投入规模。安顺市市级财政每年预算专项扶贫资金 100 万元，主要用于市级集团帮扶等。坚持每年按财政增收比例增长，有关资金投入情况作为绩效评价的重要因素。完善财政转移支付制度，加大对贫困地区的支持力度。各部门安排的各类专项资金、项目在同等条件下要向贫困乡镇和贫困村倾斜。

（2）建立服务扶贫开发的投融资平台，探索建立扶贫资金有偿使用、滚动发展、多元投入机制，实施信用担保试点，不断增加金融资本融通总量。

（3）实行“竞争入围、绩效考评、以奖代补”的资金使用机制和“源头控制、程序规范、下管一级、全程监控”的资金监管机制。严格执行扶贫资金项目公示制、向纪检监察机关备案制、项目监管责任追究制、财政专户管理制、报账管理制和国库集中支付资金动态监控。推行扶贫项目资金运行情况中期评估、年底绩效考评制度。强化扶贫资金账户管理。加强扶贫资金审计，加强对扶贫资金审计查出问题的整改落实工作，加大查处挤占、挪用、贪污扶贫资金的违纪违法行为。

（三）切实做好“两项制度”有效衔接

（1）健全识别机制。以国家扶贫标准为定量依据，做到以“两不愁三保障”为定性依据，采取量化指标、定性指标与村民民主评议相结合的方法，合理确定扶贫对象。严格按照《贵州省农村居民最低生活保障工作规程（试行）》规定的程序确定农村低保对象。研究制定“两项制度”有效衔接的统计、监测、评估指标体系，建立扶贫、民政、统计等部门的信息共享网络平台，实现“两项制度”有效衔接信息管理监测常态化。

（2）建立进退机制。对有劳动能力的农村低保对象经扶贫项目扶持实现脱贫致富、家庭年人均纯收入超过当地农村最低生活保障标准的，取消农村低保待遇，做到农村低保对象有进有出、补助水平有升有降。安顺市民政和扶贫部门共同组织开展扶贫对象、农村低保对象年度入户核查工作，及时取消或调整家庭年人均纯收入超过当地农村最低生活保障标准的扶贫对象的农村低保待遇。

（3）按照国家扶贫标准，做好新增贫困人口的录入工作。农村最低生活保障标准坚持依照维持当地农村居民全年基本生活必需的吃饭、穿衣、用水、用电等费用确定的原则，按照年均增长10%以上的要求，科学合理确定。

（四）加大各项政策支持力度

（1）加大金融资金投入力度，全面落实农村妇女创业小额信贷优惠政策。继续实施残疾人康复扶贫贷款项目，继续加大对贫困地区乡镇金融机构的政策支持力度。鼓励和支持贫困地区县域法人金融机构将新增可贷资金70%以上留在当地使用。积极发展农村保险事业，鼓励保险机构在贫困地区建立基层服务网点。鼓励地方发展特色农业保险。加强贫困地区农村信用体系建设，以农村信用社的“信用工程”为载体，巩固和完善“信用乡镇”的创建工作，切实解决“三农”融资难问题。

（2）加大投资倾斜力度，加大贫困地区基础设施建设、生态环境建设和民生工程等投入力度。从土地出让金收益提取12%用于农田水利建设。

（3）加大土地利用支持力度，新增建设用地指标优先满足贫困地区生态移民搬迁建房需求。在保护生态环境的前提下支持贫困地区合理有序开发利用矿产资源。

（4）加大人才保障力度，组织教育、科技、文化、卫生等行业人员和志愿者到贫困地区服务。由市、县两级部门单位选派干部帮村开展工作，帮助推动科学发展，维护和谐稳定，加强基层组织建设，切实推动乡（镇）、村（居）各项工作。进一步加大对贫困地区特别是基层的政策倾斜力度，加大贫困地区干部和农村实用人才的培训力度，健全和完善乡土人才管理系统，实现乡土人才管理服务信息化。

（五）创新扶贫开发机制

（1）全面推行“减贫摘帽”激励措施。全面落实中央、省、市对国家扶贫开发工作重点县加快脱贫攻坚步伐进行奖励的意见，实行“摘帽不摘政策”激励措施。对提前“摘帽”的重点县、贫困乡，原有扶持政策不变。安顺市委、市政府出台了《关于国家扶贫开发工作重点县加快脱贫攻坚步伐进行奖励的实施方案》，确定了扶贫的攻坚目标和奖励政策。计划分别在2012年和2015年普定、关岭两县“摘帽”，“十二五”期间实现38个乡镇摘帽。对提前摘帽的重点县和贫困乡镇，市级一次性奖励300万元和50万元。

（2）探索建立有效工作机制，深入推进扶贫产业发展。大力推行市、县级党委、人大、政府、政协在职领导牵头定点联系贫困县、定点帮扶贫困乡

(镇)、贫困村的帮扶制度。安顺市建立了市级集团帮扶机制，即由 1～2 名市级领导联系一个贫困乡镇，市级相关部门组成 18 个集团帮扶联系组，定期两年帮扶一个乡镇整体脱贫。由市委、市政府组织召开现场会，调度会的方式推进扶贫产业化项目的实施，效果显著，得到省扶贫办的高度肯定并在全省给予推广。

（3）推行贫困影响评估机制。重大项目的可行性研究报告应当进行“贫困影响”评价，对建设项目的选址、设计和建成投产使用后可能对周围群众产生的不良影响、致贫因素等进行调查、预测和评估，提出防治措施和补偿机制。

（4）建立统计监测机制。进一步完善扶贫开发统计与贫困监测制度。实行定量分析与定性分析相结合的经济运行分析机制，实行扶贫项目进度月报和季度经济运行分析相结合的监控机制，建立扶贫资金、项目监控信息系统，将扶贫项目申报、立项、批复、实施、监管、考评流程网络化。

四、安顺市农村扶贫工作面临的机遇与挑战

当前，安顺市扶贫开发面临的形势依然十分严峻，任务依然艰巨繁重，虽然贫困人口在持续减少，但贫困面大、贫困程度深的状况没有根本改变，返贫压力增大。因灾因病致贫、返贫现象突出。虽然贫困地区农民收入增长较快，但区域、城乡和农村内部的收入差距仍在继续扩大，相对贫困问题日益突出。虽然部分贫困地区已经实现整体脱贫，但特殊困难区域和特殊贫困群体问题依然突出。特别是边远地区和少数民族地区发展相对滞后，交通、饮水、上学、就医、住房等问题仍然困扰着当地群众。扶贫开发工作的长期性、艰巨性、复杂性和紧迫性依然存在。2011 年以来，安顺市扶贫开发迎来了历史上最好的发展机遇期。一是不断叠加的政策机遇，国家出台新十年扶贫规划纲要、国务院出台关于支持贵州又好又快发展的若干意见、省委、省政府出台关于进一步支持安顺加快经济社会发展的意见。国家启动实施滇桂黔石漠化片区区域发展与扶贫攻坚规划，四大优惠政策叠加的历史机遇，让安顺处在了加速发展的“机遇期”，赶超跨越的“黄金期”，同时也处在不进则退的“挑战期”。二是业已形成的发展基础。国家经济的平稳较快发展、综合国力的显著增强和社会保障体系的逐步健全，为扶贫开发创造了极为有利的外部环境。就安顺市而言，2012 年全市国内生产总值计划 367 亿元，比 2011 年 290 亿实际增长

18%，这就从客观上为扶贫开发工作提供了更为广阔的空间和平台。当前，贫困地区的发展条件不断改善，具备一定的自我发展能力，在实践中创造了许多行之有效的经验，这为进一步推进扶贫开发奠定了坚实的基础。三是盼富求富的强烈期盼。随着扶贫政策的影响，贫困群众脱贫致富的愿望更加强烈，贫困地区干部群众脱贫致富的决心坚定、积极性空前高涨。

五、加快推进新阶段农村扶贫开发工作的思路、对策与建议

安顺市地处黔中腹地，是长江珠江上游分水岭上的重要生态屏障，是多民族聚居的内陆山区，生态地位十分重要。《中国农村扶贫开发纲要（2011—2020）》将安顺市6个县区列为滇桂黔石漠化特殊困难地区，作为新十年扶贫开发重点区域。国务院《关于进一步促进贵州经济社会又好又快发展的若干意见》将安顺市列为全省经济发展的重点核心区域。在党中央、国务院和省委、省政府支持安顺市加快发展的重大历史机遇面前，大力弘扬“不怕困难、艰苦奋斗、攻坚克难、永不退缩”的精神，认清扶贫开发的全局性、政治性和战略性意义，再接再厉，永不懈怠，全面开创扶贫开发新局面。新一轮农村扶贫开发的指导思想是：以邓小平理论和“三个代表”重要思想为指导，深入贯彻落实科学发展观，以“加速发展、加快转型、推动跨越”的主基调和抓机遇、提速度、上台阶的总要求统领扶贫开发，以“三化同步”为主要抓手，以实现与全国全省同步进入全面小康社会为根本目标，加大扶贫攻坚力度，着力改变集中连片特殊困难地区城乡面貌，推动贫困地区经济社会实现跨越式发展。

（一）安顺市扶贫开发总体目标

在“十二五”期间，深入实施工业强省战略和城镇化带动战略，在工业化、城镇化深入发展中同步推进农业现代化，实现工业化致富农民、城镇化带动农村、产业化提升农业，推动贫困地区经济社会“五年上台阶，十年大跨越”。第一阶段：到2015年，按照国家扶贫标准，贫困人口数量比2010年减少一半；实现两个国家扶贫开发工作重点县、38个贫困乡“减贫摘帽”；重点县农民人均纯收入增长幅度高于全省农民人均纯收入平均增幅2%以上，基本公共服务主要领域平均指标接近省内先进地区水平。第二阶段：到2018年，实现4个国家扶贫开发工作重点县、54个贫困乡（镇）“减贫摘帽”。到2020年，稳定实现扶贫对象不愁吃、不愁穿，保障其义务教育、基本医疗和住房；

贫困乡村农民人均纯收入增长幅度高于全省平均水平，基本公共服务主要领域指标接近全国平均水平，发展差距扩大趋势得到根本扭转，实现与全国全省同步进入全面小康社会。

（二）安顺市扶贫开发主要思路

围绕新《纲要》明确的12项主要任务，坚持把扶贫开发作为全市第一民生工程，按照专项扶贫、行业扶贫和社会扶贫“三位一体”国家扶贫战略的要求，着力强基础、扶产业、提素质、保民生、创机制、探路子，突出抓好以交通、水利为重点的基础设施建设、以增加农民收入为重点的产业化扶贫，以生态移民、培训创业就业等为重点的民生改善等工作。

（1）在扶贫开发目标上，要由主要抓解决和巩固温饱调整为促进贫困群众脱贫致富与贫困地区跨越发展相结合。在20世纪，扶贫开发的主要目标是“解决贫困人口的温饱”问题。到21世纪头10年，扶贫开发的目标任务主要是“解决和巩固温饱”问题。目前安顺市基本解决农村人口温饱问题，扶贫开发已进入一个新的阶段，既具有更有利的基础和条件，也面临新的形势和期待。要求我们必须因势利导、与时俱进地调整扶贫开发目标，统筹衔接脱贫致富与全面小康目标，坚持把扶贫开发与加快区域发展结合起来，把提高农村贫困人口的自我发展能力作为着力重点，把连片特困地区作为主战场，既要稳定解决扶贫对象温饱、尽快实现脱贫致富奔小康，又要努力实现贫困地区在基础设施、产业发展、新村建设、公共服务等方面的跨越发展。

（2）在扶贫开发内容上，要由突出开发式扶贫调整为扶贫开发政策与农村最低生活保障制度有效衔接。开发式扶贫是扶贫工作多年来一直坚持和行之有效的工作方针，也是扶贫开发的一条基本经验。要继续坚持开发式扶贫方针，把扶贫开发作为脱贫致富的主要途径，引导帮助贫困地区和有劳动能力的贫困群众以市场为导向，发展商品生产，开发当地资源，通过自身努力摆脱贫困。同时，要实行扶贫开发政策与农村最低生活保障制度有效衔接，与实行新型农村合作医疗制度、新型农村社会养老保险制度等有机结合，把社会保障作为解决温饱问题的基本手段，加快推进城乡基本公共服务均等化进程，建立健全农村最低生活保障制度，逐步提高“五保”供养水平，逐步完善社会保障体系，为全省贫困人口提供基本生存保障。

（3）在扶贫开发范围上，要由重点抓贫困村调整为既抓重点片区攻坚又抓面上整体推进。要一手抓面上扶贫开发，一手抓集中连片区域扶贫攻坚。要着力抓好重点连片区域扶贫攻坚和全省扶贫开发面上整体推进，切实做好各类贫困地区的多村连片扶贫开发，注重综合治理县、乡、村结合部的小区域贫困，从整体上缓解贫困问题。

（4）在扶贫开发投入上，要由分散使用资金调整为集中力量扶贫攻坚。扶贫开发进入攻坚阶段，任务更为艰巨，尤其需要我们有效集中人力、财力和物力办大事、解难事。要加强对扶贫开发资金使用和扶贫资金项目的精细化管理，建立健全协调统一的扶贫资金管理机制。特别是要注意克服扶贫资金投入"天女散花"的做法，要攥指为拳、捆绑使用，力争用有限的资金每年都能扎扎实实地办成几件大事。财政扶贫资金、以工代赈扶贫资金、支援不发达地区资金、信贷扶贫资金，以及地方投入的扶贫资金等各类扶贫资金要相互整合，统筹安排，主要投向连片特困地区、重点县和贫困村，集中用于培育特色优势产业、提高扶贫对象发展能力和改善扶贫对象基本生产生活条件。安排到贫困村特别是连片扶贫开发片区的水利、交通、能源、产业等其他涉农资金，要尽可能与扶贫资金结合起来使用，最大限度地提高和发挥各类资金在扶贫开发中的使用效益。

（三）安顺市扶贫开发主要措施

实现安顺市新一轮扶贫开发的奋斗目标，必须按照省、市统一部署，坚持扶贫开发与区域发展有机结合、相互促进，切实提高全市扶贫开发的整体水平。

1. 抓好新十年扶贫开发纲要的实施推进

2011 年，国家和省先后印发了新十年扶贫开发纲要及实施意见，这是指导我们新十年扶贫开发工作的纲领性文件，我们要做到深入研究、落实责任、严格实施，确保扶贫开发纲要提出的各项目标任务和重点工作全面落实到位。市县扶贫部门牵头制订和细化年度计划与工作方案，建立完善相应的考核评估机制。各有关部门结合自身职能职责，制订明确具体、切实可行的工作方案，扎扎实实为贫困地区多办实事、多作贡献。

2. 科学谋划，认真编制好扶贫开发与区域发展规划

以国家滇桂黔石漠化片区区域发展与扶贫攻坚规划启动实施为契机，认真研究中央、省支持安顺市一系列特殊政策和扶持措施，科学合理地编制好本地区规划。制定规划定位高一些，结合本地本区域实际，按照项目跟着规划走、资金跟着项目走、监管跟着规划走的原则，认真制定好规划。

3. 突出抓好产业发展和群众增收

产业发展是从根本上增强贫困地区"造血"功能、提高经济可持续发展

能力、增加群众收入的重要举措。在“十二五”期间，扶贫产业上要因地制宜，围绕省办提出的十大产业做文章，在抓特色，抓精品上有突破，不搞小而全，狠抓小而精，突出亮点，着力抓好“两大重点”、“一个兼顾”。第一个重点：打造蔬菜、中药材、乡村旅游三大特色优势产业。把这三大产业作为重中之重抓实抓好，在抓特色、造精品上出成绩。一是打造黔中特色优质蔬菜100万亩，其中重点打造山药、韭黄、精细菜、供港澳蔬菜等特优品种60万亩。二是打造黔中特色优质中药材种植50万亩，其中重点打造以百灵、顺健等大型企业所需原料为主的中药材种植30万亩，以西南最大的安顺鑫隆食品公司所需加工原料苡仁米生产基地20万亩。三是打造黔中乡村旅游示范精品点50个，利用现有旅游资源优势，围绕三个国家级景区，大力发展乡村旅游。第二个重点：认真抓好“整县推进”项目落实。以紫云自治县今年实施该项目为契机，突出抓好蔬菜、中草药种植和“宗地花猪”养殖三大主导产业，并认真总结，为全市乃至全省实施该项目做出示范，抓出典型。同时积极谋划准备，为普定、镇宁、关岭三个重点县纳入今后“整县推进”项目而努力。一个兼顾：就是围绕省十大产业兼顾发展其他特色优势产业。抓好核桃干果种植60万亩，其中重点打造以镇宁、关岭、紫云、普定4个重点县为主的优质地方品种40万亩。在草地生态畜牧业上发展山羊30万只，生态蛋鸡、林下肉鸡，特色高产青灰鹅等优质家禽500万羽，并积极在特色养殖产业上有新突破，建设5~6个冷水鱼、大鲵、大闸蟹养殖基地；5~6个梅花鹿、六花猪养殖基地，养殖数量分别达到1万头和10万头。大力发展扶贫龙头企业，并发挥其作用，努力发展市级以上扶贫龙头企业100家以上，其中国家级5家以上，省级30家以上，使扶贫产业100%都有龙头企业的参与，同时建立农村扶贫合作社600个，并争取省扶贫办村级互助金项目支持200个，加快贫困人口增收脱贫的步伐。分别在平坝县夏云镇、开发区幺铺镇和关岭县城关镇建设三个大型的农产品产地批发市场，并建成关岭中药材物流港和开发区幺铺中药材交易市场，充分发挥安顺市现有的百灵、顺健、寿仙、天元等制药、流通企业的带动作用，建设1~5个中药材加工基地。建成三个蔬菜供港基地和一批农产品加工企业。

4. 大胆探索，不断创新完善扶贫开发机制

一是资源整合机制，加强各类资金整合，发挥多元投入、捆绑使用的整合效应。加大力度构建多元化的扶贫投融资体系，在贷款贴息、以奖代补、用项目资金引导产业发展上进行探索。打造多元投入的融资方式，建立以财政扶贫

资金为引导，金融资本、社会资本、农民投入为主体，产业项目招商为主要内容，贴息引导的多元化扶贫投融资体系。探索产业化扶贫利益联结机制。完善创新小额信贷到户扶贫形式，加大对扶贫龙头企业的扶贫贴息贷款的支持力度，搭建融资平台，引导金融和社会资金参与扶贫开发。着力抓好定点扶贫和社会扶贫。三是积极开展定点扶贫。鼓励各类非公有制企业、社会组织承担定点扶贫任务。选择扶贫龙头企业对集团帮扶乡镇开展结对帮扶，不断提升社会化扶贫效益。鼓励和动员社会组织、个人通过多种方式参与扶贫开发。四是推进对口支援与协作。抢抓国家实施东部发达城市“一对一”结对支援安顺市的政策机遇，建立相应领导体制和工作机制。探索对口帮扶协作新方式，建立和完善与对口帮扶城市互惠互利、发展共赢的新型帮扶机制，吸引各类企业到安顺市投资开发。

5. 切实加强扶贫资金的使用管理和扶贫项目的监督实施

严格执行扶贫资金和项目管理的有关法规政策，确保阳光透明、公正规范实施。建立完善资金管理专账核算制，对扶贫资金实行专账管理、专账核算、专款专用、封闭运行，确保扶贫项目资金规范运行。严肃财经纪律，加强对扶贫资金管理使用情况的检查、审计和监督，全面推行扶贫资金项目公开公告公示制度，对检查、审计中发现以及群众反映的截留、挤占、挪用、贪污、挥霍各类扶贫资金等行为，一经发现，必须依法依纪依规从严查处。层层落实项目建设管理责任制，优化项目实施方案，严格执行有关技术规程和质量标准，遵循“先设计、后施工、再验收”制度，完善工程检查、回访等机制，切实保证项目进度和质量。

2013年毕节市农村扶贫开发报告

毕节市扶贫开发办公室

摘　要

毕节市作为先行先试的试验区，农村扶贫开发取得了显著成效，但贫困程度仍然较深，贫困面仍然较大。新时期扶贫开发工作，要突出“一个转变”、“两个抓手”、“三个结合”、“四个同步”，明确一批主要战场，坚持一个总的基调，做强一批主导产业，深化一套扶贫机制，完善一套扶贫模式，建立一套保障措施，不断完善试验区扶贫开发的成功经验，积极探索新一轮扶贫攻坚新机制，努力打造喀斯特贫困山区扶贫开发新模式，在有效解决农村贫困人口脱贫致富问题上闯出一条新路子。

关键词

新一轮扶贫攻坚　毕节试验区　喀斯特贫困山区

毕节市地处乌蒙山腹地，是时任中共贵州省委书记的胡锦涛同志亲自倡导，并报经国务院于1988年6月批准建立的“开发扶贫、生态建设”试验区。毕节市作为乌蒙山片区的重要组成部分，作为先行先试的试验区，具有为连片特困区域发展探索道路，率先示范的重任。

一、毕节市扶贫开发的历程

毕节市的扶贫开发历程主要经历了以下几个时期。

（一）大规模开发式扶贫时期（1986—1993年）

1986年，随着全国大规模开发式扶贫工作的起始，毕节市步入了专项扶贫工作的征途。1988年，国务院批复同意贵州省建立毕节“开发扶贫、生态建设”试验区，标志着毕节试验区开始进入大规模开发式扶贫开创时期。经过 8 年的开发扶贫，全市尚未解决温饱的农村贫困人口从 1985 年末的 412. 28 万人减少到 1993 年末的 216 万人，贫困发生率从 80. 83% 下降到 38. 26%；农民人均纯收入增加到 523 元；农民人均粮食产量达到了 235 公斤。农村贫困状况明显缓解。

（二）“八七”扶贫攻坚时期（1994—2000 年）

以 1994 年《国家八七扶贫攻坚计划（1994—2000）》的公布实施为标志，毕节试验区的扶贫开发进入了攻坚时期。经过 7 年的扶贫攻坚，全市尚未解决温饱的农村贫困人口从 1993 年末的 216 万人减少到 2000 年末的 74. 34 万人，贫困发生率从 38. 26% 下降到 11. 6%；农民人均纯收入增加到 1316 元；农民人均粮食产量达到了 369 公斤。全市 5 个国定贫困县先后越过温饱线（1997 年大方县越温、1998 年织金县越温、1999 年威宁县和纳雍县越温、2000 年赫章县越温），以县为单位，整体基本解决了全市农村贫困人口的温饱问题。但以乡、村为单元的局部贫困在一定程度和范围内仍然存在。

（三）新阶段扶贫开发时期（2001—2010 年）

以 2001 年《中国农村扶贫开发纲要（2001—2010）》的颁布为标志，毕节试验区的扶贫开发进入了深化时期。全市把国家和省确定的五个国家扶贫开发工作重点县和 173 重点乡镇、2587 个重点村作为重点扶持范围，把 2000 年末的 74. 34 万绝对贫困人口以及 131. 24 万低收入人口列为扶贫对象。通过开展专项扶贫、建立农村低保制度、构建大扶贫工作格局，全市农村低收入以下贫困人口从 2000 年末的 205. 58 万人减少到 2010 年末的 93. 81 万人，低收入以下贫困人口发生率从 33. 64% 下降到 13. 4%；农民人均纯收入增加到 3354 元。农村居民的生存和温饱问题基本解决。

（四）新一轮扶贫攻坚时期（2011—　）

2011 年，党中央、国务院颁布了《中国农村扶贫开发纲要（2011—2020）》，明确将乌蒙山区等连片特困地区作为今后 10 年扶贫攻坚的主战场，毕节市七星关区、大方县、黔西县、织金县、纳雍县、威宁自治县、赫章县等 7 个县区被列为乌蒙山连片特困地区片区县。以乌蒙山片区区域发展与扶贫攻坚规划启动实施为标志，毕节市的扶贫开发进入了新一轮攻坚时期。按照“区域发展带动扶贫开发、扶贫开发促进区域发展”的基本思路，试验区今后 10 年将重点解决制约当地经济社会发展的瓶颈，改善发展环境，增强公共服务能力，突出特色产业发展，努力实现区域整体脱贫致富。

二、毕节市扶贫开发现状

（一）贫困程度深，贫困面大

毕节市有大方、织金、纳雍、威宁和赫章 5 个国家级扶贫开发重点县，173 个扶贫开发重点乡镇（包括一、二、三类），占全市乡（镇）的 69.2%；2011 年，农民人均纯收入 4210 元，仅为全国平均水平的 60.34%；按照 2300 元扶贫标准，全市尚有农村贫困人口 250.05 万人，占全省贫困人口的 21.76%，占全市农村人口的 35.54%，是贵州省贫困人口集聚多、贫困面大、贫困程度深的区域之一。

（二）基础设施薄弱，生产生活条件差

市内主干道网络尚未形成，公路建设历史欠账较多，水利设施严重老化，电力和通信设施落后。截至 2011 年底，尚有 50% 以上行政村未通油路（水泥路），而且建成的通村公路质量差、等级低；工程性缺水问题严重，水资源供需矛盾突出，干旱和洪涝灾害严重，农田水利建设滞后，水利基础设施薄弱；电力配套设施落后，多数村还未实施二期农网改造，城乡同网同价未完全实现，落后的基础设施成为制约全市区域发展与扶贫开发的瓶颈。

（三）产业发展缓慢，市场体系不完善

特色产业发展滞后，资源优势没有转化为产业优势，缺乏具有明显区域特色的大企业、大基地，产业链条不完整，没有形成具有核心市场竞争力的产业或产业集群。与农民增收直接相关的马铃薯、核桃、茶叶、中药材、畜牧业等种养业规模小、发展慢、效益差、组织化程度低，缺乏有带动能力的龙头企业和基地。第三产业和加工制造业发展落后。同时，区域综合市场、县级中心市场、乡镇集贸市场和农村零售网点发育不完善，市场体系不健全。产品要素交换和对外开放程度低，物流成本高。

（四）社会事业发展滞后，基本公共服务不足

城镇发育程度低，教育、文化、卫生、体育等方面软硬件建设严重滞后，城乡居民就业不充分，劳动者素质低，素质性贫困相当突出。中高级专业技术人员严重缺乏，科技对经济增长的贡献率低，外出务工劳动者中，大部分从事脏、累、苦、险等工作，工作环境较差，收入普遍偏低。

（五）生态环境脆弱，承载能力有限

市内平均海拔高，气候恶劣，旱涝、冰冻等灾害易发，水土流失严重，发展与生态保护矛盾尖锐，产业结构调整受生态环境制约大，严重制约了当地农民生产发展。而且由于大量开采矿产资源，在一定程度上破坏了当地的水资源、耕地资源，污染了环境，还引发了滑坡、地面塌陷、崩塌等不同程度的地质灾害，严重影响了当地贫困人口的生产生活，成为他们致贫返贫的原因之一。

（六）区域发展不平衡，城乡差距明显

城镇化与工业化进程缓慢，城镇综合承载力低，城镇化率仅为26.18%，低于全国20.42个百分点和全省3.72个百分点。区域内城乡之间、县区之间的发展差距突出，经济总量不大与区域发展不平衡加大了区域发展的难度。

三、新一轮扶贫攻坚工作情况

（一）主要成效

自新一轮扶贫攻坚启动以来，毕节市认真贯彻中央和省关于扶贫开发的决策部署，牢牢把握试验区“开发扶贫”主题，始终坚持把“三农”工作作为全市工作的重中之重、把扶贫开发作为“三农”工作的重中之重、把农民增收作为“三农”工作和扶贫开发的重中之重，紧紧围绕“贫困群众增收脱贫奔小康”的目标任务，把提升贫困农户自我发展能力、培育发展特色优势产业、改善贫困群众生产生活条件、提高农村劳动力素质作为扶贫开发的重点，努力创新扶贫开发工作机制，探索建立扶贫开发新模式，切实加快扶贫开发进程，扶贫开发取得了明显成效。

1. 经济结构不断优化，综合实力大幅提升

全市生产总值从2010年的600.85亿元增加到2011年的737.41亿元，增长18.52%；财政收入从2010年的127.57亿元增加到2011年的181.66亿元，增长29.78%。2011年规模以上工业总产值达464.07亿元，农业生产总值达212.45亿元，三次产业结构达到18.2∶46.4∶35.4，综合经济实力实现了稳居全省第三位的历史跨越。

2. 人民生活明显改善，社会事业全面进步

全市城镇居民人均可支配收入从2010年的13783元增加到2011年的

16132元，比上年净增加2349元，增长17.05%；农民人均纯收入从3354元增加到4210元，比上年增加856元，增长20.33%，超过全省平均水平；农村贫困人口从93.81万人减少到65.52万人（1274元标准），净减少28.29万人，贫困发生率下降到9.31%；实现了威宁县迤那镇、七星关区小坝镇等62个乡镇减贫摘帽。"两基"人口覆盖率达100%，人均受教育年限提高到6.8年，实施营养改善计划学校3076所，开餐人数116.9万人，学生数占全省近三分之一，覆盖率97.7%；公共文化服务体系建设扎实推进，广播电视人口覆盖率继续提高，农村广播综合覆盖646.61万人，覆盖率83.71%；城乡养老保险、城乡低保实现全覆盖，城乡居民医保参保率达99.53%；改造农村危房27.79万户，竣工27.79万户；黔西北民居建设53.38万户；实施扶贫生态移民搬迁1.2万人。

3. 基础设施不断加强，发展条件逐步优化

自扶贫攻坚行动推进计划启动以来，以交通、水利为重点的一大批农村基础设施建设不断加强，杭瑞高速公路遵义至毕节段、毕节至都格段，厦蓉高速公路清镇至织金段、织金至纳雍段，毕节至威宁高速公路，黔西至织金高速公路等均已完成计划投资，进展顺利。全市通车里程2.49万公里，同比增加899.91公里。夹岩水利枢纽工程规划报告已得到水利部批复，项目建议书通过水利部、水规总院专家复审，现正在对接水利部、水规总院尽快批复后报国家发改委批复。织金大新桥水库工程、金沙胜天水库工程、黔西附廓水库加高扩建工程、纳雍金蟾水库工程、大方岔河水库工程、威宁小米水库工程、七星关龙官桥水库工程和金沙油沙河水库等一批重大水利工程已完工或部分完工。病险水库建设、中小河流治理、饮水安全工程和小型农田水利工程建设也相继实施，部分已投入使用。全面开工建设行政村电网改造，计划建设、改造10千伏线路845公里，低压线路4902公里，新增35千伏及以上线路753公里，所有项目均在施工中。

4. 产业扶贫项目实施顺利，农业结构调整步伐加快

2011年，全市投入财政扶贫资金3.95亿元，实施到县到村财政扶贫项目共计641个，已开工建设项目634个，开工率达98.9%，已竣工项目550个，竣工率达85.8%。2012年以来，全市羊存栏68.2万只，同比增长9.05%；出栏量28.4万只，同比增长20.04%；人工种草完成23.98万亩；建成千头牛场28个，万头猪场8个，千只羊场27个，万羽禽场48个；落实烤烟种植面积102.2万亩，全市预计可收购烟叶220万担左右，实现烟农收入24.2亿元；精

品水果种植面积9.75万亩，年内计划新增种植面积20万亩，全市果园面积达65.19万亩，结果园面积24.77万亩；春季新植茶园建设15.98万亩，年内预计完成40万亩；蔬菜种植276.43万亩；中药材种植28.7万亩，保有面积达46.62万亩；核桃种植24.5万亩，今冬明春还将完成核桃种植75.5万亩。

5. “威宁试点”进展顺利，工作取得新突破

自“威宁试点”工作启动以来，农民收入大幅增长，减贫进程不断加快。2011年农民人均纯收入达到4066元，同比增加1000元，减贫人口9.6万人。农村基础设施建设得到加强，实现了乡乡通油路、村村通公路；实现安全饮水的村从2009年的80个增加到330个；全面启动覆盖所有610个村的电网改造；完成农村危房改造、生态文明家园建设86379户。实现新型农村养老保险参保33万人，全面实现“应保尽保”；实现乡乡有卫生院、村村有卫生室；全县农村合作医疗参合农民104.4万人，参合率99.23%。教育事业发展加快，完成校安工程新建、维修加固项目1055个，建筑面积68.55万平方米；2011年全县高考本科专科上线率达98.77%，名列全市前茅。人口计生工作取得突破，2011年全县人口出生率9.08‰，同比2009年下降3.93‰，人口符合政策生育率91.01%，同比2009年上升5.92%。重点乡镇工作进展明显，在么站镇新飞村、炉山镇新庄村、东风镇元木村三个重点村整合项目资金3529.7万元，实施基础设施建设、特色产业发展等项目122个。在威宁县迤那镇，省、市、县各类帮扶项目共有234个，计划安排项目资金逾5.4亿元。

（二）主要做法

1. 坚持以扶贫开发统揽全局，强化“一把手”负总责责任制

全市上下实行党政一把手扶贫开发工作责任制，把扶贫开发作为各级党委、政府的中心工作。市、县、乡三级都成立了扶贫开发领导小组，建立了办公室，明确了各级党政一把手为扶贫开发第一责任人，并把扶贫开发责任制落实到基层，纳入对市县区年度综合工作目标和领导干部“双考双评双挂钩”的重要考核内容。实行领导干部任期目标责任制，把扶贫开发目标任务完成情况作为工作述职、政绩考核、职务升降的重要内容，对年度扶贫开发工作进行综合排名，连续两年退位的对主要负责人进行调整，对工作成绩突出、群众拥护的干部提拔重用，特别优秀的破格提拔。对在“十二五”期间未按规划如期实现脱贫的乡镇主要领导干部实行一票否决，并追究市县区有关领导责任。同时，推行领导定点联系扶贫工作制度，开展了机关单位定点帮扶贫困乡村和干部职工结对帮扶贫困户工作，加强了以党支部为核心的基层组织建设，充分

发挥基层党组织在扶贫开发工作中的战斗堡垒作用。

2. 坚持规划导向引领，确保扶贫开发工作有序进行

根据市委市政府统一安排，结合毕节市扶贫开发的新形势、新情况和新要求，对相关规划进行了编制、充实和完善。一是先期完成《毕节试验区“十二五”扶贫开发规划》，二是完成草地生态畜牧业、蔬菜、特色经果林、茶叶、中药材等五大扶贫产业发展规划。三是《乌蒙山片区区域发展与扶贫攻坚规划（2011—2020）》出台后，在配合编制省级实施规划和指导片区县制定实施规划的同时，编制了《毕节试验区区域发展与扶贫攻坚实施规划（2011—2020）》，以规划导向和引领全市扶贫开发工作。

3. 坚持切合实际制定各项扶贫政策，扎实推进扶贫开发工作顺利开展

市委、市政府先后制定了《关于进一步加快推进扶贫开发的意见》、《关于对扶贫开发工作重点县乡加快脱贫攻坚步伐进行奖励的意见》、《关于印发毕节试验区新一轮改革发展若干实施方案的通知》和《关于印发 2012 年扶贫攻坚行动推进计划的通知》等文件，市委办、市政府办印发了《关于培育扶贫开发示范点的通知》、《关于印发毕节试验区扶贫开发攻坚推进模式实施方案责任分解表的通知》和《关于调整市领导扶贫开发工作联系点的通知》等相关配套文件，确立了扶贫开发工作的指导思想、工作原则、目标任务、政策措施及工作重点，有力地推动了各项扶贫开发工作的扎实开展。

4. 坚持扶贫开发政策与农村低保制度有效衔接，两轮驱动推进扶贫开发

推进区域连片开发、产业扶贫、劳务经济和低保救助“四位一体”健康发展，把农村社会保障作为解决温饱的基本制度，把发展作为消除贫困的根本途径，致力于发挥群众的主体作用，激发群众活力，增强群众自我发展能力，形成“低保保生存、救助防返贫、扶贫促发展、开发奔小康”的扶贫开发新格局。一是着力实施特殊困难地区攻坚计划。扎实推进威宁县“喀斯特地区扶贫开发综合治理试点”工作。以“纳威赫连片攻坚推进区”、“中东部整乡推进区”和“金雨片区”等集中连片特殊困难地区为主攻方向，以强化基础、发展产业为重点，大力实施“扶贫脱贫攻坚工程”，切实加快扶贫开发由整村推进、整乡推进到整县推进的步伐。二是着力推进产业化扶贫。以市场为导向，立足资源优势，长、中、短相结合发展全市核桃、草地生态畜牧业、马铃薯、中药材、特色经济等十大产业，实施产业化扶贫带动战略。加大农业产业结构调整力度，扶持龙头企业发展，先后实施了“五个百亿”、“六个百万亩”产业工程、“3321”特色农业基地建设和特色农业“十带百园”示范基地建设

工程，为贫困群众脱贫提供了产业支撑。三是着力发展劳务经济。大规模开展农村劳动力就业技能培训和职业教育，有计划、有组织地输出农村劳动力，鼓励有致富带动能力的农民工返乡创业，全方位增加劳务收入。四是实施低保救助。对五保人口、没有劳动能力人口等特殊贫困人口，解决住有所居、病有所医、食有所给和老有所养的问题，实行低保制度兜底，切实做到“应保尽保、分类施保”，2011 年全市农村低保人数达 104.27 万人，支出低保金 104750.1 万元。

5. 坚持基础设施和社会事业统筹推进，切实保障和改善民生

一是切实加快交通、水利等基础设施建设。乡镇通油路和建制村通公路的比例达到了 94.8% 和 100%，解决了 265 万人的农村饮水不安全问题，自来水受益村覆盖面大幅提高。二是实行易地扶贫搬迁。对生存环境恶劣，居住在高寒山区、深山区、石山区、少数民族聚居区等贫困程度深的贫困群众，实行易地扶贫搬迁，全市共对居住在基本不具备生存条件地方 8.04 万贫困人口实施了扶贫搬迁。三是推进新农村建设。全面实施危房改造工程，以“四在农家”为载体，大力推进以“致富田园、生态庭园、特色庄园、文化乐园、和谐家园”为主题的生态文明家园建设，完成新建和改建“黔西北民居”47.38 万户。制订乡村旅游发展倍增计划，安排专项财政扶贫资金支持贫困农户从事乡村旅游业。四是大力推进工业化城镇化进程。抓好工业园区和产业园区建设，建设“适宜居住、适宜创业、群众满意”的“幸福小镇”，加快第三产业发展，增加就业岗位，提供就业机会，引导贫困农民到城镇经商、务工，促进农村人口转移就业。五是全面推进农村公共服务设施和公共服务体系建设。逐步实现“教、科、文、卫、保、水、电、路、气、房”等公共服务社会事业对农村的全覆盖，改善农村生产生活条件。

6. 坚持加大投入和强化管理紧密结合，保证扶贫资金到位和提高使用效率

一是不断加大财政投入。市县财政按照 8% 以上的增长幅度加大对扶贫开发的投入，安排扶贫开发的资金不得低于上级当年下达资金总额的 30%，县级财政按不低于上年到县扶贫资金总额 3% 的比例安排扶贫开发工作经费。二是积极创新资金投入使用机制。市政府与国开行、建设银行、农村信用合作社、贵阳银行、农业银行、农业发展银行、工商银行等多家金融机构签订战略合作框架协议或银政战略合作备忘录，优化农村金融环境，改善农村金融服务。认真落实财政扶贫资金按不低于 1∶3 的比例整合的要求，多方筹资、整合项目、资金、技术资源投入到扶贫开发之中。采取“农户贷款、财政和扶贫

资金贴息”等办法来增大扶贫资金的投入，变压力为动力促农增收。积极鼓励扶贫龙头企业采用各种方式投资用于扶贫项目建设，扶贫部门给予相应支持。三是强化扶贫资金项目公示公告。严格执行财政扶贫资金管理等有关规章制度，实行项目监管办分离和扶贫项目工作流程全程监控，建设了试验区扶贫开发信息管理系统，实现对扶贫项目立项、申报、审批、实施成效进行全方位的监管和信息共享，保证扶贫项目的监督运行和提高运作成效，切实做到资金安全、项目安全、人员安全。

7. 坚持统一战线与集团帮扶参与并重，形成扶贫开发强大合力

在中央统战部的组织协调下，各民主党派、工商联、试验区专家顾问组和深圳市始终如一地把推进毕节试验区扶贫开发作为重要事业，分别将 8 个县区作为扶贫开发联系点，深入实施五大“同心工程”，凝聚各方力量参与试验区扶贫开发，创造了统一战线服务科学发展的“毕节模式”。市委、市政府始终加强对扶贫开发工作的领导，确定 20 个一类贫困乡镇由市级领导联系，安排 110 个市直单位定点帮扶，明确 232 名县级干部 765 个县区直部门帮扶全市 173 个贫困乡镇。建立和完善“市县领导联系、帮扶单位牵头、乡村组织实施、社会力量参与”的集团帮扶工作责任制，整合部门（社会）及对口帮扶单位资源，将专项扶贫、行业扶贫与社会扶贫有机统筹，促进农村基础设施、社会事业、重点产业、生态建设等全面发展，把优势资源集中投入到贫困乡村。9 个县（区）共落实 195 个工作队帮扶 173 个类别乡镇。20 个一类乡镇共落实项目 129 个，资金 1.74 亿元。大力实施“4321”帮扶和“党建 1 + 1”帮扶，深入开展“三个建设年”、“四帮四促”、“万名干部下基层”、“百企帮百村”等活动，合力推进扶贫开发工作，形成了大扶贫的工作格局，加快了试验区扶贫攻坚进程。

8. 坚持深化改革和创新机制相结合，切实提高扶贫工作效率

一是建立扶贫开发整县推进、集团帮扶和多元投入“三大机制”。二是创新扶贫开发产业化扶贫、劳务经济带动、非农产业助推、农村能人带动、社会保障扶贫“五种模式”。三是推进扶贫项目规划到户、责任到人。在贫困农户建档立卡的基础上，针对每一户贫困农户致贫原因、家庭人口、劳动力、土地、技能等基础信息，以市场为导向，结合产业扶贫规划，实施扶贫项目规划到户、责任到人，一户一法制订贫困农户产业增收规划，将帮扶责任落实到人，建档立卡、公示于网、挂牌于墙、狠抓落实，确保贫困农户如期脱贫。

四、新一轮扶贫攻坚面临的机遇

（1）胡锦涛等中央领导同志多次对毕节试验区作出的重要批示，为深入开展扶贫开发注入了强大动力。

（2）《中国农村扶贫开发纲要（2011—2020）》（中发［2011］2号）、《中共中央 国务院关于深入实施西部大开发战略的若干意见》（中发［2011］11号）、《国务院关于进一步促进贵州经济社会又好又快发展的若干意见》（国发［2012］2号）、《乌蒙山片区区域发展与扶贫攻坚规划（2011—2020）》（国函［2012］10号）等文件中，明确提出要继续推进毕节试验区建设，为试验区加快发展提供了强力的政策支撑与难得的历史性机遇。

（3）中央统战部、各民主党派中央、全国工商联、国家有关部委及社会各界始终关心和支持试验区建设，始终坚持思想上同心同德、目标上同心同向、行动上同心同行为鲜明特质的“同心”思想，形成了统一战线服务科学发展的“毕节模式”，为试验区加快发展提供了强有力支撑。

（4）贵州省委、省政府出台了加快推进毕节试验区新一轮改革发展的意见，出台了支持毕节试验区新一轮改革发展政策措施57条，提出把试验区与贵阳、遵义一起，打造成为贵州省崛起的‘金三角’，为试验区加快发展提供了政策保障。

（5）国内经济结构深度调整，经济发展方式加快转变，为西部地区承接产业转移和构建现代产业体系创造了有利条件；发达地区的企业转型发展和向西扩张，东部产业加快向西部转移；“十二五”期间贵州重点实施工业强省和城镇化带动战略，为试验区建立优势产业体系、加快城镇化和农业现代化进程提供了现实机遇。

（6）毕节撤地设市为深入开展扶贫开发提供了强有力制度保障和组织保障。

五、新一轮扶贫攻坚工作打算

（一）总体思路

把扶贫开发工作作为“三农”工作的重中之重，把农民增收作为扶贫工作的重中之重，突出“一个转变”、“两个抓手”、“三个结合”、“四个同步”，即：调整扶贫开发工作思路，从扶贫战略、方针、对象、目标方面推动扶贫方式转变；把增强产业发展能力和改善基本生产生活条件作为重要抓手；坚持开发式扶贫与参与式扶贫相结合，经济发展与生态保护相结合，短期脱贫与长远发展相结合；同步推进产业帮扶、政策帮扶、社会帮扶、智力帮扶四项措施，不断完善试验区扶贫开发的成功经验，积极探索新一轮扶贫攻坚新机制，努力打造喀斯特贫困山区扶贫开发新模式，在有效解决农村贫困人口脱贫致富问题上闯出一条新路。

（二）工作重点

1. 明确一批主要战场

认真总结“威宁试点”经验，根据贫困人口数量和分布情况，重新明确重点区域和重点帮扶对象。在抓好整个乌蒙山区扶贫开发的同时，根据全市实际情况，以“纳威赫连片攻坚推进区”、“中、东部整乡攻坚推进区”和“纳雍赫章交界区域金雨山区”等连片特殊困难地区为重点，根据贫困乡镇的地理位置和贫困程度，科学合理划定若干市内的中小型连片特困地区，设立专门资金，给予重点支持，作为亮点打造；采取有力措施整合资源，通过产业化扶贫、整乡整村推进、集团帮扶、“三个一细胞工程”等扶贫方式覆盖全部贫困人口，责任到人，确保实效。在帮扶对象上，合理界定扶贫对象和低保对象，促进扶贫开发和农村低保制度的有效衔接，巩固和完善“规划到户、责任到人”，以贫困户脱贫为工作目标，按照乡村扶贫规划，依据产业发展布局，立足资源优势，瞄准市场需求，完善贫困农户脱贫规划，千方百计争取和实施项目。分类解决贫困问题，将扶贫生态移民搬迁、城镇化建设、“五园新村”建设和农民转移就业等结合起来，健全和完善“低保保生存、救助防返贫、扶贫促发展、开发奔小康”的扶贫开发格局。

2. 坚持一个总的基调

一个主基调，就是“加速发展、加快转型、推动跨越”。扶贫开发作为试验区“首要主题”，中心任务仍然是发展，把扶贫开发融入试验区发展和建设的大局，统筹解决“三农”问题和推进扶贫开发。一是加强以水利交通为重点的基础设施建设，改善农民生产生活条件、调整农业产业结构，拓宽农民增收渠道、加快教育、卫生、文化、人口和计划生育、社会保障等农村社会事业全面发展，构建和谐社会局面、加强农业科技创新与应用能力建设，提高科技支撑能力、统筹推进城镇化和“五园新村”建设，促进城乡同步发展。二是因地制宜，坚持宜工则工、宜农则农、宜商则商、宜游则游，大力发展城镇经济，特别是金融、房地产、物流仓储、酒店餐饮、购物、信息、中介服务、电子商务等产业，构建与新型工业化相配套、与城镇化进程相促进、与城乡居民需求相适应的现代服务业体系。三是加大招商引资力度，切实抓好招商引资项目的跟踪落实，充分发挥民营企业增加服务就业、推动经济发展的作用。四是统筹工业化城镇化农业现代化与扶贫开发的关系，在统筹城乡发展中加速发展，加快转型，着力破解发展难题、拓展发展空间、增强发展后劲，提高整合效益，为扶贫开发提供支撑条件。

3. 做强一批主导产业

一是着力培育特色农业优势产业。按照现代农业发展理念，以市场为导向，把扶贫主导产业的培育、产业深层开发和贫困群众增收相结合，建立经济发展、农民增收的长效机制。按照生产基地规模化、生产主体组织化、生产手段科技化、生产养殖标准化、生产经营一体化的发展思路，本着做大基地、做优产业、做强加工、做响品牌、做活市场、做长链条的原则，通过政策促动、科技推动、龙头拉动、市场驱动、示范带动、农民互动，着重转变传统落后的农业发展方式。以优质核桃产业为重点，实施以短养长、长短结合产业项目，适当发展局部区域适宜、市场前景好、效益比较高的特种养殖产业，有计划建设一批示范种植、养殖基地，打造全市蔬菜、中药材、生态畜牧业、特色精品果业、特色烟叶、优质马铃薯、油菜、高山生态有机茶、特色杂粮等十大特色农业产业，努力构建“一县一特、一乡一业、一村一品”产业格局。二是打造乡村旅游产业。围绕建设“国家旅游扶贫示范区”，重点发展乡村旅游，带动农民收入提高。充分发挥毕节历史文化、红色文化、生态文化、民族文化等特色文化资源，重点打造部分民族风情旅游、生态休闲旅游等乡村旅游品牌，实施旅游扶贫倍增计划。三是强化产业利益联结。在产业发展中注重推广“公司+专业合作组织+基地”、“公司+基地+农户”、“专业合作组织+基地”等经营模式，在确保扶贫资金到村到户的基础上，大胆采取订单生产、保本分红、二次分利、贷款担保等方式，提高产业化经营水平。

4. 深化一套扶贫机制

一是推动扶贫开发工作重点县乡提前减贫“摘帽”，构建扶贫开发整县推进改革试验机制；二是通过强化党委政府的主导作用，构建专项扶贫、行业扶贫和社会扶贫相结合的大扶贫工作格局，整合引导资金、项目、技术、人才、管理要素向贫困乡村聚集，完善扶贫协作机制，明确集团帮扶目标，落实帮扶责任制，构建集团帮扶改革试验机制；三是通过以财政扶贫资金为资本金，建立财政扶贫资金放大机制，积极发展乡村金融机构、小额贷款公司和村级扶贫互助资金组织，建立小额信贷扶贫和风险担保基金，搭建扶贫开发融资平台，构建扶贫开发投融资改革试验机制。

5. 完善一套扶贫模式

一是建立农民脱贫的收入倍增机制，围绕全市十大特色农业产业基地建设，完善产业化经营开发模式，大力培育产业扶贫示范基地，培育和提升扶贫龙头企业，建立“公司+合作社+基地+农户”的机制，构建“一县一特、一乡或数乡一业”的大产业格局，推动产业发展优化升级，创新产业化推进扶贫开发模式；二是完善“三位一体”培训、扶贫培训基地“送教上门”等培训模式，加大培训力度和劳务输出力度，稳定增加贫困地区劳动力转移人数，积极鼓励和支持返乡农民工自主创业，增加创业性收入，创新劳务经济推进扶贫开发模式；三是大力推进新型工业化进程，促进特色产业、优势项目向产业园区聚集，增加农村人口转移就业。大力实施城镇化带动战略，加速推进重点小城镇的规划和建设，加快农民变市民进程。大力发展农副产品加工，实现规模化生产、区域化布局和产业化经营。大力培育乡村旅游，努力拓宽农民增收渠道，创新非农产业助推扶贫开发模式；四是加大对致富能手、能工巧匠的培育扶持力度，开展“以一带十”农村能人带动脱贫工程。发展农民专业合作经济组织，实现农村经济发展和贫困户脱贫致富有机结合，创新农村能人带动扶贫开发模式；五是确保低保保障标准不低于国家贫困标准，实施农村危房改造、“五园新村”建设、新型农村合作医疗、救灾救济、养老保险等，解决住有所居、病有所医、食有所给和老有所养问题，创新社会保障扶贫开发模式。

6. 建立一套保障措施

一是增加扶贫开发投入。建立财政扶贫资金稳定增长机制，市县财政按照上年财政收入增长幅度加大对扶贫开发的投入，本级财政安排扶贫开发的资金不低于上级当年下达资金总额的30%，县级财政不低于上年到县扶贫资金总额3%的比例安排扶贫开发工作经费。增加农业银行、农村信用合作社、发展村镇银行等金融机构对扶贫项目的贷款投放，优化办贷程序，提高办贷效率，推动金融机构、产品和服务创新，积极扶持贫困农户。搭建扶贫开发融资平台，采取多种途径和措施实施扶贫开发规划内项目。

二是健全并落实责任制度。把扶贫开发工作列入各级党政工作重要议事日程，落实好扶贫开发工作党政一把手负责制和部门扶贫责任制，完善扶贫绩效考核制度。进一步建立健全领导责任体系，县区级为扶贫开发工作责任主体，扶贫办为扶贫工作的牵头部门，职能部门要积极主动地支持和配合扶贫部门的工作，把扶贫开发的成效，作为衡量干部政绩的重要内容。强化扶贫部门班子和队伍建设，确保扶贫开发重点乡镇建有扶贫工作站，非重点乡镇有专人负责扶贫工作。

三是制定扶贫配套政策。结合市委、市政府“减贫摘帽”激励政策，用区域经济的思维，以扶贫攻坚为重要平台，统筹基础产业、基础设施、基本公共服务的政策倾斜，引领出台相关营造投资环境、强化项目管理、吸引人才技术、改革用人制度、加强交流合作、切实保障民生等方面的配套政策。

四是管好用好扶贫资金。严格执行财政扶贫资金管理的有关规章制度，实行扶贫项目“申报—立项—入库—批复—拨付资金—组织实施—全程监管”的工作流程，严格落实项目公示公告制，加大试验区扶贫开发信息网建设力度，推行电子台账，实现项目、资金网络查询和监控。财政专项扶贫资金重点帮助群众解决实际困难，集中投入连片特困地区，集中培育优势产业，坚持以人为本、执政为民、改善民生、缩小差距，促进全体人民共享改革发展的成果。加强党风廉政建设和审计监督，杜绝挪用、拖欠、挤占和改变资金用途等违纪违法行为的发生，确保扶贫资金安全有效使用。

2013年铜仁市农村扶贫开发报告

铜仁市扶贫开发办公室

摘 要

铜仁市是贵州省乃至武陵山片区欠发达、欠开发程度最深和最边缘的区域。通过长期不懈的艰苦努力，虽然全市经济社会得到长足发展、贫困面貌有了极大改变，但贫困的深层次矛盾并没有得到根本解决，制约经济社会发展的因素还很多。新阶段农村扶贫开发，着力要实施三大工程，为在武陵山片区率先实现减贫摘帽奠定坚实基础；开放创新、先行先试，努力探索集中连片困难地区扶贫攻坚的新路径；强化领导、落实责任，为决战决胜扶贫攻坚提供坚强保障。

关键词

武陵山片区　新阶段农村扶贫开发　铜仁市

铜仁地处武陵山区腹地，是贵州省乃至武陵山片区欠发达、欠开发程度最深和最边缘的区域。全市国土面积1.8万平方公里，总人口427.2万人，其中农业人口376.16万人，所辖8县2区全部属于武陵山片区区域发展与扶贫攻坚主阵地，其中有7个为国家扶贫开发工作重点县，有125个贫困乡镇、1781个贫困村，分别占全市县、乡、村总数的70%、74%和60.5%，占全省国家扶贫开发工作重点县、乡、村总数的14%、13.4%和13%。同时，铜仁还是云贵高原上第一块红色革命根据地，有国定革命老区县4个，省定革命老区县3个，少数民族人口占总人口的70.45%，民族区域自治面积占国土总面积的78%，是一个集革命老区、民族地区于一体的贫困地区。2011年11月，经国务院批复同意，铜仁撤地设市，成为全国最年轻的地级市。

一、铜仁市农村扶贫开发历程

（一）1978年党的十一届三中全会召开至2010年《中国农村扶贫开发纲要（2001—2010）》全面实施结束

铜仁市在全力推进各项改革、努力促进经济社会快速发展的同时，面对不利的自然条件、滞后的经济发展和极端贫穷的落后状况，始终把解决贫困问题作为各项工作的出发点和落脚点。全区历经了体制改革推动扶贫开发、有组织有计划大规模开发式扶贫、“八七”扶贫攻坚、新阶段扶贫开发各个阶段的克难攻坚，完成了对传统救济式扶贫的彻底改革，促进了经济社会健康协调发展，全面消除了广大农村的绝对贫困现象。2010年，全市完成国内生产总值293.62亿元，是1985年的32.5倍，1949年的373倍；完成财政总收入35.04亿元，是1985年的60倍，1957年的245倍；农民人均纯收入3222元，是1985年的12.1倍；城镇居民人均可支配收入11000元，是1985年的18.6倍；三次产业结构从1985年的71.7:13.5:14.8调整到31.6:27.4:41.0；村贫困人口已从1985年的225万人减少到61.56万人，净减少贫困人口163.44万，贫困发生率下降了63个百分点；城乡最低生活保障制度全面建立，覆盖人口85.8万，其中农村低保79.1万人；城市“五大”保险参保人数达60万人；教育“两基”通过“国检”验收，适龄儿童入学率达到99.52%，初中阶段毛入学率达到103.84%；新建农村寄宿制小学50所；实施农村危房改造1.53万户、廉租房建设1.58万套；新农合参合率达95.3%；城镇职工基本医疗保险制度进一步完善，城乡居民基本医疗保险试点工作全面启动。

1. 体制改革推动扶贫开发阶段

1978—1985年，虽然是党中央以农村土地制度、市场制度和就业制度的改革，直接承担扶贫和经济发展的双重任务，但铜仁市在党的改革开放政策指引下，通过因地制宜发展多种经营，积极培育农、工、商、运、建，千方百计扶持乡镇企业，全面推广“良种良法”，努力扩大“两烟”生产，强势推动农业产业结构向附加值高的产业转化和落实农村劳动力在非农领域就业等多项政策措施，特别是从1983年开始，通过连续三年在全区范围内实施人均产值增长百元的“增百致富”工程，最大限度将利益直接传递到农村，极大地激发了广大农民的劳动热情，有效推动了农村经济的快速发展。1985年全区实现国内生产总值9.04亿元，比1978年增长44%；地方财政收入5833万元，比

1978 年增长 78%；银行存款余额增加到 25052 万元，比 1978 年增长 99.7%；农民人均纯收入从 1978 年的 143 元增加到 267 元，增长 86.7%。

1984 年，中共中央、国务院发出《关于帮助贫困地区尽快改变面貌的通知》（中发［1984］19 号）后，铜仁市迅速抽调人员组成专门调查组对全区贫困状况开展全面调查，组织 6153 名干部深入基层开展访富问计、访贫帮富并以争取到的 18510 万斤粮食、307.4 万斤棉花、812.5 万米布匹和省补助的 527 万元经费，帮助贫困山区完成了 129 条 1475 公里的县乡公路改造，连通了 97 个乡的断头公路，解决了 95 万农村人口的生产生活及行路难问题。1985 年，铜仁市根据国务院《关于划分贫困户和极贫户标准的意见》，统计划定贫困人口 225 万，其中极贫人口 165 万，分别占当年农业人口总数的 79.96% 和 58.64%；划定沿河、德江、思南、印江、石阡五县的 193 个乡为贫困乡，其中沿河 44 个，德江 39 个，思南 49 个，印江 31 个，石阡 30 个。扶贫重点人群和重点区域的确立，为以后的扶贫战略制订和实施奠定了基础。

2. 有组织有计划大规模开发式扶贫阶段

1986 年，伴随着国家扶贫政策的战略性调整，铜仁市与全国同步启动对广大农村实施有组织、有计划、大规模的开发式扶贫。从此，铜仁市扶贫开发工作得到逐年加强、扶贫开发措施得到不断完善，各个阶段的目标任务得到顺利完成。

1986—1993 年，铜仁市通过逐级成立由政府主要领导任组长的扶贫开发领导小组，加强对扶贫开发工作的组织领导和设立专门扶贫工作机构，结合实际对传统的救济式扶贫进行彻底改革，全面落实开发式扶贫方针，确保扶贫开发各项工作有序有效开展，不仅实现了农村贫困人口的大幅度减少，有效降低了贫困发生率，达到了“扶真贫、真扶贫”的开发式扶贫战略意图，而且使扶贫方式从过去的“救济式”扶贫顺利过渡到“开发式”扶贫。1993 年末，铜仁市实现国内生产总值 23.6 亿元，比 1985 年增长了 1.6 倍，农民人均纯收入从 1985 年的 267 元增加到 559 元，增长了 1.1 倍，累计减少农村贫困人口 87 万，农村贫困发生率从 1985 年的 79.96% 下降到 45.3%，下降了近 35 个百分点。

3. “八七”扶贫攻坚阶段

1994 年中央颁布实施《国家八七扶贫攻坚计划》后，铜仁市面对贫困程度极深、贫困面极大、贫困人口众多的严峻形势，凭着人定胜天的信念、苦干实干的精神和变被动应对为主动出击，把中央的扶贫方针、政策与本区实际相结合，以扶贫开发统揽农村工作全局，按照“整体推进，突出重点，集中力量打歼灭战”的工作思路，科学制订实施规划，切实加强组织领导，广泛动员社会力量，不断强化攻坚责任，积极开展“机关帮穷村、干部结穷亲”和组团帮扶等活动，强势推进扶贫攻坚。

通过七年的鏖战，特别是通过整合各类资源、实施各类项目，铜仁市广大农村的生产生活条件得到极大改善，人民生活水平明显提高，基本实现了党中央、国务院提出的“到20世纪末基本解决农村贫困人口温饱问题”的既定战略目标。7年间，全区共治理水土流失面积4.9公顷，实施坡改梯56.5万亩，恢复水毁耕地7.6万亩，人均保灌面积从0.27亩增至0.33亩；解决了2554个村的用电问题，有2280个村通了公路；解决了77.53万人和60.9万头大牲畜的饮水问题；新增320个村通程控电话，1817个村通电视。按照国家及贵州省2000年确定的解决温饱指标，纳入“八七”扶贫攻坚计划的5个贫困县和36个极贫乡镇先后越过温饱线；全区农民人均纯收入从559元增加到1276元，增长1.28倍，农民人均产粮在人口已增加的前提下，仍从333公斤增加到421公斤，增长了26%，贫困人口从140万降至60.93万，贫困发生率从45.3%降至17.8%。其中农民人均纯收入在325元以下的极贫村从1056个减少到372个，有1403个贫困村基本解决温饱、978个村进入稳定温饱、193个村基本进入小康村。

4. 新阶段扶贫开发阶段

2001年，以《中国农村扶贫开发纲要（2001—2010）》的颁布实施为标志，铜仁市的扶贫开发与全国同步进入一个崭新的阶段。按照“政府主导、社会参与、自力更生、开发扶贫”的方针，铜仁市立足于增强自我发展能力，把扶贫开发作为全区最大的民生工程，坚持以科学发展观为指导，以解决贫困人口温饱为中心，以有劳动能力的贫困人口为主要对象，以一类贫困乡（镇）、村为工作重点，紧紧围绕改善基本生产生活条件、拓宽基本增收门路、提高基本素质，坚持“整体推进、突出重点、分类指导、分步实施”，创造性地实施整村推进、产业化扶贫和农村劳动力转移培训，群策群力落实新阶段扶贫开发一系列方针政策。2001—2010年的10年间，铜仁市的扶贫开发工作在大力实施“强农稳区、兴工富区、旅游活区”、“招商引资带动、城镇经济带动、大项目带动”和“构建两带两区产业体系、实现六个新跨越”经济发展战略的大背景下，力度最大、贫困地区受益面最广、贫困人口得到实惠最多、扶贫成效最显著。2010年，全区完成生产总值293.62亿元，是2000年的4.1

倍；完成财政总收入 35.04 亿元，是 2000 年的 6.8 倍；农民人均纯收入 3222 元，是 2000 年的 2.5 倍；城镇居民人均可支配收入 11000 元，是 2000 的 2.3 倍；三次产业结构从 2000 年的 54.2∶14.1∶31.7 调整到 31.6∶27.4∶41.0；纳入新阶段扶贫开发重点工作的 8 个一类重点乡镇全面得到扶持，1781 个扶贫开发重点村已有 1201 个实施了“整村推进”。按 1196 元贫困标准计算，农村贫困人口已从 2000 年的 151.4 万人减少到 61.56 万人，贫困发生率从 40.29% 下降到 17%。

（二）2011 年国家颁布实施《中国农村扶贫开发纲要（2011—2020）》

新纲要颁布实施后，特别是中央扶贫工作会议召开和国家启动实施武陵山片区区域发展与扶贫攻坚以来，铜仁市各级各部门进一步加大扶贫开发工作力度，全面贯彻落实中共中央、国务院和贵州省委、省政府各项政策举措，抢抓发展机遇，深入推进新阶段扶贫攻坚工作，全市经济社会发展呈现出前所未有的良好态势。2011 年，全市完成生产总值 357.72 亿元，同比增长 15.5%，其中农林牧渔业产值 163.82 亿元，一、二、三产之比为 28.9∶27.9∶43.2。财政总收入 50.6 亿元，同比增长 44.5%，其中一般预算收入 28.41 亿元，同比增长 55.3%。城镇居民人均可支配收入 13846 元，同比增长 25.9%；农民人均纯收入 4002 元，同比增长 24.2%。同时，2011 年实现了六龙山乡、胡家湾乡和闵孝镇的整体“减贫摘帽”目标，贫困地区基础设施明显改善，劳动力素质普遍提高，社会事业全面进步。扶贫开发的成就，为铜仁经济发展、政治稳定、民族团结、社会和谐发挥了重要作用，为全国全省减贫事业作出了应有贡献。2011 年，国务院扶贫开发领导小组授予铜仁市扶贫开发办公室“全国扶贫开发先进集体”的荣誉称号。2007 年在印江县杉树乡实施国务院扶贫办和财政部安排贵州省的第一个“县为单位、整合资金、整村推进、连片开发”试点项目，通过积极探索形成的“资源大整合，社会大参与，群众大发动”机制和经验，得到了国务院扶贫办和省委、省政府的充分肯定，省委、省政府于 2011 年 3 月 15 日在印江县召开全省扶贫开发工作会议进行了推广。

二、2012 年扶贫工作主要做法与成效

2011 年 11 月以来，在省委、省政府的正确领导下，铜仁抢抓国家实施《武陵山片区区域发展与扶贫攻坚规划（2011—2020）》和国发 2 号文件的历史性机遇，统筹谋划，迅速行动，强势推进扶贫攻坚，扶贫开发工作成效显著。

（一）抓政策落实

市委、市政府多次召开专题会，深入学习贯彻《武陵山片区区域发展与扶贫攻坚规划（2011—2020）》、国发［2012］2号文件和全国、全省扶贫工作会议精神，认真吃透政策；市直各部门、各区（县）也全面组织学习贯彻，全市上下形成了学习贯彻武陵山片区区域发展与扶贫攻坚规划和国发［2012］2号文件的浓厚氛围。市委、市政府成立了贯彻落实工作领导小组，出台了贯彻落实的具体实施方案和实施意见，对39项重点工作细化任务目标，明确牵头领导、协办领导、责任单位和协办单位，建立健全了贯彻落实的责任机制。同时，启动了战略定位、城市建设、城乡统筹、能源建设、现代农业发展、生态补偿机制、扶贫攻坚先行先试等15项重大专题研究，力求找准铜仁的产业定位和空间布局定位，丰富完善贯彻落实的政策措施体系。

（二）抓目标谋划

2012年3月24日，市委召开一届二次全体（扩大）会议，专题讨论全市新阶段扶贫攻坚工作，通过并出台了《中共铜仁市委铜仁市人民政府关于深入推进新阶段扶贫攻坚的实施意见》（铜党发［2012］3号），发出了举全市之力决战决胜扶贫攻坚，为早日实现全面小康社会的总动员令，明确提出扶贫攻坚工作“四年上台阶，十年大跨越”的总体奋斗目标，即：2012年实现2个重点县、45个贫困乡镇“减贫摘帽”；2013年实现2个重点县、45个贫困乡镇“减贫摘帽”；2014年实现2个重点县、20个贫困乡镇“减贫摘帽”；2015年实现1个重点县、15个贫困乡镇“减贫摘帽”，完成全部重点县、乡镇的“减贫摘帽”。到2020年，稳定实现扶贫对象“两不愁、三保障”，扶贫开发重点县农民人均纯收入平均增幅高于全省平均水平，基本公共服务主要领域达到全省平均水平，构建少有所教、住有所居、病有所医、老有所养、困有所济的农村和谐局面，发展差距扩大的趋势得到根本性的扭转，铜仁与全国全省同步进入全面小康社会。目前，“减贫摘帽”工作正有条不紊地推进。

（三）抓规划统筹

为有效衔接抓好《武陵山片区区域发展与扶贫攻坚规划》的落实，铜仁坚持以规划为统领，按照“县有扶贫产业园区、乡有主导产业、村有特色产业、有劳动能力贫困户有增收项目”的总体要求，重点围绕交通、水利等基础设施和民生工程，制订了《武陵山（铜仁片区）扶贫攻坚分县规划》，统筹编制了未来9年拟建的7000余个项目，总投资近2万亿元，并已报国务院审批。与此同时，组织编制了《铜仁市“十二五”扶贫开发实施规划》、《产业化扶贫规划》、《特色产业园区发展规划》和《整村整乡推进和连片区域扶贫推进规划》，为下一步争取专项扶贫资金项目夯实了基础。

（四）抓向上争取

铜仁市委、市人民政府主要领导、分管领导和市直有关部门积极行动，全方位、多层次、多批次赴京进省争取落实具体项目和政策支持，取得了明显成效。经努力争取，国家发改委已原则同意由铜仁按照市场筹集模式发起成立武陵山片区扶贫产业发展基金；国家发改委、国家民航局同意对铜仁凤凰机场改扩建工程建设进行资金补助；财政部原则同意把铜仁市列入 2012—2015 年国家农业综合开发扶持民族地区经济发展政策创新实验区建设并且单独扶持；铜仁市东部地区已被列为国家页岩气勘探开发和综合利用示范基地，其中两个半区块已被列入国土资源部第一期招标方案；环保部同意把铜仁市列为全国土壤污染治理的六个地区之一，将安排 15 亿元专项资金用于铜仁的汞锰污染土壤治理；国务院扶贫办初步同意把铜仁的茶产业、油茶产业、特色种养业纳入正在编制的产业扶贫规划，同意将铜仁市部分县纳入福利彩票公益金支持计划；国家烟草专卖局同意实施铜仁卷烟厂 20 万大箱的异地扩能改造工程。全市汇报争取的有关铁路、高速公路、城镇基础设施、教育、生态移民等项目政策也得到了国家相关部委的积极回应。

（五）抓扶贫措施落实

2012 年 1 ~9 月，铜仁市争取到位财政扶贫资金 5. 03 亿元，是去年同期的 2. 43 倍，资金争取、项目实施、工作创新、队伍建设均走在全省前列，为全市农民增收提速、强势推进扶贫攻坚，提供了保障。具体工作体现如下：一是狠抓“十大扶贫产业”项目实施。一抓草地生态畜牧业。在指导七个重点县发展种草养畜的基础上，铜仁市新增碧江区为实施单位。截至 9 月底，全市已到位财政扶贫资金 1. 01 亿元用于发展草地生态畜牧业，已使用资金 5582. 43 万元，占计划的 55. 27%。二抓核桃产业。为将核桃产业培育成铜仁农业新的经济增长点和农民增收致富的产业，全市将按照“连片开发、区域突破”的思路，重点发展一批万亩重点乡镇和千亩专业村，采取市、县联动的办法，重点打造长堡—枫香溪—谯家—沙子坡—杉树 14 万亩的集中连片产业带，作为核桃产业发展示范基地。目前，全市已到位财政扶贫资金 11590. 3 万元，用于发展核桃产业 46. 3 万亩，现项目已全面启动实施。三抓中药材产业。通过铜仁市委、市政府的努力争取，玉屏县已列入全省10个中药材发展重点县，年投资1000万元以上；德江、松桃等五县已列入全省中药材发展扶持县。为把中药材作为铜仁营养健康产业的重点来培育，作为全市农业产业结构调整的重要抓手来抓，市委、市政府已着手在碧江区建“武陵山中药材交易大市场”，该项工作已获得省扶贫办的认可和支持。同时，引进了全国百强制药企业贵州信邦制药有限公司来铜发展。截至9月底，全市已到位财政扶贫资金1400万元，用于发展中药材12400万亩。目前，已完成中药材种植1.0454万亩，占计划的84.08%；使用财政扶贫资金779.71万元，占总资金的55.7%。四抓油茶产业。争取到油茶项目78个，到位财政扶贫资金4200万元，计划种植面积12.04万亩（其中新建4.04万亩）。截至9月底，已完成新建油茶3.06万亩、低产林改造8万亩，分别占计划的75.6%和100%，已使用资金2193万元，占计划的52.21%。五抓蔬菜产业。为抓好市区蔬菜保供，争取到蔬菜项目共5个，到位财政扶贫资金1200万元。截至9月底，已种植蔬菜9360亩，占计划的75.66%，已使用资金699万元，占计划的58.25%。六抓茶叶产业。争取到茶叶项目11个，到位财政扶贫资金2000万元，计划种植面积2万亩。截至9月底，已种植茶叶1.24万亩，占计划的62%，使用资金802万元，占计划的40%。七抓乡村旅游业：争取到第一批乡村旅游项目8个，批复财政扶贫资金1320万元，现正处于项目《实施方案》审定中，待省扶贫办批复后正式组织项目实施。八抓脱毒马铃薯产业：争取到第一批脱毒马铃薯产业化扶贫项目8个，到位财政扶贫资金750万元，计划种植面积21438亩。截至9月底，已完成种植面积9654亩，占计划的45.32%，使用资金276.7万元，占计划的36.89%。九抓农产品加工业。完成市级扶贫龙头企业认定工作，认定市级扶贫龙头企业65家；完成省级扶贫龙头企业推报工作，向省扶贫办推报39家省扶贫龙头企业；完成企业贷款贴息推报工作，帮助企业申报贷款贴息980万元。二是狠抓整乡推进项目实施。全市4个2011—2012年度整乡推进项目已完成项目实施，共投入财政扶贫资金4000万元（其中今年2000万元），涉及沿河、思南、松桃、德江四个县，完成种植核桃2.97万亩，占计划的96.5%，种植天麻、白术、桔梗等中药材2.81万亩，占计划的98.16%，种植辣椒6133亩，占计划的100%，种植天麻用材林4100亩，占计划的56.94%。三是狠抓集团帮扶项目。该项目在石阡县石固乡分两年实施，项目总投资4248万元，其中财政扶贫资金1000万元，部门配套3011万元。现第一批资金500万元已到位，用于3571亩新建软叶大蒜基地建设，已完成项目整地、物资采购等前期工作，并下种 300 亩，预计 10 月将下种完毕。同时，正在争取将松桃县盘石镇列入省领导集团帮扶项目。

（六）抓制度机制建设

围绕“党委领导、政府主导、群众主体、社会参与”的扶贫开发工作思路，一是建立了由党委书记任组长的市县乡扶贫工作领导小组和扶贫工作决策机制，定期研究解决扶贫开发中的重大事项，解决扶贫工作中存在的突出问题。规定每年召开一次全市扶贫工作大会，对上年扶贫工作进行总结，对先进县乡进行奖励，对下年扶贫工作进行安排部署。同时还建立了扶贫攻坚旬调度、月考核、季分析的工作机制。二是建立了扶贫攻坚目标绩效考核机制。对行业扶贫、专项扶贫和社会扶贫，以及结对帮扶单位分别制定了目标绩效考核机制，并把扶贫开发目标任务完成情况作为干部工作述职、政绩考核、职务升迁的重要内容。每年对贫困县、贫困乡镇扶贫工作进行排名，对完成任务好的先进县和乡镇进行表彰奖励，对完成任务差的后进县和乡镇进行黄牌警告。三是建立了年度扶贫攻坚目标任务分解制度。为确保 2012 年度扶贫攻坚各项工作落到实处，制定出台了《2012 年度扶贫攻坚目标任务分解方案》（铜党办发［2012］37 号），对全年各项扶贫攻坚目标任务进行了细化分解，方案对每项扶贫攻坚工作任务明确了牵头领导、责任单位，要求各区县、各部门结合本区县、本部门实际，进一步细化、量化指标，明确责任，做到定人员、定任务、定时间、定要求，确保人人肩上有任务，件件工作有着落。四是建立了扶贫攻坚督导机制和扶贫规划实施监测评估机制，定期对各区县、各部门开展扶贫工作情况进行督导、评估，将督导、评估的结果向市委、市政府领导报告，并存入领导干部档案，同时定期组织党代表、人大代表、政协委员对扶贫工作开展视察活动。五是严格按照国家扶贫开发工作重点县管理办法和全省财政扶贫资金项目管理暂行办法，进一步完善了扶贫资金管理实施办法。六是建立了扶贫开发工作培训机制。为切实提高全市扶贫工作队伍的业务能力，转变扶贫观念，增强广大干部帮助群众脱贫致富意识，铜仁市依托铜仁党校、铜仁学院、铜仁职院资源优势，建立了扶贫开发工作培训机制，并于 2012 年 5 月 4 日召开了全市 2012 年度“减贫摘帽”工作培训会，完成了对全市各区县政府分管领导、扶贫办主任，2012 年计划“减贫摘帽”的 45 个乡镇党委书记、扶贫站站长等 230 多人的首轮培训；此外，铜仁市委党校于 6 月 22 日至 7 月 8 日开展了两期“铜仁市扶贫攻坚现代农业产业专题研修班”，完成了对全市各级领导干部、扶贫系统干部的轮训，全面提高了各级领导干部、扶贫工作队伍的综合素质，为扶贫开发工作扎实有效开展提供了保障。

（七）抓“两项制度”衔接完善工作

一是认真开展贫困人口普查工作。市政府已于2011年3月份启动全市贫困人口普查调研工作，现各区县正按照培训要求有序推进，可在本月底以前完成扶贫普查调研任务。二是以国家扶贫新标准为定量依据，按照《贵州省农村居民最低生活保障工作规程（试行）》规定的程序，将家庭年平均纯收入低于当地农村低保标准的农村居民确定为农村低保对象进行再认定，努力做到应保尽保。三是建立扶贫对象动态调整机制，完善贫困农户信息管理系统和统计监测信息系统，实现共建平台、信息互享。四是建立县、乡（镇）两级“减贫摘帽”统计台账，做好统计测算，并按资料档案管理常规和“减贫摘帽”工作要求，强化县级“减贫摘帽”工作资料的建档立卷管理，以确保顺利进行考核验收。

（八）抓基层基础、凝聚各方力量

为打好打赢全市扶贫攻坚这场硬仗，铜仁坚持把发挥基层党组织的战斗堡垒作用作为重要的措施。一是进一步落实党建扶贫相关措施，真正把那些事业心强、作风过硬、勤政廉政、吃苦耐劳的优秀人才选拔到村支书、村主任岗位上，发挥其带领群众脱贫致富的“领头雁”作用。二是以“四帮四促”、干部驻点为载体，努力帮助基层谋思路、找对策、解难题。三是积极发挥部门定点帮扶优势，在项目建设、金融支持、要素保障等方面为基层提供更优质的服务。今年所有贫困乡镇村均安排了部门帮扶、干部蹲点，并实行一定四年不变，不脱贫不脱钩。

（九）抓扶贫攻坚“减贫摘帽”

着力把“减贫摘帽”作为铜仁市“十二五”扶贫攻坚的主要措施和目标。全市在去年已实现2个一类贫困乡镇和1个二类贫困乡镇“减贫摘帽”的基础上，2013年完成2个县和45个乡镇的“减贫摘帽”目标任务。目前除市级专门召开了“减贫摘帽”扶贫攻坚动员大会和“减贫摘帽”工作相关业务培训外，凡有“减贫摘帽”任务的县乡均成立了专门领导小组和工作机构，制订了“减贫摘帽”扶贫攻坚规划和工作实施方案，并进行了广泛动员，落实了相关任务和责任。

（十）抓农村金融信用创建工作

为引导银行业金融机构加大扶贫贴息贷款的投放力度，我们在鼓励县域法人金融机构以存引贷将新增可贷资金70%以上留在当地发展，加大涉农金融机构对农村扶贫项目的贷款力度的同时，号召并支持各区县积极创建农村金融信用县、信用乡镇、信用村、信用户，推进“诚信政府”、“诚信企业”、“诚信农民”，培育贷款公司、农村资金互助社等新型农村金融机构。

（十一）抓连片特困地区扶贫攻坚先行先试

（1）抓扶贫产业园区建设。为破解连片特困地区，特别是困难群众加速发展、加快脱贫的难题，铜仁在全省率先提出了用工业化理念培育产业园区和产业主体的新思路，得到省扶贫办的充分肯定。通过指导各区县编制好扶贫产业园区规划和向上不懈争取，松桃、江口两县已作为省级扶贫攻坚示范县获得重点扶持，并将分别安排两县8000万元资金用于启动扶贫产业园区工作，现两县园区机构已搭建，产业建设已启动，已有9家农产品加工企业和6家农民专业合作社入驻园区投资兴业。

（2）抓扶贫开发融资渠道。为破解扶贫开发融资难的问题，在省扶贫办的支持下，铜仁在全省率先启动了开发性金融支持扶贫产业合作项目，旨在用财政扶贫资金撬动金融资金投入扶贫开发。2012年4月6日，省扶贫办与省国开行的“开发性金融支持扶贫产业合作项目”在石阡县率先启动实施，省内其他兄弟市县相继来石阡学习取经。截至9月底，全省共16个区县与国开行达成合作协议，铜仁市占6个区县，授信资金达30多亿。

（3）抓扶贫开发队伍建设。针对铜仁扶贫工作的长期性和艰巨性，市委、市政府一是将碧江、万山、玉屏三个非重点县扶贫办单列出来；二是在全部乡镇设立扶贫工作站，并配备3～5人专职办公；三是在铜仁市扶贫办增设正县级的农业产业园区管理办公室，并解决人员编制问题。

三、铜仁市农村贫困现状与原因分析

改革开放以来，铜仁市通过长期不懈的艰苦努力，虽然全市经济社会得到长足发展、贫困面貌有了极大改变，但贫困的深层次矛盾并没有得到根本解决，制约经济社会发展的因素还很多。一是贫困程度深的问题仍然突出。全市仍有7个国家级扶贫开发工作重点县、125个重点乡（镇）、1781个重点村，分别占全市县、乡、村总数的70%、74%和60.5%，按2300元扶贫新标准，全市农村贫困人口尚有145.21万人，且大都生活在自然条件恶劣的深山区、石山区和石漠化地区，是扶贫攻坚最难啃的“硬骨头”；二是农民增收难的问题仍然突出。“十一五”以来，全市农民人均纯收入呈年均两位数的高速增长，但城乡居民收入差距问题仍然突出，2005年城乡居民收入相差5267元，2011年收入差距已近万元，农民增收任务仍然十分艰巨；三是农村公共服务欠账多的问题仍然突出。全市农村公路通畅率仅为19.3%，人均有效灌溉面积低于全省平均水平，尚有137万农村居民和35.6万农村中小学生饮水安全问题未解决；劳动力素质整体水平不高，全市204.5万农村劳动力78%以上是小学文化，初中以上文化程度只有22%。另据统计部门数据显示：2010年全国小康实现程度80.1%，西部地区平均水平达71.4%，铜仁小康实现程度至少比全国、西部落后10年以上，比贵州省落后3年以上。铜仁是贵州经济发展中的短板，如果不尽快补齐这块短板，必然影响全省全国发展大局，拖全省与全国同步迈入全面小康社会的后腿；如果这些突出问题不尽快解决好，铜仁加快发展的大好局面就难以为继，经济社会和谐发展就没有坚实基础。为此，大力实施连特困地区扶贫攻坚、尽快解决贫困问题，努力走出一条符合自身实际和时代要求的后发赶超之路，是铜仁的必然选择，也是最紧迫的任务。

四、新阶段农村扶贫开发面临的机遇与挑战

铜仁实施连片特困地区扶贫攻坚战略迎来了前所未有的机遇。一是国家出台新10年扶贫规划纲要，明确了我国未来10年发展的总体目标。二是国务院出台了关于进一步促进贵州经济社会又好又快发展的若干意见，从7个方面提出了119项支持贵州加快发展的突破性政策，明确在贵州实施13项试点、15项示范、10项重要规划和176项重大工程项目。三是国家启动了武陵山片区区域发展与扶贫攻坚试点，明确了今后10年武陵山片区扶贫攻坚的总体要求、空间布局、重点任务和政策措施，详细规划了交通、水利、能源、通信和信息化等基础设施，提出了旅游业、特色农业、加工制造业、民族文化产业发展具体目标任务，并从8个方面提出了武陵山片区的特殊政策，铜仁市10个县级行政区划全部纳入规划。这些政策含金量极高，涉及各行各业、各个领域，既是一座精神城堡，更是一座政策富矿。当前的铜仁，得到了国家、省多个战略的支持和多重政策优惠的叠加，正处在瓶颈制约全面破解、资源优势不断提升的发展黄金期。特别是2011年以后，贾庆林、李克强、王乐泉、回良玉等党和国家领导人相继视察铜仁，栗战书、徐绍史、赵克志、陈敏尔等20多位省部级领导亲临铜仁考察指导工作，多次强调“要加快发展速度，绝不能拖与

全国全省同步进入小康的后腿”、“铜仁是武陵山区腹地、主脉和制高点，要按照中央扶贫规划纲要要求，从铜仁市发起扶贫攻坚总攻，打好铜仁市脱贫致富攻坚战”。贵州省委把扶贫攻坚作为全省“第一民生工程”，专门出台了重点县、乡“摘帽不摘政策”的奖励意见。国家的支持和领导的关怀，不仅给铜仁发展带来了重大机遇，更在精神上给予了铜仁巨大的鞭策。特别是经过多年的不懈努力，铜仁广大干部群众脱贫致富的信心和决心明显增强。这些都是打好扶贫攻坚硬仗的有利条件和重要基础。机不可失、失不再来；错过一次机遇，可能就会落后一个时代。铜仁要切实增强扶贫攻坚的信心和决心，发扬“苦干实干、开放创新”的新时代铜仁精神，艰苦奋斗、勇于创新，牢牢抓住时代赋予的重大战略机遇，努力把各种政策机遇、政治机遇转变为发展机遇，以更大的气魄和决心，采取更加有力的措施，全力冲刺、奋力赶超，努力完成党和时代交给的光荣使命，夺取决战扶贫攻坚的全面胜利，确保如期与全国全省同步建成全面小康社会，实现千百年来各族群众对幸福生活的追求和梦想。

五、加快推进新阶段农村扶贫开发的思路与对策

铜仁市决战决胜扶贫攻坚实现了良好起步，但任务异常艰巨。今后，全市要抢抓机遇，全力抓好三个方面的工作。

（一）实施三大工程，为在武陵山片区率先实现减贫摘帽奠定坚实基础

（1）以产业扶贫为主攻方向，大力实施增收致富工程。一是加快构建以新型工业化为主体、现代农业为基础、生态文化旅游产业为重要内容的现代特色产业体系，为促进农民增收、加快脱贫致富提供强有力的产业支撑。二是全力实施工业强市核心战略，加快建设各类产业园区，加快形成玉铜松承接东部发达地区产业转移工业经济带。到 2015 年，全市产业园区实现工业产值 600 亿元以上，解决就业 10 万人以上。三是加快发展城镇产业，有效引导农村人口逐步向集镇、产业园区、县城集聚，实现减少农民富裕农民的目的。四是抓好农业产业发展，重点建设 210 万亩核桃、100 万亩茶、100 万亩竹、100 万亩油茶、100 万担烤烟、150 万亩蔬菜、50 万亩中药材等特色农业产业基地，加快生态畜牧业基地建设，扶大扶强一批农业产业化龙头企业。到 2015 年，全市粮经比例调整到 35∶65 以上，省级以上扶贫龙头企业达到 100 家以上，农业产业化收入占农民经营收入的 50% 以上。加快建设梵净山文化旅游组团，布局旅游商品加工产业园区，打造一批旅游扶贫示范点，尽快使梵净山核心景

区接待游客超过200万人次，基本形成梵净山文化旅游经济圈。

（2）以改善基础设施为着力点，大力实施基础设施建设工程。坚持把基础设施建设放在突出位置，着力改善农村脱贫致富条件。统筹推进公路、铁路、水运、航空现代交通综合运输体系建设，提高现代交通引领发展的能力。到2015年，实现县县通高速目标，实现所有乡镇到县城公路基本达到三级标准，100%的行政村通公路，其中70%通沥青路或水泥路，2018年全市所有建制村全部通沥青路或水泥路。抢抓新一轮水利扶贫试点机遇，实施水利建设、生态建设、石漠化治理“三位一体”综合规划，重点建设一批骨干水源工程，到2015年基本解决工程性缺水问题，实现人人喝上安全水和人均半亩基本口粮田的目标。抓好生态建设，确保2015年全市森林覆盖率达到57%以上，2020年达到62%。抓好能源基础建设，加快骨干输变电工程建设，推进城乡电网升级，实现沙坨电站建成发电。抓好通信基础建设，推进社会信息化进程，着力打造“数字铜仁”。

（3）以保障和改善民生为首要目的，大力实施民生保障体系建设工程。坚持把扶贫开发与改善民生、促进基本公共服务均等化结合起来，加快实施“教育三项突破工程”，全面改善偏远乡村学生住宿和食堂条件，实施好学生营养改善计划；加强贫困群众就业培训和职业技术培训，加快农村劳动力转移就业，到2015年稳定转移就业50万人以上；加快健全城乡基本养老保险制度，实现新型农村和城镇居民社会养老全覆盖，实现60周岁以上城乡居民按时足额领取养老金；推进医疗卫生体制改革，实现合格乡镇卫生院、村卫生室全覆盖，新农合参保率稳定在97%以上；加快实施农村危房改造工程和水、电、路、气、房、环境改善“六到农家”工程。

（二）开放创新、先行先试，努力探索集中连片困难地区扶贫攻坚新路径

（1）抢先争取政策支持。按照先行先试的要求，积极争取国家在连片特困地区实施的财政、税收、金融、投资、产业、土地、生态补偿等政策在毕节市先行启动，重点争取国家财政部将毕节市作为农业综合开发政策创新实验区；争取省财政对农业特色优势产业发展资金的支持；争取省国土厅支持土地政策创新，推进零散土地向龙头企业和种植大户流转，实现连片开发，同时探索农村土地承包经营权、林权、宅基地权“三权”抵押贷款的实现方式，增强群众发展产业的能力；争取金融部门支持，在区县设立地方性银行，发展村镇银行，建立贷款公司、农村资金互助社等新型农村金融机构，为产业扶贫拓宽融资渠道。

（2）抢先争取项目支持。牢固树立抓发展必须抓项目的理念，扎实做好各类项目前期工作，继续加强与省有关厅局和国家有关部委对接，力争在2013年以前抢先开工建设一批已纳入武陵山区规划的交通、水利、能源、生态等基础设施项目和产业项目，加快改善扶贫的基础条件。

（3）抢先探索扶贫开发模式。在进一步总结印江县杉树乡“县为单位、整合资金、整村推进、连片开发”经验的基础上，积极探索以乡或县为单元、打捆项目和资金集中整体推进的扶贫开发模式。从今年起将专项扶贫、行业扶贫与社会扶贫有机统筹，按照“渠道不乱、用途不变、统筹安排、确保效益、各记其功”的原则，整合项目和资金，实行连片开发，整村整乡整县推进。2013年，全市投入1.4亿元，整合资金25亿元以上，确保2个、力争3个重点县实现整体脱贫。

（三）强化领导、落实责任，为决战决胜扶贫攻坚提供坚强保障

（1）要完善扶贫攻坚领导机制。市、县、乡实行党政一把手负责制，并落实定单位、定人、定点、定责等帮扶措施。每年召开一次全市扶贫工作大会，对上年扶贫工作进行总结，对下年扶贫工作进行安排部署。同时，建立旬调度、月考核、季分析的扶贫工作推进机制。

（2）完善扶贫攻坚考核机制。实行扶贫开发工作与评先评优挂钩、与绩效考核挂钩、与干部任用挂钩的“三挂钩”制度。严格执行“减贫摘帽”奖惩制度，对扶贫开发重点县乡，严格按照市扶贫开发领导小组确定的“减贫摘帽”时间表，每年对贫困县、贫困乡镇工作进行排名，对工作滞后、成效不明显、贫困发生率上升、群众收入差距拉大的重点县乡，实行黄牌警告，对党政主要领导进行问责。

（3）完善扶贫攻坚督导机制。组建督导机构，充实督导人员，建立完善督导制度，定期对各区县开展扶贫工作情况进行督导，将督导的结果向市委、市政府领导报告，并存入领导干部档案；定期组织党代表、人大代表、政协委员对扶贫工作开展视察活动，促进扶贫工作有效开展。

2013年黔东南州农村扶贫开发报告

黔东南州扶贫开发办公室

摘 要

作为全国少数民族聚居地之一，黔东南州一直致力于发展经济、消除贫困，进行开发式扶贫。全州扶贫开发在取得显著成绩的同时，也存在不容忽视和亟待解决的困难和问题。黔东南州新一轮扶贫攻坚迎来了新的机遇，同时也面临诸多挑战。加快推进新阶段农村扶贫开发，要以科学发展观为指导，继续深化改革开放，坚持走生态文明崛起的科学发展道路，加快产业结构调整步伐，以规划推动扶贫开发，突出产业化扶贫重点，大力抓好社会扶贫、信贷扶贫，努力提高农村劳动力素质，切实提高项目的扶贫效益。

关键词

黔东南州　少数民族聚居区　新阶段农村扶贫开发

一、基本概况

黔东南苗族侗族自治州位于贵州省东南部，地理位置东经107°17′20″～109°35′24″，北纬25°19′20″～27°31′40″，东邻湖南省怀化地区，南接广西壮族自治区柳州、河池地区，西连黔南布依族苗族自治州，北抵遵义、铜仁两市，东西宽220千米，南北长240千米，辖麻江、黄平、施秉、三穗、镇远、岑巩、天柱、锦屏、黎平、从江、榕江、雷山、台江、剑河、丹寨15县和凯里市。自治州国土面积30337.1平方公里，2010年末人口402.57万人，其中城镇人口47.89万人，农村人口354.68万人，包括苗族、侗族、布依族、水族、瑶族、壮族、仫佬族等33个世居少数民族。

（一）自然条件

1. 地形地貌

黔东南州属贵州东部山地丘陵区的黔东南中山低山丘陵区地貌。在地质构造上属江南古陆，是贵州的基底构造层大面积出露区，主要由绢云母片岩、石英岩、变质砂岩等轻变质岩组成。地貌类型以剥蚀中山、低中山、低山和丘陵为主，在西部清水江与都柳江之间的雷公山地区，构成一带强烈切割的侵蚀中山峡谷地貌，切割深度在500～700米以上，坡度达60°，自然景观垂直变化大，地质灾害和水土流失等级极重。地势起伏大，自西向东逐渐降低，差异较明显，西部和南部海拔多在1000米以上，相对高差500～800米；东部海拔多在800～500米以下，相对高差低于200米。中部雷山县雷公山主峰海拔2178米为地势最高处，东南部黎平县地坪河出省界处海拔137米，是全省海拔最低点。

2. 气候

黔东南州气候属亚热带湿润气候，年平均气温在14～19℃，年降雨量在1000～1600毫米，日照年均1200小时，无霜期260～330天，气候资源丰富，农作物普遍轮作两熟。同时，受地貌影响而形成的多种多样小气候条件，为多种名特优农产品提供了良好的生长环境。

3. 土壤与土地资源

受地质地貌和多变气候条件的深刻影响，黔东南州土壤分布具有明显的垂直地带性和地域性变化规律。垂直地带分布从低（都柳江、清水江、㵲阳河）到高（雷公山、月亮山、佛顶山）为红壤—黄红壤—山地黄壤—山地黄棕壤—山地灌丛草甸土；地域性分布从东南向西北或自东向西为红壤—黄红壤—黄壤；此外还有一些地带性土壤分布在不同的地貌部位上。区内多属变质岩地区，所形成的土壤土层深厚，是贵州省土壤侵蚀最轻的地区。黄壤和红壤为主要地带性土壤，面积3299.7万亩，占区域土地面积的72.59%，PH值4.7～6.8，适宜发展杉木、马尾松、竹材等短周期工业原料林及油茶、蓝莓、茶叶、中药材、优质果品等经济林和草地生态畜牧业。

4. 森林资源

黔东南是中国南方重点集体林区和速生用材林基地，是国家现代林业建设示范区，贵州省有10个林业县，有8个在本区域。森林资源是区域最富集的优势资源，林地面积3305万亩，占国土总面积的72.6%，森林面积2850万亩，森林蓄积量1.1亿立方米，森林覆盖率62.78%，“十二五”期间年森林采伐限额373万立方米。建有18个国有林场和2000多个乡村集体林场，1个国家级自然开发保护区、9个州级自然保护区、12个县级自然保护区和3个国家级森林公园、5个省级森林公园。林业是区域重要的基础产业，国发2号文件支持将区域建设成为西南林产基地；林业又是区域重要的公益事业，是贵州构建长江、珠江上游重要生态安全屏障和重要支撑。

黔东南州森林资源的特点主要表现为：一是地域分布不均。全州用材林主要集中分布在榕江、黎平、从江、天柱、锦屏、剑河6个县，面积、活立木蓄积，分别占全州用材林面积、活立木蓄积的65.4%和71%。二是树种结构单一。全州森林以杉、松为主。杉、松面积、活立木蓄积分别为1668.06万亩和8539.17万立方米，分别占全州森林面积、活立木蓄积的58.51%和77.63%；三是中幼林比重大。全州森林中幼林面积、活立木蓄积分别为2249.67万亩和7982.19万立方米，分别占全州森林面积、活立木蓄积的78.92%和72.57%。杉、松中幼林面积、活立木蓄积分别为1244.27万亩和5874.45万立方米，分别占杉、松面积、活立木蓄积的74.59%和68.79%。由于中幼林比重大，虽有后续资源发展潜力，但近期可供采伐的森林资源严重不足。四是林地生产力水平低。全州用材林平均每亩蓄积量仅为4.02立方米，占世界平均水平的60.3%，占全国平均水平的71.8%。黔东南州发展林业得天独厚的自然资源优势没有得到充分发挥，森林资源提质增量潜力空间大。

5. *水资源*

黔东南州内水资源丰富，开发条件优越。地表水资源量164亿立方米，地下水资源量26亿立方米，人均水资源量4660立方米，高于全国和全省平均水平。以雷公山脉为分水岭，北属长江流域沅江上游的清水江系和㵲阳河水系，流域面积21265平方公里；南属珠江流域都柳江水系，流域面积为9072平方公里。河长大于10公里的干支流343条，总长8252公里，平均河网密度27.2公里/平方公里。河流天然落差84290米，可利用落差23620米，水能蕴藏量332万千瓦，可开发的水能资源244万千瓦，占蕴藏量的73.5%，是贵州省“西电东送”项目的重点源区之一。

6. *矿产资源*

黔东南矿产资源较为丰富，已探明储量的矿产有重晶石、铝矾土、汞、铁、锰、锑、金、石灰石、白云石等47种。储量大具经济优势的有重晶石、金、石英砂、锑、铅、锌、水泥石灰岩等，其中重晶石、玻璃用石英砂和锑矿名列贵州省的前三位，特别是重晶石储量1.09亿吨，冠甲中华，占全国储量的60%以上。被誉为“中国重晶石之乡”。能源矿产有煤、石油、天然气、页岩气等，其中原煤储量1.44亿吨。

（二）经济社会发展情况

1. 经济发展

改革开放以来，随着农村和城市经济管理体制的改革，社会主义市场经济体制的建立等一系列体制机制的改革和创新，极大地解决了生产力，使全州经济社会得到了较快发展，到2007年全州实现生产总值199.46亿元，与1978年相比，增长10.7倍（按可比价格计算，下同），年均增长8.9%，比改革开放前29年的年均增长速度加快4.9个百分点。在经济总量增长的同时，经济效益显著提高，2007年全州财政总收入达到18.9亿元，与1978年相比，增长了43倍。综合经济实力的增强，为全州经济社会发展奠定了坚实的物质基础。与1978年相比，第一、二、三次产业在国民经济中的比重分别由60.2%、23.7%、16.1%调整到2007年的30.1%、30.0%、39.9%，30年间，第一产业在国民经济中的比重下降了30.1个百分点，第二、三产业的比重分别上升了6.3和23.8个百分点，产业结构的调整，有力地促进了全州经济社会的持续、稳定、协调、健康发展。

2. 基础设施建设和社会发展

通过“十五”和“十一五”规划的实施，黔东南州的基础设施取得明显成效：建成高速公路393公里，在建408公里，县县通高速公路项目加快建设；贵广、沪昆高速铁路加快推进，黎平机场建成通航，凯里黄平机场开工建设，积极推动都柳江航电一体化工程建设；建成以2座500千伏为支撑，以9座220千伏为主网架，以40座110千伏为环网供电，35千伏覆盖各乡镇的供电网络；建成黎榕灌区等骨干水利工程，农村人均有效灌溉面积从0.37亩提高到0.55亩，共解决200万人饮水困难。建制村通电率达到100%。广播电视村村通综合覆盖率分别达到79%和94%。基本实现移动电话全覆盖，农村宽带覆盖率达到40%以上。

社会事业获得较快发展，“两基”工作通过国家督导评估检查，建设农村义务教育项目学校1388所。在全省率先启动农村小学寄宿制试点工程，建成农村寄宿制小学70所。积极推进示范性中等职业教育学校建设，中职在校生达到3.9万人。高中阶段毛入学率由31.58%提高到50.09%。民族教育、幼儿教育、特殊教育和民办教育全面发展。认真贯彻落实积极的就业扶持政策，按照招工、培训、就业“三位一体”的要求，针对不同群体，广泛开展就业技能培训、岗位技能提升培训、创业培训和劳动预备制培训，满足就业人群和企业的双向需求，提高劳动者就业层次，促进劳动者稳定就业。十年来，全州使用再就业资金9.9亿元，累计培训农村劳动力18.26万人，培训后实现就业12.78万人，就业率达70%。公共医疗卫生体系不断加强，五年共新建和改造17个县级医院、173个乡镇卫生院和2178所村卫生室，每千人卫生机构床位数达到2.62张。人口和计划生育工作成效明显，人口自然生长率从8.3‰下降到7.2‰。2004年，黔东南州在凯里市正式启动新农合制度试点工作，至2007年全州16县市普及新农合制度，2012年全州参合人数达到360.82万，农民参合率提高到98.3%，筹资标准从2004年每人每年30元提高到2012年每人每年290元，覆盖面和受益水平均达到95%以上。全面建立城乡低保制度，城镇低保人口5万人、农村低保人口89万人，实现应保尽保；实现基本医疗保险全覆盖，城镇职工参保21万人，城镇居民参保26万人，新农合参合率达到98%以上；建立覆盖城乡的基本养老保险制度，城镇职工参保21万人，城镇居民参保4.3万人，农村居民参保141万人，农村社会养老保险覆盖率达到60%。建成经济适用房9000多套，廉租房1万多套，解决3.37万户城镇低收入家庭住房困难。投入农村危房改造资金50.8亿元，完成危房改造18万户。实施农村消防试点工程，开展农村居民住房灾害保险试点。加快基层公共文化体系建设，大力推进农村公共文化工程建设。公共体育设施建设得到加强，全民健身活动蓬勃开展。加强社会管理和创新，“平安黔东南”建设取得积极成效。

3. 民族文化

黔东南州是全国少数民族聚居地之一，经历漫长的历史演变，形成苗族文化和侗族文明为主要特色的多民族地域性文化，民俗风情淳朴，民间工艺和非物质文化遗产十分丰富。拥有国家级风景名胜区3个、国家级自然保护区1个、国家级森林公园3个，还有全国最大的苗寨——雷山西江、全国最大的侗寨——黎平肇兴、世界之最——黎平天生桥和中共黎平会议会址。民族民间节日360多个，有“百节之乡”、“歌舞海洋”的美誉。苗族飞歌、侗族大歌以及有“东方迪斯科”美誉的反排木鼓舞蜚声海内外。被世界乡土文化保护基金会确定为世界18个生态文化保护圈之一，被联合国推荐为“返璞归真、回真自然”全球十大旅游胜地之一，被中外游客和专家学者赞誉为“人类疲惫心灵的最后家园”。

二、黔东南州农村扶贫开发历程、概况与特点

新中国成立以来，黔东南州人民政府在省委省政府的正确领导下，致力于发展经济、消除贫困的工作。但真正意义上的扶贫，是在改革开放以后提出并大规模实施的。1986 年起，中央政府采取了一系列重大措施，成立专门扶贫工作机构，安排专项资金，制定专门的优惠政策，并对传统的救济式扶贫进行彻底改革，确定了开发式扶贫方针。自此，中国政府在全国范围内开展了有计划、有组织和大规模的开发式扶贫工作。

1986 年，国家制定了扶贫政策，对贫困地区进行扶贫开发，贫困线为人均纯收入 200 元以下，人均粮食 200 公斤以下。据当时统计，黔东南州在贫困线以下的有从江、剑河、黄平、榕江、台江、雷山、丹寨 7 个县。其中定为国家重点扶持的有从江、剑河、黄平 3 县，其余 4 县为省级扶持。7 个县当时总人口为 1415156 人，其中贫困人口 912848 人，占总人口的 64.5%。1986 年省委、省政府发出了《关于加强贫困地区工作的指示》，制定了贫困地区经济开发的目标，步骤和优惠政策，州委、州政府也制定了相应的政策措施，拉开了全州扶贫开发的序幕。1986 年黔东南州成立不发达地区经济开发领导小组，后改称贫困地区经济开发领导小组，领导小组下设办公室。

1991 年根据国办发［1991］24 号文件规定：“1989 年底人均纯收入低于 300 元的非省、区扶持的贫困县应列入省、区扶持的贫困县范围。”据此精神，黔东南州又有黎平、麻江、三穗、岑巩、施秉等 5 个县，经省批准列为省级扶持贫困县。

至 1992 年，全州基本上建立健全了贫困地区经济开发机构。

1994 年，国家确定黔东南州 13 个县列为《国家八七扶贫攻坚计划》扶持的贫困县，这 13 个县分别是：从江县、剑河县、黄平县、榕江县、雷山县、丹寨县、台江县、麻江县、施秉县、三穗县、岑巩县、黎平县、天柱县。按顺序前 7 县为农民人均纯收入低于 200 元划线确定，后 5 县是 1991 年根据 1989 年统计年报，以农民人均纯收入低于 300 元划线确定增加的贫困县。天柱县是 1994 年根据 1992 年统计年报，以农民人均纯收入低于 400 元划线确定的贫困县。

13 个贫困县总面积 25527 平方公里，占全州总面积的 84%；耕地总面积 224 万亩，占全州耕地面积的 81%；农民人均耕地 0.8 亩。13 个贫困县辖 169

个乡镇，占全州乡镇总数的82%；总人口297.72万人，占全州总人口的78.52%，其中农业人口280.19万人，占全州农业人口的81%。

1997年州贫困地区经济开发办公室更名为州人民政府扶贫开发办公室。2000年以后，州、县、乡三级都成立了扶贫开发领导小组，各级都单独建立了扶贫开发办事机构，领导小组组长都分别由政府主要领导担任。黔东南州先后有计划、有步骤地开展以解决农村贫困人口温饱问题为主要目标，以改变贫困地区经济文化落后状态为重点的大规模扶贫开发。

1994—2000年，国家实施“八七扶贫攻坚计划”，用7年时间解决8000万人口的温饱问题。黔东南州通过“八七”扶贫攻坚，到2000年底，全州贫困人口从1993年扶贫攻坚前的179万人减少到2000年的40.2万人，13个贫困县农民人均年纯收入从1993年的570元增加到2000年的1187元（以县为单位），群众的生活得到了较大的改善和提高，全州13个贫困县已基本实现了越温目标，基本完成了“八七”扶贫攻坚计划用7年时间基本解决全州贫困人口的温饱问题的目标任务。

2001—2010年，《中国农村扶贫开发纲要（2001—2010）》继续解决剩余贫困人口4007万人温饱问题。2001年，黔东南州进入新阶段扶贫开发，按照新的扶贫标准，全州有雷山、台江、剑河、黎平、从江、榕江、丹寨、麻江、黄平、施秉、岑巩、三穗、天柱、锦屏14个扶贫开发工作重点县，占全州总县数的84.5%；155个重点乡，占全州总乡（镇）数的73.5%；2077个重点村，占全州总村数的58.6%，有贫困人口42.46万人（2000年末数）。2002年，划分低收入人口后，全州农民年人均纯收入在625元以下的贫困人口有44.1万人，在625~865元之间的低收入人口有82.66万人，低收入以下贫困人口共有126.76万人，贫困发生率、低收入人口发生率和低收入以下贫困人口发生率分别为11.4%、21.36%、32.75%。2008年，国家将贫困标准调整到农民人均纯收入低于1196元后，全州有贫困人口88.68万人。

2010年，通过10年的扶贫开发，全州共投入各类扶贫资金382610.03万元（其中财政扶贫资金123842.15万元，信贷扶贫资金238619.88万元，宁波对口等社会帮扶资金20148万元），实施项目16587个，贫困地区群众生产生活条件得到较大改变，增收渠道得到进一步拓宽，农民素质和生产技能得到进一步提高，大部分贫困农户的温饱基本解决，部分群众走向脱贫致富。2010年末，全州农民人均纯收入达1728元，贫困人口减少到61.31万人，10年共减少贫困人口60.38万人。

三、黔东南州农村扶贫开发的基本经验

1. 高度重视，加强领导，确保扶贫开发政策落到实处

一是加强组织领导。州、县、乡三级成立扶贫开发领导小组，组长由政府主要领导直接担任，亲自部署、亲自协调、亲自检查。二是加强组织调度。各级领导小组定期研究扶贫开发有关工作，及时解决工作中呈现的重大问题。建立党建扶贫和定点帮扶贫困乡镇、村制度，实行领导干部建立联系点定点挂钩，州、县市机关部门定点帮扶乡镇、村，并从机关抽派大批干部下乡、下村挂职扶贫，动员全社会参与，形成群策群力、齐抓共管、合力攻坚的良好局面。三是加强督促指导。采取州级领导带队调研督查、组织人大代表巡查和政协委员视察、职能部门专项督查等形式，全力推进扶贫工作的落实。

2. 统筹安排，整村推进，促进农民增产增收

以项目为载体，以整村推进为平台，整合资源，统筹安排，集中力量抓好整村推进扶贫开发工作。5 年来，共实施整村推进 1218 个，投入财政扶贫资金 38100.28 万元，实施了村级步道、人饮消防、综合服务室等基础设施项目，大力发展牲畜、家禽、果树、茶叶、中药材、优质稻、马铃薯等种养业项目。这些项目的实施，使村容村貌及基本生产生活条件得到了较大的改善，增加了农民收入，对农村经济的发展起到了积极的推动作用。

3. 立足优势，抓住重点，确保产业扶贫取得新成效

一是立足当地资源优势，以“草地生态畜牧业、蔬菜、油茶、果药竹”等产业作为产业化扶贫的主要内容，推进优势特色农业产业的发展，逐步形成了草地生态畜牧业、油茶产业、中药材、蔬菜等一批特色产业。二是扶持龙头企业和培育农产品市场。以市场为导向，以产品为载体，加强对农业龙头企业和农村经营合作组织的培育，加强绿色农产品品牌建设，加快农产品加工业的发展。

4. 夯实基础，加快建设，确保群众的生产生活条件得到明显改善

按照“渠道不乱、用途不变、各负其责、各记其功”的原则，统筹涉农资金投入，尽可能突出贫困村、贫困乡（镇）的集中建设。一是加强交通基础设施建设。加强以通村公路为主的农村基础设施建设，着力解决边远贫困群众出行难问题。二是加强农田水利建设。大力实施“渴望工程”和“饮水安全工程”等水利工程建设，着力解决好农村饮水困难和饮水安全问题。三是

加强社会事业发展。把村级活动室、学校、卫生室等建设放在突出位置，着力提高贫困地区人口素质。四是加强电力通信基础设施建设。

5. 统筹协调，齐抓共管，确保社会扶贫取得实效

扶贫工作是一项社会系统工程，需要全社会的参与和帮助。对此，结合黔东南州贫困面大的实际，在扶贫资金不足的情况下，把部门帮扶提到议事日程上。一是实行州级领导干部联系制度。州四大班子每位领导各联系一个县市，帮扶两个乡镇，直接参与乡镇的扶贫开发，掌握一线扶贫工作的进展情况。二是实行州级机关定点帮扶两山地区乡镇工作制度。州级 124 个单位分别帮扶“两山”地区的 60 个贫困乡镇，实行不脱贫不脱钩，让州级机关干部职工直接参与到两山地区的扶贫开发中去，使干部受到教育，群众得到实惠。三是实行县市领导联系村和县级机关包村的帮扶工作制度。全州 2077 个重点村都有一名国家干部定点驻村开展帮扶工作。四是派出党建扶贫工作队到贫困县的一、二类贫困乡镇驻乡开展党建扶贫工作，协助乡镇搞好扶贫开发和农村基层组织建设。强化了扶贫措施，提高了扶贫效果。五是采取参与式扶贫开发，组织基层召开村民大会，选举成立村级项目管理委员会和项目实施领导小组、项目监督小组和项目后续管理小组等，强化项目实施透明度，增加扶贫部门的凝聚力和号召力，有效推动扶贫开发工作开展。六是形成了大扶贫格局，林业、卫生、民政、水利、交通、教育等部门在州委州政府领导下，以扶贫区域规划为指导，各司其职，加强基础设施建设和产业发展，取得明显成效。

6. 严格要求，强化监管，确保扶贫资金发挥最大效益

一是加强扶贫资金专户管理和县级财政报账制度管理，做到封闭运行、专款专用、专人管理和专账核算。二是完善扶贫资金报账制度，加强扶贫资金使用情况的监督检查和审计，严禁挤占和挪用扶贫资金，真正把扶贫资金用在贫困地区，用到贫困群众身上。三是做好扶贫统计监测、督促检查和跟踪管理，开展扶贫资金绩效考评工作，客观评价扶贫工作成效，按评价结果实行奖惩措施。

四、黔东南州农村贫困问题的新特征与原因分析

黔东南州扶贫开发在取得显著成绩的同时，也存在不容忽视和亟待解决的困难和问题，突出表现在以下几个方面。

（1）贫困面大、贫困程度深的现状依然未得到根本改变。黔东南州 16 个

县市中有 14 个是国家扶贫开发工作重点县，占全州总县市数的 87.5%；重点贫困乡镇有 155 个，占全州乡镇总数的 75.6%。按照新的贫困标准 2300 元，全州还有贫困人口 167.29 万人，今年预计减贫 16.03 万人。2009 年全州农民人均纯收入 2717 元，比全省人均纯收入 3005 元少 288 元。2077 个重点村还有 781 个重点村未实施整村推进，而这些贫困村主要集中分布在生存环境差、居住分散、发展水平很低的边远落后深山区和高山区，今后的扶贫任务将更加艰巨。

（2）自然地理条件恶劣，返贫问题较为严重。由于黔东南州处于苗岭腹地，贫困人口主要集中分布在边远落后深山区和高山区，生存环境差、居住非常分散、发展水平低，而且自然灾害频发，人民群众抵御各种风险能力弱，因灾、因病等致贫返贫问题突出，抑制返贫的难度较大。2009 年贫困发生率达到 21%，比全省 16.5% 高出 4.5 个百分点。

（3）涉农资金整合难度大，资金少，困难多。一是因财政扶贫资金投入有限，需要整合其他涉农资金按照“渠道不乱、用途不变、统筹安排、各负其责、各记其功”的原则来共同投入到整村（乡）推进、产业扶贫项目，提高项目扶贫效果。因资金管理部门不同，项目申报所受限制较多，难以整合形成合力向贫困乡村覆盖。二是贫困村分布分散，土地难以连片，产业项目集中难。三是项目补助偏低，自筹资金不足，相应配套设施跟不上，与预期效果有差距。四是农业龙头企业与农户的联系松散，带动能力不强。

（4）扶贫机构人员、经费不足，项目管理跟不上。一是黔东南州大部分扶贫开发重点县扶贫办工作机构未单列，人员编制不足，扶贫开发重点乡镇多没有建立扶贫工作站，或者没有配置专职工作人员。二是按照《贵州省扶贫开发工作考核管理暂行办法》规定，县要按上年度到县财政扶贫资金总数的 3% 的比例安排扶贫办工作经费，但工作经费基本上不能足额到位，一定程度上影响了扶贫工作的开展。

（5）社会基础条件较薄弱。交通、水利、卫生、教育、资源等社会和经济基础设施落后，使扶贫工作不能有效推进。

五、黔东南州新阶段农村扶贫开发面临的机遇、挑战和趋势

随着国家“十二五”纲要的实施，《中国农村扶贫开发纲要（2011—2020）》和国发 2 号文件相继出台，在州委州政府的坚强领导下，在“加速发

展、加快转型、推动跨越”、“工业强州、城镇带州、旅游活州”等思想指导下，全州上下掀起奋力后发赶超、加快发展，向绝对贫困发起总攻的新热潮。黔东南州新一轮扶贫攻坚迎来了新的机遇，同时也面临诸多挑战。

（一）面临的挑战

（1）扶贫开发的任务更重。国家的扶贫标准已调整至2300元，扶贫开发的首要对象从没有解决温饱的绝对贫困人口调整为新标准以下的全部人口，并对其全面实施扶贫政策，从此不再区分绝对贫困与低收入的概念；扶贫开发的首要任务，也不仅限于解决绝对贫困人口的温饱，而是尽快稳定解决扶贫对象温饱并实现脱贫致富。目前黔东南州家庭人均纯收入不足2300元的绝对贫困人口还有167.29万人。这些贫困群众，大多分布在自然条件差、地形地貌复杂、自然灾害频繁的山区，基础设施建设和产业发展都十分困难，扶贫开发的任务更加艰巨。

（2）扶贫开发工作难度更大。国际金融危机影响了我国以出口拉动为主的经济增长，致使外向型企业生产萎缩，黔东南州外出就业的农民工大量返乡，农村新的转移外出就业十分困难。农村劳务转移输出困难，返乡人数增多，将导致黔东南州农村人口、资源及各类社会矛盾将日益突出，推进扶贫开发、促进农民增收致富将变得更为困难。

（3）扶贫开发的工作要求更高。当前，我国扶贫工作构成以产业扶贫、行业扶贫、专项计划扶贫、惠农政策扶贫、社会各界扶贫等多方力量参与、多种举措有机结合、互为支撑的“大扶贫”格局。国家扶贫战略、扶贫政策体系即将进一步调整完善。以专项扶贫政策为导向，进一步完善“大扶贫”的格局，实行专项扶贫与行业扶贫、社会扶贫相结合，将是今后较长时期扶贫开发的基本政策取向。对此，作为集中连片特殊困难地区，必须在工作中更高更严要求，在基础数据收集、基本政策研究、基层举措探索上做更多、更细、更扎实的工作，为上级的扶贫战略和政策决策提供科学客观的基本依据。

（4）面临的不利因素主要有：①水利设施老化；②产业结构不优；③人口素质偏低；④农产品加工企业少；⑤山地资源开发难度大，等等。

（二）迎来机遇

国家提出，到2020年我国要基本消除绝对贫困现象，全面建设小康社会的目标和“逐步提高扶贫标准”、“提高扶贫开发水平”的要求，提出要“加大对革命老区、民族地区、边疆地区、贫困地区扶持力度”；党的第十七届五中全会通过的《中共中央关于制定国民经济和社会发展第十二个五年规划的建议》指出："深入推进开发式扶贫，逐步提高扶贫标准，加大扶贫投入，加快解决集中连片特殊困难地区的贫困问题，有序开展移民扶贫，实现农村低保制度与扶贫开发政策有效衔接"；《中共中央、国务院关于深入实施西部大开发战略的若干意见》要求："加强农村基础设施建设。实施水、电、路、气、房和优美环境'六到农家'工程"，要求："大力扶持贫困地区加快发展……要全力实施集中连片特殊困难地区开发攻坚工程，基本消除绝对贫困现象"；国发 2 号文件的出台和国家将黔东南州列入滇桂黔石漠化连片特困地区，这些政策和机遇，为黔东南州扶贫开发工作提供了有力保障。

今年是新一轮西部大开发的起步之年，又是新一轮扶贫开发的推进的关键之年。为进一步加快贫困地区发展，促进共同富裕，实现到 2020 年全面建成小康社会奋斗目标，中共中央、国务院制定了《中国农村扶贫开发纲要(2011—2020)》，提出：以更大的决心、更强的力度、更有效的举措，打好新一轮扶贫攻坚战，确保全国人民共同实现全面小康。今年省委、省政府启动实施的"十大民生工程"中，把大力实施扶贫脱贫攻坚工程作为"第一民生工程"来抓，提出向"绝对贫困"发起"总攻"，这给黔东南州扶贫开发工作迎来了一个前所未有的发展机遇。

六、黔东南州加快推进新阶段农村扶贫开发的思路与对策

1. 以科学发展观为指导，继续深化改革开放

黔东南作为欠发达、欠开发地区，要全面建设小康社会，实现社会的和谐稳定，必须加快经济发展步伐，没有经济的发展，财力的支撑，就不会有其他各项社会事业的发展和进步。因此，我们要按照科学发展观的要求，牢固树立发展是第一要务的思想，紧紧扭住经济建设这个中心不放松，改革那些不适应社会主义市场经济和生产力发展要求的体制和机制性障碍，尽快建立起充满生机与活力，又能充分调动各方面积极性的新体制、新机制。

2. 走生态文明崛起的科学发展道路

"探索建立黔东南生态文明建设试验区"是省委的重大战略部署，这对于黔东南州来说是一次难得的机遇，因此，我们要进一步解放思想，抓住机遇，采取措施，敢于试验。生态文明是在工业文明基础上并对工业文明弊端进行反思的结果，建设生态文明，是当代社会发展与进步的必然选择。实现黔东南州

经济社会发展的历史性跨越，必须按照建设资源节约型、环境友好型社会的要求，彻底摒弃过去那种高消耗、高排放、高污染、低效率的粗放型经济发展模式，走资源消耗低、环境污染少、废弃物能够得到循环利用的可持续发展道路，大力发展生态农业、生态工业、生态旅游业、生态服务业；同时，要教育全社会树立生态文明观念，增强生态文明意识，倡导生态消费，统筹解决好人与自然、人与社会、发展与环境的关系问题，走生态文明崛起的科学发展道路。

3. 加快产业结构调整步伐

黔东南州的落后，关键还是工业发展的落后，工业不仅是高税收的产业，而且也是吸纳人员就业、支撑城市发展的产业，因此，要把发展工业作为调整产业结构的突破口，放在更加突出重要的位置来抓，着力提高工业在国民经济中的比重。其次，是改变传统的农业生产方式，调整农业内部结构，走规模化、规范化、集约化、产业化发展的路子，大力发展优质、高效、安全、生态、无公害绿色农产品；第三是大力发展以旅游业为重点的第三产业。通过三次产业的协同发展和相互带动，全面提升黔东南州的产业层次，实现经济、社会、资源、环境的协调和可持续发展。

4. 编制规划，以规划推动扶贫开发

根据十七届五中全会精神和省委十届十次全会（扩大）会议精神，结合黔东南扶贫开发工作实际，牢牢把握“十二五”发展的主题和主线，围绕扶贫开发的奋斗目标和主要任务，完成黔东南州“十二五”扶贫开发规划和石漠化黔东南分区发展规划的编制，做大做强农业产业扶贫项目，建设成为黔东南州工业原材料基地，以扶贫规划的落实来推动全州扶贫开发。

5. 突出重点，全力抓好产业化扶贫

一是建立产业化扶贫项目的专项管理机制，明确项目实施单位与项目管理部门的职责，切实管好、实施好项目。二是抓好产业化扶贫项目的申报和实施工作，争取省对黔东南州产业化扶贫项目的更大扶持，一批以精品水果、油茶、草地生态畜牧业、果药竹、蔬菜为代表的特色优势新兴产业得到了重点集中连片实施。三是落实扶贫办领导联系县扶贫工作机制，抓好高标准产业化扶贫项目示范样板点建设，打造一批产业扶贫亮点，示范带动农业产业扶贫向产业化、规模化、专业化发展。

6. 积极组建农民专业合作社，推动黔东南州特色产业的发展

黔东南州农业多是由以家庭为中心的小规模经营主体来从事经营活动的，

农民既是生产资料的所有者和经营者，又是实际的劳动者，单纯靠政府农技部门的服务已不能满足农民对技术的需求，必须鼓励和支持更多的农村专业技术协会，以促进产业发展。黔东南州目前成立的农民专业合作社有 938 个，虽然这些专业合作社的职能和运作方式还需在市场经济条件下不断规范和完善，但它们的确已成为科技促进农村经济发展过程中一个必不可少的载体，在黔东南州特色产业发展壮大的进程中发展了积极的作用。

7. 拓宽渠道，大力抓好社会扶贫

一是进一步拓宽定点帮扶和社会扶贫的领域，争取更多的社会帮扶资金支持，力争资金年增长 10% 以上。二是充分利用东部地区吸纳劳动力强，黔东南州贫困地区人力资源丰富的优势，加强东西部劳务协作。三是广泛动员和组织社会力量参与扶贫开发，吸引更多的社会力量到黔东南州贫困地区投资开发。

8. 加强培训，努力提高农村劳动力素质

紧紧围绕黔东南州产业建设和农业农村经济发展需要，有组织有计划有针对性地开展基层干部培训、贫困农民农业新技术培训和返乡民工再就业培训，每年完成 3 万人的培训，依托产业项目，实施产业技术培训，全面提高培训人员的综合素质和创新意识，增强其拓宽增收门路、发展经济的能力。

9. 引导发展，大力抓好信贷扶贫

一是扎实做好小额扶贫到户贷款工作，确保贴息资金到户和贷款任务的完成。充分应用小额扶贫贷款，引导农户发展项目，充分发挥小额信贷资金的积极作用。二是抓好项目贴息贷款工作，做好扶贫项目贷款贴息资金的申报，加强龙头企业的培育，加大扶持力度，带动农业产业发展。

10. 摸清底数，推进“村级互助资金”和“两项制度衔接”工作稳步开展

一是认真抓好“贫困村村级互助资金”试点工作。按照《贫困村互助资金试点指导手册（试行）》要求，规范操作流程，在试点工作中不断探索创新，总结经验，健全制度，完善运行，不断探索出发展壮大“村级互助资金”运作开展，提高贫困村自我发展能力。二是扎实开展“两项制度衔接”工作，严格按照试点先行、梯度推进，科学规范、简便易行，衔接配套、统筹兼顾，规范操作、阳光作业的“四原则”，抓好部门、政策、管理“三项衔接”，把握好准确识别低保对象和扶贫对象、落实扶持政策措施“两大环节”，稳步开展黔东南州“两项制度衔接”工作。

11. 加强管理，切实提高项目的扶贫效益

一是完善和充分发挥扶贫开发领导小组的协调机制，进一步明确扶贫开发

领导小组及成员单位的有关职责，定期研究扶贫开发有关工作。二是加大扶贫项目的督查和技术指导服务，在项目建设过程中定期或不定期地对项目建设进度、质量进行督促检查和技术跟踪服务，确保项目按时、按质、按量建设完成。三是加强资金监管，严格实行专户管理、项目管理和报账制管理，做到资金到项目、管理到项目、核算到项目，确保资金安全运作。四是加强对各县市项目实施情况进行考核，根据考核结果进行奖惩，充分调动各县市、各部门的主观能动性。

2013年黔南州农村扶贫开发报告

黔南州扶贫开发局

摘　要

经过几个时期的农村扶贫开发工作，黔南州贫困现象有了较大缓解。但由于自然、历史等客观因素，黔南州经济社会发展水平与全国平均水平的差距不断拉大，社会经济发展仍面临着诸多困难和问题，新阶段扶贫开发任务仍很繁重。加快推进新阶段农村扶贫开发，要完善扶贫开发工作布局，加大对深度贫困地区的扶贫攻坚，加大扶贫开发资金投入，努力形成专项扶贫、行业扶贫和社会扶贫的新格局。

关键词

黔南州　新阶段农村扶贫开发　扶贫新格局

1949年中华人民共和国成立后，特别是自20世纪70年代末实行改革开放政策以来，我国在致力于经济和社会全面发展的进程中，在全国范围内实施了以解决农村贫困人口温饱问题为主要目标的有计划、有组织的大规模扶贫开发。从1978年开始至今，在扶贫开发政策推动和社会各界支持下，我国农村扶贫开发取得了重大进展，在解决农村贫困人口温饱、贫困地区的各项社会事业等方面得到显著成效，基础设施和生态环境逐步改善，切实维护了贫困人群的基本权益。中央决定继续大力推进扶贫开发，巩固扶贫成果，努力把扶贫开发工作提高到一个新水平，确保到2020年基本消除绝对贫困现象。

一、黔南州农村扶贫开发历程、概况

（一）1978—2000 年农村的扶贫开发

1. 扶贫开发历史进程

从 1978 年到 2000 年，中国的扶贫开发大致经过了三个阶段。第一阶段：体制改革推动扶贫阶段（1978—1985 年）。按照中央确定的贫困标准，1978 年，农村贫困人口为 2.5 亿人，占农村总人口的 30.7%。导致这一时期大面积贫困的主要原因是农业经营体制不适应生产力发展的需要。1978 年开始了农村经营制度的改革，并采取了农产品价格逐步放开、发展乡镇企业等多项措施，极大地激发了农民的劳动热情，解放了农村生产力，提高了土地产出率，这为解决农村的贫困问题打开了出路。从 1978 年到 1985 年，农村人均粮食产量增长 14%；农民人均纯收入增长了 2.6 倍；没有解决温饱的贫困人口从 2.5 亿人减少到 1.25 亿人，占农村人口的比例下降到 14.8%。第二阶段：大规模开发式扶贫阶段（1986—1993 年）20 世纪 80 年代中期，中国农村少数地区由于经济、社会、历史、自然、地理等方面的制约，与其他地区特别是东部沿海发达地区的发展差距逐步扩大，低收入人口中有相当一部分人经济收入不能维持其生存的基本需要。为进一步加大扶贫力度，中央自 1986 年起采取了一系列重大措施：成立专门扶贫工作机构，安排专项资金，制定专门的优惠政策，确定了开发式扶贫方针。自此，在全国范围内开展了有计划、有组织和大规模的开发式扶贫，中国的扶贫工作进入了一个新的历史时期。第三阶段：扶贫攻坚阶段（1994—2000 年）随着农村改革的深入和扶贫开发力度的不断加大，贫困人口进一步呈现出明显的地缘性特征，集中分布在西南大石山区、西北黄土高原区、秦巴贫困山区以及青藏高寒区等几类地区，中国农村的扶贫开发进入了攻坚阶段。1994 年实施《国家八七扶贫攻坚计划》，该计划明确提出，集中人力、物力、财力，动员社会各界力量，力争用 7 年左右的时间，基本解决农村贫困人口的温饱问题。这是新中国历史上第一个有明确目标、明确对象、明确措施和明确期限的扶贫开发行动纲领。经过多方努力，到 2000 年底，国家“八七”扶贫攻坚目标基本实现，扶贫开发取得了巨大成就。

2. “八七”扶贫攻坚计划实施前黔南州贫困现状

三都、罗甸、独山、荔波、平塘、长顺 6 个县被列为国定贫困县。按照国家规定的贫困标准，全州 12 县（市）年人均纯收入不足 300 元的贫困人口

133.1 万人，占农业人口总数的44.3%，其中：6 个贫困县有贫困人口84.9 万人，占全州贫困人口总数的63.8%；全州年人均纯收入不足200 元的特困人口48.5 万人，占全州贫困人口总数的 61.4%；全州有 132 个贫困乡，占全州乡镇总数的56.2%，其中：6 个贫困县有 98 个贫困乡，占全州贫困乡总数的74.2%；全州年人均纯收入不足 200 元的特困乡有49 个，占全州贫困乡总数的37.1%，其中：6 个贫困县有特困乡 37 个，占全州特困乡总数的 75.5%。1994 年，省定罗甸县的纳坪、董王、木引、罗苏、罗暮 5 个乡，长顺县的代化、交麻、敦操 3 个乡，平塘县的大塘、鼠场、新塘 3 个乡，惠水县的打引、王佑、长安 3 个乡，荔波县的瑶山、瑶麓等 16 个乡（镇）为“两山（麻山、瑶山)”地区贫困乡镇。“两山”乡镇共 139 个村、1077 个组、2.74 万户、13.75 万人，其中：农业人口 13.58 万人，占总人口的 98.76%；少数民族人口 9.8 万人，占总人口的 71.3%。16 个乡镇有 2 个乡 70 个村 846 个组未通公路，有 76 个村 560 个组 15389 户未通电，有 7.4 万人、1.67 万头牲畜饮水困难，有 1448 户无房住，3160 户无牲畜，5525 户常年吃粮吃油吃盐困难；共有贫困人口 11.19 万人，特困人口 6.41 万人，分别占农业人口数的 82.4% 和47.2%，特困人口数占贫困人口数的 57.3%。

3. 经过“八七”扶贫攻坚取得的成就

1994—2000 年国家、省有关部门和深圳市、社会各界投入扶持黔南州的各类扶贫资金、捐赠资金共计 14.47 亿元，其中：扶贫专项贷款 7.7 亿元，以工代赈资金 2.56 亿元，财政扶贫资金 0.88 亿元，其他扶贫资金 3.33 亿元（含社会各界、深圳市捐赠资金）。全州扶贫攻坚取得了显著成效。主要体现在：

第一，农村贫困状况明显缓解。到 2000 年底，全州贫困人口数下降到21.3 万人，累计解决 111.8 万贫困人口的温饱问题。其中：6 个国定贫困县下降到 13.9 万人，累计解决近 71 万贫困人口的温饱问题。全州和 6 个国定贫困县农业人口贫困率分别由 1993 年底的 44.3% 和 61.1% 下降到 4.3% 和 6.6%。按照省定的标准，全州 6 个国定贫困县如期实现面上越过温饱线。

第二，贫困地区生产、生活条件有了明显改善。全州累计完成坡改梯 73万亩，到 2000 年底，人均基本农田面积近 0.5 亩；新修或改造乡村公路 4675公里，新修通了 13 个乡、769 个村的公路，全州乡、村通路率达 100% 和82%；修建了大七孔、雷公滩、摆东等水电站 25 座，装机容量达 7 万千瓦，架设县、乡输变电线路 5367 公里，新增解决了 18 个乡、801 个村的通电问题，全州已实现村村通电，85%以上的农户用上电；新建小水池、小水窖2.8万个，新增或改善农田灌溉面积35万亩，解决了101万人、68万头大牲畜的饮水困难，全州人畜饮水困难数已下降到近40万人、30万头。

第三，贫困乡村教育、卫生、通讯、广播、电视等社会各项事业全面发展。7年来，全州共兴建或改造乡村校舍1331所，面积达83.92万平方米；新建过改造乡村卫生院室577个，面积3.5万平方米；全州有卫生院（室）的乡、村分别占乡、村总数的99.6%和近70%；新增172个乡、466个村开通程控电话，全州开通程控电话的乡、村数占全州总数的100%和20%；新建广播电视接收站（点）2988个，全州村级电视覆盖率达100%，电视覆盖人口达90%以上。

第四，一批种养业和加工业项目开发已初具规模，农民人均吃粮和经济收入水平有较大提高。2000年底，形成一定规模的项目有40万亩油桐基地，15万亩经果林基地，近20万只黑山羊基地和约20万亩商品蔬菜生产基地等。全州乡村户均经果林面积达0.84亩，户均年饲养一个黄牛单位的商品畜禽1.8个，户均向非农产业转移剩余劳动力0.5个。当年，全州农民人均纯收入和人均占有粮达1416元和380公斤，分别比1993年净增835.4元和55公斤，依次增长136%金额16.9%。

（二）2001—2010年新阶段农村扶贫开发

随着“八七扶贫攻坚计划”的如期实现，农村贫困人口的温饱问题基本得到解决。在2001年5月中央召开了扶贫开发工作会议，制定并颁布了《中国农村扶贫开发纲要（2001—2010）》（以下简称《纲要》）。这是继“八七计划”之后又一个指导全国扶贫开发的纲领性文件，对21世纪初的扶贫战略作出全面描述，明确提出了今后十年扶贫开发的奋斗目标、基本方针、对象和重点，以及主要政策措施。以此为标志，中国的扶贫开发工作进入了一个新阶段。2001—2010年扶贫开发立足“两欠”（欠发达、欠开发）州情，全面贯彻落实《中国农村扶贫开发纲要（2001—2010）》和省委、省政府《关于加大新阶段扶贫开发工作力度的决定》等有关文件精神，紧紧围绕“三项重点工作”和解决“三基本”（即改善基本生产生活条件、拓宽基本增收门路、提高基本素质）突出问题，突出以重点县和重点贫困乡、村为主战场，坚持瞄准贫困农户，通过“党政重视、落实责任，突出重点、分类指导，整合力量、加大投入，群众参与、自力更生，创新机制、开拓进取”等有效措施，取得了阶段性的显著成效，贫穷落后状况得到有效缓解。一是减少贫困人口成效突出。

十年间，全州到位使用的各类扶贫资金共 37.83 亿元，其中：扶贫专项贷款 16.46 亿元、财政扶贫资金 9.44 亿元、以工代赈资金 7.3 亿元、深圳市和国投公司等社会帮扶资金 4.63 亿元；全州累计减少贫困人口 51.49 万人，贫困人口总数由于 97.44 万人下降到 45.95 万人，全州农业人口贫困发生率由 30.07% 下降到 13.15%。二是贫困农户收入大幅度增加。2010 年全州农民人均纯收入达到 3760 元，比 2000 年增长 165.5%，其中：6 个国定贫困县贫困人口人均纯收入达 2049 元，比 2000 年净增 879 元，增长 75.1%。三是贫困乡村的基础设施得到明显改善。到 2010 年底，全州已累计组织实施整村推进综合扶贫开发的村共 946 个，占全州贫困村总数的 64.5%；共新建改造村级公路 3934.74 公里，架设或改造农村电网 81.7 公里，新建“三小工程”3.8 万口，新修或改造水利沟渠 444.37 公里，改善或恢复农田灌面近 10.34 万亩，解决或改善了 24.47 万人、17.94 万头大牲畜饮水困难；完成村寨道路硬化 165.44 万平方米，茅草（危）房改造 2661 户、19.21 万平方米。四是贫困地区干部群众的科技文化素质明显提高。到 2010 年底，已实施整村推进的贫困村共开展农民技术培训 320 多万人（次），累计开展“雨露计划”农村劳动力培训 6.04 万人，累计转移（转产）4.97 万人。五是社会事业发展步伐加快。2000 年到 2010 年，全州公路通车里程由 7526 公里增加到 13056 公里，城乡居民人均居住面积由 16.54 平方米上升到 23.06 平方米（其中农村人均住房面积由 20.86 平方米上升到 28.48 平方米），广播人口覆盖率由 80.06% 提高到 83.92%、电视人口覆盖率由 85.50% 提高到 88.51%，已实施整村推进综合扶贫开发的贫困村共修建农村校舍 839 所 58.7 万平方米，建村综合服务室 406 个 3.43 万平方米。

二、农村扶贫开发的基本经验

（一）党政重视，为推进扶贫开发提供坚强的组织保

精心组织编制 12 个县（市）、137 个重点乡（镇）、1467 个重点村 2001 年至 2010 年扶贫开发规划，明晰工作思路和重点。每年州委、州政府坚持把解决贫困人口温饱等扶贫开发任务列为全州“十件实事”之一，并作为对各县（市）和州直有关部门年终考核的重要指标之一。每年初及时调整州、县（市）四家班子领导及各部门的党建扶贫联系点，组建下派党建扶贫工作队，组织广大干部职工与贫困农户“一对一”结对帮扶活动；2010 年 1 月，在州

政府机构改革中，州委、州政府撤销了州扶贫开发办公室，建立州扶贫开发局，由政府议事协调机构调整为州人民政府工作部门。同时，在财政预算不宽裕的情况下，州、县两级扶贫部门项目管理工作经费逐年增加，大部分县（市）达到了上年度财政扶贫资金总额的3%，有效保证了扶贫开发工作的正常开展，形成了扶贫项目有人做、扶贫资金有人管、扶贫任务有人落实的工作格局。

（二）明确目标，着力解决“三基本”突出问题

紧紧围绕整村推进、产业化科技扶贫和劳动力培训转移“三项重点工作”，通过调整扶贫专项资金投向和结构，加大各渠道资金捆绑、项目配套建设等整合力度，大力实施贫困乡村水、电、路、信“四通”工程，改造农村危房或茅草房，改善教育、卫生条件“两改”工程，建设“三小”、沼气池和基本农田“三建”工程，着力改善贫困乡村基本生产生活条件。结合贫困农户实际困难和地方特色经济，通过补助种子、种畜、种苗等方式，积极扶持贫困农户发展种、养业，认真抓好以种草养羊为重点的全省生态畜牧业产业化科技扶贫项目实施工作，不断拓宽贫困群众基本增收门路。切实以农村经济结构调整、实用技术推广运用、种养业项目实施为重点，多层次、多形式深入开展农民技术培训、绿色证书培训、非农技能培训和“雨露计划”工作，不断转变农民的思想观念，增强增收致富技能，培养造就大批乡土人才，大力提高群众基本素质。通过突出“三项重点工作”、主攻“三基本”问题，进一步缓解了贫困乡村广大群众行路难、饮水难、用电难、就医难、增收难和就业难等实际困难，增强了发展后劲和抑制返贫能力。

（三）突出重点，抓细抓好各项政策措施落实到位

一是坚持以减少农村贫困人口为中心，认真开展到乡、到村、到户调查摸底核实、建档立卡工作，做到了年度减贫目标任务逐级分解下达到县到乡到村到组，计划到户、登记到户、措施到户、检查到户和见效到户。二是突出以实施整村推进村为重点，明确提出了分配下达到州（县）的面上财政扶贫资金70%以上、深圳对口帮扶资金70%以上、年度贫困地区农技培训项目任务的70%以上以及劳动力转移培训项目任务的50%以上，要重点安排落实到当年实施整村推进的村，集中人力、物力、财力倾斜投入扶持，提高整村推进综合扶贫开发成效。三是坚持瞄准贫困农户和低收入户，明确要求种养业、农民培训和农村劳动力培训转移等各类扶贫项目的实施对象，要重点确保当年计划越

线贫困户和增收低收入户，并以此作为项目验收是否合格的重要依据，加大了对减贫对象的扶持力度。

（四）狠抓制度，着力扶贫资金规范化管理

根据国家、省、州有关新阶段扶贫开发工作的一系列方针政策、规定和要求，进一步建立健全和完善黔南州扶贫资金、项目的管理办法，不断提高扶贫项目资金管理的科学化、制度化、规范化和程序化。一是坚持项目“五查制度”（项目申报前期审查和项目启动前期实施方案审查、期中督查、后期验收定量抽查、整改复查），坚持“三专四统一”（专户、专账、专人，统一会计科目、统一账簿、统一记账方法、统一会计报表）和报账制管理，严格项目投资概算和工程建设质量管理；二是坚持项目、资金到村、到组和受扶持农户公告、公示制以及相关物资公开采购制，努力提高项目实施和资金使用透明度；三是坚持以人为本，强化开发式和参与式扶贫，充分调动群众参与项目建设的积极性；四是坚持着力提高项目资金管理的“七个率”（项目的动工率、竣工率、合格率和优良率，资金的到位率、拨付率和报账率）。

（五）开拓创新，积极探索扶贫开发新路子

新阶段扶贫开发 10 年来，黔南州结合扶贫工作实际，努力提高综合扶贫开发效益。一是大力树立增收致富典型，探索和培育了助民增收的“菜—菜—菜”、“菜—稻—菜”等立体生态农业发展模式。二是推行财政扶贫资金种养业“一借双贴”（即“借种还种”或“借母还犊”、“贴息”、“贴保”）等新机制，找到了技术与扶贫专项资金的有机结合点，实现了以小融大，扩大了有限资金的扶持面，提高了扶贫开发成效。三是认真总结经验，推广“长顺做法”。2009—2010 年，长顺县采取“资源大整合、项目大集中、社会大参与、群众大发动”的方式，大力发展山地农业，总结出了“一业为主、多品共存，以短养长、长短结合，多种经营、循环利用”的发展模式，初步扭转了“水土流失—土地石漠化—生活贫困”的循环怪圈，探索出了“生态改善—产业发展—农民增收”的有效途径。四是坚持各级领导挂点帮扶、深圳对口帮扶、部门定点帮扶与整村推进工作相结合，加大了整村推进工作的综合投入力度，探索出了三都县“产业化扶贫、集团帮扶、山地高效农业、乡村旅游”四位一体的扶贫开发经验。

（六）转变作风，忠实践行“立党为公，执政为民”

全州扶贫系统的干部职工以“建一流队伍、树一流作风、创一流业绩”

为目标，转变工作作风，把工作做到群众心坎上。从各类扶贫项目的拟定到组织实施、监管、落实等，都竭尽全力、廉洁自律，负责任地逐个环节抓好落实，真心实意把实事办好、把好事办实。“工作到村，扶贫到户”这一扶贫开发的重要方针，成为黔南州扶贫系统干部忠诚实践“三个代表”重要思想和科学发展观的实际行动。由于黔南州扶贫开发工作措施扎实、实绩突出，黔南州扶贫开发局（原黔南州扶贫办）2006 年 10 月，荣获国家人事部和国务院扶贫办授予的“全国扶贫系统先进集体”荣誉称号；2007 年 12 月，又被贵州省委、省政府授予“勤政廉政先进集体”。

三、农村贫困问题的新特征与原因分析

由于自然、历史等客观因素，黔南州经济社会发展水平与全国平均水平的差距不断拉大，社会经济发展仍面临着诸多困难和问题，新阶段扶贫开发任务仍很繁重。

（一）经济总量小，农村贫困面大

2011 年末，全州生产总值为 443.6 亿元，仅占全省生产总值 5701.84 亿元的 7.7%；全州农民年人均纯收入 4633 元，为全国农民人均纯收入 6977 元的 66%，国民经济社会发展水平与全国平均水平的差距不断拉大。黔南州共 12 县（市），6 个扶贫开发重点县，占 50%；有 137 个贫困乡（镇），占乡镇 58.8%，1109 个贫困村占行政村总数的 66.25%。到 2011 年末，全州农村贫困人口 127.72 万余人（2300 元贫困标准），贫困发生率 36%，高于全省 2.6 个百分点；且绝大部分贫困对象都是居住在边远的深山区、石山区的少数民族，扶贫开发工作成本高、难度大。

（二）贫困乡村基础设施条件尚未根本改善

目前乡村公路等级低、路况差，人畜饮水困难，水利灌溉条件差，稳产高产基本农田面积少，农村经济结构单一，农业产业化经营水平低，稳定增收难度大。抵御“自然风险”和“市场风险”、自我积累、自我发展、抑制返贫和脱贫致富能力弱等问题仍然较为突出。全州仍有 25 个行政村不通公路，到 2010 年末，县道总里程 1657.662 公里，其中未铺装路 176.196 公里，乡道公路 1659.482 公里，通村路绝大部分是等外路，基本未铺装路面。工程性缺水问题十分突出，全州耕地灌溉率仅为 28%，农业人口人均有效灌面 0.57 亩，

远远低于人均 0.86 亩的全国平均水平，全州旱地有效灌溉面积仅有 43.14 万亩，仅占旱地面积的 11 %，并且灌溉设施标准低，老化失修严重，病险水库达 130 座，安全隐患突出；农村居民生活水源缺乏、污染严重，全州还有 155.455 万人存在安全饮水问题。

（三）产业结构单一，贫困人口增收缓慢

黔南州位于黔中向云贵高原、向广西丘陵过渡地带，是石漠化程度十分严重的地区，其面积占全州总面积的 30% 以上，水土流失面积较大。近年来虽然贫困村农民人均纯收入平均增幅达到 10% 以上，但扣除物价上涨因素后，增幅很小，且收入构成中工资性收入、经营性收入和财产性收入比重结构失衡，收入稳定性差。据 2010 年“两项制度”衔接调查，由于资金缺少导致贫困的农户高达 9.6 万户，35.37 万人，占全州贫困人口的 36%，严重制约了全州扶贫开发进程。

（四）扶贫专项资金供给量与需求量差距大

扶贫开发投入供需矛盾仍很突出，地方财力和广大群众经济基础都还比较薄弱，主要依靠上级投入和社会各界援助帮扶。黔南州 2001—2010 年的 10 年新阶段扶贫开发规划项目共 13544 个，总投资 114.6 亿元，其中：需各类扶贫资金共 91.3 亿元，年均需 9.13 亿元。而 10 年来全州实际到位使用的各类扶贫专项资金年均 3.78 亿元，仅占规划年均需要量的 41.4%。全州尚有 500 多个贫困村未得到财政扶贫资金扶持。据测算，每个整村、推进村真正要实现增强“造血”功能、自我发展的目标，约需要 300 万元至 400 万元。

（五）工作机构设置和项目资金管理体制未理顺，各类扶贫开发资源很难形成合力

一是县级扶贫开发专职机构设置及其人员编制、力量配备等，与繁重的扶贫开发任务还存在差距。二是目前财政扶贫专项资金种类设置多、多渠道投放、分散管理的体制和模式，由于使用方向存在交叉、重复以及部门之间缺乏统一协调等问题，带来了从上到下各部门之间在财政扶贫资金管理使用上各自为政、力量分散，使有限而宝贵的各类财政扶贫资金很难形成合力，降低了资金使用成效。三是各类扶贫专项资金使用投向与扶贫目标之间存在脱节的情况。

四、新阶段农村扶贫开发面临的机遇、挑战、趋势

我国扶贫开发已经从以解决温饱为主要任务的阶段转入巩固温饱成果、加

快脱贫致富、改善生态环境、提高发展能力、缩小发展差距的新阶段。中国农村扶贫开发纲要（2011—2020 年）指出：“到 2020 年，稳定实现扶贫对象不愁吃、不愁穿，保障其义务教育、基本医疗和住房。贫困地区农民人均纯收入增长幅度高于全国平均水平，基本公共服务主要领域指标接近全国平均水平，扭转发展差距扩大趋势”。因此，黔南州农村扶贫开发工作面临的良好的历史机遇。

（一）各级党委、政府高度重视“三农”问题和新阶段扶贫开发工作

今年，国务院出台了《关于进一步促进贵州经济社会又好又快发展的若干意见》（国发［2012］2 号），《意见》指出：贫穷和落后是贵州省的主要矛盾，加快发展是贵州省的主要任务。贵州省尽快实现富裕，是西部和欠发达地区与全国缩小差距的一个重要象征，是国家兴旺发达的一个重要标志。国发［2012］2 号文件是 1990 年以来首个从国家层面系统支持贵州省发展的综合性政策文件，《意见》的出台对贵州发展具有划时代的里程碑意义。省委、省政府坚持“三农”工作是全省工作的重中之重、扶贫开发工作是“三农”工作的重中之重的战略思路，始终把解决贫困地区群众的生产、生活困难放在优先位置，相继出台了一系列政策措施，今年省委、省政府下发了《关于贯彻落实〈中国农村扶贫开发纲要（2011—2020）的实施意见〉》（黔党发［2012］3 号）为进一步推动新阶段黔南州农村扶贫开发提供了制度和政策上的保障。省委、省政府提出了加速发展、加快转型、推动跨越的主基调和贵州一定要实现又好又快、更好更快发展的新要求，突出加速发展、加快转型、推动跨越的主基调，全省上下已经形成了加快发展的良好氛围。同时，国家在贵州省启动实施水利建设、生态建设、石漠化综合治理“三位一体”建设规划，将为黔南州构建城乡供水安全、维护生态安全、实现可持续发展提供有效保障。贵州省黔中经济区（包括黔南 7 县市）作为全省发展的“火车头”已纳入国家重点经济区之一，使黔南州在加快发展上能够得到国家、省的政策支持。

（二）黔南州贫困地区自我发展能力不断增强

实施新阶段扶贫开发和西部大开发战略，极大地改善了新时期进一步搞好黔南州农村扶贫开发工作的环境和条件，形成了“951”经济社会发展新格局（9 条外联通道：贵广高速公路、贵百高速公路、贵新高速公路、马场坪到重庆武隆高速公路、贵广快速铁路、贵阳长沙快速铁路、黔桂铁路、乌江水道、

红水河水道；5 大经济板块：贵阳惠水龙里黔中经济区、瓮福磷化工产业板块、都匀独山城市经济产业板块、三都荔波平塘罗甸生态旅游经济板块、三都荔波平塘罗甸生态农业板块）打造一批民族文化品牌。全州通达的高等级公路（铁路）网络群基本形成，推动黔南州经济社会发展实现历史性跨越的基础设施条件逐步具备，农村人口实现粮食基本自给，贫困地区农业结构调整的力度不断加大。农村基础设施和公益设施建设投资力度不断加大，贫困地区农村发展的环境条件正在逐步改善，部分贫困地区农村开始具备了一定的自我发展能力，生态环境治理取得明显进展，贫困地区农业和农村经济可持续发展能力有所增强。

（三）石漠化治理工程的启动将有利于推动黔南州贫困地区农村发展

通过扶贫和发改两个部门的努力，5 月中旬完成黔南州滇桂黔石漠化连片特困地区发展规划编制，并通过省级审查，经国务院扶贫办和国家发改委审批启动实施。在石漠化综合治理的推动下，黔南州贫困地区农村发展将迎来一个新的历史机遇。规划共涉及六大类若干子项目。包括：重点基础设施项目；产业发展项目、改善农村基本生产生活项目、社会事业发展与公共服务项目、农村人力资源开发项目、生态建设和环境保护项目；规划共上报投资：9542. 25 亿元（含叠加项目资金）。其中：重点基础设施项目 5270. 63 亿元；产业发展项目 3095. 98 亿元；改善农村基本生产生活项目 7895 亿元；社会事业发展与公共服务项目 229. 2 亿元；农村人力资源开发项目 9. 16 亿元；生态建设和环境保护项目 147. 32 亿元。

（四）符合黔南州州情的农村扶贫开发路子在实践中逐步形成

在黔南州农村扶贫开发过程中，广大干部群众立足自身实际，创造性地开展扶贫工作，在扶贫开发取得巨大成效的同时，经过多年的扶贫开发实践，探索出了一系列符合黔南州州情的、行之有效的农村扶贫开发工作思路与模式（如“三基本”、长顺做法、四位一体扶贫工作经验等），激发了贫困地区自力更生、艰苦奋斗的精神，形成了全社会共同关心和扶助贫困群众的良好氛围，为“十一五”期间进一步开展此项工作奠定了坚实的基础。

五、加快推进新阶段农村扶贫开发的思路与对策

（一）完善扶贫开发工作布局

根据新时期扶贫开发总体要求，以全州 12 县（市）、6 个扶贫开发重点

县、137个贫困乡、1109个贫困村为主战场，以贫困户为重点的扶贫开发工作布局，推进滇桂黔石漠化片区区域发展与扶贫攻坚规划，加强基础设施建设，培育壮大特色优势扶贫产业，带动扶贫开发上水平，进一步解决贫困地区“三基本”问题（改善贫困乡村基本生产生活条件、拓宽贫困群众基本增收门路、提高群众基本素质）。

（二）加大对深度贫困地区的扶贫攻坚

重点推进麻山、瑶山等深度贫困地区发展，深入推进“山地农业种养结合”在黔南州的先行先试，集中人力物力财力，整合资金，在整村推进的基础上，实行整乡、整县推进，全面推进集团帮扶、促进“两项制度”有效衔接。加大对毛南族、仫佬族较少民族地区在扶持政策、资金、项目的扶持力度，进一步促进民族地区均衡发展。

（三）加大扶贫开发资金投入

进一步加大财政扶贫资金扶持的力度，在制定政策、编制规划、分配资金、项目安排时积极向省争取更多的倾斜扶持黔南州的政策。

（四）努力形成“大扶贫”的格局

争取增加东部发达地区对口帮扶、中央国家机关、企事业单位和省直部门对黔南州的帮扶力度；每年选送一批贫困家庭学生赴东部发达地区接受免费职业教育，努力形成专项扶贫、行业扶贫和社会扶贫的新格局。

2013年黔西南州农村贫困开发报告

黔西南州扶贫开发办公室*

摘　要

黔西南州从1986年开始大规模、有计划开展扶贫开发工作，经过30多年的探索与努力，历经体制改革推动扶贫、大规模开发式扶贫和扶贫攻坚等阶段，取得了较好的效益，取得了一些成功经验。但随着扶贫标准的提高，农村贫困人口数量多，贫困程度深，贫困问题还很严重，贫困问题仍然是制约全州科学发展、和谐发展、跨越发展的重要瓶颈。新阶段扶贫开发，要坚持把扶贫开发作为第一民生工程来抓，以集中连片特困地区为主攻方向，将石漠化综合治理作为扶贫开发集中攻克的难点，按照专项扶贫、行业扶贫、社会扶贫“三位一体”的要求，突出抓好贫困地区以交通、水利为重点的基础设施建设，以增收致富为重点的产业化扶贫，以扶贫生态移民、培训创业就业为重点的民生改善工程，建立健全新阶段扶贫机制，把黔西南州建设为中国南方重要的战略能源支撑基地、国家喀斯特山水旅游基地。

关键词

石漠化片区　黔西南州　新阶段扶贫机制

一、扶贫开发历程

1978年12月，党的十一届三中全会和农村经营制度的改革，有力地推动

---

* 撰稿人：余泽漱，黔西南州扶贫办总经济师；李永祥，黔西南州扶贫办项目科科长；林佳权，黔西南州扶贫办规划统计科副科长。

了农村改革的进程；1986 年，中共中央、国务院下发了《关于一九八六年农村工作的部署》，就此拉开了大规模开发式扶贫的序幕。黔西南州开始大规模、有计划地开展扶贫开发工作也始于 1986 年，经过 30 多年的探索与努力，历经体制改革推动扶贫、大规模开发式扶贫和扶贫攻坚等阶段，取得了较好的效益。

1987 年 5 月 9 日，黔西南州人民政府成立贫困地区经济发展规划领导小组[1]，随后编制出台了《黔西南州贫困地区 2000 年经济发展规划》。1988 年，州人民政府核定黔西南州人均纯收入 200 元以下的农村贫困人口共有 134.9 万人[2]，到 1993 年底，全州仍有 130.6 万人处于未解决温饱的贫困行列。

1994 年 3 月，全国召开了扶贫工作会议，随后颁布了《国家八七扶贫攻坚计划（1994—2000)》，要求用 7 年的时间解决全国 8000 万贫困人口的温饱问题，省、州分别制定了《八七扶贫攻坚规划》。为具体落实国家八七扶贫攻坚计划，中国政府利用世界银行贷款和国内配套资金在广西、贵州、云南三省区对 35 个县实施扶贫项目，即中国西南世行扶贫项目，贵州项目区涉及黔西南州晴隆、贞丰、望谟、册亨四个县，项目规划实施期为 1995—2001 年（后根据各县项目实施进展情况调整为 2002 年 6 月 30 日前结束)，项目的实施，突破了单一扶贫项目的局限性，开创了以稳定地解决温饱为基本目标的综合开发扶贫新局面。

1994 年 8 月 5 日，省委、省政府下发了《关于加快麻山、瑶山地区扶贫开发步伐》的通知，黔西南州望谟县的桑郎、纳夜、麻山、乐旺四个乡（镇）被列入麻山地区扶贫开发区域。1994—2000 年的“八七”扶贫攻坚战，全州获得了 18.44 亿元扶贫资金的投入，全州农村贫困人口从 1993 年底的 134.9 万人减少到 2000 年底的 16.4 万人，减少 118.47 万人；农村贫困人口占农业人口的比例由 1993 年底的 55% 下降到 2000 年底的 6.2%。其中，七个贫困县农村贫困人口由 1993 年底的 119.6 万人减少到 2000 年底的 13.4 万人，减少 106.2 万人。安龙、兴仁、贞丰、普安、册亨、望谟、晴隆 7 个贫困县以县为单位越过温饱线，解决贫困问题取得了历史性的突破。

2001 年起，我国扶贫开发进入新阶段，国家颁布实施了《中国农村扶贫开发纲要（2001—2010)》，提出从 2001—2010 年要集中力量加快贫困地区脱

[1] 关于成立黔西南州贫困地区经济发展规划领导小组的通知（州府办发［1987］30 号）。

[2] 州府（1988）134 号。

贫致富进程，把我国的扶贫开发事业推向一个新的阶段。2001 年，各县市对所属乡村开展新阶段扶贫开发规划工作，黔西南州普安、晴隆、兴仁、贞丰、安龙、册亨、望谟 7 个县列为新阶段扶贫开发工作国家重点扶持县。

2002 年《中共贵州省委、贵州省人民政府关于切实做好新阶段扶贫开发工作的决定》，州委、州政府在认真总结“八七”扶贫攻坚经验和不断深化州情认识的基础上，采取“一包”（包解决温饱）、“两抓”（抓攻坚点、抓增长点）、“三帮”（帮制定扶贫规划、帮落实扶贫政策措施、帮解决实际问题）、“四基”（基础设施、基础产业、基础教育、基层组织建设）、“五定”（定地点、定人员、定项目、定时间、定效益）的措施开展扶贫开发工作，全州各级党委、政府高度重视，组织措施落实，各级各部门积极参与，贫困地区人民群众奋力拼搏，扶贫攻坚成果不断巩固提高，新阶段扶贫开发取得明显成效。

2003 年州委、州政府制定了《中共黔西南州委、州人民政府关于贯彻（省委、省政府关于切实做好新阶段扶贫开发工作的决定）的实施意见》，从 2003 年起黔西南州连续 4 年在资金和领导挂点帮扶等方面对 10 个一类重点乡镇进行倾斜扶持，实行干部帮扶、机关定点扶贫制度。

2005 年 5 月，中共黔西南州委、黔西南州人民政府提出《关于切实抓好整村推进扶贫工作的实施意见》，2004—2008 年，在全州 619 个（含 2008 年正实施的 140 个村）一类贫困村实施了整村推进扶贫规划，占全州 1210 个贫困村的 51.15%，投入财政扶贫资金近 2.56 亿元，平均每村投入资金达 41.35 万元；根据《关于转发〈国务院开发领导小组办公室关于结合“十一五”计划编制修订完善扶贫开发规划的通知〉的通知》（黔开办［2005］41 号），结合《黔西南州国民经济和社会发展第十一个五年计划》总体安排和部署，州及各县市完成了《2006—2010 年扶贫开发规划》，即“十一五”规划的修订工作。

2006 年以来产业化扶贫工作力度不断加强。2006 年 6 月，全国南方草地畜牧业暨科技扶贫项目现场会在黔西南州晴隆县召开，时任国务院扶贫办主任刘坚和国家有关部委领导、省委、省政府领导莅临现场会，会上提出推广和学习“晴隆模式”，吹响了产业化扶贫的号角。2007 年 6 月，省人民政府林树森省长在晴隆主持召开全省草地畜牧业科技扶贫项目工作座谈会，专题调研扶贫开发工作。省扶贫办提出“大力开展草地生态畜牧业产业化扶贫工作，把扶贫开发与生态建设有机结合起来。围绕贫困农户脱贫致富，大力发展种养业，千方百计增加贫困农户收入。”省人民政府安排专项资金，安排全省 20 个县发展草地生态畜牧业科技扶贫项目。2008 年，省政府决定率先在黔西南州的晴隆、普安、兴仁、册亨、望谟 5 县启动全省草地生态畜牧业推进行动。2010 年机构改革，为整合资源，充分发挥“大扶贫”优势，州委州政府决定由原州农办、州扶贫办、州农业局、州农机中心合并为黔西南州农业和扶贫开发委员会。2011 年 7 月，为更好适应繁重的新一轮扶贫开发任务，进一步推进黔西南州扶贫开发工作，州委州政府决定扶贫部门从原州农业和扶贫开发委员会中单列出来，重新组建黔西南州扶贫开发办公室，并明确为州人民政府直属的、独立正县级机构。10 月，根据省扶贫办《关于认真做好核桃产业化扶贫有关工作的通知》（黔扶办通［2011］76 号），编制了《黔西南州核桃产业发展规划（2011—2018）》规划在“十二五”期间种植核桃 100 万亩，到 2018 年发展到 150 万亩。2012 年 6 月 28 日，滇桂黔石漠化片区区域发展与扶贫攻坚规划启动会在黔西南州兴义市召开，国务院副总理回良玉同志出席会议并发表重要讲话。

1996 年，中央决定宁波市对口帮扶黔西南州。经济发达地区对口帮扶经济欠发达地区，是党中央、国务院从推动区域协调发展全局出发做出的重大战略决策，也是促进经济欠发达地区加快发展、与全国同步进入全面小康社会的重要途径。自建立对口帮扶关系以来，宁波市对黔西南州的对口帮扶力度不断加大、工作不断深化、领域不断拓展、方式不断创新，16 年间，宁波市累计投入黔西南州对口帮扶资金（含物资折款）3.34 亿元，实施项目 1265 个，有力地促进了黔西南州的扶贫开发和经济社会发展。

二、黔西南州扶贫开发成效显著

“八七”扶贫攻坚阶段，全州共获得 18.44 亿元扶贫资金，农村贫困人口减少 118.47 万人；贫困发生率下降了 48.8%。其中，七个贫困县农村贫困人口减少了 106.2 万人。全州农民人均纯收入从 1994 年的 725 元增加到 2000 年的 1364 元。

新阶段扶贫开发工作的 10 年间，为加快扶贫开发进程，促进少数民族地区经济社会发展，全州各部门围绕贫困地区改善基本生产生活条件、拓宽基本增收渠道、提高基本素质“三基本问题”，以整村推进、贫困劳动力培训转移、产业化扶贫为重点，合力攻坚，做了大量艰苦细致的工作，贫困地区经济稳步发展，农民收入稳步增加，生产生活条件逐步改善，社会事业不断进步，

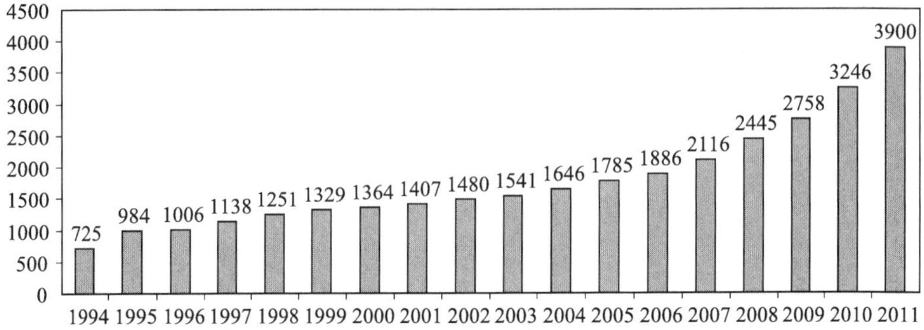

图 1　黔西南州“八七”扶贫攻坚以来历年农民人均纯收入示意图

扶贫开发取得了明显成效（见图 1）。

1. 财政扶贫资金投入逐步增加

2001—2010 年，黔西南州各项扶贫资金投入总量达 251246. 8 万元，全省共批复立项项目 11337 个，累计到县的中央和省级财政扶贫项目资金 132768 万元；以工代赈资金 36510 万元；投入信贷扶贫资金 85581. 55 万元，宁波对口帮扶及社会各界捐赠资金 4386. 45 万元（见图 2）。

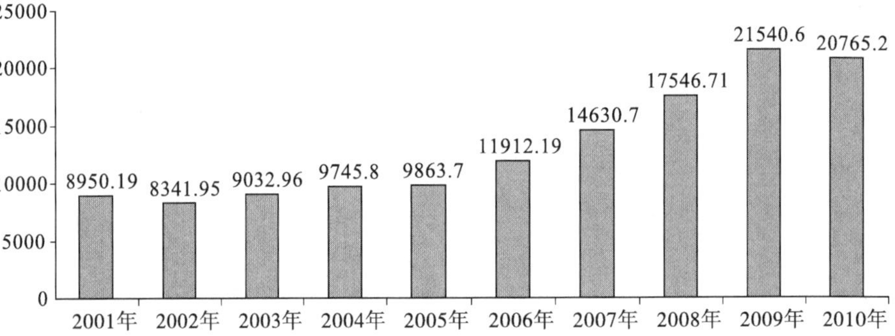

图 2　2001—2010 年国家和省投入我州财政扶贫资金（万元）

2. 社会经济稳步发展

2001—2011 年，全州生产总值从 67. 21 亿元增加到 375 亿元，2012 年预计增长 17% 以上；财政总收入从 77338 万元增加到 81. 55 亿元，2012 年预计增长 21. 7%，其中，一般预算收入从 45903 万元增加到 45. 74 亿元，2012 年预计增长 20. 5%；固定资产投资从 211476 万元增加到 302 亿元，2012 年预计增长 50% 以上；社会消费品零售总额从 18. 9 亿元增加到 106 亿元，2012 年预计增长 20%，金融机构存款余额从 60. 24 亿元增加到 471. 6 亿元；贷款余额从 47. 86 亿元增加到 273. 1 亿元。

3. 贫困人口大幅度减少

按1997—1999年三年农民人均纯收入的排序，黔西南州包括兴义市在内的88个乡（镇）[1]、1210个村[2]列为扶贫开发重点扶持乡（镇）、村，2002年，经省扶贫办、省统计局、农调队发布黔西南州农民人均纯收入625元以下的绝对贫困人口为27.26万人。2009年，贫困标准提高到1196元，黔西南州有低收入以下贫困人口49.23万，2010年贫困标准提高到1274元，黔西南州有贫困人口37.99万。经过努力，全州农村低收入以下贫困人口从2000年的74.8万人减少到2010年的37.99万人[3]，净减少36.81万人；2011年，全州净减少贫困人口5.41万人，实现兴仁县以县为单位“减贫摘帽”，晴隆县光照镇、普安县雪浦乡、贞丰县北盘江镇、兴仁县李关乡、兴义市猪场坪乡五个乡镇“减贫摘帽”；2012年预计减少2300元以下农村贫困人口10.67万人，实现贞丰县和州内7个乡（镇）“减贫摘帽”。

4. 贫困地区农民收入明显增加

全州农民人均纯收入从2000年的1364元增加到2010年的3246元，增加了1882元；2011年末，黔西南州农民人均纯收入达3900元；2012年预计增长15.2%。

5. 培训转移工作取得实效，农民素质有所提高

黔西南州农村富余劳动力较多，可开发的潜力较大，“雨露计划”实施几年来先后输入了2万多人到城市务工。不仅改善了贫困家庭的生活状况，还使他们增长了见识、提高了素质、更新了思想、转变了观念、学到了技能。

6. 贫困地区基础设施和社会服务继续改善

国家扶贫开发工作重点县自然村通公路、通电、通电话、通广播电视的比例，行政村有卫生室和合格卫生员的比例均有较大幅度提高。截至2011年末，全州通车公路里程13423公里，其中高速公路通车里程185公里；共建成小Ⅱ型以上蓄水工程116处，小水池、小水窖10.5万口，农村人口人均有效灌溉面积0.52亩；光缆线路总长25333公里，交换机总容量360万门，移动基站3554个，行政村移动网络覆盖率100%，自然村寨移动网络覆盖率96%；全州城镇化率30%。

---

[1] 一类重点乡镇10个，二类乡镇53个，三类重点乡镇25个。

[2] 一类重点村504个，二类重点村634个，三类重点村72个。

[3] 2000年执行贫困标准为农民人均纯收入625元，2010年执行1274元的标准。

7. 产业结构调整步伐加快，贫困农户基本增收门路有效拓宽

通过积极探索创新，摸索出岩溶山区高海拔地区种草养畜的“晴隆模式”、低海拔地区种植花椒的“顶坛模式”、中海拔地区种植金银花的“坪上模式”、低热河谷地区种植早熟蔬菜的“者楼模式”，建成了一批高产和优质的粮食、蔬菜、水果、烤烟、甘蔗、生猪、山羊、肉牛、药材等基地。截止 2011 年末，常年粮食总产量 110 万吨。

8. 对口帮扶工作有力推进

十六年来，由于帮扶力度不断加大，扶贫领域不断拓宽，两地协作发展取得了明显成效，累计投入黔西南州对口帮扶资金（含物资折款）3.34 亿元，建成 1265 个项目。项目涵盖了新农村建设示范村和高效生态农业示范基地、产业发展建设，党政干部、农村致富带头人和专业技术人员培训，学校、医院教学和医疗条件改善，大中小学贫困学生资助，农村基础设施和大型公益项目建设，劳务合作和经济合作等方面，有力地支援了黔西南州扶贫开发和经济社会发展。

三、主要做法以及取得的成功经验

1. 摸清贫困底数，完善扶贫规划，扶持到村到户

县乡各级扶贫部门编制了扶贫开发规划，建立了项目库，对贫困人口进行“簿册卡”建档立卡登记，实行动态管理。扶贫部门对符合资金投向，并能直接解决贫困农户温饱问题的项目及时立项，对不符合资金投向的项目，坚决不上报、不审批。通过完善规划和充实健全项目库，提高了黔西南州扶贫项目的申报质量。同时，加强了项目实施过程的质量监督和安全管理，完善项目验收制度，严格验收标准，及时解决项目实施过程中存在的问题，杜绝了有质量问题的项目工程发生。

2. 各级党政部门加大了扶贫开发工作力度

按照《中共贵州省委、贵州省人民政府关于切实做好新阶段扶贫开发工作的决定》、《中共贵州省委关于加大新阶段扶贫开发工作力度的决定》精神，州委、州政府在认真总结“八七”扶贫攻坚经验和不断深化州情认识的基础上，提出为稳定促进农民增收，扎实推进农业产业化经营的“五个培育”战略思路，一是着力培育一批立足资源、面向市场的劳动密集型农特产品深加工、精加工企业。二是着力培育一批具有较强市场意识、掌握一定生产技能、

适应现代农业发展需要的农村实用型人才队伍。三是着力培育一批农特产品销售的“有形市场”和“无形市场”。四是着力培育一批农特产品经济合作中介组织。五是着力培育一批适宜本地种植、养殖、加工，顺应市场需求的农特产品生产基地。通过这“五个培育”，使农民增收环境得到较大改善。

3. 加大领导干部定点帮扶工作力度

黔西南州新阶段确定的10个扶贫开发工作一类重点乡镇，都是少数民族聚居区，按照《省扶贫开发领导小组关于集中力量加快重点乡镇扶贫开发步伐的意见》，从2003年起，黔西南州连续4年在资金和领导挂点帮扶等方面对这些乡镇进行倾斜扶持。实行干部帮扶、机关定点扶贫制度。所有一类重点贫困乡镇和一类重点贫困村都有一位领导定点帮扶，明确责任，加强领导。州委常委每人联系一个重点贫困乡镇，其他副州级以上领导和县（市）四大家领导班子成员每人都联系一个重点乡镇和贫困村。副州级以上领导共联系24个一、二类重点扶乡镇，各级各部门都认真抓好本部门扶贫联系点的工作，州、县（市）领导和定点扶贫单位主要负责人每年都要到联系点上工作二至三次，开展调查研究，总结工作经验，解决突出问题，真心实意为群众办实事办好事。州、县（市）、乡（镇）都选派年轻、有能力、素质好的干部到贫困乡镇、村任职，定地点、定人员、定项目、定时间、定效益开展扶贫开发工作。州、县农村党建扶贫工作队进一步强化了职责，着重帮助搞好驻点乡镇的扶贫工作，发挥扶贫示范效应和典型作用。进入新一轮扶贫开发后，黔西南州又以“基层组织建设年”和“帮县、驻村、联乡”活动为契机，认真开展“万名干部下基层、扎扎实实帮群众”活动，积极深入农村，开展调研，了解情况，为群众和基层干部排忧解难。

4. 强化财政扶贫资金项目实施、管理

黔西南州要求各级扶贫部门认真学习相关文件精神，严格按照《财政扶贫资金管理办法》以及相关的规章制度要求管理资金和项目：一是规范项目的立项、审批程序，确保项目建设和效益。二是全面推行扶贫资金项目公告公示制。三是认真落实扶贫资金报账制。四是加快项目实施进度，建立和完善跟踪监测和验收制度。五是加强项目后续管理。六是切实落实责任。

5. 抓好培训，提高贫困地区干部群众的综合素质

十年来，黔西南州坚持把抓好贫困地区干部、群众的培训作为工作的一个重点。根据产业结构调整和劳务市场的需要，按照“实际、实用、实效”的原则，组织开展了全州重点贫困乡（镇）领导干部、扶贫干部、重点贫困村

干部等培训，开展了农业产业结构调整、农业适用技术和农村劳动力转移培训。通过培训，在一定程度上提高了贫困地区干部、群众的综合素质，增强了贫困群众脱贫致富能力。

6. 抓好整村推进扶贫开发工作

2004—2010 年，实施了 768 个贫困村整村推进扶贫规划，占全州 1210 个贫困村的 63.47%，投入财政扶贫资金近 2 亿元，改善了一些基本的生产生活条件。

7. 用好财政贴息小额到户贷款，支持发展生产和增加农户收入

2006—2008 年省安排中央财政扶贫资金 911 万元，省级财政扶贫资金 425.4 万元，合计 1366.4 万元，用于贴息；全州计划投放小额到户贷款 2.7328 亿元，八县市协商了信用合作社和有关银行，并制订了实施方案，在 109 个乡镇 1043 个村已发放 2.7328 亿元，占计划数的 100%；有 4.8 万户低收入以下农户获得小额贷款。

8. 抓好农村劳动力转移培训“雨露计划”工作

自 2004 年“雨露计划”工作开始试点，2005 年正式启动以来，共投入财政资金 1790.14 万元，完成培训 3.48 万人，转移就业 2.8 万人。出现了自由型向组织型，分散型向规模型，体力型向技能型，流动型向稳定型转变的可喜局面。

9. 大力开展产业化扶贫工作，通过地方特色产业带动农民增收致富

按照州委、州政府提出的“农产富州”发展战略，把扶贫开发与农村经济结构调整和农业支柱产业培育有机结合起来，针对不同贫困地区的致贫原因和自然条件，以市场为导向，以资源为依托，着力培育了一批有市场、有效益、有发展前景的农业支柱产业，逐步形成了一村一品、一乡一特，一县一业，宜粮则粮、宜林则林、宜牧则牧、宜菜则菜、宜果则果、宜茶则茶的扶贫产业格局。

通过积极探索创新，黔西南州摸索出了在岩溶山区高海拔地区人工种植牧草养畜，以涵养水源和治理石漠化的“晴隆模式”、在低海拔地区石山区种植花椒的“顶坛模式”、中海拔地区种植金银花的“坪上模式”，使过去的荒山石山变成了金山银山、在低热河谷地区种植早熟蔬菜，实现一年内“菜—菜—稻”的“者楼模式”。

四、提高扶贫标准后存在的困难和问题

虽然黔西南州扶贫开发工作取得了显著成效，但随着扶贫标准的提高，农

村贫困人口数量多，贫困程度深，贫困问题还很严重，制约贫困地区发展的深层次矛盾依然存在，石漠化区和民族地区贫困问题尤为明显，贫困地区经济发展与生态保护的矛盾比较突出，贫困问题仍然是制约全州科学发展、和谐发展、跨越发展的重要瓶颈。

1. 贫困人口多，贫困程度深

黔西南州所辖8个县（市），其中，7个滇桂黔石漠化规划片区县属国家扶贫开发重点工作县，占全省50个重点县的14%；88个重点乡镇，占全省934个乡镇的9.42%。2011年末，在2300元以下的农村扶贫对象109.18万人，占全省农村扶贫对象1149万人的9.5%，贫困发生率高达36.23%，比全省33.40%高2.83个百分点；在全部贫困人口中60%以上的贫困人口为少数民族人口，扶贫对象大都居住在偏远山区、自然灾害频发区和少数民族聚居区，因灾致贫、因病致贫等现象十分突出，扶贫开发任务十分繁重。

2. 石漠化问题严重，可持续发展能力弱

全州岩溶出露面积10129.51平方公里，占全州国土面积的60.28%；石漠化总面积5029.42平方公里，占全州国土面积的29.9%，占岩溶面积的49.65%；潜在石漠化面积2114.12平方公里，占全州国土面积的12.58%，占岩溶面积的20.87%。在石漠化面积中，中度以上石漠化面积2917.88平方公里，占全州石漠化面积的58.02%，占全州国土面积的17.36%，是贵州省石漠化分布最集中、面积最大、程度最高的地区，综合治理石漠化的任务艰巨繁重。

3. 基础设施落后，发展支撑能力弱

交通、水利基础设施落后是制约黔西南州发展的最大“瓶颈”。目前，黔西南州境内高速公路通车总里程仅占全州通车里程的1.3%，通村公路通畅率仅为21.3%；黔西南州特殊的喀斯特岩溶地质留不住水，加上长期以来对水利的投入严重不足，蓄水工程和骨干水利工程少，工程性缺水问题十分突出；全州水库库容总蓄水量仅1.8亿立方米。2010年工程总供水量仅为6.1亿立方米，水利设施严重不配套；病险水库多，防汛抗旱能力弱；农业灌溉率、水资源开发利用率低，全州农村人口人均有效灌溉面积仅0.52亩，保灌面积仅0.24亩，远远低于全国0.49亩的平均水平；全州农村还有193万人没有解决饮水安全问题。

4. 产业层次低，缺乏主导产业

黔西南州工业产业，大多是资源加工业，对资源的依赖程度高，开发粗放，产业集中度和资源综合利用水平低，产业链短，附加值低；农业特色产业较多，但规模太小，商品率低，市场竞争能力和带动群众增收致富的能力弱；旅游业综合收入少，第三产业尤其是现代服务业发展不足；民营经济发展滞后，所有制结构调整难度大；土地供应严重不足、环境容量小、融资困难、轻重工业结构不合理、节能降耗减排压力加大等问题严重制约了黔西南州经济社会发展。

5. 基本公共服务滞后，民生保障欠账多

黔西南州基本公共服务欠账多，教育、卫生等方面软硬件建设严重滞后，解决入学难、看病难等民生事业任务重、压力大；教育资金短缺、教学设备简陋、师资不足已成为黔西南州教育事业发展的最大制约因素；医疗卫生条件处于较低水平，医疗卫生人员严重不足，医疗设备十分短缺、陈旧老化，许多村至今还没有卫生室。

6. 专业人才严重匮乏，人才引进留用困难

由于工作条件差、工资待遇低，黔西南州医疗卫生、水电、交通、农业、城乡规划、建设、工程技术、经济及经营管理等专业技术人才严重匮乏，引不进、留不住人才的问题十分突出。

7. 扶贫对象思想、科技、文化素质低

黔西南州是少数民族自治州，大部分农民思想不够解放、文化素质低、人文习俗环境不良，有一小部分贫困人口思想素质较低、工作难做。由于科技、文化素质低，贫困人口难以接受新的思想、生产技能，脱贫致富难度大。

8. 州、县两级项目管理配套资金困难，资金缺口较大

由于黔西南州 8 个县（市）中有 7 个贫困县，财政都比较困难，州、县无力安排配套资金用于扶贫项目管理，对扶贫资金、项目实施过程的监督管理造成困难。

9. 扶贫队伍现状与担负的任务极不适应

最主要的困难有：一是缺少工作经费，二是缺少专业人才，三是办公条件差，如缺少汽车、电脑等。随着扶贫工作的难度越来越大，工作量也越来越大，缺乏必要的人力、物力和财力，不可能对扶贫对象和扶贫项目及资金进行动态管理，扶贫效益得不到充分体现。

五、面临的机遇与挑战

尽管黔西南州扶贫开发还面临很多的困难和问题，扶贫开发任务艰巨而繁

重，但也存在一些有利因素，特别是进入“十二五”以来，国家实施了新一轮西部大开发和新一轮扶贫攻坚战略，尤其是国务院出台的《关于进一步促进贵州经济社会又好又快发展的若干意见》（国发［2012］2号）文件，给黔西南州扶贫开发带来了千载难逢的历史性机遇。

1. 党中央、国务院和省委、省政府高度重视黔西南州的扶贫工作

中央和省领导同志曾多次到黔西南州视察扶贫开发工作，并作了重要指示；6月28日，滇桂黔石漠化片区区域发展与扶贫攻坚启动会在黔西南州兴义市召开，吹响了滇桂黔石漠化片区扶贫攻坚的新号角；同时，对黔西南州扶贫攻坚不断加大投入力度，扶贫资金逐年增加，我们对完成扶贫开发工作任务充满信心。

2. 黔西南州各级党委、政府切实加强扶贫攻坚工作的领导

各县市都成立了扶贫开发机构，认真贯彻落实党中央、国务院扶贫攻坚一系列方针政策，各级扶贫干部发扬“动感情、动脑筋、动真格”的精神，不断增强对扶贫攻坚的使命感、责任感和紧迫感。

3. 扶贫责任制逐步建立并完善

这些责任制主要有：建立了“党政一把手负总责”，“分级管理、各负其责”，“机关单位定点挂钩扶贫”，“领导干部扶贫联系点”，“基层组织建设‘四个一’”，“计划生育‘三结合’”。通过各级建立责任制使扶贫攻坚工作真正落到实处。

4. 社会各界积极参与扶贫工作

专业扶贫、行业扶贫、社会扶贫“三位一体”的大扶贫格局基本形成。一是全州各级机关、企事业单位、学校、部队、民主党派和人民团体都积极参与扶贫攻坚。二是宁波市和社会各界积极伸出援助之手，从各方面帮助贫困群众解决实际问题。三是省直机关定点帮扶黔西南州，相关单位积极从各种渠道协调人力、物力和资金，为黔西南州扶贫工作做出了很大的贡献。

5. 经济发展后劲较大

黔西南州虽然地处偏远，但有丰富的矿产、农产品和旅游资源，优越的交通环境等，区位和资源优势突出，发展潜力巨大。全州可供开发的水能资源发电量1000万千瓦以上，是全国三大水电基地之一的红水河水电基地的重要组成部分，目前已建成的电站、电厂总装机700多万千瓦，是中国“西电东送”的重要电源基地、电力枢纽和通道；全州有矿产资源40多种，已探明资源储量的有21种，其中煤炭远景储量196亿吨以上，黄金远景储量1500吨以上，

全州 8 个县（市）都有黄金，被中国黄金协会命名为“中国金州”。

六、下步工作思路

坚持把扶贫开发作为第一民生工程来抓，以集中连片特困地区为主攻方向，按照专项扶贫、行业扶贫、社会扶贫“三位一体”的要求，突出抓好贫困地区以交通、水利为重点的基础设施建设，以增收致富为重点的产业化扶贫，以扶贫生态移民、培训创业就业为重点的民生改善工程。扶贫攻坚分阶段目标：第一阶段，力争到 2015 年，按照国家扶贫标准，贫困人口数量比 2010 年减少一半；实现 5 个国家扶贫开发工作重点县、40 个贫困乡（镇）“减贫摘帽”；集中连片特困地区和重点县农民人均纯收入增幅高于全省农民人均纯收入平均增幅 2% 以上，基本公共服务主要领域平均指标达到 2010 年省内先进地区水平。第二阶段，到 2018 年，全面实现 7 个国家扶贫开发工作重点县、88 个贫困乡（镇）“减贫摘帽”。第三阶段，到 2020 年，稳步实现扶贫对象不愁吃、不愁穿，保障其义务教育、基本医疗和住房；集中连片特困地区和重点县农民人均纯收入增幅高于全国平均水平，基本公共服务主要领域指标接近全国平均水平，发展差距扩大趋势得到根本扭转，确保与全国同步建成全面小康社会。

七、主要工作措施

（1）把黔西南州建设为中国南方重要的战略能源支撑基地。加强煤炭资源勘查，加快大型煤炭基地建设，发展煤气化、煤焦化、煤制电石原料工业，推进煤电化、煤电铝一体化，推动热电联产快速发展，积极发展煤制烯烃、煤制油等精细化工产业，加快黄金等工业发展，实施中缅油气管道工程，将黔西南州建设成西江上游国家级能源化工、原材料加工基地。同时，稳步推进南、北盘江—红水河等重点流域梯级水电开发，形成“水火互济，多元发展”的工业新格局。

（2）将石漠化综合治理作为扶贫开发集中攻克的难点。建立石漠化综合治理专项基金，研究制定支持、扶持石漠化地区特色生态产业发展与石漠化综合防治相互结合的配套政策体系；加大对石漠化治理投入力度，培育壮大主导产业，以改变石漠化集中连片特困区贫困落后的现状，缩小与发达地区的差距。

（3）积极发展乡村旅游，打造成国家喀斯特山水旅游基地。围绕马岭河峡谷、万峰林、仙鹤坪、双乳峰、三岔河、“二十四道拐”等国家级风景名胜区，将黔西南州打造集山水生态、科考观光、体育休闲、文化体验、红色教育为一体的高品质旅游示范基地。

（4）把产业化扶贫作为扶贫开发的重中之重。加强与上级部门的沟通协调，争取各级各部门加大对黔西南州扶贫开发工作的资金支持力度，在扶贫项目上给予政策倾斜，抓好黔西南州特色农业的申报与实施，培育壮大主导产业，以改变滇桂黔石漠化集中连片特困区贫困落后的现状，缩小与发达地区的差距。

（5）认真做好滇桂黔石漠化片区区域发展与扶贫攻坚实施规划以及相关项目规划的编制工作，并组织实施。加强与国务院相关司局、省扶贫办的联系，搞好与州直各部门的沟通协调，做好“晴隆模式”等模式的拓展，鼓励各县市争取设立生态文明示范工程试点，力争有更多试点项目落户黔西南州。

（6）拓展经贸合作领域，深化对口帮扶内容。进一步强化与宁波对口帮扶城市的联系，争取宁波加大对黔西南州的项目合作、技术引进、人才培养等的对口帮扶力度，继续实施高效农业示范基地建设，加快推进产业化帮扶，继续实施民族特色示范村寨建设，大力推动新农村建设，继续实施人力资源培训提升工程，促进发展能力跨越提升，有序引导黔西南州劳动力向宁波转移流动，扩大两地劳务合作的规模和领域；继续实施公共事业项目建设，促进公共服务均等化发展；继续坚持双方定期组团互访，积极拓展对口帮扶空间。

（7）加强扶贫队伍建设和扶贫项目监督和资金监管。努力改善各级扶贫部门的工作条件，保证人员、经费、装备，都能满足工作的需要，大力加强扶贫干部队伍的思想、作风和效能建设，提高执行力。严格执行中央、省、州制定的扶贫项目资金管理办法，认真执行扶贫资金项目公示制、向纪检监察机关备案制、项目监管责任追究制、财政专户管理制、报账管理制等规范。推行扶贫项目资金运行情况中期评估、年底绩效考评制度。

专 题 篇

新形势下贵州减贫摘帽对策措施研究

田永红　何　松　林　玲*　**

摘　要

贵州创新扶贫开发工作机制，在全国率先出台了"摘帽不摘政策"的激励措施，极大地激发了贫困地区扶贫开发的主动性和能动性。新形势下贵州减贫摘帽的重点，要围绕最突出的民生，瞄准武陵、乌蒙、苗岭三大连片特困地区实施"减贫摘帽"；围绕最基础的民生，全面解决农村饮水安全和农村工程性缺水问题；围绕最急迫的民生，完成40万户200万农村贫困人口的生态移民搬迁任务；围绕最长远的民生，全面建立促进农村教育发展的长效机制；围绕最普遍的民生，加快建立"扶贫开发制度+农村低保制度+临时救助制度"有机融合的三位一体农村社会保障体系；围绕最根本的民生，实施百万农民工创业工程。推进这些政策措施，要科学规划、分步实施，突出重点、区域推进，讲求效益、提高精度，优化结构、培育产业，聚集要素、合力攻坚，多方开源、聚集资金，基础先行、民生为本，引入竞争、创新机制，完善政策、整体推进。

关键词

减贫摘帽　新形势　政策创新

"十一五"以来，贵州省始终把扶贫开发作为农村工作的重点，通过整合部门资源、对口帮扶资源、社会资源，形成了党政主导、部门社会参与、资金多元投入的大扶贫格局，推动了全省扶贫开发的新局面。但由于历史和自然等

---

* 作者简介：田永红，贵州省社会科学院西部开发研究所副研究员，主要研究方向为农村经济、旅游经济；何松，贵州省社会科学院副研究馆员，主要研究方向为产业经济；林玲，贵州省社会科学院西部开发助理研究员，主要研究方向为农村经济、产业经济。

** 本文系贵州省哲学社会科学规划2012年度招标课题研究成果。

多方面原因，全省贫困的深层次矛盾还没有从根本上得到解决。一是贫困面大、贫困程度深。二是农民增收难，增收渠道单一。三是农村公共服务欠账多的问题仍然突出。如果这些突出问题不尽快解决好，就不能如期完成“减贫摘帽”的目标任务，经济社会和谐发展就没有坚实基础。基于这种新的形势，贵州在原来的基础上创新扶贫开发工作机制，在全国率先出台了“摘帽不摘政策”的激励措施，极大地激发了贫困地区扶贫开发的主动性和能动性。实行“摘帽不摘政策”，就是要改变“等、靠、要”、小富即安、不富也安、争戴“贫困帽”的惰性思想，改变贫困地区发展动力不足、依赖性严重、越扶贫越想保“贫困帽”的现象，解决事业心、责任感、危机感、能动性、执行力不强的主观问题。如果不解决不愿脱贫困帽子的问题，贵州扶贫开发的总体目标就不能够实现，就影响全省经济社会发展的大局。本文就新形势下贵州减贫摘帽对策措施提出如下研究。

一、贵州减贫事业的时代考验：机遇与挑战并存，大扶贫促进大跨越

（一）凝聚力量抢抓战略新机遇

1. 肩负起贯彻落实国发 2 号文件重大战略的历史使命

贵州是我国贫困问题最突出的欠发达省份，贫困和落后是贵州的主要矛盾，加快发展是贵州的主要任务，在开启科学发展、与全国同步建成小康社会的道路上还面临很多困难和问题。2012 年 1 月 12 日，《国务院关于进一步促进贵州经济社会又好又快发展的若干意见》出台，为贵州加快扶贫攻坚步伐，实现扶贫开发工作重点县、贫困乡“减贫摘帽”，注入强大动力。意见指出：“贵州尽快实现富裕，是西部和欠发达地区与全国缩小差距的一个重要象征，是国家兴旺发达的一个重要标志。”这是将贵州经济社会发展与西部崛起和全国改革发展大局紧密联系在一起的国家战略，赋予了贵州重大的历史使命，为各方主动衔接，积极作为，加快发展，实现与全国同步建成小康社会搭建了一个更加广阔的平台。

意见同时还提出将贵州建设成为扶贫开发攻坚示范区，按照区域发展带动扶贫开发、扶贫开发促进区域发展的新思路，创新扶贫开发机制，以集中连片特殊困难地区为主战场，全力实施扶贫开发攻坚工程，为新时期扶贫开发工作探索和积累经验。可以说，在贵州创建扶贫开发攻坚示范区，极大地鼓舞了贵

州人民脱贫致富奔小康的决心和信心，为全国扶贫攻坚起到了示范先行的重要作用。对于欠发达、欠开发的贵州来说，这既是一次重大的战略机遇，也是一种有力的鞭策和重大考验。

因此，必须以国发［2012］2号文件为契机，以同步建成小康社会为总目标，以加快创建全国扶贫开发攻坚示范区为总抓手，以“三片六山”（武陵山、乌蒙山、滇桂黔石漠化片区和麻山、雷公山、月亮山、大娄山、瑶山、乌蒙山）为主战场，以实现“两不愁三保障”（不愁吃、不愁穿，保障其义务教育、基本医疗和住房）为基本任务，继续实施扶贫攻坚第一民生工程，积极争取财政扶贫资金投入到贫困地区，着力推进扶贫攻坚重大项目工程，努力完成新时期贵州“减贫摘帽”的重要历史使命。

2. 面临着深入实施新一轮西部大开发战略的重大机遇

2012年1月9日，西部大开发“十二五”规划明确指出，西部地区仍是我国区域发展的“短板”，是全面建设小康社会的难点和重点。必须坚持把深入实施西部大开发战略放在区域发展战略优先位置，努力保持经济社会长期持续平稳较快发展，实现地区生产总值和城乡居民收入增速均超过全国平均水平，继续实施区域发展总体战略和主体功能区规划，充分发挥各地特色和优势，促进区域经济良性互动、协调发展，为实现全面建成小康社会目标打下坚实基础。

贵州自西部大开发战略实施以来，经济持续快速增长，综合实力显著增强，社会事业全面进步，城乡面貌发生重大变化。尤其是以交通、水利为重点的基础设施建设稳步推进，综合交通运输网骨架初步形成，以“西电东送”为重点的能源建设取得明显成效，以退耕还林为重点的生态建设和环境保护各项工作进展顺利，以“两基”攻坚为重点的教育事业取得突破性进展，以培育特色优势产业为载体的现代农业快速发展。十多年来，经过全省上下的共同努力，扶贫开发工作在西部大开发战略的指引之下，其发展趋势、发展环境和发展方式都呈现出新的阶段性特征。目前，贵州的很多扶贫项目已纳入国家西部大开发的总体战略中。

因此，为了更好适应新时期西部地区发展形势的变化，必须在扶贫思路、重点任务、开发机制、扶贫模式等方面进行调整，在新一轮扶贫攻坚事业中，尤其要加强产业发展能力、公共服务能力、发展保障能力、自我发展能力以及可持续发展能力等方面的建设力度。“十二五”时期，西部地区处于大有作为的重要战略机遇期。贵州扶贫工作应以此为契机，积极争取国家的大力支持，充分发挥贫困地区战略资源丰富的优势，积极承接产业转移，以新型工业化带动三次产业加快发展、协调运行。积极稳妥推进城镇化建设，以城镇化带动扶贫开发和生态建设。继续加大以交通和水利为重点的基础设施建设力度，重点加大贫困地区农业生产基础设施建设力度，增强贫困地区的自我发展能力。

3. 具备了奋力赶超实现经济社会发展提速的厚实基础

贵州地理区位条件重要，能源矿产资源富集，生物多样性良好，历史文化独特灿烂，旅游资源市场开发潜力较大。同步推进新型工业化、城镇化和农业现代化的步伐正在加快，贵阳、遵义、毕节“金三角”辐射带动作用不断增强，黔中经济区辐射带动能力初步显现，贵安新区规划建设启动实施，县域经济日趋活跃，特色小城镇建设步伐加快，新农村建设成效明显。

总体来看，贵州经济社会发展提速，呈现“速度较快，效益较好，位次前移，后劲增强，民生改善”的良好态势，为新阶段深入推进“减贫摘帽”打下坚实的物质基础。例如，2011年，贵州地区生产总值5107.84亿元，比2010年增长1099.68亿元，增长幅度15.0%，列全国第三，位次比2010年的18位提升了15位。固定资产投资增速由第13位升至第2位，城镇居民人均可支配收入增速由27位升至第3位，一般性预算收入由第10位升至第5位，规模以上工业增加值增速由25位升至第5位，进出口总额增速由第19位升至第4位。扶贫开发取得积极成效，3个县、66个乡脱贫摘帽，完成575个乡和1591个村整乡、整村推进。[1] 2012年，地区生产总值达到6802亿元，五年年均增长12.8%。人均生产总值达到19600元，年均增长14.1%。全社会固定资产投资达到7809亿元，年均增长35.9%。社会消费品零售总额达到2032亿元，年均增长18.8%。公共财政预算收入达到1014亿元、支出达到2753亿元，年均分别增长28.9%和28.2%。金融机构存款余额突破1万亿元、贷款余额突破8000亿元，分别是2007年末的2.8倍和2.6倍。2013年1月26日，省第十二届人民代表大会提出未来五年的目标：地区生产总值年均增长14%，2017年全面小康实现程度达到84%左右；城镇居民人均可支配收入、农民人均纯收入年均分别增长14%和16%。[2]

贵州正处在实现历史性跨越的关键时期，蕴含着加快发展的强大内在动力，具备了经济社会加快发展的基础条件和有利因素。尤其是近年来，经济发

---

[1] 数据来源：贵州年鉴，2012。

[2] 数据来源：贵州年鉴，2012。

展与社会发展交融互生，广泛汇聚各种发展要素的格局全面形成，民族团结进步繁荣发展呈现新气象，全省上下奋力赶超、创先争优的精气神不断高涨，为打好新一轮扶贫开发攻坚战奠定了坚实基础。

（二）坚定信心迎接扶贫新挑战

1. 总体挑战

（1）贵州“欠发达、欠开发”的特征突出。至2010年，贵州全面小康实现程度为62.4%，比全国低18个百分点，落后于全国8年，落后于西部平均4年。全省等级以上公路占公路里程比重仅为47.1%，位居全国末位；15岁及以上国民平均受教育年限仅为7.19年；石漠化面积3.31万平方公里，占国土面积的19%，居全国各省区市之首，且近年来仍以每年1%左右的速度在继续扩大；2011年尚有975万农村人口存在饮水不安全问题；2010年全省农民人均纯收入3472元，仅相当于全国平均水平的58.7%，贫困人口占全国贫困人口总数的15%左右；全省少数民族人口数量居全国第四位，民族地区贫困人口占全省贫困总人口的60%以上。产业发育层次低、规模小，生态环境比较脆弱，人口素质不高，基本公共服务发展滞后。贫困地区自然条件相对恶劣，经济社会发展严重滞后，致贫因素较为复杂，需要国家和社会各界给予更多的政策支持和资金投入。虽然近年来各种发展态势良好，但仍然是全国农村贫困面最大、贫困人口最多、贫困程度最深的省份。

（2）贵州减贫任务繁重艰巨、时间紧迫。在国家确定的全国14个连片特困地区中，贵州有武陵山片区、乌蒙山片区、滇桂黔石漠化区共70个县，该区域贫困人口、贫困乡镇和贫困村都占全省总数80%以上，贫困发生率接近38%。2012年，为改善贫困农户生存发展环境，贵州全面启动实施扶贫生态移民工程，计划到2020年搬迁35万户150万人。2013年，贵州将计划完成100万人的减贫任务，实施扶贫生态移民3.6万户15万人；重点县农民人均纯收入增长18%；启动建设10个高标准省级现代高效农业（扶贫）示范园区；实现5县86个贫困乡镇“减贫摘帽”。到2015年，按照国家扶贫标准，贫困人口数量比2010年减少一半；到2016年，20个县（市、区）将实现全面小康，30个国家扶贫开发工作重点县，500个贫困乡实现“减贫摘帽”，5000个贫困村整村推进，农村贫困人口减少到500万人以内，“三片六山”（武陵山、乌蒙山、滇桂黔石漠化片区和麻山、雷公山、月亮山、大娄山、瑶山、乌蒙山）地区农民人均纯收入增幅高于全省平均水平2%以上；到2018年，全面实现50个国家扶贫开发工作重点县、934个贫困乡“减贫摘帽”，8000个贫困村整村推进，“三片六山”（武陵山、乌蒙山、滇桂黔石漠化片区和麻山、雷公山、月亮山、大娄山、瑶山、乌蒙山）地区农民人均纯收入在 2012 年的基础上翻一番。到 2020 年，稳定实现扶贫对象不愁吃、不愁穿，保障其义务教育、基本医疗和住房；集中连片特困地区和重点县农民人均纯收入增长幅度高于全国平均水平，基本公共服务主要领域指标接近全国平均水平，发展差距扩大趋势得到根本扭转。可见，对于贵州来说，作为全国新一轮扶贫攻坚的主战场和决战区，在离 2020 年全面建成小康社会只有 7 年时间的情况下，要全面完成上述目标，其形势十分严峻、任务十分繁重、时间相当紧迫。

2. 具体挑战

（1）对扶贫政策的依赖心理。一直以来，国家为了控制极端贫困，切实解决农村贫困人口的生活困难，采取救济式扶贫，每年向贫困地区调拨粮食、衣物等救济物品及财政补贴，通过“输血”维持贫困地区人民最基本的生活。贵州也在国家扶贫政策的指导下，先后制定了一系列保障困难群众基本生活等方面的相关政策。然而随着各项保障制度和政策的实施，一种新的社会现象“福利依赖”相伴而生，最突出的表现就是对扶贫政策产生了严重的心理依赖。由于扶贫政策在一定时期内过多强调人的生存，而不够重视发展，加上在政策执行过程中缺乏宣传引导，导致了部分人群对扶贫政策产生严重的心理依赖。如，中央政府将发达地区积累起来的资金以财政补贴或投资的形式调拨给贫困地区，但并没有形成当地经济发展的能力，反而助长了贫困地区和贫困人口的依赖行为，在此种意义上外部资金输入悲剧性地成了贫困地区落后的原动力。[1]再如，低保制度本质上是收入维持制度，意在维持受助者的基本生活，政策目标是提供最低层次的保障和最低限度的稳定，受助群体基本上是那些因家庭环境或其他因素导致的生活无法自理的人，或者是由于年龄、文化水平、就业机会较少等无法满足基本生活需要的人。但随着制度的不断完善，很多人希望以此为契机获得体制内的政策优惠，于是产生了对政策的依赖心理，这种现象并不能帮助受助者实行稳定脱贫，反而导致一批有劳动能力的低保对象长期依赖政策照顾为生。

（2）对扶贫资金的迷恋心理。自从我国制定扶贫标准以来，贵州曾根据自身经济社会发展水平，针对那些没有开发脱贫能力，只能靠社保维持基本生活的贫困人群，先后多次调整扶贫标准，实行动态管理，力争将更多低收入人

---

[1] “贵州：扶贫主推十大产业名片 扶贫产业与工业对接”，《贵州日报》，2011 年 11 月 18 日。

口纳入扶贫优惠政策范围进行扶持，确保扶贫对象得到有效扶持，这显然符合新时期扶贫开发工作的要求和实际。一方面，体现了贵州扶贫事业取得了巨大成就，这是向更高目标迈进，是社会发展和进步的必然要求；另一方面，新标准覆盖了更多扶贫对象，有利于巩固温饱成果，加快贫困地区脱贫致富，充分体现了贵州努力缩小与全国差距的坚强决心和信心。

尤其是近年来，随着国家层面的扶贫资金投入力度不断加大，各种社会力量参与的大扶贫格局逐步形成，贵州扶贫保障覆盖面进一步扩大，让更多的人走出了贫困。然而，在这个过程中，很多人对扶贫标准产生了过高的心理预期，对扶贫资金产生迷恋心理。可见，实现贫困地区“减贫摘帽”，要切实增强自我发展能力，重建自信心，实现自我价值，及早走出“福利依赖”。

（3）长期形成不思进取心理。长期的“政策依赖”、“福利依赖”会使人产生心理惰性，缺乏生活自主性，不愿积极参加就业培训，寻找就业门路。由于长期依靠低保，缺乏对未来生活的憧憬和对未知风险的防范能力，整个生活处于消极度日状态。[1]另外，由于缺乏对自身发展的全面性认识，容易产生自卑心理，进而衍生出严重的心理依赖，形成不思进取的思想。这部分人往往缺乏独立生活和处理问题的能力，认为只有靠优惠政策的扶持帮助，才能把事情办成，认为即使自身条件再好，努力所得的收入也许还抵不上低保的福利收入，所以易形成懒惰行为，缺乏摆脱贫困状况的积极心态，有劳动能力但就业意愿不强。

（三）激活机制开创扶贫新模式

贵州扶贫开发工作始终坚持“区域发展带动扶贫开发、小康建设带动扶贫开发”的基本思路，把扶贫开发作为第一民生工程来抓，按照“党政领导、部门负责、群众主体、社会参与”的思路，深入推进“集团帮扶”工作和“四帮四促”、“帮、联、驻”等活动，深入推进省领导联系重点贫困县、贫困乡镇的集团帮扶工作，对每个定点帮扶乡镇集中投入财政扶贫资金，通过机制创新，整合资源，综合治理，重点突破，板块推进，形成“凝财聚智”的扶贫机制，增强了贫困地区的“造血”功能，使定点帮扶的贫困乡镇整体脱贫，做到“不脱贫、不脱钩”。2012 年 11 月，贵州出台《关于进一步加强贫困地区农村基层工作的实施意见》指出，要大力推进“党员创业带富”工程，发

---

[1] 刘玉如：《福利依赖问题浅析：发展型社会政策视角》，《常熟理工学院学报（哲学社会科学）》，2012 年第 1 期。

展农村经济合作组织，培育和强化农村特色优势产业，加强农业产业园区建设，塑造鲜明“扶贫样板”，并明确了市县直部门结队帮扶全省 934 个重点乡镇，县处级、科级干部重点结队帮扶 5486 个一类贫困村。同时，积极促进农村党建工作和扶贫开发工作之间的良性互动，确保扶贫帮困覆盖到每一个贫困村、每一个农村扶贫对象。

通过不断激活扶贫机制，1996 年至 2011 年底，23 个中直单位共选派 536 名干部到贵州贫困地区蹲点挂职，直接投入贫困地区帮扶资金 5 亿多元，引进资金 19 亿多元，实施扶贫项目 1055 个，引进各类技术人才 657 人，引进技术 245 项；举办各类培训班 794 期，培训干部、技术人员和劳动力 10 万人次，资助 2. 9 万名贫困学生入学。至 2012 年，东部发达地区 8 个对口帮扶城市与贵州达成扶贫协作框架协议，30 家中直机关（央企）定点帮扶贵州 50 个重点县，实现了东部发达城市和中直机关（央企）对贵州对口帮扶的全覆盖。

（四）全力总攻实现扶贫新跨越

2011 年 12 月 1 日，我国扶贫开发工作的纲领性文件《中国农村扶贫开发纲要（2011—2020)》正式发布，标志着我国扶贫开发工作进入到一个新的历史时期。2011 年 11 月、2012 年 2 月和 6 月，涵盖贵州省 70 个县市区的武陵山、乌蒙山、滇桂黔石漠化片区区域发展与扶贫攻坚试点相继启动，大大提升了广大贫困地区发展的内生动力，对于贵州尽早实现扶贫对象“两不愁、三保障”（不愁吃、不愁穿，保障其义务教育、基本医疗和住房）和巩固民族团结进步、促进繁荣发展具有重大意义。2012 年，贵州以创建扶贫共建示范区为抓手，奋力攻坚，深入推进“减贫摘帽”，启动“双十工程”（十大扶贫产业、10 个扶贫攻坚示范县），探索整县推进路子，打造十大扶贫产业，形成了“东油西薯南药北茶中部蔬菜和面上牛羊核桃”的产业格局。同时，进一步明确“三片六山”的核心区域，认定 100 个一类贫困乡镇，选择 1000 村，开展“百乡千村”扶贫攻坚试点，为创建扶贫攻坚示范区打下了坚实的基础。2012 年 5 月 22 日，国务院扶贫办与贵州省人民政府共同签署支持贵州省创建扶贫开发攻坚示范区战略框架协议，主要就加快创建贵州扶贫开发攻坚示范区、深入开展连片特困地区扶贫攻坚会战、实施扶贫攻坚重大事项推进行动、强化贵州省大扶贫工作格局等方面开展工作，这一纲领性文件，加快推动了贵州扶贫攻坚示范区建设的步伐。

2012 年 10 月 15 日，贵州省委省政府出台《关于加快创建全国扶贫攻坚示范区实施意见》，提出建设全国多民族聚居、欠发达省份扶贫攻坚后发赶超示范区以及经济持续增长、政治文明进步、文化繁荣发展、民族团结和睦、社会和谐稳定、生态环境良好的示范区的发展目标，全面开启了新阶段贵州扶贫开发工作的新征程。2013 年 1 月 18 日，《贵州省扶贫开发条例》出台，这是惠及贫困地区和扶贫对象的“民生改善法”，是规范促进扶贫开发工作，向贫困发起总攻的“减贫发展法”，更是一部聚合全省力量、构建“大扶贫”格局的“同步小康法”。[1]标志着贵州扶贫开发工作步入了法制化轨道，这是事关贵州与全国同步建成小康社会的大事，在贵州扶贫开发历史上具有里程碑意义，为全力总攻实现扶贫新跨越迈出坚实的一步。

二、新形势下贵州“减贫摘帽”的思路、原则与目标研究

（一）总体思路

以邓小平理论、“三个代表”重要思想、科学发展观为指导，落实国发 2 号文件，牢牢把握“加速发展、加快转型、推动跨越”的主基调，突出区域重点、攻克薄弱环节、解决突出矛盾、实施“两轮驱动”、创新扶贫机制、同步建成小康。

突出区域重点：其含义是以“三片六山”（武陵山片区、乌蒙山片区、滇桂黔石漠化片区，麻山、瑶山、雷公山、月亮山、大娄山、乌蒙山）为主战场。

攻克薄弱环节：其含义是攻克“三大瓶颈”（交通基础设施薄弱、工程性缺水严重和生态环境脆弱等制约瓶颈）。

解决突出矛盾：其含义是大力解决城乡差距大、社会事业发展滞后等突出矛盾。

实施“两轮驱动”：其含义是实行扶贫开发和农村低保“两轮驱动”。

创新扶贫机制：其含义是以区域推进、连片开发、扶贫到户为主要方式，不断探索贫困地区科学发展、后发赶超的新路子：加快从单一的扶贫方式向采取综合性的扶持措施、建立长效的扶贫机制转变；要整合各职能部门的力量和资源，将开发式扶贫转化为以社会发展为中心的扶贫；推进贫困地区政治、经济、文化、社会、生态五大建设，全面推进“扶贫开发、减贫摘帽”工作的开展。贵州 2012 年率先在全国出台“减贫摘帽”的激励政策措施，即国家级

---

[1] 叶韬：《总攻贫困同步小康的法治行动——写在〈贵州省扶贫开发条例〉审议通过之际》，扶贫开发新闻网，http：//www. fpkfxww. com/news//201302/18/526. html。

重点贫困县、贫困乡“摘帽”后，不仅原有扶持政策不变，财政扶贫资金安排在总量上还以 10% 的增幅逐年递增。这一政策反映很好，要继续坚持。

同步建成小康：其含义是贫困地区要以加快转变经济发展方式为主线，将同步建成小康社会作为首要任务，决不拖全省、全国建成小康社会的后腿。

（二）主要原则

1. 以人为本、科学发展

党的十八大指出，“以人为本、执政为民是检验党一切执政活动的最高标准”，要以实现好、维护好、发展好贫困地区人民利益为根本目的，制定好扶贫规划和工作措施、安排扶贫进展、评价扶贫结果，推动贫困地区以人的全面发展所需要的经济建设、政治建设、文化建设、社会建设、生态文明建设五位一体协调发展。要把解决贫困群众的切身利益问题放在首位，做到扶贫到户、脱贫到人。尊重贫困群众的主体地位，促进社会和谐。坚持把发展作为第一要务，转变发展方式，走生产发展、生活富裕、生态良好的可持续发展路子。坚持以人为本、改善民生，把稳定实现扶贫对象“两不愁、三保障”（不愁吃、不愁穿，保障其义务教育、基本医疗和住房）作为创建示范区的中心任务。

2. 党委领导、政府主导

党的十八大报告提出，要创新社会管理，加快形成党委领导、政府负责、社会协同、公众参与、法治保障的社会管理体制。党委领导是抓好扶贫开发的根本保证，贵州各级党委要将把扶贫开发、减贫摘帽作为党委工作的重中之重，政府要将扶贫开发、减贫摘帽纳入国民经济和社会发展规划，明确各级的扶贫责任，不断加大工作和投入力度，在人力、财力、物力等方面确保扶贫开发、减贫摘帽工作的顺利开展。

3. 国家扶持、自力更生

在国家继续加大扶持力度的前提下，要积极引导贫困农民群众正确处理国家扶持和自身努力的关系，加快减贫摘帽的步伐，要发扬自力更生、艰苦奋斗的优良传统，用自己勤劳的双手改变农村面貌、建设美好家园、创造幸福生活。把激发贫困地区群众自力更生、艰苦奋斗精神作为加快减贫摘帽的内在活力。大力弘扬艰苦创业的精神，充分发挥贫困群众的积极性、主动性、创造性，激发脱贫致富的内生动力。

4. 因地制宜、分类指导

在扶贫开发、减贫摘帽的进程中，要善于因地制宜、分类指导，比如对扶贫对象全面实施扶贫政策，对因灾因病等陷入暂时性贫困人口提供救济救助，对没有劳动力或劳动能力丧失的贫困人口提供最低生活保障，对不具备开发条件地区的贫困人口实行生态搬迁、易地扶贫。要重视加大对革命老区、民族地区和贫困山区发展的扶持力度，对“三片六山”等特殊类型贫困地区开展专项扶贫攻坚，探索出新时期减贫摘帽的新路子。

5. 广泛动员、各界参与

开发扶贫是一项社会公共事业，政府、企业、私人共同参与，要提高社会参与的积极性，要切实把思想认识和行动统一到省委、省政府的决策部署上来，围绕“扶贫开发、减贫摘帽”的活动主题，以重在参与、贵在坚持为原则，广泛发动和组织社会各界开展形式多样的扶贫济困活动，切实提高“扶贫开发、减贫摘帽”活动的社会参与度和影响力。各地要以党委领导、政府倡导、媒体发动，各界参与，自愿扶贫为主要形式，扩大社会扶贫的发动面和参与度，进一步营造广泛参与的社会“扶贫开发、减贫摘帽”活动氛围，不断丰富“扶贫开发、减贫摘帽”活动的形式，

6. 城乡统筹，协调发展

在“扶贫开发、减贫摘帽”工作中，要坚持城乡统筹，协调发展，把各地县的“扶贫开发、减贫摘帽”工作与工业强省战略、城镇化带动战略、农业现代化战略结合起来；要坚持统筹社会资源，协调各职能部门按照“扶贫开发、减贫摘帽”工作的要求和部门职责，协调好城乡关系，重视缩小贫困地区特别是极贫地区城乡收入的差距。要重视缩小贫困地区城乡居民的素质差距，坚持扶贫开发与提高贫困人口综合素质相结合，加快从资金、实物扶贫向提高自我发展能力转变。着重提高贫困农民的组织化程度和生产科技含量，提高贫困农民的就业技能，提高农业经济效益，提高农产品附加值，拓宽贫困农民增收的门路，提高贫困农民自我发展能力。

7. 公开透明，社会监督

“扶贫开发、减贫摘帽”的信息必须公开、透明，要通过政府网站等媒体及时发布“扶贫开发、减贫摘帽”进展的信息。由于国家与社会各界的重视程度不断增加，“减贫摘帽”的相关资金物资不断增大，在这种情况下，一些腐败现象也有加剧的趋势，一定要切实加强款物规范管理使用，做好款物接收和使用情况公示、公开工作，把“扶贫开发、减贫摘帽”的相关工作打造成公开、透明、阳光的品牌。要通过充分反映扶贫资金的使用情况，让来自各方面的扶贫资金使用公开透明，方便社会监督。社会监督反过来又促进扶贫工作更加细致、更加有效，促进开发扶贫事业深入开展。

8. 转变作风，重心下移

要转变工作作风，做到工作重心下移。在“扶贫开发、减贫摘帽”工作中要转变发展方式。在大扶贫的工作格局中，要加快从区域性扶贫向实施“整村推进”扶贫开发转变，重心下移到贫困村贫困户，始终坚持以贫困村贫困户为本，始终将贫困人口的温饱问题和基本脱贫问题放在首位，围绕他们的基本需求开展工作，让贫困人口直接受益。进一步落实国发2号文件以国家扶贫开发工作重点县、贫困乡、贫困村为突破口，以贫困户为着力点的扶贫开发工作布局。

（三）重要目标

1. 总体目标

加快“扶贫开发、减贫摘帽”步伐，保障贵州与全国2020年同步建成小康社会，把贵州建设成全国多民族聚居、欠发达省份扶贫攻坚后发赶超的示范区，建设成经济持续增长、政治文明进步、文化繁荣发展、民族团结和睦、社会和谐稳定、生态环境良好的示范区。

推进三个“三位一体”：一是稳步提升喀斯特山区水利建设、生态建设、石漠化治理“三位一体”综合治理成效。二是稳固形成专项扶贫、行业扶贫、社会扶贫“三位一体”的大扶贫格局。三是稳定强化党政主导、整县推进、集团（党建）帮扶“三位一体”攻坚组织架构。

2. 分期目标

第一阶段：到2016年，20个县（市、区）实现全面小康，30个国家扶贫开发工作重点县、500个贫困乡实现“减贫摘帽”，5000个贫困村整村推进，农村贫困人口减少到500万人以内。

第二阶段：到2018年，全面实现50个国家扶贫开发工作重点县、934个贫困乡“减贫摘帽”，8000个贫困村整村推进。

第三阶段：到2020年，稳定实现全省扶贫对象不愁吃、不愁穿，保障其义务教育、基本医疗和基本住房，与全国同步建成全面小康社会。

三、新形势下贵州“减贫摘帽”的重点研究

（一）围绕最突出的民生，瞄准武陵、乌蒙、苗岭三大连片特困地区实施“减贫摘帽”

1. 贵州连片特困地区的基本情况

全国连片特困地区中有三大片区——武陵山区、乌蒙山区、滇桂黔石漠化

区涉及贵州，这三大片区是国家重要生态功能区、国家重要能源基地、扶贫攻坚示范区、跨省协作创新和民族团结示范区以及为中国革命作出巨大贡献的革命老区，覆盖了贵州80%以上的国土面积、贫困人口、贫困乡村和民族乡镇，涵盖了贵州跨省交界地区中面积最大、人口最多的少数民族聚居区和贵州连片特困地区的核心区域，贵州共有70个县分别纳入了这三个片区，占全省总县数的80%，占11个片区总县数的13.9%，基本实现了国家连片特困地区对贵州的全覆盖。

《武陵山片区区域发展与扶贫攻坚规划（2011—2020）》涉及贵州省的16个县市区，分布在铜仁市和遵义市，国土面积3.09万平方公里，是贵州国土总面积的17.5%；国家扶贫开发工作重点县10个，占贵州武陵山片区县（区）总数的63%；2011年，常住总人口497.77万人，占全省常住总人口的14.3%，按照国家2300元的新扶贫标准，有贫困人口209.62万人，占全省贫困人口的18.2%，占全省该片区内农村人口的33.8%。2011年11月15日，国家启动了武陵山片区区域发展与扶贫攻坚试点。

《乌蒙山片区区域发展与扶贫攻坚规划（2011—2020）》涉及贵州毕节市和遵义市10个县（市、区），国土面积3.25万平方公里，占贵州国土总面积的18.5%；2011年，人口944万人，农村人口804.8万人，分别占全省的19.2%和23.4%，按照国家2300元新扶贫标准，贫困人口376.42万人，占全省贫困总人口的24.7%；有贫困乡镇194个、贫困村3086个。

《滇桂黔石漠化片区区域发展与扶贫攻坚规划（2011—2020）》把滇桂黔石漠化片区覆盖贵州的县（区、特区）数从原来的40个增加到了44个，约占该片区总县数的一半；总共15个市（州、地）8个中心城市中，贵州从原来的3个增至5个。滇桂黔石漠化片区在贵州涉及县数最多、贫困面最广、石漠化最为严重。

在党中央、国务院的高度重视和国家有关部委、民主党派中央的大力支持下，贵州三大片区经济发展和扶贫开发取得了一定成绩，但总体上仍较落后，是全省经济社会发展中最为滞后的地区，是全省与全国如期同步实现全面小康任务最为繁重的地区，是贵州新十年扶贫攻坚的主战场。

2. 贵州连片特困地区“减贫摘帽”的意义

改革开放30多年来，我国的减贫事业取得了举世瞩目的成就，较易脱贫的贫困人口和地区多数实现了脱贫致富，剩余的地区主要集中在生产、生活条件恶劣的连片特困地区。连片特困地区大部分分布在山区、丘陵区、高海拔地区和生态环境恶化地区，少数民族人口多，农业生产效益低下，仅仅依靠农业难以脱贫致富，由于地理位置、社会经济、文化上的差异，贫困成因也不同。

贵州已结束了农村总体贫困的历史，基本解决了农村居民的生存和温饱问题，贫困人口的生产生活条件明显改善，贫困地区基础设施不断完善，社会发展水平进一步提升，生态恶化趋势得到初步遏制，2012 年，全省共减少贫困人口 130 万人，50 个国家扶贫开发工作重点县农民人均纯收入增长 17.9%，实现了年度减贫增收的目标。

贵州仍是全国农村贫困面最大、贫困程度最深、贫困人口最多的省份，连片特困地区贫困问题依然非常突出。

一是贫困集中连片。贵州 95% 的贫困人口集中分布在深山区、石山区、边远山区、高寒山区、地方病多发区和少数民族聚居区，涵盖了贵州连片特困地区。石漠化面积占全省总面积的 21.3%，并且以每年 2% ~3% 的速度扩展。贫困与恶劣的自然环境连片共存，成为贵州连片特困地区的主要特征。

二是致贫原因复杂。贵州的部分连片特困地区属于国家主体功能区中的限制开发或禁止开发地区，自然资源和生产要素匮乏或不能开发利用，生态环境脆弱，缺乏生存的基本生产要素，贫困问题与石漠化问题交织，集老、少、边、穷问题于一体，产生了资源约束性贫困；农业是贵州连片特困地区基础性、主导性产业，生产方式落后，生产效率低下，科技含量少，规模化、产业化、集约化水平低，产业结构原始单一，形成了生产性贫困。贵州连片特困地区内由于思想观念保守、人口素质低、生产能力差，制约了人的发展，造成了主体性贫困等等。各种原因交织，造成了贵州连片特困地区的极度贫困。

三是扶贫实施困难。一是收入低，返贫率高、代际传递强。贵州连片特困地区的人均地方财政一般预算收入仅为全省、全国的 66.58%、23.75%；农民人均纯收入为 88.71%、77.03%，每年因灾致贫、因病致贫的人口高达 15% 以上。返贫率居高不下，恩格尔系数高达 60%。连片特困地区的贫困还呈现出持续性、代际性传递的特点。二是基础设施差、脱贫成本高、扶贫难度大。连片特困地区地域偏远、交通闭塞、资源匮乏、生态环境恶劣，有的缺乏基本的生存条件，部分贫困人口需要移民搬迁，扶贫攻坚的难度大，脱贫成本高。此外，贫困地区的收入主要来源于外出打工、农业生产、转移性收入。贵州少数民族贫困人口占全省贫困人口的 65.6%。一些少数民族聚集区，由于语言交流困难，外出打工这种最重要的脱贫方式难以实现。

全面建成小康社会，难点在连片特困地区。中共十八大报告提出了到

2020年全面建成小康社会的目标。连片特困地区经济社会发展相对滞后，成为区域协调发展的“短腿”与“瓶颈”。连片特困地区的发展，关系到能否全面建成小康社会的全局性、战略性问题。习近平指出“贵州是全面建成小康社会任务最艰巨的一个省份”。

3. 瞄准连片特困地区实施“减贫摘帽”

将贵州武陵山区、乌蒙山区、滇黔桂石漠化地区范围内的区域作为新十年扶贫攻坚的主战场，将区域内的70个县作为新十年扶贫攻坚的主攻方向，实施“减贫摘帽”。提高“减贫摘帽”的积极性。创新机制，推动连片特困地区由“等、靠、要”向主动“减贫摘帽”转变。继续实行“摘帽不摘政策”，让提前“减贫摘帽”在地区政治上有荣誉，在经济上能受益。

因地制宜实施扶贫开发措施。针对不同的致贫原因，实施适宜的扶贫政策。实施生态移民搬迁工程，难以或暂时不能移民的地方，推动劳动力转移，转移一人，带动一户。发展现代生态大农业，以农业产业化企业为龙头，带动连片特困地区农业发展，同时，发展生态农业观光、休闲旅游等第三产业。积极发展附加值高的小微型企业，推进小规模、初级深加工的家庭作坊、村镇企业发展。发展农民职业教育，提高生产技能。增加扶贫攻坚、民生改善、生态建设等方面的投入，加强连片特困地区基础设施建设，提高防灾减灾能力。

构建特色优势扶贫产业体系。调整结构、突出重点、规模发展、推进产业化，发展“核桃、草地生态畜牧业、蔬菜、精品水果、茶叶、油茶、中药材、脱毒马铃薯、特种养殖和乡村旅游业”十大扶贫产业，助农增收。整合资金、资源，促进东西协作，构建行业扶贫、专项扶贫、社会扶贫三位一体的大扶贫格局，动员企业及社会各界参与扶贫事业，帮助连片特困地区发展特色产业。

（二）围绕最基础的民生，全面解决农村饮水安全和农村工程性缺水问题

1. 贵州农村饮水安全和工程性缺水问题

近5年来，贵州农村民生水利建设取得新进展。农村饮水安全工程建设全面推进，共解决了1400多万农村人口饮水安全问题；实施大型灌区续建配套和节水改造、小农水重点县、烟水配套等农田水利建设项目，新增有效灌溉面积605万亩；治理病险水库680座，治理中小河流项目244个，治理水土流失6876.78平方公里；新增农村水电装机167.6万千瓦。

2012年，贵州以贯彻落实中央1号文件和国发2号文件为抓手，突出抓

好骨干水源工程建设、民生水利建设和水利重点薄弱环节建设。全省共解决了309.29万农村居民和学校师生的饮水安全问题，实施中小河流治理工程项目101个，实施病险水库除险加固工程275座，对4个大型灌区进行了续建配套，实施节水示范项目3个，新启动了16个小农水重点县建设，新增有效灌溉面积76.77万亩，新增旱涝保收基本口粮田10万亩，完成高效节水灌溉3万亩，实施了10个坡耕地综合治理试点县建设，治理水土流失面积2695.90平方公里，开展了7个小水电代燃料建设，新增水电装机20.31万千瓦。

尽管取得了较好成绩，但是，兴水惠民政策落实力度还需进一步加大，民生水利建设步伐还需进一步加快，水利薄弱环节还需进一步夯实、基层水利服务体系和能力建设还需进一步加强。

2. 解决贵州农村饮水安全和农村工程性缺水问题的意义

党的十八大完善了全面建成小康社会的目标，强调要解决好人民最关心、最直接、最现实的利益问题，把水利放在生态文明建设的突出位置。中共中央、国务院印发的《关于加快水利改革发展的决定》，要求抓紧解决工程性缺水问题，继续推进农村饮水安全建设。

因地理条件特殊和历史投入不足等原因，贵州省是工程性缺水较为严重的地区。水利与民生息息相关，贵州要实现后发赶超、与全国同步建成小康社会的目标，必须着力解决涉及民生的水利问题。贵州省第十一次党代会、十一届二次全会和第十二届人民代表大会明确提出要以发展惠民生，以民生带发展，使发展成果更多更公平惠及全体人民，加快建设一个群众得实惠、老百姓认可的全面小康社会，对未来一个时期水利的改革发展作出了全面部署。

3. 全面解决贵州农村饮水安全和农村工程性缺水问题

加快推进重点水源工程建设。立足于全省经济社会发展大局，坚持蓄引提与合理开采地下水相结合，统筹利用好地表水和地下水，加快水源工程建设，构建水源保障体系，加快解决制约经济社会发展的工程性缺水难题。加大水利投入和骨干水源工程建设力度，充分利用市场机制多渠道筹集资金，广泛吸引社会资金投资水利。加快烟水配套工程建设，实施中小河流治理工程项目。加强山洪灾害防治，开展水毁水利工程修复及重点缺水严重地区抗旱应急水源工程建设。

加快中小型水库、引提水和连通工程建设。以县域为单元，建设一批中小型水库、引提水和连通工程。建设大中小微结合的现代水利工程网络，推进夹岩、黄家湾、马岭等大型水利工程建设，建成黔中水利枢纽工程，建设一批中、小、微型水利工程、应急水源工程及引提水工程，支持农民兴建小微型水利设施，建设通往产业园区、城镇新区和大型灌区的输水管网，提高雨洪资源利用能力，增强区域水资源承载能力。以水资源综合规划、防洪规划、水资源保护规划等为基础，以自然河湖水系、大中型调蓄工程和连通工程为依托，推进河湖水系连通骨干工程建设和中小河流水系连通，构建布局合理、生态良好、引排得当、循环通畅、蓄泄兼筹、丰枯调剂、多源互补、调控自如的江河湖库水系连通体系。

积极推进集中供水工程建设。抓好重点民生水利项目建设，以受旱严重地区、边远缺水山区和农村学校为重点，实施农村饮水安全工程。围绕建设“5个100工程”做好水利配套，延伸集中供水管网、长距离输水管道，提高农村自来水普及率。加快构建城乡供水体系，发展城乡一体化供水。

加强农村饮水安全工程运行管理。加强水源保护和水质监测，落实管护主体、维修资金及用地政策，对建设和运行给予税收优惠，供水、用电实行居民生活或农业排灌用电价格。

（三）围绕最急迫的民生，完成40万户200万农村贫困人口的生态移民搬迁任务

1. 实施生态移民搬迁的背景与意义

我国的集中连片特困地区多是国家主体功能区中的限制开发区或禁止开发区，为了生态环境保护，经济开发活动受到限制，加之生产生活条件十分恶劣，生态补偿机制不健全，难以依靠农业和生态补偿脱贫致富。为了解决好扶贫开发与生态保护的双重问题，需要进行生态移民。生态移民是指为了保护和修复重点生态区域的生态而进行的移民，生态移民扶贫是将生活在重要生态功能区或自然条件十分恶劣的地区、不适合就地扶贫的居民搬迁出来进行扶贫的做法。生态移民扶贫是实现“减贫摘帽”的有力抓手。

贵州省是全国农村贫困人口最多、贫困面最广、贫困程度最深，扶贫开发任务最重、难度最大的省份之一。贵州的贫困人口85%以上集中分布在连片特困地区，相当一部分生活在深山区、石山区和石漠化严重地区，生存条件恶劣。为改善贫困人口的生存发展环境和条件，从根本上解决这些区域的贫困问题，加快贵州扶贫开发进程，贵州省委、省政府根据国发2号文件要“抓紧研究论证生态搬迁工程”的要求，总结十年易地扶贫搬迁经验，组织编制了《贵州省扶贫生态移民工程规划（2012—2020年）》，计划从2012年至2020年，对贵州200万农村贫困人口实施扶贫生态移民搬迁。这将是新中国成立以来贵

州省最大规模的一次扶贫移民。

实施生态移民搬迁工程是同步实现全面小康社会的迫切要求。该工程的实施从根本上破解自然条件恶劣、不具备基本生存条件的地区贫困群众生存和发展难题，确保同步进入全面小康社会。

实施生态移民搬迁工程是构建长江、珠江上游重要生态屏障的战略举措。贵州石漠化面积广、程度深，人口资源环境承载力低。该工程的实施有利于减轻生态环境压力，促进生态恢复、建设和保护。

实施生态移民搬迁工程是解决连片特困地区贫困问题的重要抓手。连片特困地区扶贫成本高，很难就地实现脱贫致富。该工程的实施有利于从根本上解决这些地区的贫困问题，降低扶贫成本。

实施生态移民搬迁工程是促进城乡协调发展的重要途径。该工程的实施使贫困人口享有更多的公共服务，增强自我发展能力，还有利于推进贵州工业化、城镇化、农业现代化进程，促进城乡协调发展。

2. 贵州生态移民搬迁工程实施情况

2012 年 5 月，贵州扶贫生态移民工程正式启动。当时计划 2012—2020 年，搬迁 35 万户 150 万人，后又调整为 40 万户 200 万人。9 年搬迁 200 万人大约需要资金 1600 亿元以上，资金是面临的最大问题。

2012 年，贵州扶贫生态移民工程计划搬迁 10.13 万人，总投资 18.11 亿元。到 2012 年底，目标任务顺利完成。建设安置点 180 个，其中县城及县城规划区、园区、乡镇所在地、其他安置点各 21、27、106、26 个，房屋主体工程全部完工。完成房屋建设 1924621 平方米，新建移民住房 2.27 万套，新建道路 152.4 千米、硬化 775708 平方米，铺设输水管网 456.6 千米，架设输电线路 261.1 千米，铺设污水管网 240.1 千米，绿化亮化 219124 平方米，市场建设 75100 平方米。搬迁入住农户 2371 户、10445 人，入住率 10.5%。

根据《贵州省 2013 年扶贫生态移民工程实施方案》，2013 年，扶贫生态移民工程总投资 31.22 亿元，建设扶贫生态移民住房 36485 套、搬迁移民 151083 人。其中，三大集中连片特困地区 33739 套、140434 人。

3. 实施 40 万户 200 万人农村贫困人口的生态移民搬迁

完善资金投入与管理机制。多渠道筹措整合资金，减轻地方政府和移民负担。积极搭建融资平台，建立合理的投资回报机制，引导社会资本参与工程实施。引导资金重点用于连片特困地区特色优势产业发展，扶持龙头企业。加强基础设施建设，妥善安置移民。规范资金管理，定期监督检查，及时处理问题。

建立完善的政策体系、管理办法和相关制度。以县为主体，逐年制订实施方案，加强市、县协作，分期分批落实。建立住房、土地、就业、产业、社保等方面的配套政策。健全扶贫生态移民土地承包经营权流转制度，确保移民收益。在土地承包经营权流转后，移民继续享有各项支农惠农补贴和退耕还林政策。明确组织领导和部门职责，加强严格考核督查，确保完成扶贫生态移民任务。

坚持政府主导、群众自愿。充分发挥县级政府在移民工作中的主体作用，调动基层党委、政府和矿山企业积极性，有计划、有组织地实施搬迁。搬迁对象以居住在深山区、石山区特别是石漠化严重地区，生态位置重要、生态环境脆弱地区，三个集中连片特困和民族地区贫困农户为主。充分尊重群众意愿，组织进村入户调查，确定移民对象。

积极探索移民安置新途径、新方式。根据安置区的资源条件、产业状况和环境容量，统筹规划、因地制宜、合理布局，选择适宜的安置方式，合理确定移民规模。统筹安置点住房、产业、基础设施、公共事业等建设，指导移民选择廉租房、安居房与经济适用房等安置方式。发挥资源优势，培育特色优势产业，发展二、三产业，促进移民就业。

加强移民城镇建设。结合自身实际及县城县域规划、产业园区规划，以县城、重点小城镇、产业园区集中安置为主，统筹确定安置点。准确把握当地小城镇特色，做好规划间衔接，科学布局移民搬迁安置点，与推进工业化、城镇化、农业现代化相结合，与城镇保障性住房、农村危房改造相结合，与基础设施向县及县以下延伸相结合，着力打造各具特色的小城镇。

促进移民就业与发展。创新思路、挖掘优势、多措施提升“造血”功能。大力开展职业技术培训，积极推荐就业。提供相关创业优惠政策，鼓励移民自主创业。逐步完善社会服务机制，确保实现“搬得出、留得住、能就业、有保障”。

（四）围绕最长远的民生，全面建立促进农村教育发展的长效机制

1. 贵州建立农村教育发展长效机制的紧迫性与必要性

教育是贵州向科学发展、后发赶超、同步小康奋力迈进时一块须补齐的短板。教育投入严重不足、教育资源短缺、师资力量不足、教学质量差、上学路途遥远、辍学率高和留守儿童问题多是贵州农村教育存在的主要问题。贵州省委书记赵克志指出：“经济欠发达的直接结果是‘穷了教育，苦了孩子’”，“经济发展可以解决贵州今天的问题，科学技术可以解决贵州明天的问题，解决后天的问题要依靠教育。”贵州省长陈敏尔表示“贵州教育面临许多困难，还有很多问题需要解决。”刘延东副总理在贵州考察时强调：“贯彻党的十八

大和全国‘两会’精神，基本实现教育现代化，重点难点在农村。”

2009 年，贵州“两基”工作通过了国家督导评估验收，义务教育阶段适龄儿童“有学上”的问题基本解决，但是，由于农村地理环境复杂、基础条件薄弱、贫困面积大、贫困程度深等方面原因，全省义务教育仍处于低水平、不稳固、易反复阶段。许多农村学生上学距离远，午餐难以保障、营养状况差，学习、生活和成长受到影响，辍学率高。同时，随着贵州工业化、城镇化、农业现代化进程加快，技能型人才短缺的问题日益突出。农村教育和职业教育，成为贵州教育的两大软肋。推进义务教育均衡发展，大力发展现代职业教育显得十分紧迫。

2. 近年来贵州农村教育的发展

2011 年 8 月，贵州启动了全省的农村寄宿制学校建设攻坚工程，计划在“十二五”期间，投入 106.4 亿元，实现农村中小学“校校有食堂”，小学、初中在校生寄宿率分别达 30%、70%，基本解决全省农村义务教育学校就餐难、住宿难问题，改善在校师生的学习、生活条件，保障农村学生身心健康，实现农村教师的安居乐教，缩小城乡教育差别，为贵州义务教育均衡发展奠定基础。2011 年底，全省已完成 9901 个农村学校学生食堂的建设任务，基本实现除教学点以外农村中小学“校校有食堂”的目标。

2012 年，贵州借助国家营养改善计划的开展，进一步实施“人人吃午餐”的重大民生工程，全力打造学生营养改善计划的“贵州模式”。2012 年春季新学期开始，贵州“农村义务教育生营养改善计划”试点启动实施，覆盖 70 个连片特困县除县城以外的所有农村学校，同时鼓励非连片特困地区的县逐步开展试点。2012 年底，以学校食堂供应午餐为基本特征的学生营养餐“贵州模式”惠及 1.5 万所学校、405 万农村学生，基本实现了“校校有食堂，人人吃午餐”的目标。

2013 年，贵州启动实施“9+3”义务教育及三年免费中职教育计划，推进高中阶段教育尤其是中等职业教育大发展。教育“9+3”计划中，“9”的重点在于巩固提高、均衡发展 9 年义务教育，难点是“控辍保学”；“3”的重点在于实行 3 年免费中职教育，难点是扩大中职招生和在校生规模。此外，贵州省教育厅出台了《贵州省教育扶贫实施方案（试行）》，将对扶贫范围内的初高中毕业未能升学的学生进行免费职业技能培训，到 2015 年，培训面达到所有初中、高中毕业未能升学学生的 90%、60%，培训时间为两个月，重点关注边远地区、少数民族地区以及薄弱学校较多、贫困程度较深地区，主要对象是学前教育、义务教育及高中阶段教育的贫困学生。

3. 全面建立促进农村教育发展的长效机制

促进义务教育均衡发展。大力办好农村义务教育，改善办学条件、提升教育质量、缩小城乡差距。创新教学方法，提高师资队伍水平，实施素质教育。推进标准化建设，提高学校办学水平。扩大优质资源覆盖，提高教育质量。巩固提高“普九”水平，切实做好控辍保学工作。继续实施营养改善计划和寄宿制学校建设工程，实施“9+3”义务教育计划。

推动贫困地区教育跨越发展。提高贫困地区学前教育毛入园率、九年义务教育巩固率、高中阶段教育毛入学率以及中等职业学校招生规模、远程继续教育和社区教育水平。改善贫困地区办学条件，资助贫困学生完成学业，实施中职教育免费政策。在集中连片特困地区扩大农村义务教育家庭经济困难寄宿生、普通高中和中职学校家庭经济困难学生助学金的资助面。发展职业教育，实现“职教一人，就业一人，脱贫一家”。

加强农村教师队伍建设。提高待遇，落实连片特困地区农村学校和教学点教师生活补助。加强培训，扩大免费师范生计划、国培计划、特岗计划规模。健全多渠道的师资补充机制，鼓励优秀的教师及志愿者投入到支教行列中，促进教师队伍相互学习提高。关心农村教师成长，加强农村学校与高等院校间的联系，通过组织学习等方式，提高教学质量和教育水平。

加快发展现代职业教育。编制规划，兴办职业技术学校，实施三年免费中职教育。鼓励企业办学、社会办学，加强东西部合作办学。适应市场需求，提高学生就业能力。顺应工业强省人才需求，培养大批技能型人才。建立人才发展的纵向流动机制。建立初高中毕业未能升学学生培训基地。选送初、高中阶段贫困生到省内外优质中、高职院校接受免费教育。扩大中职生到省内外优质高职院校学习的比例与规模，免除贫困生学杂费，提供生活补贴。建立中职教育与高等教育之间的上升通道。

建立农村教育经费投入保障机制。广泛吸收社会资金，实行农村教育经费财务公开制度，建立监督保障机制。坚持教育优先，在确保农村义务教育经费投入的同时，也要加大对农村职业教育的投入。

（五）围绕最普遍的民生，加快建立“扶贫开发制度+农村低保制度+临时救助制度”有机融合的三位一体农村社会保障体系

1. 三项制度概述

扶贫开发制度、农村低保制度和临时救助制度都是针对贫困人口实施的政策措施。三项制度在分工上各有侧重，目标不尽相同。农村低保制度保障贫困人口的基本生活，着眼于维持生存；扶贫开发制度扶持有劳动能力的贫困人口提高收入水平和自我发展能力，着眼于促进发展；临时救助制度解决贫困人口临时性、突发性实际困难，着眼于临时救助。

促进扶贫开发、农村低保和临时救助工作的有机结合，有利于对农村贫困人口实行分类扶持、动态管理，是保障实现减贫目标的重大制度安排。扶贫开发制度、农村低保制度与临时救助制度是一脉相承的三项工作。通过农村低保和临时救助制度维持贫困人口的基本生存权，实现“输血”功能；通过扶贫开发帮助具有发展能力的贫困人口脱贫致富，实现“造血”功能。然而，这三项制度覆盖的对象难免会有所交叉重叠，如果不能有机结合，会使扶贫资源配置重复或遗漏，更增加基层工作的负担。

2. 贵州三项制度的建设情况

贵州扶贫攻坚任务十分繁重，今后 5 年是贵州加快创建全国扶贫开发攻坚示范区的关键时期。在创新模式加快扶贫攻坚的同时，贵州加强对扶贫开发立法予以规范。2013 年 3 月 1 日，贵州第一部关于扶贫开发的地方性法规——《贵州省扶贫开发条例》施行。《条例》在总结贵州扶贫开发实践经验的基础上，将地方经验与国家扶贫开发“十二五”规划纲要结合起来，用法律形式明确了扶贫开发的一系列重要制度，体现了扶贫开发新要求，为与全国同步建成全面小康社会提供了保证。

在各级政府部门的努力下，贵州基本建立了科学规范、公正有效、可持续的农村低保制度，基本形成政策完善、标准合理、资金落实、管理规范的农村低保工作格局，有效保障了农村困难群众的基本生活。“十二五”期间，贵州将进一步深入推进农村低保制度的全面建设。

贵州的临时救助制度从 2009 年开始逐步实施，并迅速扩大覆盖面。2011 年 11 月，贵州省人民政府办公厅《关于健全完善临时救助制度的实施意见》下发。2012 年末，全省全面建立管理规范、标准合理、资金落实、与城乡低保制度等民生保障政策相衔接，能及时有效地帮助解决群众因临时性、突发性原因造成的基本生活暂时困难的临时救助制度。

贵州省自 2009 年以来开始进行扶贫开发与农村低保“两项制度”有效衔接工作。2010 年，贵州总结试点经验，推广到全省 88 个县（市、区、特区），成为全国率先全面开展“两项制度”有效衔接工作的几个省区之一。2012 年 2 月，《贵州省“两项制度”有效衔接机制实施意见》下发，对全面实施“两项制度”的有效衔接提出了明确的指导意见。

虽然各项工作都取得了较好的成绩，但是，贵州的扶贫开发、农村低保和临时救助三项制度的实施与保障还存在诸多困难与问题，阻碍了贵州扶贫开发工作的步伐和农村社会保障体系的建立。贵州农村贫困人口多、贫困面大、贫困程度深等问题使得扶贫开发和社会救助任务十分艰巨，农村最低生活保障水平和救助标准偏低；农村贫困人口不断变动，贫困动态识别机制不健全，社会再分配欠缺公平；扶贫开发制度、农村低保制度和临时救助制度衔接不到位等等。

3. 建立三位一体的贵州农村社会保障体系

促进扶贫开发、农村低保及临时救助社会保障政策有机融合。将农村低保与扶贫开发工作相衔接，把有劳动能力和无劳动能力的家庭进行分类。一方面，对于没有发展能力的贫困人口，通过农村低保制度维持其基本生存；另一方面，对于有发展能力的贫困人口，通过扶贫开发制度促进其脱贫致富。在核定农村低保对象时，把有劳动能力的家庭纳入扶贫开发计划，应保尽保，应扶尽扶。此外，在做好这两项制度有效衔接的同时，对农村低保和低收入对象实施临时救助。

建立贫困人口动态识别机制、监测管理机制和分类帮扶机制。通过入户调查、民主评议及公示等方式，确定帮扶对象，确保贫困家庭纳入扶持范围，做到“应保尽保、应扶则扶、应助即助”。对认定的农村低保对象通过以户为单位实行差额补助，确保他们的基本生活；对认定的扶贫对象根据不同情况，通过整村推进、产业开发、易地搬迁、雨露计划、小额信贷、教育补助、干部和社会帮扶等形式，享受扶持政策；对于符合条件的临时救助对象，救助标准根据当地经济社会发展水平及临时性、突发性困难类型来确定，相同事由的临时救助享受相同的救助金额。此外，强化动态管理，保证“有进有退、及时进出”。对于收入下降到农村低保标准以下的，及时将其纳入低保范围；对于收入达到或超过农村低保标准的，按照程序及时办理退保手续。对于返贫的，将其吸纳为扶贫对象；对于已脱贫致富的，经过民主评议和公示无异议后，停止相关的到户扶贫开发政策。对于因突发性事件造成家庭临时性生活困难的，及时给予救助。同时，鼓励农村贫困群众通过扶贫开发走出低保，减少对低保的依赖。

加大资金投入与政策支持。积极争取国家的资金和政策支持，把扶贫开发、农村低保、临时救助投入作为公共财政预算的优先安排领域，把贫困人口集中地区作为公共财政支持的重点区域，在力所能及的情况下，加大扶贫开发力度，逐步提高农村低保和临时救助标准。

（六）围绕最根本的民生，实施百万农民工创业工程

1. 实施百万农民工创业工程的背景与意义

随着扶贫开发形势的变化，着力支持贫困人口发展生产、转移就业、增加收入成为扶贫开发工作的重点。近年来，贵州将促进贫困人口就地就近就业、自主创业作为扶贫工作的优先目标和农村劳动力转移的重要渠道。随着国家新一轮西部大开发战略的实施、贵州工业化和城镇化带动战略的推进以及经济发展和基础设施的改善，贵州一大批产业园区项目竣工投产，生产扩大、新开工项目增多，对创业和就业的需求增加。通过发挥产业发展和工业化、城镇化建设的辐射带动作用，鼓励农民工创业，可以拓宽贫困群众就业渠道，促进贫困人口增收，带动贫困地区发展。

贵州省是西部劳务输出大省，常年在外务工人员 500 万人以上，主要在"珠三角"、"长三角"地区。贵州省将吸引在外务工人员回乡创业就业作为一项战略任务来抓，围绕产业园区建设，完善职业培训、就业服务、劳动维权"三位一体"的工作机制，促进农业富余劳动力就地就近就业、返乡创业和有序进城务工。虽然本地工资水平与发达地区还有差距，但是在家门口就业、工资年年涨的优势吸引越来越多本地农民工就地就近转移就业。政府部门也通过就业指导、技能培训、项目推荐、金融扶持等一系列优惠政策措施，实施积极的就业政策，统筹推进农民工返乡就地就近就业，鼓励以创业带动就业。

2. 贵州百万农民工创业工程实施情况

贵州以实施工业化、城镇化带动战略为契机，通过产业发展促进创业带动就业，推动了全省就业规模的不断扩大。2012 年，全省就业资金拨付进度位居全国第一，新增就业增长率排名全国前列，城镇登记失业率控制在 4.2% 以内，全省实现城镇新增就业 42 万人，同比增长 48%，其中，促进就业困难人员就业 6 万人，促进失业人员再就业 13 万人，产业园区实现新增就业 16 万人。

返乡农民工成为贵州微型企业创业中的主要力量。在政府大力扶持微型企业发展的带动下，2012 年，贵州微型企业新增 28944 户，占全省新设立私营企业总户数的 58.7%，带动就业 16.16 万人，注册资本总额达 35 亿多元，户均 12.27 万元，其中，农、林、牧、渔业是微型企业注资最高的行业，达 15

亿元，也是农民工返乡创业最集中的领域。2012 年，贵州新增的创业“大户”中，有 7150 人是返乡农民工，比大中专毕业生多 4520 人。

创业资金支持力度扩大。2012 年，贵州全面启动创业型城市创建和就业小额担保贷款工作，实施“3 个 15 万元”扶持政策，全年共发放就业小额担保贷款 35 亿元，切实推动创业带动就业。2012 年，贵州有 16492 户微型企业获得财政补助资金，共计 9.35 亿元。但是，缺乏创业资金仍是阻碍贵州农民工创业的最主要问题。

3. 加大力度实施百万农民工创业工程

坚持创业带动就业及城乡统筹就业的方针，逐步形成城乡一体化的创业就业政策体系。以推动全民创业为主线，以增加就业岗位为目标，扶持 100 万名农民工创业就业。推进城乡创业就业一体化，把支持城市居民创业的优惠政策延伸至农村、覆盖到农民工，实施积极的就业政策。

转变观念，建立“人人都是创业主体、处处都是创业环境”的理念。培养农民工创业带头人，带动更多农民工就业。加大培训力度，提高农民工自谋职业和自主创业的能力。加强政策扶持，创造宽松的创业环境，鼓励和支持农民工创业就业。集合社会就业服务资源，广泛收集创业就业信息，向农民工提供免费咨询介绍。

依托产业和基础建设项目，搭建农民工创业就业平台。放宽市场准入，降低创业门槛。统筹协调开发区、产业聚集区、专业市场等，引导农民工创业企业进驻园区。推进创业孵化园区、中小企业创业基地、创业示范街等建设。

全方位统筹协调，加大资金支持力度。加大财政支持力度，设立农民工创业就业专项扶持资金，为农民工创业提供资金支持。加大金融支持力度，拓宽融资渠道，探索适合农民工创业的新型金融组织。通过争取政府和社会资金，向自主创业的农民工提供多种形式的低息或无息贷款。加大小额贷款扶持力度，对符合条件的农民工创业均可按规定程序申请小额贷款。

加强服务，对农民工创业实施多种优惠政策。实行税收减免扶持政策，对农民工创办的企业所得税按规定实行优惠。实行工商免费扶持政策，对申办民营企业、个体工商户的农民工，免收登记类、证照类等行政事业性收费。实行社保补贴扶持政策，鼓励享受失业保险待遇的农民工创业，农民工创办的企业招用城镇就业困难人员并缴纳社会保险费的给予社会保险补贴。

四、新形势下贵州“减贫摘帽”的对策措施研究

（一）科学规划、分步实施：以增强发展内生动力为目标，力争到 2018 年实现国家扶贫开发工作重点县和贫困乡全部脱贫“摘帽”

要实现“减贫摘帽”的目标，必须坚持科学发展主题，坚持加快转变经济发展方式主线，坚持“稳中求进、提速转型”总基调，坚持“三化同步”主战略，努力提升扶贫开发成效。

一是要切实抓好规划编制。在制定国民经济和社会发展中长期规划时，把扶贫开发作为重要内容，放在突出位置，制定中长期减贫规划，全面部署扶贫工作。重点抓好各级规划的编制和实施，根据国家的总体战略规划，相关职能部门要组织专门力量，认真学习《滇桂黔石漠化片区区域发展与扶贫攻坚规划（2011—2020）》，结合贵州扶贫开发工作实际，分析原因，找准根源，在充分调研的基础上，及时对贫困地区的基本情况进行梳理分析，找准村民贫困和村集体经济贫困的主要根源，编制省、市（州）、县（区）三级统筹兼顾、相互衔接的扶贫攻坚规划。

二是重点加强规划引导。立足省情，着眼长远，全面推进基础设施建设、特色产业建设、生态环境建设、社会事业建设和基层组织建设，科学规划，分步实施，务求实效，准确把握贫困地区的区域特点和比较优势，认真落实规划确定的各项目标任务。规划制定的思路要开阔，必须站在国家的层面，立足片区的角度来思考，要利用各自的区位优势，着眼一体化的基本理念，突出贵州扶贫工作的示范作用，突出区域特色，通过各种载体涵盖扶贫项目发展，积极寻找支撑区域发展的相关产业，并纳入规划实施，争取国家层面的支持。另外，要科学制订阶段扶贫工作规划，超前谋划好项目，找准突破口，选准新项目，并确定好阶段工作重点和任务，分步实施，力争到 2018 年实现国家扶贫开发工作重点县和贫困乡全部脱贫“摘帽”。

（二）突出重点、区域推进：把武陵山区、乌蒙山区、滇黔桂石漠化地区在贵州覆盖范围内的区域作为新十年扶贫攻坚的主战场

贵州的贫困分布带有明显的区域性特征，经过多年的发展，面上的贫困现状有了较大改变，但发展不平衡的矛盾却依然突出。随着经济实力的不断增强，进一步强调把武陵山区、乌蒙山区、滇黔桂石漠化地区在贵州覆盖范围内

的区域作为新十年扶贫攻坚的主战场，既是对以往工作创新的继承及扶贫成绩的肯定，也是新时期扶贫开发工作的重大任务，符合与全国同步建成小康社会总目标的客观要求。同时，也表明了贵州扶贫攻坚力度在这些区域将更大，扶贫开发工作也会更加有效。具体而言，就是把50个国家扶贫开发工作重点县作为主攻方向，把934个一、二、三类贫困乡（镇）作为核心区域（其中经重新审核认定的100个一类乡镇为重点区），把在扶贫标准以下具备劳动能力的农村人口作为扶贫工作主要对象。另外，还需做好连片特困地区以外的重点县和贫困村的扶贫工作。

突出重点方面。一是加快区域性重要基础设施建设步伐，从根本上改变这些地区的落后面貌，增强基础发展能力；二是围绕改善生产生活生态环境，启动实施扶贫生态移民工程，加强生态建设和环境保护，着力解决制约经济社会发展的突出问题；三是围绕推进产业化扶贫，着力培育壮大特色优势产业，集中打造扶贫特色产业，全力打造扶贫攻坚示范县；四是围绕提高公共服务水平，努力促进基本公共服务均等化和一体化，深入推进和全面落实各项重大民生工程。

区域推进层面。一是围绕“突出重点、打造亮点、示范带动、区域推进”的发展思路，以“培育特色产业、培育产业主体、培育产业园区”为核心，重点加大在教育、卫生、文化、就业、社会保障等方面的支持力度；二是加大生态扶贫推广力度，按照建设生态、治理石漠化、发展产业、促进增收的目标要求，逐步扩大石漠化综合治理和喀斯特山区优势特色产业试点；三是不断创新产业扶贫模式，按照“调整结构、突出重点、规模发展、推进产业化”的要求，大力开展种、养、加特色优势产业扶贫攻坚整县推进试点工作；四是大力发展特色农业，总结推广“种养结合、长短结合、以短养长、多品共生”的成功经验，推进山地农业种养结合试点；五是逐步完善劳动力创业就业保障体系，按照“接产业、建园区、转劳力、促增收”的基本思路，扩大贫困地区劳动力就近就地转移工作试点范围，大力支持和鼓励自主创业；六是积极发展乡村特色旅游，打造集红色文化、绿色家园、民俗风情等各具特色的乡村旅游扶贫试点。通过发挥示范试点的辐射带作用，力争到2016年20个县实现全面小康，30个国家扶贫开发工作重点县、500个贫困乡实现“减贫摘帽”，农村贫困人口减少到500万人以内。到2018年，实现“农民人均纯收入在2012年的基础上翻一番”。

（三）讲求效益、提高精度：瞄准重点贫困县、贫困乡、贫困村、贫困户，以县为平台、以村为单元、以贫困户为目标，完善新型扶贫资金瞄准机制

创新参与式扶贫的工作机制和模式，在不同地区选择适当的单元进行扶持，形成“片、线、点”结合的区域格局，并将其与“整村推进”有机结合起来，从了解不同类型地区村和农户贫困的特征及其贫困主要决定因素着手，充分尊重农民意愿，制定扶贫开发规划，积极调动农民靠劳动实现脱贫致富积极性和主动性。加快建立高效的成本合理的贫困瞄准机制，积极探索建立村级发展基金试点，改变现行财政使用方式，建立村级资金计划使用监管体系，启动项目管理能力建设计划，完善小额信贷工作机制，实现小额信贷可持续发展，进而提高特殊类型贫困地区的扶贫效率。

一是重大项目的规划实施以县为平台整体推进。贵州贫困呈现连片的地理特点，以县为单位的瞄准和执行，有利于政府政策和项目的计划和管理，对扶贫开发工作起到了积极作用。要对特殊类型贫困乡（镇）、村进行细分与聚类分析，找准制约发展的主要因素，探索自然生态、农业生态、农林牧渔业发展规律和扶贫产业发展规律，采取有针对性的措施，着力解决农村的地区性贫困问题。另外，以县为单位，搭建农村贫困情况统计监测平台，逐步建立和完善财政扶贫资金绩效考核评价与奖惩激励机制，严格执行项目资金审计和监督制度，有利于发挥部门协作优势，实现多元协动，多举措激励，统筹推进可持续扶贫开发工作。.

二是重点产业的试点建设以村为单元全面推广。随着扶贫工作的不断推进，县级瞄准的扶贫资金分配机制已不太适应新时期扶贫工作的实际需要，政府扶贫项目在实施中逐渐成为自上而下的决策和执行过程，其结果往往是扶贫项目的供给与贫困者的需求产生脱节，进而影响到扶贫项目的实施效果和效率。新形势下，巩固温饱成果成为扶贫工作的基本任务，加快脱贫致富、改善生态环境还有很多工作要做，而提高发展能力，缩小发展差距则是新阶段扶贫工作的主要目标。因此，要充分发挥自身优势，找准村级经济薄弱的症结所在，因地制宜制定可行方案，选准项目和方向，以实施重点产业项目带动战略为突破口，对有劳动能力、有意愿脱贫的应通过综合的帮扶措施，实施重点产业帮扶模式，采取生产增收脱贫，确保帮扶对象实现稳定脱贫。

三是扶贫资金的使用监督以村为基础自主管理。扶贫开发是经济发展运行战略中的重要一环，但并非大规模的经济发展，而是一个旨在瞄准穷人的扶持计划。在过去的扶贫工作中，很多县、乡政府在争取资金方面做出了积极努力，但不重视资金的使用监管，财政扶贫资金容易偏离目标群体。目前，贵州贫困县的贫困人口分布呈现出“小集中，大分散”的特征较为明显。瞄准贫困村、贫困户既有可操作性，又反映了贫困人口相对集中在贫困村的客观现实。村级瞄准既可避免由于县级瞄准所造成的贫困人口的渗漏，又可通过县一级的行政体系进行监管，从而形成以县为单位，以贫困村为单元，以贫困人口为目标的新型的扶贫资金瞄准机制。村级瞄准机制会引导扶贫资金流入贫困村，从而缩短了资金到村到户的制度性的距离，在制度上降低了扶贫资金流失的机会，从而为改善扶贫资金的使用效果提供了某种程度的制度保证。[1]因此，建立村级瞄准机制，赋予贫困农民知情权、决策权和监督权，能够真正了解到穷人是不是得到了支持，能更好地调动贫困农民的积极性，提高贫困资金使用效率，扶贫效果将会越加明显。

（四）优化结构、培育产业：构建特色优势扶贫产业体系，打造具有贵州特点的十大扶贫产业“名片”

推进扶贫开发最关键的是要抓好产业化扶贫，加快构建具有区域特色和比较优势的产业体系，提升产业层次和规模，把扶贫产业落实到产业园区、产业基地、龙头企业、专业合作社，落实到市场和农户，这是扶贫开发的重中之重，是贵州实现“减贫摘帽”的重要手段。扶持特色产业和优势产业是最大限度覆盖贫困区域、贫困群体和促进农民增收的最有效途径。因此，必须把调整产业结构、推进产业化扶贫作为扶贫开发战略性工作，继续培育打造以核桃产业、中药材产业、精品水果产业、蔬菜产业、油茶产业、茶叶产业、脱毒马铃薯产业、草地生态畜牧业、乡村旅游业及特种养殖产业等十大扶贫产业为重点的产业体系，进一步明确各个产业的发展目标及重点任务，切实把扶贫开发与推进“三化同步”有机结合起来，在特殊类型困难地区实施产业全覆盖，连片开发、整县推进，助推山区脱贫致富，尽快实现“减贫摘帽”。

打造贵州十大扶贫产业“名片”，一是要加强与发改、农业、林业、科技、旅游等职能部门的协作，借力发展草地生态畜牧、核桃、蔬菜、乡村旅游扶贫等产业，解决产业实施中面临的各种难题。二是要加大科技支撑力度，通过现有科技成果和实用技术，发展标准化生产、标准化管理的设施农业，建立现代农业产业化扶贫示范样板。三是要努力开拓市场，提升产业的层次和规模，打开市场局面，努力实现从“农户提篮小卖闯市场”到“企业运营筹划

---

[1] 毕正华：《当前中国财政扶贫问题及其对策分析》，《江西社会科学》，2005 年第 9 期。

开拓市场”的重大转变。四是要加快品牌建设，引导扶贫龙头企业整合品牌，积极申请地理标识认证，抱团发展，合力打造特色产品，把特色资源优势转化为品牌优势。

核桃产业：采取点线面结合、立体攻坚的方式，以黔西北为核心区域，充分发挥核桃种植资源丰富、产品质量优良的优势，打造一批核心示范带，促进产业升级，创建优质品牌，推广企业（能人大户）＋基地＋农户＋加工＋营销的产业化经营模式，探索创新和完善利益连接机制，确保贫困农户的利益。

蔬菜产业：充分利用贵州独特的立体气候和生物多样性特点，围绕建成“全国蔬菜输出大省”的目标，打造“贵州蔬菜，特色生态”核心竞争力和产业品牌形象，重点加快蔬菜产业带建设、商品蔬菜大县和主要基地建设、保供蔬菜基地建设和加工、采后处理和物流建设。

油茶产业：以建成“全国南方油茶主产地”为目标，以黔东南、铜仁、黔西南为重要产区，以遵义、黔南、安顺为一般产区，提升油茶基地建设区域化、规模化层次和水平，重点扶持精炼油茶加工及系列产品开发龙头企业，实现油茶产业资源培育基地化、经营管理集约化、产品开发销售一体化的基本格局，切实提高油茶产业发展的综合效益。

中药材产业：着眼将贵州打造成中药材大省的远景目标，坚持突出重点、优化结构、自主创新、品牌发展的原则，以贵阳、遵义、黔南州为主，加快发展重点药材、特色民族药材、道地药材、珍稀药材，围绕重点品种建设一批上万亩连片规范化种植基地，初步形成各具特色的中药材产业长廊和以贵阳为中心的贵州医药产业集群区域构架。同时，加强中药材资源的保护、创造和合理开发，提升产业技术水平和规模，提高中医药管理和服务水平。

茶产业：坚持“强化基地、农民主体、企业带动、以县为主”的原则，加快规模化、标准化、专业化、集约化绿色食品茶和有机茶园建设，建成中国高品质绿茶的原料基地和加工中心。提高茶产业发展的组织化程度和行业整体竞争力，继续唱响“贵州绿茶·秀甲天下”主旋律，大力实施黔茶品牌带动战略，全面开拓茶叶销售市场。优化茶叶区域布局，把茶产业与新农村建设、乡村旅游有机结合起来，培育茶产业新的增长点。创新金融模式，建立茶产业发展基金，扶持茶产业龙头企业，打破限制茶叶产业规模生产的瓶颈，形成多元化投入机制。

脱毒马铃薯产业：把发展马铃薯生产作为解决贫困高寒山区“减贫摘帽”的重要途径，使其成为贫困山区农户脱贫致富的主导产业，按照“抓基地、强种薯、做示范、增效益”的要求，重点在黔西北山区建立脱毒马铃薯扩繁基地，让种植贫困农户用上质优价廉的优质种薯。同时，搞好种薯繁育和技术储备工作，提升扩繁基地发展水平，在推进脱毒马铃薯产业“单季向多季、常规向特色、晚熟向早熟”转变的基础上，大力发展全紫色脱毒马铃薯和全紫色脱毒红薯等优质和早熟品种，加快马铃薯产业由单一粮食型向粮菜兼用型和优质特色鲜食型转变，使马铃薯产业从数量扩张型向质量效益型转变，实现产业升级。

草地生态畜牧业：总结推广“晴隆模式”，按照“种畜结合、长短结合、以短养长、多品共生”的要求，重点在黔西南、黔西北大力发展草地生态畜牧业。加快自繁自养步伐，提高种畜自供能力，加大品种改良力度，培育特色优势品牌，推行“分档扶持、竞争入围”的管理机制，实现草地生态畜牧业可持续发展。

乡村旅游业：把乡村旅游与扶贫开发有机结合起来，以旅游产业发展推动贫困村、贫困户脱贫致富步伐。重点打造一批乡村旅游示范区、乡村旅游品牌、乡村旅游示范县、乡村旅游扶贫龙头企业。着力改善乡村旅游扶贫项目区的基础设施，不断提升农家餐馆、农家旅社的接待条件，稳定贫困农村地区就业率，切实提高旅游区贫困农民的收入。

精品水果业：立足“好山好水·贵州精品水果”的核心竞争力和品牌形象定位，重点在有一定基础的区域建设万亩连片基地，加强以特色精品水果基地、时令精品水果基地和柑橘、梨及地方名特优精品水果基地为主的“三大生产基地建设”，加强以苹果种苗繁育基地、火龙果种苗繁育基地、猕猴桃种苗繁育基地为重点的“三大种苗繁育基地建设”。多渠道多层次整合资金、项目、技术及管理力量，强化果园科学管理和技术试验示范推广，广泛开展宣传推介活动，建设水果产销体系及社会化服务体系。

特种养殖产业：重点发展大鲵、梅花鹿、竹鼠、獭兔、野猪等特色养殖业是农民致富的又一重要途径。在此基础上，建立示范推广基地，依托资源，集中建设一批养殖基地、养殖专业村，形成全省特种养殖产业集群区或产业带。扶持专业合作经济组织，在养殖品种、发展规模及项目覆盖面上实现新的突破，进一步提高养殖综合生产能力。

（五）聚集要素、合力攻坚：调动一切可以调动的积极因素，着力构建“三位一体”的大扶贫新格局

专项扶贫、行业扶贫、社会扶贫“三位一体”。要把稳定解决扶贫对象温饱、尽快实现脱贫致富作为当前基本任务，强化政策措施，坚持统筹发展，把开发式扶贫作为基本方针，实行农村扶贫开发和低保两项制度有效衔接，不断深化和创新对口帮扶、定点帮扶和集团帮扶、党建扶贫、“帮县联乡驻村”等工作，推进东西扶贫协作，有序运用非政府组织扶贫帮困力量，积极动员社会各界参与扶贫事业。继续加强与联合国开发计划署、世界银行国际组织及有关国家、民间组织等减贫领域的国际交流与合作，共享经验，共谋发展，开展减贫项目合作，共同实现可持续减贫。更加注重增强自我发展能力，更加注重基本公共服务均等化，更加注重解决制约发展的突出问题，进一步巩固和完善专项扶贫、行业扶贫和社会扶贫“三位一体”的工作格局。

水利建设、生态建设、石漠化治理“三位一体”。推进《贵州省水利建设生态建设石漠化治理综合规划》实施，加快建设骨干水源和灌区水源工程，修建“五小”水利工程，加快小型农田水利重点县建设，提高水资源调配能力和保障城乡安全饮水。推进实施退耕还林、天然林资源保护、长江珠江防护林、草地开发利用等重点生态建设项目工程，构建“两江”上游重要生态屏障。大力实施 78 个县石漠化综合治理工程，着力打造国家级石漠化综合治理示范区，探索石漠化综合治理和扶贫开发相结合的途径。加强项目研究和规划设计的前期工作，加大扶贫资金和人力投入力度，确保水利、生态、石漠化项目建设稳步推进。加强对项目资金的监督管理，完善项目后评价体系，提高项目建设成效。科学规划，统筹安排，形成从根本上解决制约贫困地区经济发展的水利建设、生态建设、石漠化治理“三位一体”的大扶贫开发格局。

党政主导、部门协作、农民主体“三位一体”。以政府为主导，根据不同乡镇的发展条件和发展水平，因地制宜制定扶贫政策和具体可行的措施。针对不同贫困群体的不同特点，实行差异化的扶持措施。充分挖掘社会扶贫的巨大潜力，扩大各级党政机关、企事业单位协作层次范围。以基础设施建设为突破口，以改善农民生产生活条件为重点，以强化基层组织建设为载体，突出贫困群众扶贫开发主体地位，创新村级事务民主管理的工作机制，增强群众艰苦奋斗、自力更生、攻坚克难意识。完善政策引导，充分发挥贫困群众在社会管理中的主体作用，“集中民智、凝聚民力、汇集民意、顺应民心”，让贫困群众参与到扶贫工作的决策执行监督中，使贫困群众成为扶贫开发的受益者、建设者、管理者和监督者。

（六）多方开源、聚集资金：继续完善“四台一会”的融资机制，拓宽融资渠道，解决贵州扶贫开发中的资金瓶颈问题

“四台一会”是集组织管理平台、融资平台、担保平台、社会公示平台和信用促进会于一体的由金融主体与社会信用平台相结合的贷款融资模式。坚持把特色农业作为富农增收的重要途径，高起点、高标准规划特色农业，构建特色优势扶贫产业体系。必须从破解资金瓶颈入手，在主动对接上级各种补贴政策、提高地方补贴标准的同时，不断拓宽融资渠道。充分发挥开发性金融合作的优势，扩大试点，进一步建立完善组织管理平台、承贷融资平台、信用担保平台、社会公示平台和信用协会“四台一会”融资模式。

发挥中央财政专项扶贫资金的使用效率，着力解决制约发展的瓶颈问题，促进基本公共服务均等化，从根本上改变边远地区的落后面貌。完善“政府选择项目入口、开发性金融孵化、实现市场出口”的长效机制，以“减贫摘帽”、整县脱贫为目标，以整乡、数乡、区域连片开发为主要形式，搭建资金平台，引导金融资金、社会资金、地方财政资金、其他部门资金等多元投入，重点支持“三片六山”70个县开发性扶贫，向产业化扶贫项目、扶贫龙头企业、农业小微企业、专业合作组织、农户提供贷款，支持特色优势产业扶贫项目。积极探索财政扶贫项目贴息资金和项目直补资金引导、吸纳金融资金和社会资金，解决扶贫龙头企业融资难、担保难、贷款难的问题，逐步形成“政银企农”四方共谋扶贫开发的新格局。

坚持资金直补到户理念和扶贫项目市场化运作的原则，打造多元投入的融资方式，完善农业保险体系，逐步建立扶贫贴息贷款的激励机制和风险补偿长效机制，引导信贷资金和社会资金重点投向连片特困地区。注重运用开发性金融理念，实施新型扶贫金融合作项目，大力扶持和发展农村中小金融机构，弥补农村金融服务盲区。通过公共基础设施的改善，刺激当地私营经济的发展，吸引更多外来投资，助推产业走向市场。创新财政扶贫资金使用机制，积极探索财政专项扶贫资金有偿使用、滚动发展的新机制，提高扶贫资金组织管理水平。

（七）基础先行、民生为本：突出抓好以交通、水利为重点的基础设施建设，为打好“减贫摘帽”攻坚战夯实基础

基础设施是重要的社会先行资本，支撑和引领着产业发展。要以促进农民增收为中心，以结构调整为主线，坚持把基础设施建设和社会事业发展重点放在贫困地区。重点加大以交通、水利为重点的基础设施建设力度，切实抓好以带动贫困农户增收为重点的产业化扶贫工作，抓好农村饮水安全、农村道路改造、农村公共服务设施、石漠化综合治理等重点工程。推动公共基础设施向面上覆盖，向基层延伸，提高基本公共服务水平，切实解决事关贫困群众切身利益的就业、就学、就医、住房保障、社会保障、增收等问题。

大力实施农村通达通畅工程，加快通乡油路、通村油（公）路、通组公路建设。继续实施农村危桥改造、安保工程、农村客运站、渡口改造等工程。逐步解决农村饮水安全问题和农村工程性缺水问题，加快城乡水源工程等民生水利建设，发展城乡一体化供水，加强农村饮水安全工程运行管理，完善支持农村饮水安全工程建设的体制机制。大力开展“四在农家”、“美丽乡村”、“五园新村”等创建活动，全面改善农村生产生活条件。采取“原地分散重建”、“相对集中重建”、“地质灾害异地搬迁和原地治理相结合”、“五保户集中供养”、“局部改造”等多种方式，加快农村危房改造进程，大力改善贫困人口居住条件，重点加大对居住在深山区、石山区、高寒山区和地质灾害易发区农村贫困人口的生态移民任务，妥善解决历史遗留的库区移民安置及后期扶持问题。大力实施“土壤有机质提升工程”，加大中低产田土壤改造力度，严格保护耕地，大力推广农业科技，深入实施以工代赈，继续开展小流域治理和综合开发，确保生态建设重点工程顺利推进，提高农业综合生产能力。实施农村电网改造升级工程，加大农田灌溉、农村经济作物主产区和农副产品加工、畜禽水产养殖等供电设施改造力度。加强农村能源工程建设，重点推动和完善农村能源沼气池、改圈、配备无害化改厕、人饮工程、生态工程、通电、油路改造等基础设施建设工程，不断增强贫困群众的自我发展能力。

（八）引入竞争、创新机制：确定减贫时限、形成倒逼机制；创新减贫机制、提高减贫效益

按照“贫困村改变落后面貌，贫困户实现稳定脱贫”的要求，创新推行“倒逼机制”，问政于民、问计于民、问需于民，在组织落实上，切实做到人员、资金、项目、措施、宣传“五到位”，在具体措施上，采取“一村一策、一户一法”，突出产业扶贫、项目扶贫、智力扶贫、民生扶贫。实行重点工作重大项目倒逼制度，督促贫困地区乡（镇）、村提升执行力和落实力，保质保量按时完成重点工作、重大项目，加快推进“减贫摘帽”步伐。研究制定重点工作、重大项目实施方案，明确责任领导，细化建设任务，确定完成时限、分期进度、时间节点、质量要求、倒逼方式等。建立倒逼工作专门台账，实行数字化管理，实行定期现场调度制度，确保各项工作顺利推进。逐步完善目标倒逼进度、时间倒逼程序、下级倒逼上级、社会倒逼部门等制度。

认真抓好抓细扶贫各项工作，全面总结扶贫工作取得的成功做法、成功经验，开展创建脱贫示范村和建立村级长效机制示范村活动，做好查漏补缺，综合分析，制定切实可行方案和措施，加强督促检查，及时通报督查情况，鼓励先进，敦促后进，全力推动扶贫开发工作落到实处。明确“减贫摘帽”的时间表，制订专门的贫困户收入倍增计划，以扶贫目标任务倒逼扶贫开发成效，用倒逼机制推动贫困地区经济发展，提升质量和效益。

继续完善“减贫摘帽”的激励机制，创新扶贫对象瞄准机制，建立完善农村贫困人口差别化扶贫机制。创新扶贫工作管理体制和工作机制，继续探索创新集团帮扶、党建扶贫、“帮县联乡驻村”及领导联系点制度，着力构建大扶贫格局。进一步完善分级负责的扶贫开发工作责任机制、目标责任制及实施管理机制，明确各方责任，落实任务分工，细化工作方案，加强督促检查，完善项目库管理制度，实现项目资源共享。创新扶贫开发合作机制和协调机制，逐步完善引入发放扶贫贷款的竞争机制，积极推动贫困地区金融产品和服务方式创新。

（九）完善政策、整体推进：从政治、经济、文化、社会各方面形成“减贫摘帽”的政策系统体系

要从根本上解决贫困问题，还必须制定相应的政策法规，通过一系列的制度安排来保障贫困群体的各项权利。要以《贵州省扶贫开发条例》为基础，认真落实《中国农村扶贫开发纲要（2011—2020）》和《推进贵州扶贫开发攻坚示范区建设合作协议》，立足当前、着眼长远，研究完善新时期扶贫政策体系，建立更加有力的投入制度，创新更加完善的扶贫机制。围绕扶贫主导产业，大力推进扶贫攻坚重点工作，制定有利于边远地区尽快实现“减贫摘帽”的政策体系，不断健全和强化扶贫攻坚责任机制。从政策和制度的层面处理好专项扶贫与行业扶贫、开发扶贫与救助扶贫、政府扶贫与社会扶贫、中央扶贫与地方扶贫、外部支持与贫困人口自我发展的关系。加大科技扶贫力度，提升智力扶贫的层次和水平，进一步完善特困地区的政策扶持机制、就业培训与服务体制，建立促进农民增收致富的特殊政策体系，切实提升贫困地区、贫困群众的自我发展能力。

建立和完善连片特困地区的基本财力保障制度，构建多元化的扶贫投融资政策体系，开展互助资金融资试点，探索产业化扶贫利益联结机制，建立扶贫与其他支农政策的协调配合机制，促进扶贫贷款的政策性发放和商业化管理的互通互补，保持各项支农政策的稳定性和完整性。对特殊类型贫困地区差异进行科学划分，探索和研究配套的农村扶贫政策和制度，进一步完善财税、金融、土地、生态补偿、人才等政策的实施细则和配套改革措施，积极为贫困地区全面实现“减贫摘帽”提供强有力的政策支持和制度保障。

贵州扶贫开发模式及其绩效

吴 杰 叶 青*

摘 要

贵州在推进农村扶贫开发过程中创造了一系列具有贵州特色的扶贫开发新模式，创新了扶贫开发的工作机制，以“工业化、城镇化、农业现代化”推动扶贫，专项扶贫、行业扶贫、社会扶贫相结合的“大扶贫”格局正在逐步形成。本文分析了“晴隆模式”“长顺做法”“印江经验”“威宁试点”“减贫摘帽”新机制、“集团帮扶”等扶贫模式的基本内涵、发展历程及背景、运作模式、管理机制、扶贫效益等。

关键词

运作模式　扶贫效益　“大扶贫”格局

近年来，贵州在《中国农村扶贫开发纲要（2001—2010）》、《中国农村扶贫开发纲要（2011—2020）》、《国务院关于进一步促进贵州经济社会又好又快发展的若干意见》等中央文件指导下，紧紧围绕《中共贵州省委贵州省人民政府关于切实做好新阶段扶贫开发工作的决定》、《中共贵州省委贵州省人民政府关于贯彻落实〈中国农村扶贫开发纲要（2011—2020）〉的实施意见》、《关于加快创建全国扶贫开发攻坚示范区的实施意见》等文件精神，以增加农民收入为核心，以整村推进、产业扶贫、劳动力转移培训就业为重点，着力改善贫困群众基本生产生活条件、提高基本素质、拓宽基本增收门路，农村扶贫开发取得了阶段性成效，创造了一系列具有贵州特色的扶贫开发新模式，创新了扶贫开发的工作机制，以“工业化、城镇化、农业现代化”推动扶贫，专

* 吴杰，贵州省社会科学院区域经济研究所副研究员，研究方向为区域经济、农村经济。叶青，贵州财经大学教师。

项扶贫、行业扶贫、社会扶贫相结合的“大扶贫”格局正在逐步形成。

一、晴隆模式

（一）“晴隆模式”的内涵[1]

“晴隆模式”是指在石漠化地区通过种草养畜，利用生物手段修复生态、既治理了石漠化又促进了农民增收，产生良好的经济效益、社会效益和生态效益的扶贫开发工作经验。通过基地带动、滚动发展、集体转产等模式发展种草生态畜牧业，促进农民增收、农业增效，成为全国有效治理石漠化的典范。

（二）“晴隆模式”的发展历程及背景

2001 年，在贵州省扶贫办等各级各部门的关心、支持帮助下，投入科技扶贫资金 70 万元在晴隆县试点了种草养羊科技扶贫项目，把治理石漠化地区恶劣的生态环境与扶贫开发有机地结合起来，以科技为支撑、项目为载体、扶贫开发为目的、农业产业化为方向，建基地带农户种草养羊开展科技扶贫。经过几年的探索，在喀斯特地区成功地尝试了“生态建设与扶贫开发有机结合”的新路子，取得了显著的扶贫成效。2006 年 6 月，国务院扶贫办与中央智力支边协调小组联合在晴隆县召开了“科技扶贫（南方草地畜牧业）现场经验交流暨培训会”，国务院扶贫办、各民主党派中央和省委省政府对晴隆县这一经验给予高度赞扬和充分肯定。随后，国家农业部、国务院扶贫办、国家石漠化治理考察团相继到晴隆调研，把晴隆种草养畜增加农民收入，实现石漠化地区生态、经济和社会“三效益”相统一的扶贫开发经验称为“晴隆模式”。

（三）“晴隆模式”的发展运作模式

1. 基地带动发展模式

以晴隆县草地畜牧业发展中心为依托，以草地中心技术干部为支撑建立种草养羊示范基地，农户有两种方式参与基地建设：一种是将农户承包的责任地作价入股，并参与基地的建设管理，利益按股分成，另一种是将农户的土地评级作价后一次性补偿，根据农户意愿，优先培训并安排在基地务工，管理草地与羊群，领取劳务报酬。有的农民经过中心培训熟练掌握种草养畜技术后，草

---

[1] 林佳权：《黔西南州扶贫工作典型案例——晴隆模式》，黔西南州扶贫办，2012 年。

地中心将其聘为技术员又派到其他基地作技术指导，月工资均在2000元以上。

2. 滚动发展模式

草地中心用扶贫资金购买基础羊群、草种，无偿向养羊农户提供，农户拿出自己的土地建设草场，在中心的指导下进行放牧、守牧和草地管理。中心为养羊农户提供羊圈建设资金补助和技术服务，并负责销售羊只，从第二年开始，中心与养羊农户按2:8的比例分配增加的羊群，每年结算一次。待第五年后农户自有羊达到50只或存栏年达90只时，中心根据农户脱贫情况，按原发放数量收回基础羊群，然后以同样方式发放给另外的贫困户饲养。通过这样滚动发展，一方面扩大了项目对贫困户的扶持面，农户不出资金就能获得基础羊群发展生产，收入稳定增长；另一方面中心也在没有增加其他投入的情况下，规模逐步扩大。

3. “中心+合作社+农户”发展模式

草地中心帮助实施项目的片区建立养羊专业合作社，合作社上联中心，下联农户，主要负责组织协调该片区发展新的养羊户、解决养羊农户之间草地等利益关系，负责搞好合作社草场建设以及羊群的日常管理，参与中心对合作社羊群的销售。每销售合作社1只羊提取4元钱作为专业合作社的日常管理费用。

4. 集体转产发展模式

即整村推进，连片发展，彻底改变原有产业结构的形式。具体做法是：发动农民将土地全部拿出来，统一规划、统一种草、分片区管理、分户饲养、分户核算，进行规模化养殖。中心长期派技术人员蹲点，负责提供草种、种羊、配套技术服务和销售商品羊；农户负责种草、放牧、守牧、管理草地。在利益分配上，第一年不分成，收入全部归农户，第二年以后利润中心与农户按2:8比例进行分成。中心所分得部分，又用于扶持其他农户，逐步实现连片规模发展。

5. 信贷担保发展模式

主要是对具有一定生产经营能力和经济基础较好的农户，由中心向银行担保，为每户农户贷款1~2万元发展种草养羊。中心负责技术培训、技术服务、商品羊销售等，防疫治病只收成本，无偿提供种公羊，帮助农户选购基础母羊，协调解决发展中出现的问题，利润按1:9比例分成（中心占1成，农户占9成）。中心所得分成仍用于扶持其他农户。

6. 农户自我发展模式

以土地入股或被中心吸收的农户，经过3~5年的发展，在不断得到中心的技术指导和培训后，对羊的饲养管理、疫病防治、草地管理都能熟练掌握，并有一定数量的自有羊群后，凡不想再隶属于中心、自愿要求自己饲养的农户，中心为该养羊农户每8个月更换一次种公羊，每年负责春秋两季羊群的防疫疫苗注射，负责销售农户的商品羊，从销售利润中提取10%作为技术服务费。

（四）“晴隆模式”的管理机制

1. 中心与农户利益联动机制

即中心将技术人员的工资、奖金、职称评定等与工作目标完成情况及农户的经济效益情况挂钩，每个技术人员负责的示范基地及养殖农户要达到“三个95%”，承包片区内种草养羊农户每年的现金收入要在5000元以上，并建立相应的奖惩制度，规范技术干部的服务目标和标准。

2. 扶贫资金效益扩大机制

由政府和扶贫部门牵头协调有关部门，将扶贫资金作为引导资金、黏合剂，引导更多的资金投入扶贫开发，本着统一规划、集中使用、渠道不乱、任务不变、各尽其职、各计其功的原则，使有限的扶贫资金发挥更大效益。比如用扶贫资金购买基础羊群提供给贫困农民饲养，新增加羊群按比例分成，经过几年发展，再把基础羊群收回来循环利用，这不是一个简单的周转，它在周转过程中实现了扶贫资金的良性循环使用。

3. 龙头企业为农民服务激励机制

县草地发展中心是事业单位，也是国家级扶贫龙头企业，实行事业单位、企业管理双重考核制。政府领导与中心负责人、中心负责人与技术干部、技术干部为农户服务层层签订目标管理责任书，技术干部的工资与所服务的养羊户羊只增长数量、成活率、死亡率、等指标挂钩，充分调动技术人员、管理人员的积极性，为养羊户的发展提供保障。

4. 瞄准贫困群体机制

统筹兼顾，机制灵活，区别对待，对贫困农户，中心无偿提供基础羊群，无偿提供培训服务，降低利润分成比例，延长畜群的收回时间等，对非贫困户中心实行为其担保，到银行贷款来发展养羊，使贫困户与非贫困户扶持标准有所区别，形成了瞄准贫困群体的机制。

（五）“晴隆模式”的扶贫效益

十二年来累计投入扶贫资金14924.17元，其中财政专项扶贫资金6653万元，科技扶贫资金8271.17万元，整合省直有关部门资金3400多万元。从2001年的1个村开展试点发展到2012年全县范围168个村（村级整合前，全县共计185个行政村），养羊农户从2001年的30户发展到2012年的12800户，建有可供服务的种畜场15个，扩繁场49个，聘用农民技术辅导员400人。种植人工牧草42万亩，改良草地20.5万亩，羊存栏由2001年的2600只增加到2012年的42万只，累计销售商品羊50万只，项目区农民人均年现金收入从630元增加到5900元。养羊户年均收入3万元以上，最高达13.8万元。每年治理水土流失面积20平方千米左右。

二、长顺做法

（一）“长顺做法”的基本内涵[1]

“长顺做法”，是长顺县在扶贫开发工作中，从产业化扶贫修复生态、治理石漠化入手，破解贫困问题，采取“资源大整合、项目大集中、社会大参与、群众大发动”连片大开发的方式，大力发展山地立体生态农业，总结出的“一业为主、多品共生，种养结合、长短互补，多种经营、循环利用”的扶贫开发模式。

（二）“长顺做法”的指导思想

1. 树立大扶贫理念

“长顺做法”深入贯彻落实科学发展观，以科学理念引领扶贫开发。坚持把扶贫开发纳入党委政府的重点工作，努力构建政府主导、农民主体、社会参与、合力攻坚的“大扶贫”格局，政府、社会、企业、农民全方位参与，统筹各类要素，整合各类资源，实行连片大开发。坚持做到四个结合：将扶贫开发与产业打造相结合，集中支农惠农资金引导农民发展增收产业；将扶贫开发与石漠化治理相结合，积极探索水利、生态、石漠化治理“三位一体”的新模式，坚持石漠化治理、水利生态建设、产业培育“三措并举”；将扶贫开发与基础设施建设相结合，增强贫困山区自我发展能力，不断改善贫困群众的生产生活条件；把扶贫开发与提高人口素质相结合，强化基础教育，搞好技能培训。

---

[1] 黔南州扶贫开发局：《科学发展作指引 扶贫开发谱新篇——“长顺做法”的实践与启示》，2012。

2. 树立以人为本扶贫理念

始终以增加贫困人口收入、减少贫困人口数量、改善生产生活条件和提高农民素质为目标，以贫困片区和贫困村为重点区域，以贫困人口为重点对象，着力创新体制机制。尊重贫困农民的主体地位，加强民主管理，推行扶贫资金“三制”管理即：项目备案制、公示制和责任追究制，提高资金使用效益；探索建立以农民为主体的扶贫项目后期管护责任制，确保项目长期发挥作用。

3. 树立造血扶贫理念

积极培养群众“自尊、自信、自立、自强”精神和品质，摒弃不思进取的思想和“等、靠、要”的观念，转变“小富即安”的小农思想，激发贫困群众“我要脱贫”的强烈愿望。坚持“治穷先治愚，富民先富脑”，强调“知识改变命运，技能创造财富”，从提高群众的自我脱贫能力和自我发展能力入手，整合各方面的培训资源，加强对农民的科学文化、市场经济、实用技术的教育培训，加大科技扶贫力度，提高贫困群众素质。树立持续发展扶贫理念。坚持产业化扶贫，积极帮助贫困乡村谋划好、组织好、实施好扶贫项目，引导他们以市场为导向，调整经济结构，开发当地资源，走上自我积累，自我发展的道路。用现代农业的理念抓农业，把产业培育作为支撑，精心谋划近期、中期、远期产业发展，推广一次投入、滚动发展、长期利用、扶持到户的方式，做到长短结合，通过产业发展使农民持续增收致富，为贫困群众找到一条有效的、可持续的增收路子，变“长远扶”为“扶长远”。

（三）“长顺做法”的主要措施

1. 科学规划，有序推进

坚持规划先行，长顺县专门邀请有关专家和业内人士编制了《长顺县农业产业化规划》、《山地农业扶贫规划》、《长顺县十二五扶贫规划》、《长顺县减贫摘帽扶贫规划》、《“185”工程规划》、《长顺县喀斯特石漠化综合防治规划》等，根据全县不同区域、不同资源条件，重点打造四条产业带：北部优质烟叶产业带，中北部果猪沼立体循环农业产业带，中南部喀斯特山区立体生态农业扶贫开发产业带，中北部农副产品加工产业带。在集中连片、特殊类型贫困程度最深的石漠化山区，以竹子托一线为重点，按照“点轴衍生”的模式，规划建设产业发展、基础设施建设、社会事业发展 3 个大类 9 个子项目。

2. 整合资源，综合开发

积极抢抓被列为国家“县为单位、整合资金、整乡推进、连片开发”项目试点县、全国 100 个石漠化综合治理试点县及全省 43 个草地生态畜牧业产业化项目试点县的机遇，充分发挥扶贫资金的“引领”作用，积极整合发改、农业、林业、水利、交通、民政等方面的项目，打好“组合拳”，集中财力、物力、人力，综合投入，各记其功，避免部门资金撒胡椒面、单打一，各自为战，充分发挥资金的集合效应。通过对项目和资金进行有效整合，试点资金从开始的 1000 万元整合成 4443.21 万元，惠及农户 4132 户 17865 人。坚持石漠化治理、生态建设、产业培育“三措并举”，积极探索“封、改、种、养、集、护”的开发方式，封山育林，改造低产林、改造中低产田土、改善群众生产生活基础设施，植树造林、退耕还林、种草、种经济林，发展山羊、青草鹅、绿壳蛋鸡养殖，发展现代集雨农业、高效灌溉技术，加强植被管护，发展农村沼气，推广节能炉灶，减少薪柴砍伐。

3. 产业支撑，持续发展

结合各类扶贫项目的实施，因地制宜在石漠化山区大力发展立体生态农业。短期针对区域内退耕还林还草的农户，在未产生效益前，县财政每年挤出资金每亩按 239 万元的标准作为转产农户的吃粮补助，并积极扶持农户发展种草养鹅、林下养绿壳蛋鸡、高效集雨池中养鱼，确保当年见效；中期扶持农户发展种草养羊产业，确保三年大见成效；长期以草地种植优质核桃为主，确保五年见成效。通过长短结合，使群众能够在 3 至 5 年后有较为稳定的收入，基本走上稳定脱贫致富的道路。

4. 创新机制，激发活力

建立投入保障机制，坚决保障退耕缺粮户的吃粮问题，对种植 100 亩以上经果林的农户实行 3 年贷款贴息，注资 1000 万元成立县担保公司为农业产业发展提供担保。建立农民利益连接机制，建立农村合作组织，成立以大户为核心的专业合作社，通过“土地入股”将土地流转给大户，每亩按 7∶3 的比例参与分成，并由协会组织生产和销售，打捆抱团发展，把生产量小的分散农户连接起来共同进入市场。建立科技支撑机制。依托贵州大学等省内外十多家科研院所，引进各类专家、专业技术、技能人才 50 多人，取得各类科技、管理、试验成果 10 多项，借“脑”借“智”治理石漠化，促进扶贫开发。建立龙头带动机制，通过培育壮大 10 多家龙头企业，建立技术推广繁育中心，不断提高产品质量。建立“参与式”扶贫开发机制，在实施扶贫开发过程中，让群众成为扶贫开发的主体，成立“组管委”，赋权予民，引导群众参与扶贫项目的立项、评估、实施、监督、验收、管理的每个环节，激发群众的主人翁意识，调动积极性，发挥创造性。建立结对帮扶机制。建立挂乡包村制度，全县机关单位、各乡镇干部职工均与贫困户建立了结对帮扶关系，帮扶贫困农户筹资金、传信息、出点子。

5. 组织领导，强化保障

实行“集团承包”，变“部门单打”为县级统筹，由县四家班子成员按区域分别牵头承包，县直部门领办、乡镇主体实施，严格实行年度考核排位制度，有奖有罚，全县上下形成了合力攻坚、带民奔富的良好局面。出台优惠政策，鼓励机关干部预领五年工资到项目区带头发展产业，做给农民看，带着农民干，帮助农民赚，全县共有38名干部领办农牧场30余个，形成了以机关干部种养殖示范点为核心的示范小区20多个，带动周边300多户农民发展种养殖业，有力推动了扶贫开发工作的深入开展。积极探索“在艰苦环境中选干部，在产业上用干部”的任免机制，先后选派541名干部职工组成工作队深入项目区驻村工作，41名优秀干部被选拔。建立产业党支部，创立“产业建支部，品牌闯销路，党员带头富，群众增收入”的党建扶贫新格局，搭建“乡镇党委—村（社区）党总支—产业党支部—党小组”的四级管理框架，形成了以能人党员为骨干、农户为主体的齐抓共管局面。

（四）“长顺做法”的成效

初步扭转了“水土流失—土地石漠化—生活贫困”的怪圈，实现了“生态改善—产业发展—农民增收”的良性循环。全县农村贫困人口从2005年的7.55万人减少到2010年的4.13万人，农民人均纯收入从1712元增加到3555元，森林覆盖率从30.5%提高到45.9%。

三、印江经验

（一）“印江经验”的内涵[1]

“印江经验”，是印江县在“县为单位、整合资金、整村推进、连片开发”项目试点过程中，逐步形成的“整合资金、从整乡到整县推进、连片开发”扶贫开发模式。

（二）“印江经验”的起始与形成

2007年，印江县成为全国首批全省首个“县为单位、整合资金、整村推

---

[1] 铜仁市扶贫办：《印江县典型经验》，2012年。

进、连片开发”项目试点县。县党委政府在基础最差、群众最穷、生产生活条件最落后的杉树乡开展试点，开始了对集中连片贫困区域扶贫开发工作的积极探索。坚持将财政扶贫资金与部门涉农资金整合、基层组织建设与扶贫开发工作结合、基础设施建设与产业化扶贫配合、整村推进与连片开发融合、企业发展与基地建设联合，以国家试点专项资金950万元为引子，整合部门资金5493.9万元，实施了粮食自给工程、基础设施建设、农业产业化、社会事业发展和产业配套服务建设5大类203个子项目，覆盖杉树乡全部14个村1.8万人，取得了项目区人均纯收入增长49%，贫困发生率下降到20%的成绩，实现了扶贫开发“整乡推进”。

为进一步加快脱贫致富步伐，探索扶贫开发新路子，2010年3月，印江县在“县为单位、整合资金、整村推进、连片开发”项目试点的基础上，启动了“全县农村居民增收致富行动工程”，按照“统一规划、分步实施、区域推进、连片开发、试点先行、以点促面、长短结合、统筹兼顾”的原则，努力探索扶贫开发工作由“整乡推进”向“整县推进”转变。

（三）“印江经验”的指导思想

坚持“政府主导、社会参与、自力更生、开发扶贫”的方针，以实施“县为单位、整合资金、整村推进、连片开发”试点项目和“农村居民增收致富行动工程”为载体，按照“统一规划、分步实施、区域推进、连片开发、试点先行、以点促面、长短结合、统筹兼顾”的原则，以提高群众收入为核心，以整合资源实施产业化扶贫为重点，探索和深入实施扶贫开发“整县推进”。

（四）“印江经验”的主要措施

（1）统一规划、分步实施。以基础设施建设和农业产业结构调整为主要手段，科学规划、分步实施了以农业产业化、劳动技能培训、基础设施建设等工程，努力促进群众增收致富。

（2）区域推进，连片开发。大力推广杉树乡“县为单位、整合资金、整村推进、连片开发”扶贫试点建设经验，因地制宜规划建设产业发展专业乡（村、组、户）和产业带，引导群众集中连片发展产业，努力做到“户有经营项目、村有主导产业、区域有整体效应”。

（3）试点先行、以点促面。坚持一手抓全县面上群众增收致富，一手抓试点村群众的增收致富。采取整合资金、集中投入、整村推进的方法，将项目和资金向试点村倾斜，集中力量建设试点，确保试点既出成效又出经验，通过试点引导，逐步全面推开，达到以点促面的目的。

（4）党政主导、群众主体。充分发挥党委、政府在实施群众增收致富行动中的主导作用，确立 35 个示范村，由县四家班子成员直接联系，108 个县直部门与村结对帮扶，广泛动员社会各界以多种形式参与，充分发挥广大农民群众的主体作用，广泛调动农民群众积极主动参与，集中力量打响扶贫攻坚战。

（5）注重结合、确保实效。坚持长效产业与短平快产业相结合，扶贫和扶智相结合，开发式扶贫与救助式扶贫相结合。建立“一乡（村）一策一干部”的工作机制，根据村、组、农户具体情况和发展意愿确定发展载体，确定帮扶措施，突出工作重点，确保取得实效。

（五）“印江经验”的成效

2010 年，全县 35 个试点村实现人均增收 600 元以上，各村实现人均增收 400 元以上。

四、威宁试点

（一）“威宁试点”的内涵[1]

“威宁试点”，即威宁喀斯特地区扶贫开发综合治理试点，是“以工业化、城镇化、农业现代化同步推动经济社会发展，创新管理制定，整合资源，综合推动扶贫开发”的模式。

（二）“威宁试点”的工作背景

威宁彝族回族苗族自治县地处贵州西部，是全省面积最大、海拔最高、人口众多的县，全县农村贫困程度较深，基础设施薄弱，结构调整进程缓慢。2009 年 9 月，胡锦涛总书记、温家宝总理、回良玉副总理在新华社《国内动态清样》第 3629 期上就威宁县的农民陷入卖血、盗采、超生的“怪圈”问题作出重要批示。胡锦涛总书记重要批示指出：“看了此份报告，甚感内疚。毕节生态治理、扶贫开发已经 20 年，威宁有如此地方仍处在‘三穷’状态。希望你们认真研究部署，采取有力措施，经过几年艰苦努力，帮助贫困群众切实

[1] 威宁县扶贫办：《“威宁试点”工作总结》，2012 年。

脱贫”。温家宝总理重要批示指出：“要重视加强威宁的扶贫工作，对每户每个村都要作出科学而具体的规划和措施，并狠抓落实。扶贫办要给予指导和支持”。回良玉副总理重要批示指出：“锦涛总书记的批示充满感情，发人深省。扶贫开发工作确实是任务艰巨，责任重大。国务院扶贫开发领导小组要认真传达学习，进一步提高思想认识，细化量化政策举措，坚决打好扶贫开发攻坚战”。同月，胡锦涛总书记等国家领导人再次对威宁工作作出重要批示，同意将威宁县列为喀斯特地区扶贫开发综合治理试点县。

（三）“威宁试点”的指导思想

“威宁试点”工作开展以来，威宁县提出了“怀感恩之心，立奋斗之志，举发展之旗，聚团结之力，提速发展，提前脱贫，经济倍增，加快转型，奋力实现威宁经济社会大发展、大繁荣、大跨越”的主基调；确立了以富在农家增收入、学在农家长智慧、乐在农家爽精神、美在农家展新貌的“四在农家”破解“三农”难题；以把忠心献给祖国、孝心献给父母、爱心献给社会、诚心献给他人、信心留给自己的“五心教育”提升全民素质；以正党风、清政风、淳民风、浓学风、转作风、优行风的“六风”建设创建发展环境；坚持以“威宁试点”推动发展、以新型工业化引领发展、以城镇化拉动发展、以合理利用资源科学发展、以改善环境支撑发展、以构建和谐社会协调发展、以党的建设保障发展的“七个坚持”谋划发展的“四五六七”工作思路。努力实施强农稳县、扶贫助县、项目立县、工业富县、旅游活县、科教兴县“六大战略”；强力推进经济建设、政治建设、文化建设、社会建设、生态文明建设和党的建设“六大建设”；着力创建富裕威宁、平安威宁、生态威宁、开放威宁、文明威宁、和谐威宁“六个威宁”；千方百计增一产、强二产、扩三产，集中力量打基础、建基地、上园区，艰苦拼搏实现以“三化”带“三农”、城乡共繁荣；力争创建全国优质烟叶基地、全国生态畜牧养殖基地、全国马铃薯种薯和鲜薯生产基地，全国高原反季节蔬菜基地，全国农特产品加工基地，全国高原湿地生态休闲旅游中等城市“六张国家级名片”。

（四）“威宁试点”的主要工作措施

（1）坚持解放思想优先。要求全县广大党员、群众从不思进取的萎靡中振奋起来，从畏难发愁的悲观中解脱出来，以改革的思路、开放的思维、创新的观念，不断探索发展的新思路，在解放思想中转变观念，在转变观念中谋求发展。

（2）坚持基础设施优先，着力突破“发展瓶颈”，推进支撑能力不断提高。着力推进水、电、路等基础设施建设，破解长期以来制约全县经济社会发展的“瓶颈”。聘请专业技术人员对道路交通工程进行了合理规划和整体设计。坚持“向内挖掘、向上争取、向外引进”，拓宽资金来源渠道，加大对水电路基础设施建设的投入。对公路建设安全工作进行定期检查，加强对施工方的安全生产技术指导，对工人进行严格的安全生产技能培训，提高施工人员的安全生产意识和技能。抓住关键环节，落实督促措施，将工程建设相关指标纳入责任领导的年度目标考核，兑现奖惩；抽调专门人员不定期对工程质量、工程进度、资金使用、安全保障等进行督导。

（3）坚持民生民计优先，树立“民生为本”发展理念，推进民众幸福指数提升。抢抓机遇，进一步强化民生意识，改善民生，促进民和，确保民安。着力攻克“住房难”、“基本生活保障难”、“养老保障难”“群众看病难看病贵”、“就业难”等问题，用干部的“辛苦指数”，换来群众的“幸福指数”，让改革发展的成果更多地惠及广大人民群众。

（4）坚持结构调整优先，以“四在农家”破解“三农”难题，推进农业产业化经营。着力做好贫困地区的文章到发达地区去做，以农业产业化带动农民增收；农业的文章到工业去做，以工业化带动农业增效；农村的文章到城镇去做，以城镇化带动农村发展“三篇文章”，开展了“富在农家增收入、学在农家长智慧、乐在农家爽精神、美在农家展新貌”为主要内容的“四在农家”破解“三农”难题。以“富在农家增收入”为前提，采取“六大”措施推进农业产业化经营。切实做好马铃薯、玉米、蔬菜等农业产业“三个一工程”，即一个产业一个规划、一个政策性意见、一篇总结文章；充分发扬“三动”精神，即动感情，动脑筋，动真格，每一个产业成立了一个领导小组和办公室，明确一名县领导负责，实现了产业发展的前瞻性、科学性和合理性。引进了恒丰农业开发有限公司、天宝生态农业有限公司、深圳爱心培食品有限公司、郅臻食品科技开发有限公司等10余家企业入驻工业园区。对公司、专业合作社获得的知名商标、地理标志等分别奖励20万元。在35个乡镇成立了土地流转服务中心，实现土地流转。成立了“县农业产业发展投资公司”，为扶贫贷款提供担保，抢抓发展先机。

（5）坚持扶贫开发优先，全力总攻“绝对贫困”，推进“减贫摘帽”目标实现。采取“五个有效措施”，推进扶贫开发工作的深入开展。一是加强组织领导。在国家层面成立国务院扶贫办主任范小建任组长、国家相关部委为成员的国家协调小组，省、市分别成立“威宁试点”领导小组的基础上，县成立了以县委书记为第一组长的高规格“威宁试点”领导小组，形成了县、乡、村、群众四级联动工作机制。充分尊重民意，集中编制了县、乡、村 677 个参与式扶贫发展规划（1 个县级总规划、31 个部门子规划、35 个乡级规划、610 个村级规划）。二是衔接两项制度。衔接农村低保和扶贫开发两项制度，对有劳动能力和劳动致富意愿的贫困人口全面实施扶贫政策，对没有劳动力或劳动能力丧失的贫困人口实行低保救助。三是抓好项目扶贫。加强与中直机关、国家有关部委和九三学社中央、招商局集团、深圳市对口办、深圳市南山区等对口帮扶单位的联络联系，积极争取各级各部门的大力支持和帮助。坚持扶贫规划到村、项目安排到村、扶贫资金到村、跟踪管理到村，政策扶持进户、技术服务进户、产业培植进户、扶贫效益进户“四进村、四进户”，扶贫资金集中用于扶贫攻坚地区，对哪个村先上，哪个村后上，实行申报制，对群众积极性高、项目实施好、能自力更生的，进行优先安排、择优扶持。四是推进改革试验。大力构建扶贫开发整县推进、集团帮扶和扶贫开发投融资“三大改革试验机制”。六是创新扶贫模式。全面开展了点面结合的区域性连片开发模式、产业化扶贫模式、劳务经济带动扶贫开发模式、非农产业助推扶贫开发模式、科技扶贫模式“五种模式”，千方百计确保实现贫困群众“脱贫摘帽”。

（6）坚持园区建设优先，发挥资源优势，推进新型工业化进程。与机械三元规划设计院等设计单位对接，在广泛调研的基础上，制订出科学合理的园区发展规划，提出“工业进园区”工作方针，按照“工业园区化、园区产业化、产业集群化”的要求，积极争取贵州威宁经济开发区建设，并经省人民政府批准成立，辖五里岗、金钟、巴西 3 个工业园。对产业关联度大、带动力强项目，在用地和优惠政策方面予以倾斜，进一步加大软硬环境建设力度。园区管委会高起点、高水平建设园区内道路、供电、通讯、给排水等基础设施，为企业入驻项目创造好的条件。

（7）坚持城镇建设优先，加快城镇化进程，推进城乡统筹发展。围绕“百鸟之都、阳光威宁”发展定位，以适当的人口规模、便捷的交通通讯、合理的土地利用、优美的居住环境、良好的治安秩序、有效的景区保护、完备的功能设施、严格的卫生管理、健全的社会保障为要求，科学规划，改造完善旧城，拓展开发新区，拉大县城框架，完善城市功能。编制和实施 2011—2030 年县域体系规划、城镇总体规划和集镇规划，《城市总规》、《大桥组团、老城组团控规》、《老城风貌整治规划》和《旅游城市设计》。按照“改造老城区、建设新城区”的理念拉开框架，以老城区为依托，实施以草海开发保护为重点的“南退北进、东缩西移”县城发展战略，新城区建设达16平方公里。加强了地下管网建设，统筹协调各类工程管线的规划、建设管理，注重城镇与五里岗经济开发区和金钟工业园区的衔接和融合。以县城中心城市为核心，辐射全县形成“一核、两轴、四片区”的城镇空间布局结构，即以县城中心城市为核心，加快推进金钟、迤那、雪山、黑石4个次中心城市建设，形成以六盘水至昭通高速公路的横向发展轴、以毕节至宣威高速公路的纵向发展轴；建成以雪山为中心的北部城镇区，以迤那、中水为中心的西北部城镇区，以黑石、哲觉为中心的西南部城镇区，以金钟、东风为中心的东南部城镇区。全面推进幸福小镇建设，将城区56条街道、16个村（居）委会、乡镇及公路沿线划分给四大班子领导和县直单位监督管理，采取执法部门管立面、环卫部门管地面、治安部门打窝点、通信部门停机号、街道社区抓配合等综合性措施。推行“一办一队一协会”管理模式，将县爱卫办、文明办和整治办69名职工整合为整治创建办；组建了60人的市容监察服务队伍，重点对城区“门前三包”、市容市貌进行监管；在旅游、旅馆、餐饮等行业分别成立了整治管理协会，带头抓好本行业的整治工作。对县城280栋6950户楼群院落，实行单位院落单位管、散落院落社区管、乡村区域村委会管的“网格化”管理。

（8）坚持人口控制优先，全力破解“超生怪圈”，推进造林绿化保生态。围绕人口和计划生育工作“双降”目标，多措并举，多管齐下。设立人口计生“升位摘牌”领导小组；从县直机关抽调35名科级干部成立人口和计划生育工作督导组；乡镇的工作由乡镇党委书记全面负责，乡镇长专抓人口和计划生育工作；每个乡镇配备1名专职计生副乡镇长，切实抓好人口和计划生育工作。建立定期自查和向上级党政、人口计生部门报告工作进展的制度。实行家庭、学校、社会“三位一体”负责制，坚决控制早婚非婚生育。杜绝政策外生育，设立“人口·生育关怀基金会”。强化依法行政，加大考核奖惩。

（9）坚持教育事业优先，全面推广“五心”教育，推进人口素质提高。启动实施了乡镇幼儿园建设、职业学校建设、薄改工程建设、义务教育学校标准化建设、教师周转房建设、教师培训等工程项目。开展了以“忠心、孝心、爱心、诚心、信心”为主题开展“五心教育”活动。编写了“五心”教育地方德育教材，分为小学、初中、高中各学段一套三册，经贵州省中小学教材审查委员会2011年审查通过，成为全省第一套中小学地方德育教材。

（10）坚持加强和创新社会管理优先，推进“平安威宁”、“和谐威宁”，推进社会和谐稳定。针对过去社会治安形势严峻，人民群众安全感低，2009年为全省排名倒数第三，被列为社会治安重点挂牌整治县的实际。加大对黑恶势力和“两抢一盗”打击力度，用铁的手腕拔掉地方黑恶势力，刑事发案、“两抢一盗”案件发案数大幅下降。

（四）“威宁试点”的成效

（1）经济发展势头强劲。2011年威宁县经济发展综合测评排名位居全省15位，同比2009年上升39位、同比2010年上升6位，实现了增比进位、创新突破目标。

（2）农村面貌大幅变化。以交通、水利、电力等为重点的基础设施建设取得新突破。2010—2012年，新修通村公路687公里、通乡油路424公里、通村油路873公里，解决了18个乡镇不通油路、115个村不通公路的困境，有效缓解交通“瓶颈”制约。

（3）民生问题有效解决。截至2012年4月，实现新型农村养老保险参保42.41万人、参保率83.3%；健全城乡最低生活保障制度，纳入农村低保23.9万人、城镇低保6111人，实现“应保尽保”；新增完成30所农村敬老院建设，实现乡乡有敬老院；完成1620户老年公寓集中建设，集中供养了1431名五保对象，百姓认同感、归宿感、幸福感进一步增强。新型农村合作医疗参合率达99.23%，同比2009年提高了5.77个百分点；城镇居民基本医疗保险参保率达96.26%；完成了34所乡镇卫生院和356个村卫生室建设，实现乡乡有卫生院，村村有卫生室、卫生员；燃煤污染型氟中毒病区改炉改灶3.2万户，地氟病现象得到了有效预防和控制。2011年培训农民11.66万人、比2009年增加5.66万人；引导贫困群众通过参加工程建设，获得劳动报酬，实现农村剩余劳动力转移18.2万人、创劳务收入达30亿元以上。

（4）扶贫攻坚成效明显。2009—2012年，全县24个扶贫重点乡镇中实现了16个乡镇“减贫摘帽”，净减少贫困人口18.09万人，打造了么站镇新飞村、东风镇元木村、炉山镇新庄村和迤那镇、海拉乡、板底乡等许多扶贫攻坚示范点，许多昔日的上访户和贫困户现已变成了致富的带头人和政策发展的宣传员。

（5）“三化同步”进程加快。全县项目数量明显增加，投资规模不断加大，由五里岗工业园、金钟工业园、巴西工业园构成的“一轴两翼”园区经济集群发展和集约发展效应初步形成。城镇化水平不断提升，全面启动特色小城镇建设，重点镇建设速度明显加快，城镇化率由2009年17.51%提高到

2012 年 21.69%。农业产业化迈出新步伐，积极发展草地生态畜牧业、马铃薯产业、烟草产业、蔬菜产业、精品苹果五大特色产业，实施了“五个百万”工程，即：100 万亩草地生态畜牧业基地、100 万亩马铃薯种薯和鲜薯基地、100 万亩蔬菜和中药材基地、100 万担优质烟叶基地、100 万亩的经果林基地，打造了双龙—哈喇河—观风海—秀水的 10 万亩“草地生态畜牧业产业化科技扶贫示范百里长廊；建设了迤那镇湖南中烟“芙蓉王”、黑石镇湖北中烟“黄鹤楼”、秀水乡贵州中烟“贵烟”及草海镇湖南中烟“白沙新烟区”基地单元，打造了 10 余万亩高质量、高标准高原烟海，有效增加了农民收入。

（6）人口计生取得突破。采取对全县 35 个乡镇按照一、二、三类乡镇分类管理、分类指导，全县乡、村两级“想抓、敢管”的态势基本形成。2010 年度实现人口出生率 12.1‰，在 2009 年的基础上降低了 3.24 个千分点、少出生 4167 人；2011 年实现人口出生率 9.08‰，在 2010 年的基础上又降低了 3.02 个千分点、少出生 4960 人。多年来二女户结扎难的困境得到有效突破，扭转了人口过快增长的被动局面。

（7）生态环境明显改善。开展了野马海、凉山等小流域石漠化综合治理试点工程，完成石漠化治理 34.87 平方公里、控制水土流失 45 平方公里。完成各类营造林 60.61 万亩，森林覆盖率由 2009 年的 34.6% 提高到 2012 年的 38.64%。

（8）安全生产形势向好。始终保持打击非法采煤采矿的高压态势，全县非法煤窑“保护伞”全部被抓获处置，煤窑全部被炸封或依法关闭。2010 年、2011 年安全生产分别获全市一等奖和二等奖。

（9）社会事业发展加快。教学质量稳步提高，2011 年参加普通高考 4308 人，本科专科上线 4255 人，综合上线率达 98.77%；高考质量综合评比由五年前全区挂末连续两年跃居全市前列。以“忠心、孝心、爱心、诚心、信心”为主题开展“五心教育”活动，编写了“五心”教育地方德育教材，成为全省第一套中小学地方德育教材。信访工作成效明显。2009 年全县进京上访达 146 人次，名列全省、全区之首，2010 年进京非正常上访仅 1 人次；2011 年实现赴京“零非访”、无赴省市“集体访”，消除了进京赴省市上访现象。社会治安大幅转变。2010 年成功摘掉了治安黄牌，2011 年人民群众安全感测评上升到顺数 47 位，公、检、法机关满意率大幅提升，为人民群众创造了舒心、安心、放心的社会环境。随着环境的改善，海内外客商纷纷前来投资创业，游客大幅度增加，旅游综合收入大幅提升，2011 年实现旅游接待人数 205.25 万人次，旅游收入22.2亿元、同比2009年增长64.2%。

五、“减贫摘帽”新机制

（一）“减贫摘帽”新机制的内涵

“减贫摘帽”新机制，指针对贵州省50个重点县、83个有扶贫开发任务县中的934个贫困乡，实行“摘帽不摘政策”激励措施。对提前“摘帽”的重点县、贫困乡，原有扶持政策不变，并从“摘帽”当年起至2018年，每年给予定额奖励，确保全面完成“摘帽”任务。“摘帽不摘政策”坚持对下不对上的原则，执行省定标准，不与国家层面挂钩，保持国家对贵州的扶持政策不减弱。

（二）“减贫摘帽”新机制的形成

2011年1月，《贵州省政府工作报告》提出“鼓励有条件的县加快脱贫步伐，采取‘摘帽不摘政策’的办法，对提前实现整体脱贫的扶贫开发工作重点县，继续保留原有扶持政策，并给予奖励”。2011年3月，贵州省委省政府出台了《关于对国家扶贫开发工作重点县加快扶贫脱贫攻坚步伐进行奖励的意见》（黔党发［2011］1号），明确提出了“减贫摘帽”新机制的目标、政策对象、评估标准、激励措施。2012年1月，贵州省委省政府制定了《中共贵州省委贵州省人民政府关于贯彻落实〈中国农村扶贫开发纲要（2011—2020）〉的实施意见》（黔党发［2012］3号），进一步提出了“创新扶贫开发机制，全面推行‘减贫摘帽’激励措施”的要求。2012年10月，中共贵州省委贵州省人民政府制定出台了《关于加快创建全国扶贫开发攻坚示范区的实施意见》，再次提出了要“创新完善‘减贫摘帽’激励机制”。

（三）“减贫摘帽”新机制的目标

到2015年，全省实现30个重点县、500个贫困乡“摘帽”。到2018年实现50个重点县、934个贫困乡全部“摘帽”。

（四）“减贫摘帽”新机制的奖惩措施

2012年《关于加快创建全国扶贫开发攻坚示范区的实施意见》指出：对提前“摘帽”的重点县、贫困乡，原有扶持政策不变，并从“摘帽”当年起至2018年，每年给予定额奖励，在产业发展、石漠化治理、水利设施建设、生态建设等项目上优先给予安排。实行“摘帽”绩效与政绩考评挂钩，使

"摘帽"县、乡政治上有荣誉、组织上受重用、经济上能受益。对发展成效显著、提前"摘帽"的重点县、贫困乡党政负责人，经考核评定合格，符合干部选拔任用条例的，优先提拔任用。对扶贫开发工作不重视、成效不明显、经济发展缓慢、贫困发生率上升、群众收入差距拉大或未按规划完成"减贫摘帽"任务的重点县、贫困乡党政主要负责人进行行政问责。

（五）"减贫摘帽"新机制的成效

"减贫摘帽"新机制的出台和完善，极大地调动了贵州县乡基层扶贫开发工作的积极性，2011 年，盘县、施秉县、兴仁县 3 个国家扶贫开发工作重点县、开阳县禾丰乡等 66 个贫困乡镇实现"减贫摘帽"，其中兴仁县主动申请并实现了"减贫摘帽"。2012 年，全省将实现 5 县 76 乡镇"减贫摘帽"[1]。

六、以"集团帮扶"为龙头的"大扶贫"新机制与新格局

（一）"集团帮扶"的内涵

集团帮扶，就是按照"党政领导、部门负责、群众主体、社会参与"的思路，"定点到乡、帮扶到村"的原则，由省、市、县各级党委、人大、政府、政协，以及组成和直属部门，组成扶贫集团，采取出资金、出项目、出主意的办法，综合开发，整体推进的扶贫方式。2012 年后，"集团帮扶"的内涵进一步扩展，加入了定点帮扶、对口帮扶、企业和社会组织帮扶等内容，形成了以"集团帮扶"为龙头，专项扶贫、行业扶贫与社会扶贫等相结合的"大扶贫"新机制。

（二）"集团帮扶"形成与发展

1999 年，遵义市在大量调查研究的基础上，提出了以极贫乡镇（后为扶贫开发一类乡镇）为对象，综合规划，捆绑项目，整合资金，凝聚力量，实施集团帮扶，整乡、整村推进，从根本上治理和消除贫困的新思路。从 2000 年到 2011 年，全市 102 个市直部门捆绑整合资金 7300 多万元，分别对桃源、蕉坝、碧峰、双龙、西河、石朝、松林、班竹、棕坪、泥高、石径和红丝等 12 个贫困乡镇实施了"集团帮扶"[2]。

---

[1] 数据来源：贵州省扶贫办，2012 年。

[2] 遵义市扶贫办：《遵义市实施"集团帮扶"成效凸显》，2012 年。

2010年4月，贵州省委省政府领导扶贫联系点集团帮扶座谈会在贵阳召开。会议研究安排第一轮集团帮扶工作，按照“党政领导、部门负责、群众主体、社会参与”的思路，本着“定点到乡、帮扶到村”的原则，围绕“到2020年基本消除绝对贫困现象”的目标，在今后9年内分3批次对57个乡镇开展集团帮扶，每3年帮扶19个乡镇，渐次推进，力争到2020年，使57个乡镇中的1000个左右贫困村整体脱贫。2012年1月，贵州省委省政府制定了《中共贵州省委贵州省人民政府关于贯彻落实〈中国农村扶贫开发纲要（2011—2020）〉的实施意见》（黔党发［2012］3号）中，进一步提出了“深化集团帮扶制度。大力推行省、市（州）、县级党委、人大、政府、政协在职领导牵头定点联系贫困县、定点帮扶贫困乡（镇）、贫困村的帮扶制度，用3年左右的时间实现一轮帮扶乡（镇）、村整体脱贫。各级定点帮扶的乡（镇）、村不得重合”。2012年10月，中共贵州省委贵州省人民政府制定出台了《关于加快创建全国扶贫开发攻坚示范区的实施意见》，再次提出了“创新以集团帮扶为龙头的‘大扶贫’推进机制。推进专项扶贫、行业扶贫与社会扶贫等的有机结合，深化集团帮扶，完善定点帮扶机制，建立健全与对口帮扶城市和中央国家机关定点扶贫单位的合作发展协调机制，力争实现中直机关、中央企业对贵州50个国家扶贫开发工作重点县定点帮扶的全覆盖。加强国际扶贫合作交流，鼓励各类企业和社会组织积极支持贫困地区发展，形成攻坚合力。每年深入开展‘百企帮百村’活动，组织动员民营企业、社会资本到贫困地区投资兴业，促进贫困地区民营经济加快发展”。通过这三个会议文件精神落实和三年扶贫工作实践努力，贵州以“集团帮扶”为龙头的“大扶贫”新机制与新格局初步形成。

（三）“集团帮扶”的主要措施

（1）健全制度，明确工作责任。省、市、县三级分别实行“领导联系，牵头部门负责”制度，实施集团帮扶的县和乡镇均成立了集团帮扶工作实施领导小组。在省级层面上，2010年确定了19个省委、省政府领导联系的扶贫开发工作重点县的定点扶贫乡，2011年将省人大、省政协8位在职领导纳入集团帮扶范围，共有27位省领导对28个扶贫重点县开展集团帮扶工作[1]。在市、县层面上，如毕节市2010年至2012年，明确20个市级领导联系、110个

---

[1] 贵州省扶贫办：《叶韬主任2010年12月在全系统作风建设交流推进大会上的讲话》，2010年12月22日。

市直部门帮扶全市20个一类贫困乡镇；9个县（区）共明确232个县级领导联系、765个县（区）直部门帮扶全市192个乡镇（其中：贫困乡镇173个）❶。

（2）整合资金，发挥集团帮扶聚集效应。在省级集团帮扶上，对每个定点帮扶乡镇安排1000万元财政扶贫资金，一次投入，三年分步实施。各县以1000万元财政扶贫资金为“引子”的方式，按照“渠道不乱、用途不变、各负其责、各记其功”的原则，以县为单位，按照1∶3以上的比例整合其他涉农资金用。

（3）项目围绕“减贫摘帽”和“产业化”统筹规划。集团帮扶围绕“减贫摘帽”的目标，以“产业化”为核心内容，从当地自然资源优势出发，选准主导产业，制订产业发展规划，帮助贫困乡村、贫困农户按照市场需求和发展趋势，调整产业结构，培育发展特色优势产业，逐步形成专业化、规模化生产格局，推进产业化经营，着力增强贫困地区的造血功能和自我发展能力，努力开拓农民稳定的增收门路。省级集团帮扶要求结合贵州省草地生态畜牧业、蔬菜、油茶、果药竹产业化扶贫规划及布局，原则上属于发展上述产业的地区要以这四大产业为主，其他地区则要因地制宜，合理选择好重点项目。

（4）建立协调机制与督查机制。省、市、县的扶贫系统密切配合各帮扶单位做好集团帮扶工作，加强协调，牵头联络单位定期和不定期召开专题会、恳谈会、工作会等，协调搞好集团帮扶成员单位之间、扶贫队与县乡之间、县直部门与部门之间的密切配合，做到彼此之间工作开展情况随时了解、项目建设进度心中有数、遇到困难问题共同想办法解决。省、市帮扶单位定期深入基层调研和开展实地督查指导，县级主要领导定期听取集团帮扶工作情况汇报，带队到实地进行调研和督查，及时解决工作中存在的困难和问题。

（5）健全考评机制。省级集团帮扶要求将成效纳入目标管理考核范围，并作为考核地方党政主要负责人的重要依据，实行绩效考核与奖惩问责并举的激励约束机制，确保集团帮扶工作年初有部署、年中有检查、年底有成效。市级集团帮扶也被各市（州）纳入考核管理。

（四）“集团帮扶”的主要措施的成效

实施集团帮扶以来，贵州开展集团帮扶的乡镇、村，贫困状况极大缓解，生产生活基础不断完善，特色优势产业不断建立，产业化经营逐步形成，农民收入大幅度增加。例如，安顺市实施集团帮扶以来，省级帮扶中，紫云县共整

---

❶ 毕节市扶贫办：《毕节试验区集团帮扶工作典型材料》，2012年。

合资金6400余万元，投入水塘镇、宗地乡实施水利、危改、交通、卫生、林业等项目。水塘镇现已成立了林下养鸡和蔬菜种植2个农民专业合作社，2011年出栏林下土鸡15万羽，产值900万元；养殖五黑绿壳蛋鸡8000只，日均产蛋3500枚，年产值达250万元以上；蔬菜种植2700亩，年产值635万元，产业项目初现成效。关岭县板贵乡和普利乡分别整合资金9131.54万元、4482.8万元，投入通组道路、人畜饮水、村寨道路硬化、村办公室改扩建、村级卫生室、农家书屋等项目建设。市级18个开展集团帮扶的乡镇，除最初投入的720万元启动资金外，现已整合各类资金8500多万元[1]。毕节市到2011年，20个一类乡镇共落实项目494个，资金7.735亿元。实现了2011年初预定增收500元的目标任务，部分乡镇甚至超过1000元的增幅[2]。黔南州三都县强力整合相关项目资金，共整合了农业、建设、教育、卫生、水利、交通、企业等项目55个、5186万元，共计6186万元（占三年计划总投资的59.2%）投入产业发展、基础设施建设，实现了专项扶贫资金、行业扶贫资金和社会扶贫资金的有效整合，有限的资金收到了明显的成效。2010年，省级帮扶点交梨乡8500亩葡萄实现产值4630万元，农民人均纯收入4550元，其中2100元来自葡萄种植，占农民人均纯收入的46.2%。2011年，全乡参与实施集团帮扶产业项目达2049户7547人，覆盖了全乡70%的人口，达贫困人口覆盖率93.7%[3]。

（五）以“集团帮扶”为龙头的“大扶贫”新机制与新格局

以“集团帮扶”为龙头，按照“省领导牵头、定点，部门挂帮，中直机关定点扶贫，对口城市帮扶”的工作格局，贵州省明确了3名副省级领导各自牵头负责武陵山、乌蒙山、滇桂黔石漠化3个片区工作，31位副省级以上领导在片区各自联系1个定点乡，9个省直部门分别牵头和联系3个片区工作，66个省直机关挂帮66个片区县，202个单位组成的省直党建扶贫工作队分布在49个片区县，34家中直机关在34个片区县开展定点扶贫工作，42个片区县得到对口帮扶城市的扶持。同时，与国家开发银行签订了《开发性金融支持贵州省扶贫攻坚合作备忘录》，确立“十二五”时期的合作额度为300亿元，重点支持片区县。截止2012年9月，3个片区有10个县共获得开发银行

---

[1] 安顺市扶贫办：《安顺市集团帮扶工作综述》，2012年。

[2] 毕节市扶贫办：《毕节试验区集团帮扶工作典型材料》，2012年。

[3] 黔南州扶贫办：《集团帮扶、整乡推进 加快贫困乡村脱贫致富步伐》，2011年。

16.85 亿元的授信，其中赫章、石阡、仁怀 3 个县的合作项目已经落地，共发放贷款 8099.29 万元，另有 11 个县的合作项目已经启动，正在开展授信评审。此外，2012 年启动实施了“百企帮百村”活动，全省共有 164 家扶贫龙头企业结对帮扶 164 个贫困村，做到“不脱贫，不脱钩”。以“集团帮扶”为龙头的“大扶贫”，专项扶贫、行业扶贫与社会扶贫等相结合新机制与新格局已初步形成。

贵州省专项扶贫、行业扶贫与社会扶贫成效评价

吴 杰*

摘 要

本文主要对整村推进、劳动力培训、产业扶贫、以工代赈、易地扶贫搬迁及生态移民、信贷扶贫、试点工作等专项扶贫，教育、交通、水利、国土、卫生、民政等行业扶贫，对口帮扶、中直单位定点帮扶、党建扶贫等社会扶贫的基本做法、基本成效进行了总结评价。

关键词

专项扶贫　行业扶贫　社会扶贫　扶贫成效

一、专项扶贫

（一）整村推进

为促进贫困地区经济社会全面发展，2001 年国家在全国确定了 14.8 万个贫困村，逐村制定包括基本农田、人畜饮水、道路、贫困农户收入、社会事业等内容的扶贫规划，整合各类支农惠农资金和扶贫专项资金，统筹安排，分年度组织实施，力争实现贫困群众增收、基础设施提升、社会公益事业发展、群众生产生活条件改善的目标。同时，《贵州扶贫开发规划（2001—2010）》确定全省有扶贫开发任务的县（市、区）83 个，其中有 50 个是国家新阶段扶贫

* 吴杰，贵州省社会科学院区域经济研究所副研究员，研究方向为区域经济、农村经济。

开发重点县；重点乡镇 934 个，其中最贫困一类乡镇 100 个；重点贫困村 13973 个，其中一类重点贫困村 5486 个。2003 年，贵州省委九届三次会议作出《关于加大新阶段扶贫开发工作力度的决定》，提出对 100 个一类重点乡镇进行重点倾斜扶持，同时每年实施 1000 个村以上贫困村整村推进扶贫开发，首先在一类重点乡镇的贫困村开展。2004 年，贵州省全面开展“百乡千村”扶贫工程，列为每年扶贫开发的重中之重。2005 年，省委、省政府出台《关于切实抓好扶贫开发三项重点工作的意见》，将整村推进作为全省扶贫开发工作的重点。同年，贵州省出台了《贵州省整村推进扶贫开发实施细则》，确定全省每年安排 1000 个以上贫困村实施整村推进，2008 年前重点实施一类贫困村，从 2009 年起，主攻二、三类贫困村。

整村推进工作开展以来，取得极大的成效，提高了扶贫开发的瞄准性，提高了扶贫资金的效益，使全省一类重点乡镇和整村推进的贫困村减少贫困人口比例和速度，明显高于 50 个重点县和全省平均水平。2004 年，在 1124 个贫困村，安排 1.38 亿元财政扶贫资金，占财政扶贫资金总额的 22.1%，每村平均投入 12.28 万元，实施扶贫项目 2788 个；2005 年对 1100 个整村推进村每村安排财政扶贫资金 20 万元；从 2006 年起，除了每村安排 20 万元财政扶贫资金外，省财政还安排了 2000 万元小额信贷贴息资金，确保每村贴息 20 万元以上；2008 年，全省共投入财政扶贫资金 7.2 亿元实施整村推进，平均每村投入 35 万元，其中人口较少民族所在贫困村和国定革命老区贫困村，每村投入 50 万元以上；从 2009 年起，全省对未实施整村推进的贫困村，每村投入财政扶贫 50 万元以上，同时，要求大连、青岛、深圳、宁波四个城市的对口帮扶资金，50% 以上要用于贵州的整村推进项目[1]。从 2004 年至 2009 年，贵州累计实施扶贫整村推进的贫困村 8837 个，其中 2004 年实施 818 个，2005 年实施 1100 个，2006 年实施 1524 个，2007 年实施 1768 个，2008 年实施 2045 个，2009 年实施 1582 个，全省到 2010 年尚未实施 5136 个[2]。

2012 年 1 月，贵州省委省政府制定了《中共贵州省委贵州省人民政府关于贯彻落实〈中国农村扶贫开发纲要（2011—2020）〉的实施意见》（黔党发［2012］3 号），推出了“全面完成整村（乡）推进”。每年完成 1000 个整村推进任务。贫困村相对集中的地方，可实行整乡推进连片开发。到 2015 年，全面

---

[1] 黄海燕：《贵州整村推进扶贫开发模式评价与机制创新》，《致富时代》，2010 年 第 5 期。

[2] 贵州省扶贫办：《全省贫困村及实施整村推进情况汇总表》，2009 年 12 月 31 日。

完成尚未实施整村推进的5000个贫困村的整村推进任务，基本实现“1户农户转移1人、掌握1门实用技术、发展1亩经果林（园）”的目标。2012年9月11日，12部委下发了《关于印发扶贫开发整村推进“十二五”规划的通知》（国开办发［2012］67号），明确了贵州省纳入《规划》的贫困村共计3800个，其中：连片特困地区70个县3355个贫困村，片区外国家扶贫开发工作重点县1个97个贫困村，其他地区贫困村348个；贵阳市149个、六盘水市241个、遵义市451个、安顺市345个、铜仁市442个、毕节市727个、黔东南州713个、黔南州425个、黔西南州307个。黔党发［2012］3号和国开办发［2012］67号两个文件，将使贵州整村推进扶贫开发工作取得更大的成绩。

（二）劳动力培训

2003年，中国农业部、财政部等7部门联合制定实施了《2003—2010年全国农民工转移培训规划》，即“阳光工程”。与之相对应，2004年，国务院扶贫实施以劳动力转移为主要内容的“雨露计划”，对贫困家庭劳动力开展务工技能和农业实用技术培训。

“雨露计划”自2004年启动以来，在开展贫困地区劳动力转移培训上取得了显著成效。2006—2010年共投入财政扶贫资金约4.4亿元，培训农村贫困劳动力587088人（2006年101813人、2007年107515人、2008年104272人、2009年108500人、2010年164988人），转移就业（转产）493168人（2006年87906人、2007年92221人、2009年87868人、2009年92580人、2010年132593人），转移就业率为84%。从2007—2009年监测汇总的情况看，经过培训的劳动力年人均工资收入超过1万元（初级技工超过1.3万元），年人均支持家庭的现金达到6897元，基本实现了转移一人，脱贫一户的目的。“十一五”期间，贵州在国务院扶贫办“贫困劳动力转移培训示范基地”5个教学点和7个省级教学点的基础上，随着任务和形势的要求及时扩充了教学点。目前，经省扶贫办认定的培训点有136个，其中承担“雨露计划·助学工程”的职业院校12所，初级技工（含专项职业技能）培训的职业院校和技工学校有41所，开展普通农民工和农业产业化技能培训的培训点覆盖了83个有扶贫任务的县（市、区、特区），形成了功能较全、布局合理、辐射全省的贫困地区劳动力转移培训网络体系。同时，雨露计划培训的专业和工种已经从最初的几个拓展到上百个[1]。据新华网报道，贵州培训贫困人口81.97万人，其

[1] 贵州省扶贫办劳力处：《“十一五”期间雨露计划实施效果明显》，2011年3月2日。

中稳定转移就业（转产）69.84万人，转移就业率85.2%。从近5年监测汇总情况看，经过“雨露计划”培训转移就业的农村劳动力，年人均工资性收入超过1万元，年人均支持家庭现金达到6897元，远远超过当年全省农民人均纯收入❶。

2010年，贵州安排1600万元专项资金开展了“雨露计划·圆梦行动”和“雨露计划·助学工程”两项试点工作。“雨露计划·圆梦行动”就是对今年考取全日制教育一本院校的贵州贫困家庭的子女给予一次性的学费、生活费补助，每人补助4000元。2010年全省补助了2000名贫困学生，2011年全省5000名贫困学生，2012年全省共有5111名符合资助条件的农村贫困学生确定为今年资助对象。“雨露计划·助学工程”就是资助贵州农村贫困家庭的应往届“两后生”进行中长期的职业技术教育，学生毕业后获得中专毕业证书和中级职业技能证书，由学校推荐就业。“双证”获得率和推荐就业率均不低于85%。每人补助4000元，全省共安排2000人。安排“雨露计划·助学工程”财政扶贫资金2000万元，用于资助贵州农村贫困家庭中身体健康、品行端正、年龄25周岁以下，本人自愿参加助学工程中等职业教育培训的应（往）初（高）中毕业生，每人每年补助2000元，2012年计划资助10000人。到2012年11月，符合资助条件的学生共2065人获得资助。

（三）产业扶贫

产业是最大限度覆盖贫困区域、贫困群体和促进农民最大限度增收、可持续增收的载体。长期以来，贵州致力通过草地畜牧业、蔬菜、茶叶、油茶、果树、中药材等产业发展，提高农村贫困人口收入。2006年，国务院扶贫办和中央智力支边协调小组在贵州晴隆县召开“全国科技扶贫（南方草地畜牧业）经验交流会暨现场培训会”，标志着贵州以有比较竞争优势的产业为带动、治山治贫攻坚首战成功。根据《中共贵州省委贵州省人民政府关于贯彻落实〈中国农村扶贫开发纲要（2011—2020）〉的实施意见》（黔党发［2012］3号）要求，到2015年，蔬菜种植面积达到2000万亩（其中，辣椒400万亩），马铃薯1100万亩（其中菜用马铃薯300万亩）、烤烟320万亩、核桃1000万亩、油菜800万亩、油茶300万亩、精品水果500万亩、中药材500万亩、茶园500万亩、存栏羊（牛）各1000万只（头），力争做到1户贫困农户有1项

❶ 《贵州“雨露计划”累计稳定转移近70万农村劳动力　年人均工资性收入超万元》，新华网贵州频道，2012年11月4日。

增收项目。到 2020 年，建成优质核桃基地 1500 万亩、烤烟 400 万亩、油菜 800 万亩、茶园面积 700 万亩，马铃薯种植面积稳定在 1100 万亩、蔬菜 2000 万亩（其中，辣椒 400 万亩）、油茶 300 万亩、干果（水果）500 万亩、中药材 500 万亩、存栏羊（牛）各 1000 万只（头）以上，形成“东油西薯、南药北茶、中部蔬菜、面上干果牛羊”的扶贫产业主体布局。

来自贵州扶贫办的统计数据显示，从 2003 年到 2012 年，全省累计投入产业化项目扶贫资金 67.9 亿元，实施项目 47970 个，以优质菜、果、茶、药、薯和牛、羊为重点的特色生态产业得到大力发展。在 51 个县实施草地生态畜牧业科技扶贫项目，累计完成人工种草和改良草地 350 万亩，建成 680 多个种草养畜示范基地，存栏羊（牛）258.7 万只（头）；发展蔬菜种植基地 102 万亩、果药基地 471 万亩、茶叶 64.1 万亩、油茶 66 万亩、马铃薯基地 485.3 万亩[1]。乌蒙山片区、滇桂黔石漠化区、武陵山片区三大片区 2011 年到 2012 年 5 月已安排 36.81 亿元中央和省级财政扶贫资金，“东油西薯、南药北茶、面上干果牛羊”的扶贫特色产业格局初步形成。截止 2012 年 5 月，武陵、乌蒙片区共有各类龙头企业 540 家，其中国家级龙头企业 5 家，省级龙头企业 59 家，各类农民专业合作组织 3181 家。规模以上农产品加工企业 267 家，2011 年完成总产值 94.83 亿元（不含烟酒），上缴税金 3.64 亿元[2]。

（四）以工代赈

1984 年我国在计委系统成立了专门机构负责管理以工代赈工作，使我国的以工代赈走向了规范化、长期化，主要用于贫困地区的基本农田、小型水利、乡村道路、人畜饮水、小流域治理等基础设施建设。以工代赈工程的资金来源，一是国家无偿调拨给有关省区的以工代赈实物或物资，作为参加工程建设民工的工资补助；二是地方通过各种渠道筹集的配套资金，用于支付以工代赈工程所需建设材料、设备和其他开支。1994 年，《贵州以工代赈管理办法》规定，以工代赈资金在地域上主要安排用于贫困县的贫困乡、镇和贫困片区，兼顾非贫困县的贫困乡、镇和贫困片区。在投向上重点解决乡村公路、航道整治、码头建设、农田基本建设、水利（含水利灌溉设施、水保和小流域综合治理、农村人畜饮水、小水电及输电线路）和发展以“四园三场”为主要内容的绿色工程开发以及其他国家要求安排的建设内容，在一定时期内兼顾安排

---

[1] 贵州省扶贫办：《关于报送扶贫开发工作总结和工作打算及有关建议的报告》，2012。

[2] 贵州省扶贫办：《贵州省落实中央扶贫开发政策措施情况汇报》，2012 年 5 月 14 日。

一些水利、交通、商业网点的水毁修复和农村电话建设。

从 1991 年开始，贵州以工代赈的重点主要放在以坡改梯为主要内容的以工代赈基本农田建设，通过坡改梯工程，把原来的坡耕地改造成水平梯土，使长期跑土、跑水、跑肥的“三跑地”变成保土、保水、保肥的“三保地”，为逐步建成旱涝保收稳产高产基本农田打下了基础；围绕坡改梯主体工程，配套修建小水窖、小水库、小山塘、小提灌站以及乡村公路、引水渠、田间便道、机耕道、排洪沟，营造水土保持林，治理水土流失面积。从 1991—2000 年，全省共投入坡改梯资金 13.69 万元，投入工日 7.8 亿多个，运送土石方 8.3 亿多立方米，共完成坡改梯治理面积 808.82 万亩。每年冬春季节，全省平均每天有 480 万个劳动力战斗在坡改梯工地上，占全省农村剩余劳动力的 50% 以上，充分利用了农村剩余劳动力❶。

“十五”期间，中央财政合计安排贵州预算内以工代赈资金 13.25 亿元，实施项目 6051 个，涉及交通、水利、人畜饮水、基本农田建设等。从2001—2005 年，贵州利用国家安排各类以工代赈资金 20.39 亿元（不包括易地扶贫专项资金），建设基本农田 16.67 万公顷，新增公路通车里程 1.3 万余千米，新增灌溉面积 0.47 万公顷，恢复和改善灌溉面积 0.88 万公顷，解决 150 万人/50 万头人畜饮水困难，小流域治理 750 平方千米，易地扶贫搬迁 20.07 万人，改善了贫困地区农村居民生产生活条件。累计安排劳务报酬专项资金近 3 亿元，直接发放到参加工程建设的贫困农民收入，使 10 多万贫困群众直接受益❷。

（五）易地扶贫搬迁及生态移民

2001 年，国务院在《关于实施西部大开发若干政策措施的通知》文件中提出，要把加强生态环境保护和建设作为实施西部大开发的重点任务，力争用 5～10 年时间，使西部地区生态环境建设取得突破性进展。将易地安置、生态移民作为推进黔桂滇岩溶地区石漠化治理的重要措施，并纳入西部开发总体规划。贵州省委、省政府根据党中央、国务院的指示精神，出台了《关于切实做好新阶段扶贫开发工作的决定》、《中共贵州省委关于加大新阶段扶贫工作力度的决定》、《贵州省国民经济和社会发展第十个五年计划纲要》等一系列

---

❶ 班程农等：《贵州脱贫模式与方法研究》，《基石论》，中国农业出版社，2005 年版。

❷ 王永平等：《趋势 挑战与对策——欠发达地区农村反贫困的实践与探索》，中国农业出版社，2008 年版。

文件，要求对难以就地改变生产、生活条件，难以解决温饱的贫困人口，实施易地安置，从而改善生态环境，促进贫困地区经济、社会、人口、资源与环境之间的协调发展，从根本上消除绝对贫困，实现贵州扶贫开发和生态建设的总体目标。

1996 年和 1997 年，连续两年在紫云、罗甸、长顺、普安四县开展以工代赈移民搬迁试点工作。通过试点地区，易地搬迁农户全部住入宽敞、明亮、坚固的新房。除少部分搬迁点需进一步改善生产条件外，大部分搬迁农户都解决了温饱，还有少数人走上了致富路。彻底改变了移民搬迁户原来食不果腹、衣不蔽体、房不遮雨的状况，实现了扶贫目标。四个县的试点工作证明，易地搬迁是一条可行的扶贫之路❶。

从 2001 年开始，中央在贵州、云南、宁夏回族自治区和内蒙古自治区四个试点省区实施易地搬迁工程。2003 年省发改委制订了《贵州省 2001—2010 年易地扶贫搬迁开发总体规划》，明确用 10 年时间，易地搬迁 50.2 万贫困人口。从 2001 年到 2010 年，贵州通过龙头企业、畜牧业开发、小城镇建设、旅游景区、国土部门开发开垦的耕地、调整耕地、退耕还林、置换土地和房屋安置、自助式移民搬迁等安置模式，开展易地搬迁近 40 万人，贫困农民的住房条件、生产和生活条件明显改善，经济收入和生活质量有了较大提高，并提高贵州的城镇化水平，改善小城镇基础设施、社会服务设施及机构的利用率。2011 年，完成易地扶贫搬迁 3.1 万人。

在总结贵州易地扶贫搬迁成功经验的基础上，2012 年 4 月，贵州省十一次党代会提出：大力实施生态移民工程，逐步把生活在不具备生存条件的深山区、石山区、高寒山区和地质灾害高发区 35 万户 150 万农村贫困人口搬出大山。2012 年 5 月 26 日，全省扶贫生态移民工程召开了启动大会。同时，《贵州省扶贫生态移民工程规划（2012—2020）》初步编制，并将扶贫生态移民工程规模由 150 万人调整为 200 万人。

根据《贵州省 2012 年扶贫生态移民工程实施方案》，2012 年扶贫生态移民工程总投资 18.11 亿元，其中中央财政扶贫资金 3.2 亿元、易地扶贫搬迁资金 1.89 亿元、省级财政资金 4 亿元，整合部门资金 2.95 亿元，其余不足部分由市（州）、县（市、区、特区）筹措，市（州）、县（市、区、特区）配套比例由省财政厅研究确定。将建设安置点 180 个，搬迁移民 10.13 万人。其

---

❶ 聂秀丽等：《贵州易地搬迁项目研究报告》，2006 年。

中，武陵山区、乌蒙山区、滇黔桂石漠化山区三大集中连片地区 8.63 万人，占 85.2%，其他地区 1.5 万人，占 14.8%。到 2012 年 12 月 31 日，当年计划实施的 10.13 万扶贫生态移民的安置住房主体建设如期在 2012 年底完成，部分移民已经入住，多数移民将在 2013 年春节前入住新房❶。

（六）信贷扶贫

1. 小额信贷❷

贵州省扶贫到户小额信贷工作始于 1998 年。为进一步搞好小额信贷工作，规范操作程序，提高贷款效益和回收率，充分发挥小额信贷在帮助贫困地区农户发展生产、增收致富中的重要作用，2004 年，贵州根据国务院扶贫办和财政部决定对到户贷款贴息方式进行试点改革的部署，确定在遵义市的正安县、毕节地区的大方县和黔东南州麻江县进行试点。试点工作于当年 4 月启动，在领导的高度重视下，通过积极探索，强化措施，突出重点，试点工作积极稳步推进，取得了初步成效。2005 年，贵州在认真总结试点经验的基础上，将试点扩大到正安、道真、普安、水城、麻江、施秉、长顺、普安、思南、大方、纳雍、赫章等 12 个县，覆盖 1885 个贫困村的 21.80 万农户，其中，绝对贫困户 10.40 万户；户均贷款 4690 元，户均增收 650 元左右；贷款回收率在 90% 左右。扶贫到户小额信贷试点工作形成了新局面。

2006 年，为贯彻落实中央有关继续深化扶贫贷款管理体制改革，进一步完善信贷扶贫新机制的精神，进一步发挥信贷扶贫资金的重要作用，提高到户贷款的比重和效益，贵州省扶贫办、财政厅共同下达了《关于贵州省深化贴息贷款管理体制改革的实施意见》（黔开办［2006］108 号），用以指导全省小额信贷工作。《实施意见》规定：到户贷款所需资金由承贷金融机构自行筹措，由县扶贫、财政部门自行选择金融机构；贷款利率由承贷金融机构根据中国人民银行的基准利率和浮动系数，结合当地实际确定；贴息标准，财政按年利率 5% 的标准给予贴息；贷款期限由承贷金融机构根据农户实际生产周期自主确定；贷款规模每年每个农户原则上不超过 5000 元，贴息期限最长为一年，贷款对象为绝对贫困户和低收入农户。全省当年发放小额信贷 6.4 亿元，小额信贷工作步入了健康、正常发展的轨道。

---

❶ 《贵州扶贫生态移民工程首期安置房主体完工 10 万多贫困人口将陆续搬迁》，新华网贵州频道，2013 年 1 月 1 日。

❷ 贵州省扶贫办：《抓好小额信贷 发展农村经济》，2010 年 1 月。

2001—2007年，贵州全省共发放小额信贷33.63亿元，占中央和省同期投入财政扶贫资金总量的70%，覆盖了全省83个有扶贫开发任务的县，扶持农户130多万户。实践证明，扶贫小额信贷对于有效解决农户发展资金短缺问题，增强农户的信用意识，提高农户利用贷款发展生产改变贫穷落后面貌的积极性，促进农村精神文明和物质文明建设，构建稳定、和谐的农村社会具有重要作用。

2. 村级互助资金

从2006年开始，国家在全国1.36万个贫困村开展了贫困村互助资金试点，每个试点村安排财政扶贫资金15万元人民币，按照“民有、民用、民管、民享、周转使用、滚动发展”的方式支持村民发展生产，建立起财政扶贫资金使用长效机制。自2006年开展贫困村互助资金试点以来，贵州贫困村互助资金试点取得明显实效。截至2011年底，全省41个县（市、区、特区）共有297个贫困村开展了互助资金试点，其中，中央试点214个，省级试点83个。资金总规模7752.61万元，其中中央资金5550万元，省级资金1647.5万元，农户缴纳互助金368.61万元，其他资金186.5万元，村平均投入26.1万元。全省共组建了2653个互助小组，累计入社农户4.27万户，其中贫困户2.26万户，占52.93%；累计借款1.71万户次，其中贫困户1.07万户次，占62.57%；累计发放借款9047.6万元，其中贫困户3969.48万元，占43.87%；累计还款额6440.78万元，借款归还率71.18%。2012年，贵州投入财政扶贫资金1000万元，安排了66个贫困村省级互助金试点，试点村总数达到363个。

3. 其他金融信贷

除小额信贷和村级互助资金外，贵州省还积极探索利用其他信贷资金支持扶贫。例如，2010年底，贵州省政府与国家开发银行股份有限公司签订《金融性支持贵州省扶贫开发备忘录》，2012年3月，双方又签订了《开发性金融支持贵州省扶贫攻坚合作备忘录》，确立“十二五”期间，双方合作额度为300亿元，探索建立扶贫资金与信贷资金有机结合的新型扶贫融资模式。（信贷扶贫处）9月5日，贵州省扶贫办与贵州省农村信用社联合社举行扶贫金融合作协议签署仪式。省联社拟在“十二五”期间提供5000亿元贷款，推动产业扶贫开发，支持县域经济发展、支持“三农”和民生工程，其中500亿元重点支持“三片”“六山”连片特困地区、十个扶贫攻坚示范县、十大特色优势产业、诚信扶贫龙头企业建设、贫困农户发展和返乡农民工创业。9月23

日，贵州省扶贫办、国开行贵州省分行举行开发性金融支持贵州农业产业化扶贫攻坚合作协议签字仪式。国开行贵州省分行经总行批准，将向习水、江口等首批16个扶贫金融合作县提供首期农业产业化扶贫攻坚合作融资授信33亿元。

（七）试点工作

1. 两项制度有效衔接试点

2009年中央一号文件要求，“制定农村最低生活保障制度和扶贫开发有效衔接办法”，贵州省并未列入全国试点省份，2009年8月底，国务院扶贫办联合国家有关部门召开了两项制度有效衔接试点工作经验总结交流会议，贵州第一次参加了会议，加入全国2010年扩大试点的行列。2010年，贵州省在9个县的11个村开展“两项制度”有效衔接试点工作。2010年7月，按照国务院扶贫领导小组和省委、省政府的部署，贵州全省88个县（市、区）开展了扶贫开发与农村低保两项制度有效衔接扩大试点工作。

到2012年，贵州两项制度有效衔接取得一定成效。例如，大方县将产业化扶贫、旅游扶贫、小城镇发展紧密结合起来，有效整合各类扶贫资源，推动了“两项制度”有效衔接工作的落实，创造性地建立了“两项制度”有效衔接的农户识别、“规划到户 责任到人”帮扶机制、动态管理机制。

2. 晴隆模式❶

2001—2007年，贵州省扶贫办在组织实施科技扶贫项目中，大力培育和支持晴隆实施波尔山羊杂交改良科技扶贫项目，累计投入财政扶贫资金1070万元，经过几年的艰苦努力和实践，晴隆县探索出一条喀斯特岩溶地貌重度发育地区通过发展草地畜牧业带动贫困群众脱贫致富的路子，不但促进了贫困群众增收，而且促进了生态环境的恢复和重建，取得了良好的经济效益、社会效益和生态效益。透过这一典型案例，总结出“晴隆经验”和五种运作模式及四个工作机制，为全省大面积推广提供了可资借鉴的宝贵经验。

围绕“建设畜牧业生态大省”的奋斗目标，2007年4月，贵州省委、省政府决定：“从2007年起，连续五年每年从省级财政资金中安排2亿元专项产业化科技扶贫资金，在全省83个县（50个国家扶贫开发工作重点县，33个有扶贫开发任务的非重点县）中，20个县以发展种草养羊为主，实施草地生态畜牧业产业化科技扶贫项目；其余有扶贫开发任务的63个县各选择1个重点

---

❶ 贵州省扶贫办：《“晴隆模式”——33个县大力推广草地生态畜牧业》，2010年2月，贵州扶贫开发信息网。

乡，发展具有一定发展潜力的特色产业。通过20个县和63个重点乡产业发展和带动，力争经过五年的努力，逐步形成有一定规模的草地生态畜牧业大县和有一定特色的支柱产业，增加农民收入，切实加快贵州减贫步伐”。同时确定了关岭、镇宁、务川、道真、盘县、水城、黄平、榕江、晴隆、普安、册亨、兴仁、威宁、毕节、赫章、长顺、独山、惠水、德江、沿河等20个草地生态畜牧业产业化科技扶贫项目县。2008年3月，省委、省政府再次决定：每年再从省级财政资金中新增4600万元专项产业化科技扶贫资金，新增紫云、遵义、习水、平塘、开阳、望谟、大方、纳雍、石阡、思南、施秉、麻江、六枝等13个草地生态畜牧业产业化科技扶贫种草养羊项目县。至此，全省草地生态畜牧业产业化科技扶贫项目县达33个。

2009年5月，全省已累计完成人工种草98万余亩；建舍124余万平方米；购种公羊1.7万余只；购基础母羊61万余只；购能繁母牛0.96万余头。到2010年2月，全省33个项目县年度扶贫资金投入达1.85亿元，其中：省级财政专项扶贫资金1.65亿元，国务院扶贫办石漠化贫困地区草地生态畜牧业科技扶贫试点专项资金0.2亿元。

3. 威宁试点

2009年9月，胡锦涛总书记、温家宝总理、回良玉副总理在新华社《国内动态清样》第3629期上就威宁县的农民陷入卖血、盗采、超生“怪圈”问题作出重要批示。同月，胡锦涛总书记等国家领导人再次对威宁工作作出重要批示，同意将威宁县列为喀斯特地区扶贫开发综合治理试点县。

威宁试点开展工作以来，经济发展势头强劲，2011年威宁县经济发展综合测评排名位居全省15位，同比2009年上升39位，同比2010年上升6位，实现了增比进位、创新突破目标。农村面貌大幅变化，2010年到2012年，新修通村公路687公里、通乡油路424公里、通村油路873公里，解决了18个乡镇不通油路、115个村不通公路的困境，有效缓解交通“瓶颈”制约。民生问题有效解决。截至2012年4月，实现新型农村养老保险参保42.41万人、参保率83.3%；健全城乡最低生活保障制度，纳入农村低保23.9万人、城镇低保6111人，实现“应保尽保”；新增完成30所农村敬老院建设，实现乡乡有敬老院；完成1620户老年公寓集中建设，集中供养了1431名五保对象。新型农村合作医疗参合率达99.23%，同比2009年提高了5.77个百分点；城镇居民基本医疗保险参保率达96.26%；完成了34所乡镇卫生院和356个村卫生室建设，实现乡乡有卫生院，村村有卫生室、卫生员；燃煤污染型氟中毒病区改炉改灶3.2万户，地氟病现象得到了有效预防和控制。2011年培训农民11.66万人、比2009年增加5.66万人；引导贫困群众通过参加工程建设，获得劳动报酬，实现农村剩余劳动力转移18.2万人、创劳务收入达30亿元以上。扶贫攻坚成效明显。2009年至2012年，全县24个扶贫重点乡镇中实现了16个乡镇“减贫摘帽”，净减少贫困人口18.09万人，打造了么站镇新飞村、东风镇元木村、炉山镇新庄村和迤那镇、海拉乡、板底乡等许多扶贫攻坚示范点。“三化同步”进程加快。全县由五里岗工业园、金钟工业园、巴西工业园构成的“一轴两翼”园区经济集群发展和集约发展效应初步形成。城镇化水平不断提升，全面启动特色小城镇建设，重点镇建设速度明显加快，城镇化率由2009年的17.51%提高到2012年的21.69%。农业产业化迈出新步伐，积极发展草地生态畜牧业、马铃薯产业、烟草产业、蔬菜产业、精品苹果五大特色产业，实施了“五个百万”工程，建设了迤那镇湖南中烟“芙蓉王”、黑石镇湖北中烟“黄鹤楼”、秀水乡贵州中烟“贵烟”及草海镇湖南中烟“白沙新烟区”基地单元，打造了10余万亩高质量、高标准高原烟海，有效增加了农民收入。人口计生取得突破。2010年度实现人口出生率12.1‰，在2009年的基础上降低了3.24个千分点、少出生4167人；2011年实现人口出生率9.08‰，在2010年的基础上又降低了3.02个千分点、少出生4960人。生态环境明显改善。完成石漠化治理34.87平方公里、控制水土流失45平方公里。完成各类营造林60.61万亩，森林覆盖率由2009年的34.6%提高到2012年的38.64%。安全生产形势向好。全县非法煤窑“保护伞”全部被抓获处置，煤窑全部被炸封或依法关闭，2010年、2011年安全生产分别获全市一等奖和二等奖。社会事业发展加快。教学质量稳步提高，2011年参加普通高考4308人，本科专科上线4255人，综合上线率达98.77%，2010年成功摘掉了治安黄牌，2011年人民群众安全感测评上升到顺数47位，游客大幅度增加，旅游综合收入大幅提升，2011年实现旅游接待人数205.25万人次，旅游收入22.2亿元、同比2009年增长64.2%。

4. 印江试点

2007年，印江县成为全国首批全省首个“县为单位、整合资金、整村推进、连片开发”项目试点县。县党委政府在基础最差、群众最穷、生产生活条件最落后的杉树乡开展试点，开始了对集中连片贫困区域扶贫开发工作的积极探索。坚持将财政扶贫资金与部门涉农资金整合、基层组织建设与扶贫开发工作结合、基础设施建设与产业化扶贫配合、整村推进与连片开发融合、企业发展与基地建设联合，以国家试点专项资金 950 万元为引子，整合部门资金 5493.9 万元，实施了粮食自给工程、基础设施建设、农业产业化、社会事业发展和产业配套服务建设 5 大类 203 个子项目，覆盖杉树乡全部 14 个村 1.8 万人，取得了项目区人均纯收入增长 49%，贫困发生率下降到 20% 的成绩，实现了扶贫开发“整乡推进”。

为进一步加快脱贫致富步伐，探索扶贫开发新路子，2010 年 3 月，印江县在“县为单位、整合资金、整村推进、连片开发”项目试点的基础上，启动了“全县农村居民增收致富行动工程”，按照“统一规划、分步实施、区域推进、连片开发、试点先行、以点促面、长短结合、统筹兼顾”的原则，努力探索扶贫开发工作由“整乡推进”向“整县推进”转变。2010 年，全县 35 个试点村实现人均增收 600 元以上，各村实现人均增收 400 元以上。

二、行业扶贫

近年来，贵州行业扶贫不断加强，教育、交通、水利、国土、卫生、民政等部门共同助力，营养改善计划、贫困地区专项招生计划、道路交通扶贫计划、石漠化治理、土地配套改革、扶贫生态移民等工作不断推进。新农合政策、农村低保季节性缺粮救助等措施深入实施，民生“安全网”织得更牢。

“十一五”时期，贵州农业综合生产能力不断增强，粮食生产基本稳定，草地生态畜牧业加快发展，经济作物对农业增长的贡献率逐年加大。公路通车总里程近 15 万公里，96.9% 的乡镇和 29.6% 的建制村通油路或水泥路。农村人口人均有效灌溉面积达到 0.64 亩，解决了 1060 万农村人口饮水安全问题。退耕还林、石漠化治理等重点生态建设成效显著，森林覆盖率达到 40.5%。全面实施农村居民最低生活保障制度，全省年平均保障标准达到 1186 元。在 27 个县开展了新型农村社会养老保险试点。新型农村合作医疗制度全覆盖，城镇居民基本医疗保险制度全面推行。省财政投入 103.6 亿元，完成 60.2 万户农村危房改造，解决近 14 万户城镇低收入家庭住房困难[1]。

2011 年，贵州“十大民生工程”完成投资 650 亿元，年度目标任务全面完成。完成易地扶贫搬迁 3.1 万人，减少农村贫困人口 60 万人。解决了 747.5 万人临时饮水困难。完成交通投资 700 亿元，乡村油路和通村公路建设步伐加

---

[1] 《贵州省人民政府工作报告》（2011 年），贵州省人民政府网，2011 年 1 月。

快。完成水利投资150亿元，开工建设20个中型骨干水源工程，建成“滋黔”一期工程项目9个、烟水配套工程80万亩、机井240口，新增有效灌溉面积130万亩，解决了325万农村人口饮水安全问题。完成通信基础设施投资55亿元。完成电网建设和改造投资170亿元，行政村电网改造率超过90%。新建、改扩建300所乡镇和街道办事处公办幼儿园。加快农村寄宿制学校建设，扎实推进义务教育薄弱学校改造工程，实现了农村中小学校校有食堂，发放农村家庭生活困难寄宿生生活费补助7.58亿元。新型农村合作医疗参合率达到97.1%，地氟病防治任务提前一年完成，传染病发病率大幅下降。3个县、66个乡脱贫摘帽。农村低保保障标准14%，新农保试点县增加到77个。建立了农村低保季节性缺粮户粮食救助制度，对缺粮低保对象和缺乏自救、互救能力的受灾困难群众发放了救助口粮。建立最低生活保障和失业保险标准与物价上涨挂钩联动机制，向城乡低保对象、农村五保供养对象等特殊群体发放了8.89亿元临时价格补贴。新建、改造乡镇敬老院180所。完成农村危房改造40.3万户❶。

2011年贵州投入6亿多元，在全省教学点以上学校建设9961个食堂，2012年又按每校1万元的标准，补助3404个教学点进行简易食堂建设，实现了1.3万余所农村学校“校校有食堂”目标，为“营养午餐”的实施打下较为坚实的基础。2012年春季学期，全面启动了集中连片贫困地区65个县农村义务教育学生营养改善计划国家及地方试点工作。中央财政为试点地区农村义务教育阶段学生提供营养膳食补助，标准为每生每天3元。在推进国家试点的同时，贵州鼓励未纳入国家试点的其余23个县积极进行营养改善计划试点。据统计，截至2012年11月底，中央、省、地方三级财政投入近30亿元，惠及贵州省内包括众多少数民族学生在内的400余万农村学生❷。2011年，武陵山区、乌蒙山区、滇黔桂石漠化山区三大片区共安排资金2.22亿元，建成中小学食堂3616个，实现了除教学点外“校校有食堂”目标；省级补助1.44亿元新建、改扩建普通高中项目41个。2012年，安排资金4.997亿元规划建设学生宿舍51.92万平方米；安排高中阶段突破工程省级奖补资金2.48亿元；实施农村义务教育学生营养改善计划，下拨营养改善计划专项资金3377万元，受益中小学生225129名❸。

---

❶ 《贵州省人民政府工作报告》（2012年），贵州省人民政府网，2012年1月。

❷ 《营养计划让贵州400余万山区学生吃上“营养午餐”》，新华网贵州频道，2012年12月31日。

❸ 贵州省扶贫办：《贵州省落实中央扶贫开发政策措施情况汇报》，2012年5月14日。

“十一五”期间，中央和省共投入贵州林业建设资金 123.12 亿元，2011 年，中央和省对林业的投入达到 38.15 亿元，2012 年上半年，全省已落实林业投资 26.77 亿元。退耕还林工程和巩固退耕还林成果专项工程，从 2000 年开始到 2012 年止，中央对贵州退耕还林工程的总投入将超过 240 亿元。2004 年启动的中央森林生态效益补偿政策，2007 年启动的地方公益林森林生态效益补偿政策，2011 年天保工程“二期”政策将重点公益林全部纳入中央补偿范围，实现了 88 个县（市、区、特区）森林生态效益补偿政策全覆盖。自实施森林生态效益补偿政策以来，全省农民得到的森林生态补偿金共计约 9.99 亿元。由于各项林业重点工程实施和林业惠农政策的兑现，增加了农民的收入，有效解决了山区贫困群众基本生计问题。农民林业收入 2009 年、2010 年、2011 年连续三年都比前一年增收 16 元。2011 年农民人均林业收入 520 元，占农民人均纯收入 4200 元的 12%；预计到 2015 年农民人均林业收入将达到 1450 元，占农民人均纯收入 7000 元的 20%。林业已成为农村扶贫开发的重要途径[1]。

铜仁、毕节两地区水利扶贫及水利重点扶持工作自 2006 年开展以来，经部省联席会议各成员单位的共同努力，水利扶贫及水利重点扶持工作取得了显著成效。水利投入大幅增长。据统计，2010 年中央投入两地区财政资金 84800 万元，省级投入两地区财政资金 64700 万元。水利规划体系进一步完善。贵州省编制了“十二五”水利规划、《贵州省水利建设生态建设石漠化治理综合规划》、骨干水源工程规划等各项规划，对加快两地区水利事业发展起到了积极的促进作用。以铜仁地区为例，在各县完成 41 个规划（项目建议书、可研报告）、26 个实施方案、35 个初步设计的同时，地区水利部门组织各方技术力量认真编制完成了《铜仁地区“十二五”水利发展规划》、《贵州省铜仁地区水源工程建设综合规划报告》、《贵州省铜仁地区大型骨干水源工程建设规划报告》、《贵州省铜仁地区中型骨干水源工程建设规划报告》等 7 个规划报告，形成了用规划指导工作、项目建设规划先行的良好局面。水利基础设施得到较大改善。铜仁地区试点期间共解决了 114.23 万人和 362 所中小学校的饮水安全问题，分别为规划目标的 126.92% 和 120.67%；开工建设了 2 座中型、1 座小（1）型、1 座小（2）型水库；新建和整修山塘 945 处；修建水池水窖 12679 口；实施了 64 座小（2）型及以上病险水库除险加固；治理水土流失

[1] 胡勇等：《林业在贵州扶贫开发中的作用与对策》，www.gzforestry.gov.cn，2012 年 12 月。

285平方千米；完成洼地排涝工程49处；实施中小河流治理试点项目20处。实施小型农田水利建设重点县6个；新增农田有效灌溉面积20.76万亩，为规划目标的103.8%；新增旱地补充灌溉面积29.01万亩，为规划目标的145.05%；2010年农村人口人均有效灌溉面积达到0.59亩，有效保障了粮食生产安全。毕节地区三年累计解决212.81万农村人口和9.24万农村学校师生的饮水安全问题；开工建设了3座中型水库；实施小型农田水利建设重点县2个；实施了43座病险水库除险加固；治理水土流失面积556平方千米；实施中小河流治理项目10个。两地区粮食产量和群众生活水平得到了进一步提高，初步探索出了一条水利扶贫的新路子。通过山洪灾害防治县级非工程措施建设、中小河流治理、病险水库除险加固等工程的实施，提高了城镇、人口集中的乡村与集中连片的农田防洪标准。以毕节地区为例，在毕节市、威宁自治县、赫章县、金沙县等地集中开展河道治理工作，尤其近两年来，针对赫章县山洪灾害易发多发的情况，累计投入中央和省级资金3500余万元进行河道清理整治，并迅速启动了当地山洪灾害防治县级非工程措施建设，使赫章县防洪减灾能力明显提升，当前农业生产和群众生命财产安全得到了有力保障❶。

2008年7月，贵州启动了农村危房改造工作，先后开展了“万户试点”和“扩大试点”。在此基础上，2009年2月在全省全面启动农村危房改造工程，并通过“整县（市、区）推进”带动全省农村危房改造工作。截止到2011年底，已改造完成102.5万户，占全省农村危房的53%，极大改善了农民的居住条件。2008年到2011年，国家下达中央补助资金40亿元，贵州省级财政已匹配资金33.08亿元，市县匹配资金27.61亿元，有力保障了农村危房改造工作顺利推进❷。

三、社会扶贫

（一）对口帮扶

自1996年7月党中央、国务院决定开展东西部对口扶贫协作以来，大连、青岛、深圳、宁波四个计划单列市开展了对贵州省贫困地区的帮扶工作。双方

❶ 贵州省政府办公厅秘书七处：《禄智明副省长在水利部贵州省铜仁地区水利扶贫试点暨毕节试验区水利重点扶持部省联席会议上的讲话》，贵州省人民政府网，2011年4月6日。

❷ 汪志球等：《三探贵州农村危房改造》，人民网，2012年6月3日。

通力合作，积极探索，一个多层次、多形式、多渠道的扶贫协作模式逐步形成。截至 2008 年，四个市共向贵州无偿捐赠资金 13.07 亿元，物资折款 3.25 亿元，兴办了一大批扶贫项目：新建、改扩建学校 1303 所，改善了贫困地区办学条件；兴建（扩建）医院（卫生院）322 所，解决了一大批贫困农户就医难问题；资助 16.43 万名失学儿童和特困学生入学就读；资助兴修基本农田 15 万亩；解决了 57.7 万人、40 万头牲畜的饮水困难；兴修乡村公路 2747.3 公里；解决了 100 多个村通电问题；协助解决了 2000 多户特困农户移民搬迁；修建农村沼气池 4000 口；帮助 311 户特困农户进行了茅草屋改造；建立了一批扶贫开发基金、乡镇企业发展奖励基金、救灾基金、教育基金等。在帮扶项目的实施中，大连实施的“四位一体”生态农业项目，青岛实施的“温饱示范村”项目，深圳实施的“双改”项目（改善生产和生活条件），宁波实施的“两个千家万户”项目（项目覆盖千家万户，让千家万户脱贫致富）等，对贫困地区产生了立竿见影的帮扶效果，同时，也为贵州贫困地区的扶贫开发工作提供了示范带动作用。同时，自开展对口帮扶工作以来，贵州与四个市按照“优势互补、互惠互利、长期合作、共同发展”的原则，将全省丰富的生物、能源、矿产、旅游等资源优势，与四个市的资金、技术、市场、信息、管理等方面的优势相结合，积极开展经济技术合作。截至 2008 年，双方在相互考察访问、深入调研的基础上，通过协商论证，共安排协作项目 600 多个，协议资金 520 亿元，项目涵盖了工业、农业、商贸、旅游、文卫、房地产等多个领域。到 2007 年底，四个市采取办培训班、安排贵州干部到四个市挂职锻炼等形式，为贵州培训了县、乡、村干部和农民已达 7.84 万人；选派了 164 名干部到贵州贫困地区挂职帮助工作；实施“东西支教工程”，组织了中小学骨干教师 292 名、青年志愿者 300 多名到贵州支教❶。

2009 年，四个市共向贵州提供各种帮扶资金共计 14193 万元（从而使四个市为贵州提供的帮扶资金总额达到 15.58 亿元），为贵州贫困地区新建（或改扩建）学校 176 所，救助贫困学生 21928 人；兴建卫生院所（室）7 所；兴修乡村公路 407.1 公里，基本农田 8.9 万亩；解决了 3.5514 万人、2.973 万头大牲畜的饮水困难，极大地改善了贫困地区群众的生产生活条件。2009 年，四个市共向贵州捐赠衣被 138.28 万件，捐赠汽车、彩电、电脑、音响、冰箱、

❶ 贵州省扶贫办社会扶贫处：《山海携手著华章——大连、青岛、深圳、宁波四城市对口帮扶贵州纪实》，贵州扶贫开发信息网，2010 年 1 月。

图书、农业生产资料等物资一批，合计折款 1835 万元。2009 年，四个市在贵州共安排协作项目 3 项，协议资金 600 万元。四是继续从人员交流、人才培训、劳务输出方面为贵州提供大力帮助。四个市 2009 年派出 14 名干部到贵州贫困地区挂职，派出 14 名教师到贵州为广大贫困群众服务；接受贵州 63 名干部、60 名教师、100 名医生到四个市挂职；举办干部培训班 37 期，为贵州培训干部 1590 人次，举办专业技术人才培训班 28 期，为贵州培训专业技术人员 7092 人次；在劳务合作方面，据不完全统计，在四个市的资助下，举办了 71 期劳务培训班，培训劳务人员 5152 人次，同时，贵州共向四个市有组织输出劳务人员 13009 人，挣回劳务收入 18750 万元❶。

2011 年，四个市共向贵州提供各种帮扶资金 18069. 3 万元，新建（或改扩建）学校 78 所，救助贫困学生 10992 人，兴建卫生院 46 所，兴修乡村公路 480. 4 公里，基本农田建设 1. 75 万亩，解决了 11. 5 万人、4. 6 万头大牲畜的饮水困难，极大地改善了贫困地区群众的生产生活条件。四个城市的领导和专家、企业家共有 423 人次到贵州开展帮扶工作；组团参加了贵州举办的“酒博会暨投洽会”，共同签署了贵州省与四个市“十二五”扶贫协作框架协议。全省共有 723 人次到四个城市联系帮扶事宜。四个市派出 35 名干部到贵州贫困地区挂职，派出 24 名中小学教师、20 名医生、43 名农业技术人才到贵州为广大贫困群众服务；接受贵州 57 名干部、88 名教师、10 名医生、16 名农业技术人才到四个市挂职。贵州共向四个市输出劳务人员 56795 人，其中有组织输出 988 人。四个市与贵州达成经济合作协议项目 9 个，协议资金 20. 74 亿元，项目涵盖工业、农业、商贸、旅游、文卫等诸多领域❷。

（二）中直单位定点帮扶

从 1996 年我国建立中央国家机关和中央企业定点扶贫机制以来，各定点扶贫单位充分发挥本部门、本行业优势，为贵州扶贫开发工作作出了重要贡献。

2009 年，中央统战部、新华社、民革中央、民进中央、农工民主党中央、全国工商联、国家林业局、国家旅游局、中国科学院、华夏银行、中国航空工业第一集团公司、国家开发投资公司、招商局集团有限公司、香港中旅（集

---

❶ 贵州省扶贫办社会扶贫处：《四个市对口帮扶贵州再创佳绩》，贵州扶贫开发信息网，2010 年 2 月。

❷ 《大连、青岛、深圳、宁波四城市对口帮扶》，《贵州日报》，贵州扶贫开发信息网，2012 年 1 月。

团）有限公司、中国经济技术投资担保有限公司、中国电子信息产业集团公司、中国旅游商贸服务总公司、华联发展集团有限公司、华侨城集团公司、中国黄金总公司、北京有色金属研究总院、中国唱片总公司、国旅集团等 23 个中直单位，在定点扶贫贵州 39 个扶贫开发工作重点县的工作，23 个中直单位到贵州贫困地区考察调研的干部 510 人，其中部级领导干部 21 人；共派出 31 人到贵州蹲点挂职；共向贵州贫困地区投入资金 2948.82 万元（直接投入资金 2160.32 万元，帮助引进资金 788.5 万元），实施了 68 个扶贫项目；资助 1779 名贫困学生入学就读；举办各类培训班 45 期，培训 6999 人次（其中，干部 1330 人次，技术人员 511 人次，劳动力 5158 人次）；帮助输出农村贫困劳动力 42 人次；引进各类技术人才 61 人，引进技术 11 项。此外，23 个中直单位还在宣传和贯彻落实党在农村的各项方针、政策，搞好农村基层组织建设等方面做了大量工作，使 2009 年中直单位的定点扶贫工作成绩显著，有力地推动了贵州新阶段的扶贫开发向前发展❶。

据不完全统计，1996—2011 年底，23 个中直单位共选派 536 名干部到贵州贫困地区蹲点挂职，直接投入贵州贫困地区帮扶资金 5 亿多元，引进资金 19 亿多元，实施扶贫项目 1055 个，引进各类技术人才 657 人，引进技术 245 项；举办各类培训班 794 期，培训干部、技术人员和劳动力 10 万人次，资助 2.9 万名贫困学生入学。2012 年 11 月，国务院扶贫开发领导小组办公室、中组部、统战部等有关部门联合下发的新一轮中央、国家机关和有关单位定点扶贫工作的通知中，确定 31 个中央单位定点扶贫贵州 50 个扶贫开发重点县。至此，中央单位对贵州扶贫开发重点县的定点扶贫实现全覆盖❷。

（三）党建扶贫

党建扶贫是贵州扶贫的一个有效载体。从 1986 年起，贵州省委连续 25 年从各级党政机关、人民团体、企事业单位及中央在黔单位选派干部组成农村党建扶贫工作队，分赴 50 个扶贫开发重点县和 5486 个一类贫困村驻点开展党建扶贫。从 2007 年开始，全省各级机关、企事业单位、人民团体、中央在黔单位的党支部和党员，采取城乡党支部“1 + 1”结对、城乡党员“N + 1”帮扶等模式，深入开展“万个支部结对，万名党员帮扶”活动，确保扶贫帮困覆

---

❶ 贵州省扶贫办社会扶贫处：《3 个中直单位定点帮扶贵州成效显著》，贵州扶贫开发信息网，2010 年 2 月。

❷ 《中央单位对贵州扶贫开发重点县定点扶贫实现全覆盖》，新华网贵州频道，2012 年 12 月。

盖到每一个贫困乡村、每一个农村贫困人口。全省 1.18 万个机关党支部、16.7 万名党员参加结对帮扶，帮扶范围覆盖 7331 个行政村的党组织和 118 万多名困难党员、群众，实施项目 4.5 万余个，初步形成城市支持农村、工业反哺农业、以城带乡工作格局❶。

2009 年，贵州从省直机关、企事业单位和人民团体的 190 个单位共抽调 251 名干部（其中厅级干部 31 名，处级干部 115 名，科级干部 105 名）组成 51 个农村党建扶贫工作队，分赴全省 50 个扶贫开发重点县和 1 个非重点县的 87 个重点乡镇，303 个重点村开展为期一年的党建扶贫工作。省直各定点扶贫单位积极筹措资金 17129.396 万元（其中直接投入 6619.291 万元，引资 10510.105 万元），认真组织实施了 448 个各类项目；资助 4397 名贫困学生入学就读；举办各类培训班 243 期，培训 22724 人次；引进各类技术人才 42 人，引进技术 39 项❷。

2010 年，贵州省各级党建扶贫工作队通过财政扶贫项目拨款、协调相关部门支持和社会捐助等形式共筹集扶贫资金 3.7 亿元，兴建各类建设项目 2352 余个，受益农户 100 万余户，直接受益人口 450 余万人，间接受益群众达 1000 万人❸。

---

❶ 栗战书："大力加强党建扶贫工作 努力实现与全国同步进入小康社会的目标"，《求是》，求是理论网，2011 年 12 月 1 日。

❷ 贵州省扶贫办社会扶贫处：《省直机关定点扶贫力度加大》，贵州扶贫开发信息网，2010 年 1 月。

❸《贵州：新阶段党建扶贫 留下一支永远不走的工作队》，《贵州日报》，新华网贵州频道，2011 年 2 月 22 日。

国内外贫困与反贫困理论研究综述

于开锋[*]

摘　要

本文对贫困、反贫困与扶贫开发理论发展脉络、分析框架进行了梳理，对人口与资源视角、马克思反贫困理论、福利经济学、发展经济学、人力资本理论、权利贫困和能力贫困理论、空间贫困理论等理论的基本内容和政策效应进行了揭示和简要评述，分析总结了反贫困实践模式的做法、经验和启示。

关键词

反贫困理论　扶贫开发理论　政策实践

人类社会的发展史既可以看作是人类从愚昧走向文明的历史，也可以看作是人类不断同贫困进行斗争，由落后走向繁荣的历史。然而在经济全球化飞速发展的今天，贫困依然严重困扰着人类社会。联合国发布的有关数据显示，目前全球仍有10亿人生活在极端贫困线以下，8.52亿人处于饥饿状态，每年约500多万儿童因饥饿和营养不良而夭折。全世界有6亿人生活在危害健康和生命的环境中，11亿人无法得到安全饮用水，26亿人缺乏基本的卫生条件。经过30多年的改革开放，中国人类发展取得了巨大成就，人均GDP增长了5倍，解决了13亿人的温饱问题，绝对贫困人口减少了数亿，成为最早实现千年发展目标减贫目标的发展中国家。但中国反贫困压力依然巨大，按2010年标准，贫困人口仍有2688万，而按2011年提高后的贫困标准（农村居民家庭人均纯收入2300元人民币/年），中国还有1.28亿的贫困人口。[1] 解决贫困问

---

* 于开锋，贵州省社会科学院农村发展研究所助理研究员，研究方向为农村经济。

[1] 中国科学院，《2012中国可持续发展战略报告》。

题是当代世界性课题，在贫困理论的指导下，各国人民为摆脱贫困作不懈地努力，许多国际组织、国家政府也制定了一些雄心勃勃的反贫困计划。唯有充分借鉴国内外优秀的理论成果及成功的反贫困经验，拓展扶贫新思维，才能在新时期探索出一条有中国特色的扶贫开发道路。

一、贫困与反贫困理论、模式与政策

反贫困在我国一般称之为扶贫。反贫困理论是人们对贫困这一社会现象经由一般化与演绎推理等方法，进行合乎逻辑的推论性总结。

扶贫模式是解决贫困问题的方法论。扶贫模式是提取解决贫困问题过程中的关键因素形成的一套简化模型，并把解决贫困问题的方法总结归纳到理论高度。模式是一种参照性指导方略，扶贫模式也是反贫困理论，是消除贫困途径的理论，一种扶贫模式必然是某种扶贫理论的应用。当一个领域的研究逐渐成熟的时候，自然会出现很多模式。在20多年的扶贫进程中，我国政府和人民创造性地发展出许多适合我国国情的扶贫模式，如东西部协作扶贫（对口支援）、政府主导扶贫等。

而反贫困政策则是以权威形式标准化地规定在一定的历史时期内，应该达到的奋斗目标、遵循的行动原则、完成的明确任务、实行的工作方式、采取的一般步骤和具体措施。

贫困理论类型有三类：关于贫困是什么的理论（如贫困的定义、贫困的测量，是相对的绝对贫困还是绝对的相对贫困），关于贫困致因的理论（如资本论、权利缺失论、制度论等），关于反贫困的理论（如涓滴效应理论、不平衡增长反贫困理论、赋权理论等）。三种理论是不可分割、紧密结合的，即使研究者只牵涉到某一方面，也必须对其他两个方面的问题有所判断。缺乏对其他两个方面的认识，难以对其中任何一个方面有深刻的理解。

贫困的界定一直是贫困理论发展过程中的一个核心问题。对贫困的界定也会对我们的反贫困政策及措施产生影响，如不同贫困标准的划定，会对贫困的广度、贫困深度产生不同认知从而影响政府的扶贫政策。扶贫资源始终是有限性，我们又面临减贫（减少贫困的人数）、缓贫（减轻贫困的程度）、消除贫困等反贫困的目标的选择，在具体的操作模式又有了聚焦瞄准（如我国的整村推进政策）和全面推进的政策及模式分歧。

反贫困理论的提出总是基于对成因的判断和分析，不同的致因理论会产生不同的反贫困理论、政策和模式。早期的研究均把贫困指向绝对的物质匮乏或不平等，人们发现，基于对贫困这种界定之上的政府缓贫政策并没有较好地解决贫困问题，贫困绝不仅仅是经济或物质层面的缺失，而是经济、社会、政治、文化发展不平衡和地理自然生态条件差异以及人类个体差异综合作用的结果。我们可以看到，随着对贫困本质认识的不断深入和拓展，反贫困理论也随之进入新的领域和阶段。在舒尔茨提出人力资本论及阿玛蒂亚·森提出权利贫困及能力贫困理论后，如今尊重和保护贫困人群的人权已经成为贫困理论发展的一个新的领域和突出特点。

贫困理论也从社会实践中获得反思，从而生发出新的理论。如今贫困的原因分析已经从经济因素扩展到政治、法律、文化、制度等领域，把贫困问题置于经济学、伦理学、政治学、社会学等学科的综合研究之中，为贫困问题的研究开阔了视野。

二、贫困与反贫困理论的分析框架

反贫困理论流派众多、体系复杂、哲学基础不同，研究的角度和方法不同，因此形成了众多流派。构筑扶贫开发理论的分析框架，根据一定的分类标准，把这些理论分组，以便显示理论之间的联系或不同理论所共有的潜在原则，有助于感知和理解形形色色的反贫困理论。

一个维度是基于个体与社会结构的视角，也就是从微观到宏观的视角。我们可以把影响贫困的因素分为三大类：社会因素、区域因素和个人因素。能力贫困理论就是基于个体与微观的角度，而“中心—外围”理论则是基于全球宏观的视角。

另一个维度是关于理论的哲学观点，据此可以分为主观主义（人本主义、后现代主义）和客观主义（现代主义、现实主义、科学主义）。

还有一个维度是把这些理论分为激进派或改良派，意即把社会秩序理解为是以激进方式来变革，或是以一种社会互动式的调整来变迁。激进派如马克思主义、依附理论、不平等交换理论等，改良派如贫困的恶性循环理论、循环积累因果关系理论、人力资本理论等。

我们可以根据贫困理论被放置在这些集合之中的位置来评价它们。任何一种主要的贫困理论都可以在这种分类方法中找到其位置，尽管这种归类不完全适当。我们可以批判这些分类方式，因为它们武断设定分析区域，并且人们对理论应放置在那个区域永远可能会有质疑。比如说，被明确在特定位置之上的理论，理应被认为是相互排斥的，因为不同的理论流派强调了贫困的不同方面。实际上，它们之间互有重叠，含有共同的思想，其中的差异往往是因为它们所依据的研究背景的不同而引起的。正是这些不同特色流派的并存与发展，共同把贫困理论推向高峰。

毋庸置疑，任何理论总是隐含着研究者某种价值判断或哲学观点，这一点无须批判。比如阿玛蒂亚·森就认为应当把基本价值判断引入研究领域，根据道德和政治等多方面因素来评价福利水平及其变化。在贫困致因是内生因素还是外在环境因素的影响更大，是注重扶贫的效率还是公平，是现实主义还是人本主义等问题上，不同的价值取向可能会导致不同的贫困理论、政策和模式。比如，如果我们注重内生变量，对国家反贫困而言就会更强调改革制度及体制，对个体而言就会更强调能力提高和造血功能的营造。如果我们强调环境影响的作用，对国家反贫困而言就会更强调改革全球不合理的贸易体制及发达国家对贫困国家的帮助，对个体而言可能更倾向于外来的支持和输血。马尔萨斯的人口剩余论是赤裸裸的现实主义，而人本主义无疑已经成为当今的主流思想。

三、贫困与反贫困理论述评

（一）人口与资源视角

1789 年英国经济学家和人口学家马尔萨斯在他《人口原理》一书中，提出了著名的“人口剩余致贫论”。他认为，从两个最基本的事实出发即：食物是人类生存所必需的，生活资料因土地有限只能按算术数列增加；而社会人口规律是按几何数列增加，人口增长总是快于消费资料的增长，长期来看，人口增殖同生活资料之间无法实现平衡，食物不足和人口过剩实际上无法避免，最后必然导致贫困出现，因此大多数人注定要在贫困和饥饿的边缘上生活。短暂的均衡只是出现在占优势的人口繁殖力为贫困和罪恶所抑制的情况下。这就是人类的历史，也是支配人类命运的“铁律”。人口规律是不以人的意志为转移的必然，因而贫困同社会制度、政府的形式和财产的不平等分配没有关系，贫民自身是贫困的原因。

马尔萨斯认为，动植物的生长繁衍因为空间和滋养物的缺乏会受到抑制，人类的生长繁衍则会因为食物的缺乏而受到抑制。但是人类不会接受道德的抑制，即用节育、晚婚等方法减少人口的增加，起决定性作用的只能是积极抑制，即通过战争、瘟疫、繁重劳动、贫困、饥荒等来减少人口数量。

马尔萨斯的“抑制人口增长”的反贫困理论，存在着很多片面乃至极端错误和反人类的观点。他只关注食物相对于人口的比率，不仅明显忽略了技术进步和社会生产力发展的巨大作用，所采取的办法是消灭贫困者来消灭贫困。

尽管由于生活时代和阶级的局限，马尔萨斯关于贫困的认识以及反贫困的路径设计明显片面甚至极端错误，但辩证地来看，也有其合理的因素和一定的积极意义。作为人口学的理论先驱，马尔萨斯提醒人们在解决贫困问题中要高度关注人口问题，指出无抑制的人口增长将会导致食物供给的危机，强调人口增长应该与生活资料的增长相协调，以及提出利用晚婚、节育等社会和道德措施来抑制人口增长的办法与当今世界的反贫困工作仍然是息息相关的。

（二）马克思反贫困理论

马克思主义的贫困研究立足于资本主义生产的本质，认为资本主义制度下的无产阶级贫困化是资本主义制度的必然产物。资本主义私有制度下资本家的生产不是为了满足社会和人的需要，而是为了追逐和获取更多的剩余价值。工人的状况必然随着资本的积累而日趋恶化。[1] 无产阶级摆脱贫困的唯一出路，只有“剥夺剥夺者”，通过暴力革命在政治上推翻资产阶级统治，用建立新社会制度的办法来彻底铲除这一切贫困。马克思贫困理论最早为反贫困提供了一个阶级和制度分析的路径，更重要的是马克思从贫困者立场出发，为穷人呐喊，成为关注“人类本身”的理论先驱，把消除资本主义社会贫困和人的解放这两个重大的社会目标结合起来，不仅为后来人类反贫困主题注入了社会性和人文性的全新思想，更为未来人类社会的反贫困指明了方向。

但同时我们也必须看到，马克思的反贫困理论也有自身的局限性。马克思主义的反贫困理论考察的主要对象是纯粹的早期资本主义国家的贫困现象，对后来资本主义国家的发展和改良预计不足，更未能预料到在后来新兴的社会主义制度下贫困问题如此突出。总之，由于历史年代、社会形态、发展基点和生产力水平不同，我们已不可能全面套用马克思主义的反贫困理论来分析和解释当今世界的贫困问题。

（三）福利经济学：收入再分配反贫困理论

福利经济学理论认为，在很大程度上，影响经济福利的是：第一，国民收

---

[1] 《资本论（第1卷）》，北京：中国社会科学出版社 1983 年版，第 689 页。

入的多少；第二，国民收入在社会成员中的分配情况。增进普遍福利的路径，一是通过增加国民收入总量来增进普通福利。二是通过国民收入的再分配来增进普遍福利。基于边际效用递减规律，通过税收把收入从相对富裕的人转移给相对贫穷的人，可以增进整个社会的福利。因此，必须强化政府的作用，通过立法来实行再分配。

德国最早提出福利国家思想，并成为世界上第一个建立社会保险的国家，之后相继建立了现代意义上的社会保障制度。目前全球已有 170 多个国家和地区建立了社会保障制度。尽管今天的发达国家很富裕，但贫困问题依然比较严重，“福利国家”的危机表明，创造财富和分享财富是一样重要的，否则是不可能从根本上消除贫困的。在我国，社会保障及支付转移政策在反贫困中发挥了巨大的作用，不仅保障了贫困人口的基本生活，而且维护了社会的公平，促进了社会的文明进步。

（四）发展经济学：唯资本论

第二次世界大战后，反贫困研究的指向发生了很大的变化，开始逐渐从西方发达资本主义国家的反贫困转向发展中国家的反贫困问题。发展经济学渐成显学，发展经济学家就这一问题提出了许多反贫困理论和战略。从经济学的视角看，这些理论的共同核心观点是：资本形成不足是经济发展的主要障碍和约束条件，因而被冠以“唯资本论”。“二战”后，发展经济学理论因被许多经济学家接受而风靡全球，作为指导发展中国家制定反贫困战略的理论，它被许多发展中国家政策制定者所接受。

1. 贫困的恶性循环理论

“贫困的恶性循环”理论由纳克斯在 20 世纪 50 年代初提出，其运用结构主义方法探讨发展中国家的贫困问题。该理论的核心是，资本的匮乏是产生“贫困的恶性循环”的根本原因，资本形成不足是经济发展的主要障碍和约束条件。可以从资本形成的供给和需求两方面来论述恶性循环的过程。从供给方面看，发展中国家经济不发达，人均收入水平普遍过低，人们将绝大部分收入用于生活消费支出，而很少用于储蓄，导致这些国家储蓄水平低下，资本稀缺、资本形成不足；而资本形成不足又会使生产规模难以扩大，生产效率难以提高，从而导致低经济增长率，人均收入水平低下，如此周而复始形成恶性循环。从需求方面看，发展中国家经济落后，人均收入水平低，人民生活贫困，消费能力弱，市场容量狭小，从而难以引诱资本投资，造成资本形成不足；资本形成不足，反过来导致生产规模难以扩大，生产力难以提高，从而又导致低产出、低收入、低消费，形成恶性循环。

2. 循环积累因果关系理论

瑞典经济学家冈纳·缪尔达尔提出“循环积累因果关系”理论，该理论认为发展中国家的贫困根源主要在于资金的匮乏，而资金的匮乏又是由于发展中国家自身制度不合理造成的。发展中国家要想摆脱贫困的束缚，必须进行彻底的制度改革。

缪尔达尔认为，在欠发达国家，由于人均收入水平很低，导致人口的质量下降，劳动力素质低；劳动力素质低导致劳动生产率难以提高；劳动生产率低又引起了产出增长停滞或下降，最终，低产出又导致低收入，低收入进一步强化了经济贫困，使发展中国家陷入低收入与贫穷的累积性循环困境之中。❶ 缪尔达尔认为，产生低收入的重要原因是资本稀缺，资本形成不足，以及收入分配制度上的不平等。

唯有实现收入平等，增加穷人收入，改善人民生活水平，从而使人口和劳动力的素质提高，进而提升劳动生产率，最终导致产出水平和人均收入水平的进一步提高，人均收入的提高又会对下一轮收入产生更大的累积性效应。平等制度改革是发展中国家走出贫困状态的有效措施。

缪尔达尔认为发展中国家摆脱贫困最为重要的是不发达国家自身所需要的改革政策。一是进行土地改革，改变土地所有制和租佃关系；二是改变贫困国家的教育体制，提高贫困人口素质；三是政治制度改革，改变贫困国家不平等的政权结构；四是强调发达国家应以大量援助来向贫困国家灌输民主和平等的观念，从而克服贫困国家不平等的经济和经济分层现象，使其摆脱贫困，走上发展的道路。

3. “中心—外围”理论

“中心—外围”理论代表人物有普雷维什、阿明等。他们从历史发展进程中寻找发展中国家贫困的原因，指出发展中国家贫困的原因是“中心”（发达国家）对“外围”（发展中国家）的统治、剥削和掠夺，认为发展中国家的贫困和发达国家的富裕，是一个铜版的两个面。

该理论认为，在整个世界，资本主义体系事实上存在着一种“经济星座”，其中心是工业国，它们具有支配和制约发展中国家为其利益服务的能力。由于受惠于这种地位和早期技术进步，工业国组成了为它们利益服务的整

❶ 冈纳·缪尔达尔：《世界贫困的挑战——世界反贫困大纲》，北京经济学院出版社 1991 年版。

个体系，“外围”生产出口原料的国家则以其自然资源的功能和中心发生联系。“中心”在整个世界资本主义体系运转中起一种动力作用，“外围”只起一种辅助作用。[1] 在此过程中，发展中国家贸易条件不断恶化。

4. “涓滴效应”反贫困理论

该理论认为，社会贫困与经济增长水平密切相关，经济增长是减少贫困的强大力量，通过经济结构的重构和加快经济发展，不断做大经济这块蛋糕，贫困问题就会通过经济的“渗漏”得到解决。这一理论主要包含三层意思：第一，要改变落后现状，经济增长是一个国家发展进程中最重要的因素，特别是对落后的发展国家而言。第二，增长与公平的“不相容性”。认为增长与公平在一定时期内具有不相容性，要想把经济增长放在优先地位，就得先接受收入分配两极分化的社会不公现实，[2] 否则，就会影响积累和经济增长潜力。经济发展初期不可避免地存在贫富分化和不平等，虽然贫困十分普遍，但收入分配不公有利于资本形成和经济增长，随后贫困会随着经济不断增长而减缓。第三，贫困会在经济的增长中自行减缓和消除。只要经济增长了，有了足够的经济繁荣，不需要进行社会政策干预，经济发展的好处就会通过市场机制“滴漏”到贫困阶层身上，进而解决贫困问题。

由于贫困的首要表现是物质和收入的匮乏，因此，经济增长是减少收入贫困的强大动力，毕竟没有增长就难以聚集减困的实力。但是经济增长与收入贫困减少之间的联系远非自动形成，任由市场经济下“涓滴效应”自发作用，只能导致富者更富、贫者更贫的“马太效应”的泛滥，使得整个社会的贫富差距进一步拉大。因为经济发展并没有造成利益自动地“向下涓滴”的机制，相反，发展过程典型地导致了有利于中产阶级和富人们的“向上涓滴”效应。如 20 世纪 70 年代出现的著名的“墨西哥病”，其特征就是有增长而无发展。

五、人力资本理论

人力资本理论最早是由舒尔茨在 20 世纪 60 年代提出。该理论认为，经济发展主要取决于人的质量，而不是自然资源的丰歉或物质资本的存量多寡。贫

---

[1] 萨米尔·阿明：《不平等的发展》，北京：商务印书馆 1990 年版。

[2] W. W. 罗斯托：《经济增长的阶段》，北京：商务印书馆 1962 年版。

穷的国家和个人之所以落后贫困，其根本原因不在于物质资本的短缺，而在于人力资本的匮乏，是缺乏健康、缺少专业知识和技能、劳动力自由流动受阻、教育等高质量人力资本投资不足的结果。[1]

对于现代经济来说，人的知识、能力、健康等人力资本的提高，对经济增长的贡献远比物质资本、劳动力数量的增加重要。改进穷人的福利之关键因素不是空间、能源和耕地，而是提高人口质量，提高知识水平。人口质量的改进在很大程度上是由教育完成的，发展教育事业，对发展中国家人力资本形成、经济结构的转变和经济持续发展具有重要的意义。

对贫困人口进行人力资本投资，提升他们的可行能力是推进反贫困战略的理性选择。如通过改善贫困人口的健康状况，提高其教育水平和劳动技能，促进贫困人口进入劳动力市场，促进就业，增加收入等实现消除贫困。目前，人力资本投资反贫困路径作为一项重要的反贫困战略已成为越来越多的国家，特别是发展中国家摆脱贫困状态的重要选择。当前，西方国家所采取的“积极福利”政策，正是这一理论在反贫困实践中的运用。通过投资穷人的医疗保健、职业培训和教育等途径来提高他们的健康、技能、知识和能力，不仅有利于增强贫困或低收入群体的市场竞争力和抵抗风险的能力，也有利于促进他们追求生存之外的更高层次的发展需求，在提高穷人生活质量的同时，更促进了人的自由和全面发展。

六、权利贫困和能力贫困理论

1. 权利贫困理论

阿玛蒂亚·森认为，对贫困问题的认识，不能仅停留在收入层面，而应该立足于贫困者的生存状态。为此，他创立了权利贫困理论。其理论核心是，穷人之所以未能享受到经济增长的好处，主要源于社会的不平等。不平等不仅存在于收入分配上，也存在于社会权利及能力和机会上。即使粮食生产不发生变化，权利关系的变化也有可能引发严重的贫困和饥荒。因此他指出，无论是经济繁荣时期，还是经济衰退时期，饥荒都可能发生。如果经济繁荣表现为社会不平等的扩大，则繁荣过程自身就有可能成为饥荒的诱因，要理解饥荒和贫

---

[1] ［美］西奥多·W. 舒尔茨：《论人力资本投资》，北京，北京经济学院出版社1992年版，第8页。

困，就应当把他们放在权利体系中来加以分析，权力关系决定着一个人是否有权力得到足够的食物以避免饥饿。虽然这一权利体系分析方法具体地应用于饥荒分析，但同样“可以更一般地应用于贫困分析”❶。

森以权力这一独特的视角对贫困产生原因所作的开创性研究，成为贫困理论发展的一个里程碑。在经济增长的同时，由于缺乏相应的权利，人们不仅享受不到经济增长的好处，反而可能因贫富差距扩大和社会普遍贫困制约经济的发展而成为贫困进一步加剧的诱因。在经济增长的过程中，如果只关注增长，而不考虑谁控制和拥有这些增长，是无法实现减贫目标的，这一点很快为越来越多的研究者和国际组织所接受。

2. 能力贫困理论

继“权利贫困”之后，以森为代表的研究者和国际组织提出了“能力贫困”说。认为贫困应被视为基本可行能力的剥夺，而不仅仅是收入低下。对基本可行能力的剥夺可以表现为过早死亡、严重的营养不良（特别是儿童营养不良）、长期的流行性疾病、大量的文盲以及其他一些灾害。主张应该改变传统的以个人收入或资源的占有量为参照来衡量贫富，而应该引入关于能力的参数来测度人们的生活质量。其核心意义是，必须考察个人在实现自我价值功能方面的实际能力，因为只有能力才能保证机会的平等，没有能力，机会的平等是一句空话，也就是说“真正的机会平等必须通过能力的平等”才能实现。所以，解决贫困和失业的根本之道是提高个人的能力。而贫困者能力的缺失又大多源于他们的人力资本的缺乏。贫困人口的人力资本不足，使得他们没有足够的“能力”去追逐生存和发展的机会，进而被社会排斥，处于社会的最底层，过着贫困的生活。

3. “赋权”反贫困理论

超越经济层面而从权利层面上向穷人“赋权”，构成了赋权反贫困理论的核心。贫困对增长的敏感性很大程度上取决于贫困人口能否获得分享增长的权利和机会。仅考虑经济增长而增长的果实不能为穷人分享，不仅不能消除和减轻社会贫困，反而会增加贫困的积累和加剧社会贫富两极分化。所以，要解决贫困，我们要做的事情不是保证食物供给，而是保护食物权利，面对贫困者在社会中存在的权利贫困现象，要实现保护他们的权利目的，只能通过对相应的制度安排，建立一套政治和社会体制，赋权以保障贫困者享有基本的政治与公

---

❶ 阿玛蒂亚·森：《贫困与饥荒》，北京：商务印书馆 2001 年版。

民自由、获得基本生活需要和教育、医疗卫生等权利。其最显著的特征是：通过对获得资源和参与决策发展活动的权力再分配，为贫困群体提供最基本的参与和决策权力，从而真正受益。具体而言，赋权主要是“资产的扩充，穷人参与、影响、控制以及掌握影响他们生活的有责任的制度的能力，并且从获得信息权、参与权、问责权以及地方组织能力四个方面具体表明赋权的内涵”❶。

赋权反贫困理论在实践中的可取之处主要在于：一方面，它通过贫困人口的参与和意见表达，为政府和其他外部力量了解贫困人口的需求并提供有针对性的服务提供了有效机制；另一方面，它通过赋权予贫困人口平等参与，给了贫困人口“在干中学”的机会，因而有助于提升贫困人口的能力，同时有助于增强贫困人口在扶贫项目中的主人翁意识，发挥他们的主动性和创造性。

（七）空间贫困理论

受早期空间经济学（Spatial Economics）的启发，一些贫困问题专家们开始将自然地理因素纳入贫困发生的分析体系中，形成“空间贫困”理论。空间贫困理论认为，贫困与空间地理因素之间有着密不可分的联系，地理资本（geographic capital）对农村家庭消费增长有显著影响，是自然地理因素导致了“空间贫困陷阱”❷。由于自然或地理禀赋是不容易改变和缓和的，因此空间特征（包括地理特征、公共服务和协变冲击）在贫困的发生过程中是占决定性和统治性地位的。空间贫困面临更大劣势：区位劣势、生态劣势、经济劣势—与市场的连通性、政治劣势——与执政党思路发展相反的地区或被认为投资回报率低的地区，无法获取诸如教育、机会获得、卫生设施等。

通过绘制“贫困地图”（poverty maps），就可以清晰地看到一个国家内（或某一行政区、社区）贫困水平巨大差异的画面，更好地理解穷人的空间分布。❸ 目前，世界上绝大部分贫困人口是分布在自然地理条件恶劣的地区，这其中就包括中国少数民族农村贫困人口。空间贫困理论导出的反贫困政策主要有异地搬迁扶贫（移民扶贫）及加强贫困地区基础设施建设等。

---

❶ 阿玛蒂亚·森：《贫困与饥荒》，北京：商务印书馆2001年版。

❷ JALAN J, RAVALLION M. Spatial Poverty Traps［G］. The World Bank Policy Research Working Paper, 1997, No. 1862.

❸ BENSON T, EPPRECHT M, MINOT N. 绘制穷人生活的地图（关注全球贫困和饥饿人口——2020焦点简报）［EB/OL］. http://www.iprcc.org.cn.

主要参考文献

[1] 资本论（第1卷）[M]. 北京：中国社会科学出版社，1983.

[2] 冈纳·缪尔达尔. 世界贫困的挑战——世界反贫困大纲 [M]. 北京：北京经济学院出版社，1991.

[3] 萨米尔·阿明. 不平等的发展 [M]. 北京：商务印书馆，1990.

[4] W·W·罗斯托. 经济增长的阶段 [M]. 北京：商务印书馆，1962.

[5] 阿玛蒂亚·森. 贫困与饥荒 [M]. 北京：商务印书馆，2001.

[6] JALAN J，RAVALLION M. Spatial Poverty Traps [G]. The World Bank Policy Research Working Paper，1997，No. 1862.

[7] BENSON T，EPPRECHT M，MINOT N. 绘制穷人生活的地图（关注全球贫困和饥饿人口—2020焦点简报）[EB/OL]. http：//www. iprcc. org. cn.

社会性别与贵州农村扶贫发展

黄　晓*

摘　要

本文通过分析贵州扶贫开发在关注性别差异上的实践经验，认为关注性别差异将对贵州新阶段扶贫发展起到建设性的作用。提出在扶贫发展中应将社会性别实践成果贯彻落实到贵州新一轮扶贫发展规划中去，着力调整目标瞄准问题、在扶贫政策和扶贫措施上体现性别敏感性问题、扶贫政策的有效性问题，以实现社会性别主流化。

关键词

社会性别差异　新阶段农村扶贫　性别主流化

贫困是否具有社会性别差异？在扶贫开发进程中加强对社会性别的关注能否提高扶贫工作的效率？从“八七”扶贫攻坚到新阶段扶贫，扶贫理念和发展方式在不断地深化，贵州扶贫发展在关注性别差异上的实践经验，将对贵州新阶段扶贫发展起到建设性的作用。

一、扶贫发展中为什么要对社会性别给予关切

（一）将性别意识纳入决策主流已经成为国际共识

“社会性别”是指社会化过程中所建构的女性和男性的作用和责任，反映出社会对男女两性不同的期待和要求。社会性别概念认为，制度因素和文化因素是造成男女两性角色和行为差异的原因。20 世纪 90 年代以后，有关妇女与发展、社会性别与发展的概念和理论出现在各个发展主题和领域，甚至包括政

* 黄晓，贵州省社会科学院文化研究所研究员，研究方向为民族文化。

府的社会决策的过程中。1995 年在北京召开的联合国第四次世界妇女大会，将这一概念和理论引入到我国学界和实际工作中，并逐渐被熟知和运用。

将性别视角引入反贫困领域，是世界的潮流和发展的需要。1995 年，联合国第四次世界妇女大会通过的《北京行动纲领》指出：当今世界上 10 亿多人生活在令人无法接受的贫苦状况下，其中大多数是妇女，多数是在发展中国家。而且，过去十年来，生活在贫穷中的妇女人数的增加同男子相比不成比例，在发展中国家尤其如此；在转型期经济国家，妇女贫穷人数日增的现象最近也成为一个重要问题。❶ 联合国计划开发署在 1997 年的人类发展报告《人类发展根除贫困》中明确指出，无论作为目标或手段，推进社会性别平等应成为所有国家根除人类贫困的战略之一。对于社会性别平等富有创造性的承诺，将有助于增强减贫各方面的行动，因为妇女能够带来新的能量、新的视野和新的组织基础。如果没有纳入社会性别，发展过程将充满挑战，减贫战略没有成功地赋权妇女，就没有成功地赋权整个社会。2000 年 9 月，在联合国千年峰会上，联合国 189 个成员国作出如下承诺：努力建立一个以消除贫困和可持续发展作为最优先目标的世界，提出把“消除绝对贫困和饥饿 ”、“促进性别平等并赋予妇女权利” 等八个领域作为千年发展目标，其中 2015 年要实现全球贫困人口减半目标。联合国开发计划署 2003 年人类发展报告提出，脱离贫困陷阱需要多方面的方法。❷ 联合国性别问题和妇女进步特别顾问办公室（UNOSAGI）也曾坚决声明，社会性别平等对于发展和缓解贫困是至关重要的（UN OSAGI 2001）。在贫困问题上对性别议题进行关注已经成为国际共识。

为此，在 1995 年世妇大会上，我国政府承诺将社会性别主流化，即将“性别观点纳入所有政策和方案的主流，以便在作出决定之前分析对妇女和男子各有什么影响”❸。世界银行的报告也曾总结道，“如果发展政策和行动没有考虑到性别不平等问题，没有致力于消除女性与男性之间的差别，那么其效果将受到限制，并会为此付出沉重的代价”❹。随后，我国的扶贫战略也开始逐渐意识到性别敏感的重要意义，并在不同的层面进行着实践和探索。

（二）我国扶贫发展中“贫困”概念的扩展

贫困定义在今天已经得到拓展，诺贝尔经济学奖获得者阿马蒂亚 · 森所

---

❶ 联合国第四次世界妇女大会文件：《北京行动纲领》，联合国出版物，1995 年。

❷ 《中国人类发展报告——追求公平的人类发展》，UNDP，2005 年。

❸ 联合国：《第四次妇女问题世界会议报告》，内部资料，1995 年。

❹ 世界银行：《性别平等与千年发展目标》，2002 年。

说："贫困不是单纯由于低收入造成的，很大程度上是因为基本能力缺失造成的。"贫困不再只是一个经济概念，还包括其他多个方面，如缺乏赋权、机会、能力和安全感；扶贫工作也不仅仅只限于增加收入、改善环境，还包括社会公平、关注不同人群的需求、重视边缘人群的发言权等权利问题。对贫困的认识和理解，使扶贫理念和扶贫政策发生了变化。虽然目前我国扶贫政策对贫困的定义主要还是一个经济指标，从1985年人均年纯收入200元到目前的最新标准2300元，都是以人均年收入来确定贫困线的。但在实际扶贫工作中，我国扶贫政策在路径和方法上都逐步对经济收入之外的贫困因素给予了关注。2010年《中国实施千年发展目标进展情况报告》,[1] 在对"消除极端贫困与饥饿"目标支持性环境评估中指出："上世纪90年代以来，中国积极推行参与式扶贫的理念和方式，让贫困人口直接参与扶贫开发项目与资金使用决策；促进贫困人口的能力建设，增强其自我积累、自我发展能力；还采取有效措施，关注妇女、儿童、残疾人等特殊贫困群体。非政府组织和公民社会也积极参与到以社区为主导的减贫过程中"；今后将"把提高农村贫困人口自我发展能力作为工作重点"。可以看出，中国扶贫发展思路已经从消灭绝对贫困扩展到消灭相对贫困上，更加关注贫困人口的可持续发展问题。为此，《中国农村扶贫发展纲要（2011—2010）》指出，"我国扶贫开发已经从以解决温饱问题为主要任务的阶段转入巩固温饱成果、加快脱贫致富、改善生态环境、提高发展能力、缩小发展差距的新阶段"。对贫困问题的认识，在新一轮的扶贫发展纲要中体现得更具体，这就为制定扶贫政策，采取扶贫手段和扶贫方法提供了政策依据。对贫困概念的认识让我们对不断反复出现的返贫问题进行思考，对扶贫政策的执行效果重新审视，是哪些因素导致了其脆弱性的发生，能否采取更有效的手段进行干预？社会性别是近20年来在反贫困中得到较多强调的一种干预视角，社会性别作为一种意识和分析范畴，已经成为扶贫发展工作中需要考虑的指标，这为消除贫困过程中兼顾公平，为扶贫成效的可持续性提供了可能。

（三）我国贫困地区的客观现实需求

将性别视角引入反贫困领域，在一定程度上反映了我国客观现实的要求。一是贫困农村存在事实上的不平等，女性由于在利用关键的资源、服务以及获得机会、收入等方面受到限制，更容易陷入贫困危机之中，解决妇女贫困是实

[1] 《中国实施千年发展目标进展情况报告（2010版）》，中华人民共和国外交部联合国驻华系统。

现扶贫目标的一大关键；二是由于农业女性化的现状，贫困农村大量的男性劳动力外出打工，妇女已经成为主要的劳动力，只有在扶贫政策中关怀女性的需求，才能充分发挥出妇女的作用，也才能将扶贫政策落实到位，提高扶贫效率。

二、 贵州扶贫发展中的社会性别实践

（一）政府扶贫[1]

1. 扶贫理念和扶贫政策的进步为实施社会性别敏感的扶贫策略提供了可能

贵州农村扶贫发展与全国扶贫发展同步，主要经历三个发展阶段：第一阶段从1986—1993年，贵州省政府进行了有组织、有计划、大规模的扶贫开发，经过八年的努力，到1993年底，全省贫困人口下降到1000万人，占当时农业人口的35%。第二阶段从1994—2000年，政府组织实施了《国家八七扶贫攻坚计划》，全省有48个县列入国家贫困县，七年期间，国家共投入扶贫资金93.43亿元，实现了由救济扶贫向开发扶贫转变，由零星分散扶贫向有组织、大规模扶贫转变。到2000年，全省有700万人越过温饱线，贫困人口由1000万减少到近300万人，贫困人口发生率由34.4%下降到9.74%。虽然解决了部分贫困人口的温饱问题，但无法解决产业结构落后、人口素质低下、自我发展能力差等问题，已脱贫的人口容易返贫。贵州省的返贫率正常年份为10%，灾年则达15%以上，难以实现贫困地区社会经济的全面持续发展。第三阶段是《中国农村扶贫开发纲要》（2001—2010）颁布之后的新阶段扶贫，贵州继续坚持开发式扶贫方针，以解决贫困人口温饱和增加农民收入为中心，以尚未解决温饱的贫困群众和低收入群众为主要对象，加大帮扶力度，到2005年基本解决贫困人口的温饱问题，改善基本生产生活条件，提高贫困人口的生活质量和综合素质，改善生态环境，改变贫困地区经济、社会、文化落后状况，为全面实现小康社会打好基础。

尤其是新阶段扶贫，扶贫理念上更加强调对贫困人群的能力建设，“授人以鱼不如授人以渔”，希望从根本上解决返贫问题。2000年，贵州省委作出了《关于切实做好新阶段扶贫开发工作的决定》，把贵州省新阶段扶贫开发的范

---

[1] 本文所指的政府扶贫，不仅仅是扶贫办等专门的扶贫机构，妇联、民委实施的扶贫等财政支持也纳入其中。

围从原来的 48 个国定贫困县扩大到 82 个有扶贫开发任务的县，扶贫对象不仅包括尚未解决温饱的贫困人口，还包括了低收入贫困人口，这就表明扶贫的范围有所扩大、扶贫对象有所变化。2003 年，贵州出台了《关于加大新阶段扶贫开发工作力度的决定》，第一次将贵州省贫困人口划分为开发式、搬迁式、救助式三种类型。从实施的分类型、差别化的扶贫措施中，看到贫困人口呈现出差异性，扶贫重点落脚在贫困人口摆脱贫困的自我能力上，注重人的发展，已经从输血式向造血式扶贫迈进一步。2004 年，贵州省委又明确提出了“三个基本”的扶贫开发战略思路：即帮助贫困群众改善基本生产生活条件、拓宽增收门路、提高基本素质这三个基本问题，解决极贫地区农民的温饱问题。为此还确立了新阶段扶贫开发要走整村推进、产业化扶贫、劳动力转移的开发式扶贫路子。从 2004 年起，每年实施 1000 个左右重点村的整村推进计划，到 2010 年完成所有一类重点村的整体推进工作。这一阶段的扶贫措施更加具体化，尽管其扶贫政策的目标还是解决温饱、增加收入、减少贫困人口，但在措施上考虑到了其他社会要素，如人口素质提升、人的能力的增强等；同时将目标瞄准到村，更能有效体现扶贫的成效。2009 年，为促进扶贫开发与社会主义新农村建设结合，实现贫困地区经济、社会、文化、生态协调发展，将社会扶贫工作纳入扶贫开发重点。把尽快稳定解决扶贫对象温饱并实现脱贫致富作为新阶段扶贫开发的首要任务，重点提高贫困人口自我发展能力，同时把缩小发展差距，促进社会和谐放到更加重要的位置。创新扶贫开发工作机制：一是积极推动建立“大扶贫”协调机制；二是积极完善扶贫资金管理使用激励机制；三是积极健全贫困人口识别、监测和扶持机制；四是积极强化扶贫开发目标责任和绩效考评机制。

这些理念和政策上的变化，为具有社会性别敏感的发展策略进入扶贫项目提供了可能，为实现贫困地区性别平等提供政策保障。主要体现在三个方面：

第一，在扶贫目标瞄准上，一些扶贫项目已经能做到村级瞄准，较县级瞄准前进了一大步。目标瞄准机制的建立，对于实行规划到村、项目覆盖到户、资金到村、措施落实到户的扶贫原则奠定了基调，这对于贫困人群中占多数的妇女，受益机会将会增加。

第二，从提出的一些理念看，如“重点提高贫困人口自我发展能力”、“三种类型”的区别策略等，从关注单一的经济指标发展为多元的综合指标，将人的主体性提升到新的高度。贫困人口涉及男女两性，要衡量自我发展能力的提高，必须落实到个人；贫困人口中男女两性发展的不一致，也就会导致衡量指标的不相同，因此这些新理念的提出就为将来扶贫方案中进行分性别统计提供了前提。

第三，从采取的一些扶贫项目来看，对男女不同性别的关注已经出现，尽管扶贫瞄准目标还没有到个人，但采取的措施和方案已经有体现。如外出劳动力务工培训、整村推进参与式村级扶贫开发规划、贫困人口识别监测等措施，都能够制定出分性别的差别手段和策略，能够关照到不同的性别群体，反映出男女贫困人群的需求。

2. 贵州农村扶贫发展项目对社会性别的关注

（1）参与式村级规划。在政府扶贫发展项目中关注社会性别，强调性别公平的扶贫政策，最早是由“参与式扶贫”带入的。“参与”的概念在 20 世纪 80 年代末引入中国，参与式方法 20 世纪 90 年代初运用于中国农村发展项目。参与式扶贫是指将参与式发展理论和方法应用于扶贫项目中，是以当地贫困人口和贫困户为核心和主体的扶贫理念。主要针对的是在行政体制内部实施的扶贫战略体现出来的自上而下的观念，它要求在以农民为主体的多方参与下，发现和确认社区发展的机遇，通过建立合理有效的发展机制，实现资源公平合理的配置和管理，最终实现社区的可持续发展。参与式的核心是赋权，是把发言权、分析权、决策权交给了当地村民；从项目识别到实施到监测，要求尊重村民的意见，外来专家、干部只是一个协助者的角色。新阶段扶贫开始，国务院扶贫办就在全国开始组织实施参与式村级发展规划，贵州也随即在确定的贫困村组织开展。参与式村级规划的制定需要遵循一些基本原则，运用规定的方法和工具，其中包括扶贫开发目标群体的识别和贫困村识别 8 个指标，女性长期患病率和中小学生辍学率两个性别指标。参与式村级发展规划的编制，解决了我国扶贫工作中普遍存在的两个问题：县域瞄准战略下目标偏离和扶贫资源渗漏的问题，贫困人口参与程度低的问题。在手段上将传统的自上而下的扶贫模式改变为自下而上的参与式扶贫模式，这种理念和方法，让更多的贫困妇女获得了更多的机会参与到规划的制定和实施过程中，了解扶贫项目的目标，也明确了自己的角色。尽管在制定参与式村级发展规划中没有明确提出社会性别的概念，但根据参与式发展理论其中的一条原则“构建性别平等的发展机制”，所以在关怀弱势群体，强调妇女参与比例，关注项目谁实施、谁受益等问题，在某种程度上反映了社会性别理念和敏感。贵州在贫困村推行的参与式村级规划，尽管在妇女参与等一些性别指标上还远远没有达到期望值，妇女参与的人数有限，但分性别甄别扶贫项目已经向性别平等迈出一步，越来越多的妇女参与一些具体的扶贫项目，如小额信贷、技术培训、社区管理等。2005 年，参与式扶贫被贵州省人民政府写进了《政府工作报告》，号召大力推广，直至目前，参与式规划的编制一直是贵州农村扶贫开发需要实施的重要工作。

（2）国际合作项目。20 世纪 90 年代初期，中国就开始利用外资进行扶贫。先后与世界银行、联合国开发计划署、亚洲开发银行等国际组织和英国、德国、日本等国家以及国外民间组织在扶贫领域开展了卓有成效的减贫项目合作。自 1994 年以来，贵州省扶贫办外资项目管理中心以实施世界银行西南扶贫项目的良好契机作为外资扶贫工作的生长点，积极开展与国内外社会、经济组织在扶贫领域的合作与交流，致力于探索、创新外资扶贫项目引进、实施和管理机制，建立完善的外资扶贫项目管理系统，通过各种渠道不断争取和引进各类外资投入到扶贫领域。先后与世界银行、日本国际协力银行、日本国际协力事业团、亚洲开发银行、福特基金会、香港乐施会等国际组织合作，实施中国西南世界银行扶贫项目、日本政府贷款贵州环境和社会发展项目、日本国际协力事业团贵州省三都县全民参与综合扶贫试点项目、亚洲开发银行贵州省纳雍县社区扶贫示范项目、福特基金会贵州农村生态环境与扶贫开发合作示范项目、香港乐施会农村参与式自主发展试点示范项目等。在引进资金的同时，也把国际上一些先进的减贫理念和方法，如参与式扶贫、性别分析、小额信贷、项目评估和管理、贫困监测评价等，逐步应用于中国扶贫实践中。

1995—2001 年实施的由世界银行资助的中国西南贵州项目，投资 102233 万元，分别在贵州的晴隆、贞丰、望谟等 13 个贫困县实施教育、卫生、劳务输出、基础设施、乡镇二三产业扶贫项目，该项目要求运用参与式的方法、关注群众的发展意愿，尤其是妇女的意愿，强调将项目直接落实到贫困农户和贫困人口，创建群众与政府互动的机制[1]。

2004 年贵州扶贫办外资项目管理中心与香港乐施会合作，对全省 20 多个县 128 名县级扶贫系统干部进行了参与式扶贫管理培训，培训课程包括参与式村级扶贫规划和社会性别意识培训内容，要求扶贫干部具有社会性别的敏感性，将社会性别分析方法运用于项目之中，反映较好，90% 以上学员表示对指导扶贫工作帮助很大，95% 以上的学员是第一次接触社会性别概念，表示能多一个视角看待工作中出现的问题。[2] 政府扶贫项目开始对社会性别问题给予

---

[1] 杨从明等：《参与式发展——贵州的探索与实践》，贵州人民出版社 2008 年版。

[2] 贵州扶贫办外资项目管理中心：《贵州扶贫系统参与式扶贫管理干部培训班总结报告》，2004 年。

重视。

2006—2008年，贵州省扶贫办与外资合作，在整村推进项目中探索具有性别敏感的参与式扶贫计划，并在三都县羊楼村进行了试点。通过项目的实施，在几个方面取得了有益的经验和成效：一是提升了扶贫干部社会性别意识；二是扶贫干部能够采用具有性别敏感的工具和方法进行项目管理；三是总结了具有性别敏感的扶贫经验加以推广。

贵州扶贫干部的性别意识调查❶

2007年，贵州省扶贫办相关项目人员对全省部分贫困县、乡、村的相关群体进行了问卷调查和半结构访谈，以期考察社会性别要素在整村推进扶贫项目中的作用。主要从政策层面、实施层面和效率层面对相关群体进行了调查。

从政策层面看，省、地县、村级各层都制定有相关政策和实施管理办法，如中共黔南州委、黔南州人民政府2003年出台《关于切实加大工作力度，如期实现一类贫困乡扶贫开发目标的实施意见》，黔南州扶贫办《黔南州一类重点乡村综合扶贫开发试点方案（试行）》，2004年中共三都县委、三都县人民政府出台了《关于进一步加大贫困乡村扶贫开发工作力度的意见》等；雷山县制定了《项目物资管理及分配办法》、《公益设施建设投劳管理办法》、《子项目实施管理办法》、《项目工程后续管理办法》等。但这些不同层面上的政策措施，都很难找到带有性别敏感的差别化政策。

在实施项目层面，通过对县级干部、村级干部和村民近100人的问卷调查，对整村推进项目中涉及社会性别的相关问题进行了回答，但问卷结果难于看出社会性别视角在整村推进项目中的作用和意义，所得出的结果与预想有差距。如“扶贫政策是否有必要重视男女性别差异”问题，越到基层回答有必要的比例越小，县级干部为75%，乡级干部为40%，而村民对此只有13%的认同率；如“是否有必要针对男女性别制定扶贫措施”问题，认为没有必要的人数县级干部为30%，乡级干部为50%，而村民高达92%；如“是否有必要针对男女性别安排扶贫项目”问题，认为有必要的县级干部为75%，乡级干部为70%，而村民只有18%的认同率；如“整村推进扶贫项目

❶ 根据《关于贵州省整村推进扶贫　关注社会性别情况的调研评估报告》整理，2007年。

对男人和女人的扶持效果”有无差别问题，认为没有差别的比例县级干部为15%，乡级干部为55%，而村民达69%。虽然问题的设计和调查的方法有待商榷，也能够从中看出，在乡村，“户”作为一个生产单位的固有观念客观存在，作为个体的男人和女人隐没在户之中，也就带来了对个人社会价值的权衡，不管是男是女，整个“户”的价值也就代表了个人价值。尽管“性别平等应该是缓解贫困的国家战略的组成部分”、“性别平等的行动将促进缓解贫困的各个领域”（《1997 年人类发展报告》），但针对不同的国家、不同的地区、不同的民族，如何选择适应当地文化、并被当地受益群体所认同的发展策略是关键要素，只有如此才能实现性别平等的目标。

从项目效率层面，通过对近百名相关人群的集体访谈，可以看出妇女已是新阶段扶贫中不可忽视的重要力量。如对县妇女干部访谈中，谈到“目前整村推进效果明显，但农民贫困的原因是多方面的，建议针对农村居民因病返贫现象多扶持医疗保健项目；教育滞后带来妇女的文化素质较低，家庭种养方面基本上以妇女为主体，应加大对妇女的技术技能和文化素质的培训；男性外出打工较多，妇女在家教育子女，重视教育不够”；县畜牧局干部谈到：“扶贫资金的投入主要以人的吃、住、行三个方面来考虑；目前风俗中存在大男子主义思想，生产基本以妇女为主，但培训上基本上以男子为主参加，造成技术管理水平跟不上项目培训要求，在培训上应以妇女为主”。县农业局干部谈到：“在培训上应该以妇女为主体参与培训，加大对妇女的文化素质培训和教育、妇幼保健等的投入；应该建立扶贫发展基金，以利于群众在资金借贷不到位时，获得资金发展”。乡村留守妇女在男性大量外出打工的今天，她们的家庭角色和社会角色在发生改变，如果在整村推进扶贫项目中不重视妇女的力量，不实施有针对性的差别政策和措施，要实现扶贫发展的目标是艰难的。同时也看到，为什么都将措施的关注点落脚在素质培训上，作为受益妇女，接受知识才能保证项目质量；作为乡村项目管理者，也才能增强执行力。因此，在效率和性别平等上，如何找到一个平衡点，还需要在实践中不断总结。

三都县羊楼村整村推进项目对社会性别的关切[1]

2008年，贵州省扶贫办在三都县开展了整村推进扶贫关注社会性别的实

---

[1] 根据蔡葵、黄晓主编《社会性别与农村发展政策——中国西南的探索与实践》整理，中国社会科学出版社 2009 年版。

验项目。实践初期，三都县羊楼村将制定“参与式整村推进扶贫项目规划”作为妇女参与的切入点，整个规划阶段组织了3次村民大会，2次培训会、2次项目监测评估会，都必须保证有三分之一以上的妇女代表参加。由于该村属于少数民族村寨，许多妇女不懂汉语，所以在一些评估会上采用图画和双语培训的方式进行。通过村民代表大会，一是民主推选项目实施领导小组和项目实施监测小组，每个小组10名，男女各5名，并在村民会上公布；二是集体讨论制定“参与式”扶贫规划，男女分小组进行项目需求评估。对男女村民提出的24个项目，分男女进行打分排序，确定整村推进计划实施的项目；然后由县扶贫办组织相关技术业务部门进行可行性分析确认，并将项目规划落实到户、确定项目规模、资金渠道及技术服务，并在项目村所辖十个村民组进行公示；三是共同研究讨论《羊楼村整村推进项目后续管理办法》，参会代表32人中妇女代表有15人；继而针对所选择出的项目，进行相关培训。妇女参与的比例较过去有大比例提高。

从该项目实施效果看，农村妇女参与经济社会发展的意识与能力得到了提高。据镇、村干部介绍，以前无论是在村里召开计划生育宣传会，还是农业技术培训会，妇女几乎不参加。这一次试验项目，有意识的宣传、发动、组织妇女参加村级扶贫规划制订、扶贫项目选择、项目实施管理与监督、参与和维权意识培训、监测评估会议等，使相当多的妇女积极参加各种活动，踊跃发言，积极行使自己在各种群众组织中的职责。在村项目实施管理小组和监督小组中，妇女各有4人，除组长是由村干部担任外，都有1名妇女担任副组长。在项目实施过程中，根据农村妇女实际，结合项目的技术需求，开展多种形式的培训，如种养业项目以妇女劳动力为主要培训对象，培训方式以现场操作和“双语”培训相结合，有效地提高了妇女劳动技能。

该实验项目结合实施步骤，编制出《参与式整村推进扶贫，关注社会性别操作指南》，对今后贵州整村推进扶贫项目的实施起到了指导作用。在《指南》中，强调了分性别进行项目的需求评估、项目的实施与监测管理必须有一定比例的妇女参与，在最低程度上保证了妇女声音的有效发出。在后期影响上，通过省扶贫办制定出的《乡村扶贫规划村民代表大会主要问题及项目选择意愿统计表》[1]，要求县乡级扶贫办在制定项目规划时，必须进行分性别统计。

---

[1] http：//www. gzfp. gov. cn.

（3）专项扶贫。贵州扶贫发展坚持专项扶贫、行业扶贫、社会扶贫“三位一体”相结合，各方合力攻坚，形成党政主导、部门社会参与、资金多元投入的大扶贫格局。从部门来看，妇联与扶贫系统联合实施的“巾帼扶贫行动”、“巾帼科技致富工程”、“母亲水窖”、“雨露计划”、“小额信贷”“百万妇女创业就业工程”等项目将扶贫对象瞄准妇女，让弱势妇女在这些专项项目中直接受益，从而增强妇女的参与能力从而培养自信。从具体项目看，“小额信贷”项目对增强妇女自信、实现性别平等方面作用较为凸显。贵州省扶贫到户小额信贷工作始于1998年。为进一步搞好小额信贷工作，规范操作程序，提高贷款效益和回收率，充分发挥小额信贷在帮助贫困地区农户发展生产、增收致富中的重要作用，2004年，贵州省根据国务院扶贫办和财政部决定对到户贷款贴息方式进行试点改革的部署，确定在遵义市的正安县、毕节地区的大方县和黔东南州麻江县进行试点。2005年，将试点扩大到正安、道真、普安、水城、麻江、施秉、长顺、普安、思南、大方、纳雍、赫章等12个县，覆盖1885个贫困村的21.80万农户，其中，绝对贫困户10.40万户；户均贷款4690元，户均增收650元左右；贷款回收率在90%左右。2006年，贵州省扶贫办、财政厅共同下达了《关于贵州省深化贴息贷款管理体制改革的实施意见》（黔开办［2006］108号），《实施意见》规定：到户贷款所需资金由承贷金融机构自行筹措，由县扶贫、财政部门自行选择金融机构；贷款利率由承贷金融机构根据中国人民银行的基准利率和浮动系数，结合当地实际确定；贴息标准，财政按年利率5%的标准给予贴息；贷款期限由承贷金融机构根据农户实际生产周期自主确定；贷款规模每年每个农户原则上不超过5000元，贴息期限最长为一年，贷款对象为绝对贫困户和低收入农户。全省当年发放小额信贷6.4亿元，小额信贷工作步入了健康、正常发展的轨道。2001—2007年，贵州全省共发放小额信贷33.63亿元，占中央和省同期投入财政扶贫资金总量的70%，覆盖了全省83个有扶贫开发任务的县，扶持农户130多万户。[1]

中国小额信贷扶贫项目的目标群体的总体特征是贫困地区的贫困户，以扶贫攻坚为宗旨、其目标群体强调到达有生产能力的最贫困户，实际是以按政府组织登记的贫困户为基本目标群体，但不十分强调以妇女为主。贵州实施的政府小额信贷项目，虽然是以贫困户为目标群体，贷款主要由户主（主要为男户主）承保，但在实施过程中，妇女却是小额贷款项目的主要执行人。这种

---

[1] 贵州扶贫开发信息网，http：//www.gzfp.gov.cn/Web62/News/20100116/1067.htm。

模式，尽管能够让更多的弱势妇女参与项目发展，但责权利的不对等也会抵消妇女的主动性和自信心。这方面，国际机构和民间组织组织实施的小额贷款项目，其瞄准的对象直接为妇女，取得了很好的成效。

普定县薛家村和丹寨县老冬村小额信贷调查❶

普定县薛家村和丹寨县老冬村均属于贵州省扶贫开发重点村，均实施了扶贫办与农业银行操作的小额扶贫到户贷款项目。小额信贷调查课题组按照持续贷款户、贷款户、贷款用途等标准，对两个点42户农户进行了访谈，发现小额贷款效果主要有以下几个方法：

- 增加农户收入，对贫困农户起到了帮扶的作用。
- 为农户提供了应急的资金，解决燃眉之急。
- 为农户发展生产提供了所需的资金，提高了粮食产量。
- 促使农户寻找合适的项目，了解市场需求，掌握发展项目的技术等。
- 挖掘农户自身的潜力，提高了农户的创收能力和理财的能力。贷款可使农户千方百计地要去想办法发展生产，挣钱还贷，这样可以挖掘农户的潜力，寻找各种渠道去创收；同时，也促使他们学会理财，合理地支配自己的收入和支出。
- 部分农户在家庭劳动中传统的按性别模式进行的分工有所改变，部分男性分担妇女的家务劳动。

课题组运用社会性别分析的手段，从社会性别的视角出发，发现了两个调查点在小额扶贫贷款当中普遍存在社会性别问题：

- 由于出于管理的考虑，贷款方一般要求户主贷款，因此在两个点上基本都是男人去签字、领贷款（普定县薛家村新一期贷款已对此作出了新的规定）。
- 农户家庭中妇女直接参与家庭经营决策多以与丈夫“共商”的形式出现。调查户们普遍反映，家庭当初决定贷款时都是夫妇二人经过商量后决定的。但事实上，仍然有一部分妇女获得资金后，把贷款交由丈夫支配，而自己还是在家庭内部从事辅助性的生产活动。

---

❶ 李迎喜：《贵州农村小额信贷扶贫项目中的社会性别问题研究》，2007年社会性别与发展年会论文汇编。

- 两地妇女在社会经济活动中（包括小额信贷扶贫项目活动）参与程度差别较大，普定县薛家村的妇女明显地表现出在小额贷款与生产劳动中甚至生活中当家与决策，而老冬村则明显地表现出男主女从，妇女们普遍对自身的认识和发展缺乏意识，在她们的观念意识里还是默认着传统的性别分工模式。
- 有一些妇女主动提出贷款或签字领款，如果经营的项目一旦失败，就会承受很大的家庭负担和压力，加剧妇女的贫困程度，受贫困的冲击更大。

贵州石阡近两千万元贷款圆了 391 名妇女创业就业梦[1]

自开展农村妇女小额担保贷款以来，石阡县结合实际，迅速研究政策，简化程序，制定出台了实施意见、工作须知、知识问答、办理指南等，通过各种方式宣传财政贴息政策，及时召开各项专题培训会。同时组织近 1000 名干部进村入户宣传，让妇女小额担保贷款政策家喻户晓。

在推动妇女小额贷款工作中，该县党校、妇联、财政局、人社局、信用联社、邮储银行等有关部门思想统一，密切配合，竭尽全力做到方便群众、优化服务。信用联社不仅明确了只要符合贷款贴息条件就及时给予办理的工作纪律和要求，而且开设了服务窗口，公开办理流程，落实专人负责办理。县妇联通过公开电话和基层调研及时收集掌握政策执行过程中存在的困难和问题，及时解决。县委党校、人事劳动和社会保障局积极组织创业就业妇女培训。县财政局及时对妇女贷款的贴息资金进行审核及拨付。

该县共发放妇女创业贷款 391 笔，共计 1946.6 万元，共扶持农村妇女、下岗女职工、返乡妇女农民工、城镇无业妇女 391 名圆了创业就业梦。辐射带动 1229 名妇女就近就业，使全县妇女的创业热情空前高涨。

（二）社会力量在多个领域对社会性别的关注

我国的扶贫工作是在政府主导下多种力量参与进行的，国际组织包括多边机构、双边机构和国际 NGO 以及民间团体和个人在多个领域参与扶贫发展工作。贵州是典型的贫困地区，从 20 世纪 90 年代初境外机构就进入开展扶贫工

[1] http：//www. gz. xinhuanet. com/2012 – 07/05/c_ 112368559. htm。

作。伴随着扶贫项目的开展，一些自下而上的扶贫理念开始引入，参与式方法、社会性别视角逐渐纳入扶贫策略之中。

1. 环境与扶贫发展

1994 年，由贵州省环保局、草海国家级自然管理处、国际鹤类基金会以及国际渐进组织在草海合作的以社区为基础的自然保护与社区发展项目，最早关注到妇女发展问题，在项目中纳入了社会性别的实践。项目实施过程中强调村民作为主人参与的重要性，使村民学会并增强了自我调查、分析、计划和行动的能力，学会了自己选择发展项目、自我实施、自行管理的能力，这一“草海模式”被后来的许多发展项目所借鉴和学习。

草海项目的社会性别视角[1]

草海在贵州的最西部，靠近云南和四川，威宁县城自古属省际通道和重镇，人口流量大，受传统的社会性别观念影响也较大，男尊女卑、男强女弱、男主女从的传统观念在人们的思想意识里根深蒂固。由于低下的文化水平、信息闭塞、资金匮乏等诸种因素影响，她们大多只能从事家务或做一些收入较低、技术低下的农业劳动。草海项目针对这一实际情况，在合作项目中纳入了社会性别意识。

首先是对项目人员的社会性别培训，让项目管理人员了解社会性别概念，具备社会性别意识，掌握有关分析、计划工具，在制订计划和开展发展项目时具有一定的社会性别敏感性，在项目中设定社会性别的干预措施，通过这些干预措施来触动社区的社会性别觉悟，改变社区原有的社会性别定位和社会性别角色分工。

渐进项目主要是利用小额赠款帮助贫困家庭，项目的关键在于家庭成员能公平地坐下来，共同讨论和选择适合自己的项目，然后选出组长。在项目开展过程中，项目强调妇女的参与，尊重妇女的意愿，尽量让妇女当组长，把钱数到妇女的手上。在草海开展的 512 个渐进小组中，有 50% 的妇女当上了组长，拿到了钱，大多数妇女得到了锻炼，能力得到提高。

村寨发展基金是草海村寨发展的主要项目。1996 年初，在草海开始启动的四个试验小组基金中，就有一个组是完全由妇女组成的小组，在以后的基

[1] 管毓和：“贵州农村发展项目中的社会性别案例研究”课题报告，2008 年。

金工作中，管理处也特别关注妇女的发展机会，在已启动的 66 个基金组里面就有 5 个完全是妇女组成的基金组，共 70 名妇女参加，其他的基金组我们也要求妇女必须参与。近两年启动的基金组，我们要求管理人员的性别比应是 1:1。项目希望通过这些手段来提高妇女的地位。村级规划项目中，项目的规划设计以及实施，都要求妇女们参与，妇女们很珍惜得到的机会，簸箕湾村的村级规划项目中，妇女们都积极参与了绿化山坡、修建观鸟台、建立水禽繁殖区、维修水井、修建乡村公路等五个保护与发展共建的项目。她们参与了对各个规划项目加以实施，并取得了很大的成功。妇女们在村级规划项目中，村基金管理委员会的组织、协调等方面起了极为重要的作用。

草海项目的社会性别实践获得一些成功，在项目区的妇女，能力都得到提高，由于项目支持了妇女的一些经营活动，为此也改变了她们的家庭角色，在项目中充分发挥她们的聪明才智，同时也体现了妇女有计划性、吃苦耐劳的优点。项目设立了妇女的参与机制，让妇女参与到社区管理中，增强了妇女自我发展的信心和能力。

草海项目努力去改变社区原有的社会性别制度，但社区原有的社会性别制度表现得异常牢固，也在不断地改变项目。社会性别与发展是一条艰辛与曲折的意识改造之路。

2001 年 1 月，在国际自然与自然保护联盟（IUCN）荷兰委员会的资助下，贵州省野生动物保护协会和茂兰国家级自然保护区管理局在保护区内实施了“少数民族社区参与喀斯特森林湿地资源保护”项目。该项目积极引进社区参与自然资源保护的新理念，动员当地社区积极参与，开展对环境友好的经济活动，促进湿地资源保护，实现村寨经济与自然保护协调发展。项目共实施两期，第一期在保护区实验区内的拉桥水族村寨实施，受益农户 22 户、96 人。第二期于 2003 年 3 月开始，在保护区内的尧古、瑶兰两村 7 个自然寨开展，项目覆盖 10 个村民组，共 287 户、1127 人，主要是水族、布依族。该项目设计了众多子项目，包括替代性能源的沼气项目、增收项目（种植养殖项目和布依族水族妇女创收的织布项目）、村寨基础建设项目、儿童助学项目、环境教育项目、为转变传统农业观念的学做生意项目等。项目的由本村选出的管委员会负责组织管理和实施，保护处管理人员协助管理并实行监测。两期项目虽然时间很短，但由于是让村民主动参与、自己管理和实施，尤其是社区内的妇女儿童受益不少，因此，项目的效果很好，激发了当地村民参与保护自然资源的热情和责任心，增加了当地群众的收入，缓和了保护与利用自然资源的矛盾，尤其是村民与保护处管理人员之间不再是对立关系，达到了保护与发展的双赢。

“少数民族社区参与喀斯特森林湿地资源保护”项目也在理念和运用上有意识地将性别意识和性别敏感纳入项目。首先，在项目设计上，参与项目设计的保护处成员在项目实施之前，都了解参与式的工作方法和社会性别理念，接受过参与式培训和社会性别意识培训，因此，在项目建议书中，就有意识地将参与式和社会性别概念和方法纳入。在项目目标中，有“社会性别问题”和“性别专家进行指导”的字句，虽然比较笼统，不具体，但是也可以看出该项目已有意识地对当地社会性别关系进行关注。其次，在开展的活动中，设计了只针对妇女的织布项目和女童的助学项目，敏感地意识到妇女和女童的社区角色，试图通过项目提高她们在家庭和社会中的地位；在项目管理委员会的构成上，对女性的参与有强制性要求，五人中必须至少有两名是女性；在实施项目的过程中，意识到以往技术培训的方式和要求，对男女两性的实际需求考虑较少，未能从实际情况出发，因而导致项目的失败，项目人员从失败中总结教训，对中性的技术培训也需要有社会性别的敏感。第三，从项目取得的成效看，当地妇女能主动走出大山，与外界打交道；学会说汉话、认识汉字；男性对妇女织布劳动有了新的认识，能主动帮助妇女做家务，让妇女能有更多时间织布；妇女的自信心明显增强，当外来客人来访，她们不再回避，能与之交流等等。第四，从项目的评估中也看出该项目对当地既存的社会性别关系有所影响：“社区妇女通过项目开阔了视野，她们能从中受到启迪，转化意识，变得自信、自立、自强，逐渐依靠自己的力量改变自己的处境，在家庭、社区内争取到平等的地位，获得包括政治和经济上的平等权利。”[1]（选自保护处项目办提供的结题报告）

2. 生计与扶贫发展

解决贫困地区村民的生计问题，历来是扶贫机构所关注的焦点。在纳入社会性别视角，促进性别平等方面，应该说是走在了政府扶贫的前面。

1997 年，世界宣明会和中华慈善总会合作在榕江、剑河县实施的“儿童为本，小区扶贫项目”，以儿童教育为主，改善基础设施、环境等生产生活条件，促成社区参与式可持续发展。根据赖力的调查，项目始终把关注妇女发展

---

[1] 黄晓：“贵州农村发展项目中的社会性别案例研究”课题报告，2008 年。

和社会性别平等放在重要的位置。在项目设计中把关注妇女的需要作为重要的项目目标，设计了一些专门针对妇女的活动，如关注女童教育、关注妇女健康、开办妇女夜校和成立妇女小组以及开展三八妇女节活动等。在项目的具体操作过程中，强调妇女的参与，如强调妇女参加种植、养殖等的技术培训，妇女外出参观，要求有妇女参与村内重要决策等。[1]

“加去村”项目对妇女发展和社会性别与发展的关注[2]

加去村位于月亮山腹地，是一个苗族聚居的村寨。它隶属计划乡，辖老寨、达岩、能对、乌溪（移民新村）4 个自然寨。全村 150 户，670 多人。距县城 40 公里。人均水田约 0.5 亩，旱地 0.6 亩。山林资源较为丰富，户均 10 多亩，最多的达 40 亩左右。有 12000 多亩杉木林承包给外地老板。由于地处偏僻，信息闭塞，经济发展比较落后。2002 年开始移民搬迁后，情况才开始好转。据村干部估算，村民的主要经济收入来源是打工、养猪、粮食出售、卖柴火，各自所占的比例分别为 60%、20%、10% 和 10%。“儿童为本，小区扶贫项目”与当地移民搬迁相配合，项目于 2002 年在加去村开展。

通过本项目实施，对妇女发展和社会性别与发展给予了关注。

1. 关注女童教育。由于历史、文化等因素的影响，加上长期处于贫困状况，家庭经济困难，当地女孩子读书的很少，即使读书也只是读到小学毕业，能够读到初中的很少。本项目在实施增收项目，增加家长学费支付能力的基础上，从注重提高家长对教育尤其是对女童教育的重视入手，把提高女童入学率作为助学项目的一个重点，在资助孤儿、单亲子女读书的同时，也资助贫困家庭的女孩子读书。这对当地贫困家庭来说，无疑是雪中送炭。如村民余老忙，全家 5 口人，父母均为智障，家庭贫困，供 3 个孩子（2 女、1 男）读书成了家庭最大的负担，如果没有本项目的资助，2 个女孩子就面临辍学。

2. 增收项目以妇女参与为主。在项目实施的过程中，项目人员发现，在当地，养猪和种玉米主要是妇女在承担，因此，与养猪和种玉米相关的一些工作更多的是妇女来参与，如养猪技术培训、玉米科学种植示范等。妇女通过参与项目，学到了技术，玉米增产，可以多喂几头猪，使家庭经济状况得

[1] 赖力，“扶贫与社会性别平等——世界宣明会榕江县“儿童为本，小区扶贫”项目案例的启示和思考”，《贵州农业科学》2008 年第 1 期。

[2] 赖力，“贵州农村发展项目中的社会性别案例研究”课题报告，2008 年。

到了明显的改善。

3. 以妇女为主开展的活动。项目有意识地设计了更多的让妇女参与的项目，如妇女外出参观、妇女夜校、“三八”妇女节活动等，调动了妇女参与项目的积极性。

4. 在小组运作的基础上，发现和培养妇女领袖。在增收项目中成立了新法养猪小组和玉米科学种植示范小组，其中有妇女担任组长、副组长和组员，在项目实施的过程中，优秀的妇女脱颖而出，如李老甫、蒋老秀和余老丫等。

3. 妇女权益与扶贫发展

2003 年 9 月至 2011 年 11 月，在贵州雷山开展了八年的“贵州雷山发展示范区项目”，从多个领域涉入扶贫发展，取得了一定的成效。尤其是 2007—2009 年重点开展的西南妇女发展项目和民族文化传承项目，从提高妇女权益出发，开展了系列活动，在社区内部和外部产生了一定的影响力。社区成立妇女小组定期开展小组活动，主要是唱歌、认字和发放借款。妇女小组这种组织形式的存在，将妇女尤其是留守妇女团聚在一起，相互倾听、相互帮助，为妇女寻求支持和寻找自信提供了途径。依托妇女小组开展的妇女健康知识培训和反对家庭暴力活动，在社区广受妇女欢迎。健康知识培训加强了妇女的健康意识，其修建的“冲凉房”干预项目对培育妇女健康的生活习惯起到良好效果；反家暴活动构建了社区家庭和谐，许多施暴丈夫都在逐渐转变，受虐妇女也变得敢于维权。在妇女小组内设立的妇女滚动基金，是最受社区欢迎、受益较为公平、管理较为规范、运作良好的项目，村寨中有 80% 的妇女小组成员受益，主要用于养殖和临时救急，对于家庭生计改善起到一定的作用，也解决了贫困家庭难于借到钱款的需求；但是由于资金量小，借款额度有限，生计改善不很显著。妇女滚动基金模式，在当地对于政府实施社区互助金和农村银行项目有一定的影响力。

在社区开展的文化传承项目，参与性最强，号召力和影响力较大，对于增强当地社区村民的文化自觉和文化自信起到重要作用。芦笙场的修建，是传承苗族文化的重要切入点，起到了文化凝聚力的作用；在学生中开展的民间故事收集、民族服饰的展演、组建芦笙队等培养学生对自己文化的热爱，丰富了学生的生活，提高了学生的自信心；在民族节日里组织的系列活动，如吹芦笙、刺绣比赛等活动，深受广大村民欢迎，对周边村寨影响力较大，提升了村寨人气，也为后续妇女协会和合作社的组建打下一定的基础。

行动援助贵州雷山发展示范区西南妇女发展项目[1]

西南妇女发展项目从2008 年1 月开始在雷山的4 个乡镇13 个项目村及甘吾农民学校开展。2008 年，全年直接投入资金共计715414 元，社区成立了50 个妇女学习小组，通过以妇女为主体实施了妇女健康与保健、生计与增收、小组活动及能力建设多项活动。2009—2010 年，行动援助雷山发展示范区继续投入资金，实施包括妇女健康和农业技术知识学习、妇女滚动基金、村级小型基础设施以及公共卫生设施改善等项目，取得了较好的成效。

陶尧村和岩寨村，妇女发展项目开展较好，尤其是反家暴项目、“妇女活动小组”、“妇女滚动基金”、“冲凉房”等小项目，村寨里单独的“妇女活动室”在社区里起到了凝聚力作用。

反家暴活动：2010 年在消除暴力16 日活动期间，雷山DA 的7 个社区的妇女骨干们自发组织起来，动员了男女老少近4000 人参与，以游行、表演、培训等形式，提高妇女反对暴力的意识。当地的妇联、中心小学老师被邀请来到村里，给妇女讲解家庭暴力的知识，妇女自己编排了小品公演，来展示夫妻之间如何良好沟通。在陶尧村的游行活动中，妇女们选出5 对模范夫妻，另有村里的男性领导，共20 名男性参与全程活动。目前许多遭受家暴的妇女，能够维护自己的权益，在与丈夫沟通学习过程中，家庭趋于和睦。

妇女小组活动：陶尧村和岩寨村都建有妇女活动室，妇女小组组织活动，平均一个月1 ~2 次，但老年妇女居多。每个村寨妇女小组有多个，如陶尧村虎阳寨有四个妇女小组，由14 人、28 人、34 人、36 人组成，主要开展学习写名字、妇女健康知识、唱歌、刺绣等活动，为妇女之间沟通交流搭建了平台，起到团结和凝聚的作用。村寨妇女通过妇女小组活动，胆子大了，敢于说出自己的想法，也比以前有自信了。据陶尧村虎阳寨小组长唐炳芬介绍，现在小组成员“个个都盼着有活动，都会提问题，都抢着发言”。岩寨村的妇女活动室，配有音响喇叭，村委还支持电费，妇女小组定期开展活动，讨论滚动资金如何使用、学习唱歌、讲卫生等，用该村一个外来（湖南）媳妇的话说：“娘家那边没有这种活动，觉得这边很好”，“大家在一起有什么事情可以互相说说”。

[1] 黄晓：《行动援助贵州雷山发展示范区项目退出评估报告》，2012 年。

妇女滚动基金：妇女滚动基金在陶尧村和岩寨村都有，运作良好。陶尧村妇女滚动基金有3.3万元，每个妇女可以贷款1000～5000元，用家畜和谷物做抵押，夫妻双方都要签字，年利息为5%，贷款只能用于种养殖业和刺绣。目前有40个妇女已经获得过贷款，一般要等到所有妇女都轮一遍后，才能实施第二轮贷款，较为公平。基金管理小组由组长、出纳和会计构成，村委会监督，会计和出纳每年可以从利息中得到一点补助，出纳一年60元，会计一年120元。基金利息主要用于村寨公共活动，如三八节、端午节等，有的用于补助村寨没有抵押品不能贷款的特贫户。陶尧村还用利息买了公共炊具，方便村民在筹办红白喜事时使用；买了250张凳子，保证妇女参加会议时候能有座位，不再是男子坐、妇女站的情形；修了公共凉亭，方便村民下工回来后休息。陶尧村的妇女滚动基金还成为紧急救助款，如本村一个媳妇难产，送到医院要先交3000元才能动手术，这时候是滚动基金解了燃眉之急。通过这件事，陶尧村的滚动基金每年借出后都会留下3000元，以备村民急用。陶尧村妇女滚动基金管理到位、运作良好，据村主任说，政府了解后对此模式很认同，对村民管理很信任，于是2011年县扶贫办社区互助金项目，就主动在陶尧村投入30万社区互助金，希望以此模式给予管理，受惠于村民。

岩寨村的滚动基金在当年贷款人数少、钱多情况下可以超出5000元，如一名打工回家的妇女想修建住房，急需用钱，就贷款了1万元，用新房做抵押，解决了实际困难。岩寨村的杨沐山妇女，2008年贷款2000元，买了一对小猪饲养，养半年不算人工和打猪菜费用就可以赚千元，用她自己话说："打猪菜不辛苦，和平时一样"，"没有妇女基金的时候也养猪，只是规模不一样，2008年借钱那年就养了10头，分三批养（滚动），没钱就只能养4～6头"。

妇女滚动基金在发展过程中，没有出现坏账、呆账，村民按时还款；如果"实在不能按时归还的，要事先申请，并到时先将利息还上；因为借款数额不算大，对于出外打工有经济来源的年轻人，没有心思在家发展，不会借钱，所以受惠的多数是在家较为贫困的家庭，因为他们在其他地方借不到钱，滚动基金只要用房产抵押就可以借，贫困家庭的信誉反而要好点"。为了防止出现借款赖账的情况，妇女小组也想出了一些办法来规范和预防，如签字时候需要夫妻双方签名，用项目发的照相机将借钱时候的情景拍下来放电脑里备案等，做到有章可循。

“冲凉房”项目：为解决妇女卫生健康问题，修建冲凉房成为一个有成效的举措，妇女洗澡难的问题得到了解决。当地男性可以到河里洗澡，妇女就只有用盆在屋里洗，很不方便。目前大部分村民家都修建了冲凉房，有的是利用养畜不用的旧房改建，有的是重新在院落一角修建，没有条件修建的人家，可以到其他家借用，基本养成了一两个星期冲澡的习惯，妇女个人卫生条件得到了改善。

4. 民族文化与扶贫发展

贵州民族文化丰富多彩，在贫困农村，妇女是民族文化的主要传承者，她们掌握着传统的手工技艺，肩负着文化传承的责任。如何将这些丰富的物质的和非物质文化资源转化为脱贫致富的利器，增强妇女的文化自信，从而促进社区的性别平等，一直是发展工作者最为关注的课题。在贵州的许多贫困山区，发展工作者利用外部资源，开展了许多妇女发展项目。

2005 年 5 月至 2007 年 6 月，由张晓等个人与海外基金会合作的发展项目“民族文化传承与妇女发展”在西江实施，该项目以刺绣、纺织、歌谣和芦笙为主要内容，在社区和学校两个领域推动民族文化的传承和保护。通过项目开展的“民族文化进课堂”活动，奠定了学生的民间音乐基础，村寨妇女自愿组成民间“中老年艺术团”和“刺绣、纺织作坊”等，将项目持续发展成为可能。妇女通过自己熟悉的文化实现着自身价值。

2010 年在黔东南丹寨实施的由花旗银行、花旗基金会资助，贵州师范大学田野环境与发展研究中心和贵州日报小梅访谈栏目共同实施的“花旗贵州丹寨蜡染手工业发展项目”，其着眼点完全在妇女发展上，将妇女掌握的传统工艺走向市场，帮助丹寨县妇女脱贫致富。该项目于 2010 年 9 月至 2011 年 8 月先后在丹寨县三个村开展第一期丹寨蜡染价值链实地调查分析、蜡染手工业发展研讨会、蜡染手工技艺培训、蜡染优秀产品评选、蜡染书籍编写等一系列活动，具体为 1000 个苗族家庭通过制作高品质蜡染产品提高收入。通过蜡染技能培训，项目蜡染产品质量大大提高。截至 2011 年 8 月，1200 个苗族家庭通过参加该项目，每户平均产出蜡染作品 3 ~7 件，对比项目前平均每户增收 20% ~40%。2011 年底，花旗贵州手工业发展二期项目启动，将持续在丹寨县六个村寨支持蜡染、手工纸、香草酒、织锦、百鸟衣、锦鸡苗等六个协会开展培训、信息库建立、交流访问、产品二次设计、出国考察、协助农民协会在贵阳、西江等地开实体店等工作。项目示范区丹寨县扬武乡将成为贵州日报报业集团、贵州师范大学自然保护与社区发展研究中心、凯里学院旅游与经济发展学院的媒体文化传播、学术研究和教育基地，促进其项目的可持续发展与成功模式的复制及传播，探讨以本土文化为基础的手工艺品发展模式。

（三）总结与思考

以上总结的政府扶贫项目和社会力量扶贫项目，在妇女发展和社会性别与发展方面进行了尝试和探索，尽管还不全面不完善，存在诸多理论上和技术上的问题，但社会性别要素对于减贫的重要性，已经纳入地方政府和扶贫机构的视野，这不能不说是一个进步。可以从几方面获得启示：

第一，怎样将意识形态的理念与具体扶贫工作相结合。“男女平等”是我国的一项基本国策，实现这一目标，需要落实在方方面面。长期以来，农村妇女的贫困远远超过男性，性别不平等现状已经成为阻碍社会经济发展的一个关键要素，怎样让扶贫工作者和贫困人群充分意识到社会性别要素在扶贫项目中的重要性，不再认为是可有可无的，这就需要将社会性别要素具体转化为一些可操作性的指标，才能真正发挥效益。

第二，注重文化多样性的问题。扶贫对象多是贫困的少数民族地区，需要对不同的价值观和民族文化习俗给予尊重，扶贫工作者和外来人群认为的不平等，也许在他们内部价值系统中有不一样的标准，只有在了解和尊重的前提下才能设计出符合当地文化的扶贫措施，也才能被当地贫困人群所接受。

第三，妇女不能仅仅被作为人力资源要素参与扶贫项目。由于贫困地区多为留守妇女，妇女在扶贫项目中发挥出的作用越来越大，所以被重视的程度也越来越高。但要警惕在设计项目活动时，仅仅将贫困妇女作为人力资源，还必须意识到她们也是重要的受益群体，不仅有知情权、参与权，还有决策权和分享权。

第四，目前所开展的扶贫项目中社会性别实践，社会性别要素体现还不充分和具体，只能在项目评估（包括制定规划需求评估和目标评估）上、管理小组成员中、项目主要承担者等几个方面进行分性别考虑，还需要从资源占有、分工、控制等方面开发出更多的举措，以真正达到性别平等，真正实现关注两性可持续发展的扶贫。

三、在扶贫发展中实现社会性别主流化

（一）调整目标瞄准问题，采用分性别和多维度方法进行

目前扶贫的目标瞄准是贫困户，而非贫困个体，贫困人口中的多数——妇

女就在“户”的罩子下难于显示其贫困，贫困户的需求似乎就是贫困妇女的需求，项目操作难于落实到贫困户中的男人还是女人，事实上这也影响到项目的成效。因此，目标瞄准必须到个人才能落实具有性别需求的差别政策。

在瞄准的同时，“贫困”的定义应该明确，贫困已经由一个简单的收入指标发展为多维度的考量指标（除了五保户），但目前在甄别贫困户的时候，依然是以年收入来衡量，这就会遮蔽掉真正贫困的群体，如果将个人发展能力、接受教育程度等要素纳入考察范围，农村妇女的比例将会大幅度增长，扶贫政策和措施将会进行调整。

另外，针对贵州内部社会发展的不平衡现状，也有必要区别对待。社会性别作用最终必将是落实到权益和权利上的，但在极贫的少数民族地区，也许并非是现阶段最急需解决的问题，因此也要有选择地应用，才不至于水土不服和牵强附会。

（二）在扶贫政策和扶贫措施上体现性别敏感，不仅是一个意识形态问题，也是一个技术问题

在一些扶贫项目中实施的分性别培训，非是真正意义上的性别敏感，只是从传统的劳动分工出发，没有打破传统的分工格局，这样的项目不能说就具备了性别意识。从政策的宏观层面，可以要求分性别统计、要求项目进行性别需求识别、要求分性别采用不同的方法等。但在具体的操作过程中，怎么做、做了之后的成效如何等问题实际上是难于操作和评估的，因此，开发出有针对性的社会性别要素或发展指标尤其必要。

（三）对于地方扶贫部门，在关注政策执行力的同时也要考虑政策的有效性问题

地方政府扶贫部门，每年都有扶贫任务，人员少、工作量大。如果不是工作业绩中需要考核的指标，多数不会自觉地思考并纳入。因此在当下扶贫政策还没有明确提出社会性别要素作为一个完成指标的前提下，扶贫人员在实际操作过程中，并不会关注是否存在性别视角。即使目前看到许多妇女承担了大量的项目工作，发挥出了巨大的人力优势，很大程度上也是由于在贫困农村，男性劳动力大量向城市转移，妇女已经成为了农业生产的主力军，项目的执行力也只有依靠女性来实现。只有在项目的效率指标上直接涉及社会性别要素问题，才有助于地方政府的重视，才能做到扶贫政策中的性别敏感。目前扶贫项目的评估，主要是考察项目的完成情况，是否完成预计指标，对于项目的受益人缺乏多指标的评估。因此，在项目的评估上，可以设计分性别的问题，从而评估项目的有效性。

（四）借鉴和发展扶贫项目中的社会性别实践成果，贯彻落实贵州新一轮扶贫发展规划

在贵州开展的扶贫项目，对性别敏感的关注尽管只是试点和探索，但一些有益的经验应该加以总结并运用，结合“十二五”扶贫发展规划，更加注重增强扶贫对象自我发展能力，找到实现脱贫的发展之路。这既是对 2015 年我国兑现千年发展目标的贡献，也是对科学发展理念的真正践行，同时也是对消除贫困、实现性别平等所采取的实际行为。

案　例　篇

遵义市“集团帮扶”的成效与启示

遵义市扶贫开发办公室

摘　要

遵义市以极贫乡镇为对象，整合资料，实施集团帮扶，整乡、整村推进，从根本上治理和消除贫困。整个帮扶过程围绕“集团帮扶”与部门责任、基础设施建设、产业结构调整、农业科技推广、转变落后观念和农村“三个文明”建设等“六个结合”协商推进，夯实了基础，遏止了返贫，转变了观念，改进了作风，得出了贫困地区扶贫开发要集中力量发展生产力、加强基础设施建设、提高贫困群体素质和切实转变干部作风“集团帮扶”等几点有益启示。

关键词

“集团帮扶”　极贫乡镇　遵义市

“八七”扶贫攻坚以来，遵义市扶贫工作取得了阶段性的成效，4 个国定贫困县总体上越过了温饱线。但由于地区差异和历史原因及自然灾害频繁发生，不少地方群众生产生活条件仍十分恶劣，收入低下。针对这一严峻形势，1999 年，遵义市委、市政府在大量调查研究的基础上，提出了以极贫乡镇（后为扶贫开发一类乡镇）为对象，综合规划，捆绑项目，整合资金，凝聚力量，实施集团帮扶，整乡、整村推进，从根本上治理和消除贫困的新思路。

从 2000 年到 2011 年，有近 102 个市直部门捆绑整合资金 7300 多万元，分别对桃源、蕉坝、碧峰、双龙、西河、石朝、松林、班竹、棕坪、泥高、石径和红丝等 12 个贫困乡镇实施了“集团帮扶”。

一、基本做法

由于历史和自然的诸多原因，素称“黔北粮仓”的遵义，仍有不少贫困乡镇难以冲破大山的束缚，这些地方山高坡陡、土地瘠薄、交通闭塞、信息不灵，基础设施落后、产业结构单一，人口素质低下，广大贫困群众吃饭难、饮水难、行路难、入学难、就医难的状况尚未得到根本转变。1999年年底，遵义市委、市政府领导深入道真仡佬族苗族自治县桃源乡调研，就该乡的贫困问题进行了认真解剖后提出，由市直机关各相关部门组成帮扶集团，对极贫乡镇进行合力帮扶，即集中人力、财力和物力，发挥技术、信息、人才等综合优势，帮助贫困地区从根本上解决致贫因素，彻底摆脱贫困，并带动周边贫困地区的发展。具体做法是：市直各相关部门负责人牵头对拟帮扶的乡镇进行调研，摸清实际情况后，市委、市政府召集各部门负责人针对该乡的贫困现状，制定摆脱贫困、发展经济的一系列措施，各部门结合自身的工作实际，在资金、物资、技术等方面给予大力倾斜，并承诺限期落实到位，由当地政府统一组织实施，市、县扶贫办定期调度，相关单位派专人进行跟踪督导，确保项目实施效果，实现整乡、整村扶贫开发的综合效应。整个帮扶过程围绕“六个结合”推进。

一是“集团帮扶”与部门责任相结合。各部门承诺相关事项后，市委、市政府明确责任，限期兑现，并将各部门帮扶情况纳入年度考核，市、县扶贫办定期对实施的项目进行跟踪管理、检查验收。

二是“集团帮扶”与基础设施建设相结合。针对农村基础设施极其脆弱这一重点和难点，“集团帮扶”从基础设施建设入手，以水、电、路、文、教、卫、通信等作为突破点，着力从根本上改善贫困群众的生产生活条件。

三是“集团帮扶”与产业结构调整相结合。根据各乡镇资源状况，因地制宜，在提高粮食产量、解决农民温饱的同时，大力调整产业结构，宜烟则烟，宜药则药，宜畜则畜，从长计议，培育具有比较优势的产业。

四是“集团帮扶”与农业科技推广相结合。定期派出科技人员，深入村组农户，积极为贫困群众开展农业实用技术培训，提高贫困地区农业的科技含量，提高农民的素质。

五是“集团帮扶”与转变落后观念相结合。“集团帮扶”从过去的输血式、救济式扶贫转变为增强自身造血功能的开发式扶贫、参与式扶贫，不仅在物质上进行帮扶，还树立贫困农民新的观念、新的思想和新的信息等。

六是“集团帮扶”与农村“三个文明”建设相结合。精神文明、物质文明和政治文明同步推进。“集团帮扶”一方面发展生产力，一方面结合基层政权建设，促进农村精神文明和政治文明的协调发展。

二、主要成效

通过几年的实践，“集团帮扶”作为一种行之有效的扶贫模式，显现出了良好的效果。

（一）夯实了基础

“集团帮扶”以农村基础设施建设和社会公益事业为着力点，切实改善了贫困地区群众的生产生活条件和生态环境。市直各部门通过对一类乡（镇）水利、电力、公路、教育、文化、卫生等项目的帮扶，使各地的基础设施条件得到了极大改善。几年来，通过“集团帮扶”共修建乡村公路263.9公里，初步改变了贫困地区交通闭塞的状况，随着交通条件的改善，农副产品的流通渠道不断顺畅，当地农民的收入也在逐步增加。水利设施建设效果明显，共新增灌溉面积2270亩，解决了24540人/13500头（只）牲畜的饮水困难问题，如双龙乡维修改造了“同心大堰”、“双官大堰”后，解决了3860人/1200余头牲畜的饮水困难和740亩稻田的灌溉问题，贫困农民生产生活条件有了很大改善。基本农田建设得到加强，实施坡改梯和水毁恢复工程4400多亩，人均基本农田到2003年已达0.3亩。集镇建设卓有成效，带动了群众商品意识的增强，活跃了市场，增加了农民收入。如桃源乡完善了乡政府所在地976米的街道硬化，新建街道190米，集镇规模增加了2/3，集镇面貌焕然一新；基础教育和医疗卫生条件有了极大改善，解决了群众入学难、看病难、就医难的问题，通过“集团帮扶”新建中小学4所，面积4400平方米，适龄儿童入学率均达95%以上，如桃源乡新建一所1200平方米的乡中心小学，彻底改变了从前中小学学生混校混班的现象，贫困乡镇的适龄儿童入学率逐年提高，如双龙乡的儿童入学率由2001年的91.7%上升到2003年的96.6%，碧峰乡由2001年的95%上升到2002年的97%，2003年达到98.6%。桃源乡修建了580平方米的卫生院，添置了B超机、X光机等设备，缓解了当地群众缺医少药的困难。

（二）遏止了返贫

随着农村基础设施的日趋完善，增强了农业抗御自然灾害的能力。贫困农民越过温饱线的进程逐步加快，因病、因灾导致债台高筑的局面得到了彻底改变，个别地方存在的高利贷现象销声匿迹，清洁用水有了保障，各种怪病得到了有效控制；“集团帮扶”有效遏止了返贫，基本上做到了扶得起、稳得住、不反弹。通过“集团帮扶”，农民人均纯收入年均增加 100 元以上，贫困人口年均减少了 10% 以上，如碧峰乡贫困人口由 2001 年的 14510 人减少到 2003 年的 5589 人，已脱贫人口目前基本无返贫现象。

（三）转变了观念

通过“集团帮扶”，树立了农民根除迷信、相信科学的思想观念，养儿防老、多子多福的生育观及不读书也能生活等陈规陋习已被优生优育、科技兴农的新观念代替。越穷越生，越生越穷的陋习得到有效遏制，如桃源乡彻底扭转了计生工作一度落后、被动的局面，全乡妇检率、计生率分别达 99%、96%，2002 年成为省级计生达标单位，县级计生一类乡镇；全乡的两杂良种推广率从 1999 年不到 60% 上升到 2003 年的 96% 以上；烤烟种植面积从 1999 年的 5000 亩增加到 2002 年的 8300 亩，产量由 105 万斤上升到 130 万斤。

（四）改进了作风

“集团帮扶”的过程，就是一个“干部受教育，群众得实惠”的过程，通过几年的“集团帮扶”，市直机关各工作部门切实转变了作风，密切了党群、干群关系，增强了为基层着想、为群众着想，为基层服务、为群众服务的意识。贫困群众受益后谋发展的愿望更加迫切，基层干部带领群众致富的劲头也空前高涨。如双龙乡实行干部结对帮扶，全乡 57 名干部帮扶 67 户贫困户，落实帮扶资金 6 万元，帮助贫困户发展养殖业。蕉坝乡通过“集团帮扶”分别引进南江黄羊（种羊）27 只、约克种公猪 5 头，兴办了 2 个黄羊养殖基地、5 个仔猪繁育场（点），并建立了 5 个规模为 30 头的商品猪饲养场、1 个规模为 30 头的快速育肥牛场和 2 个冻精输配点，现已拥有各类养殖大户 40 户，畜牧业已成为当地农民增收的主要来源之一。

三、几点启示

在全面建设小康社会的进程中，扶贫工作任重道远。贫困地区要想彻底脱贫，与其分散出击，不如握拳聚力，集团帮扶，协同作战，合力攻坚。“集团帮扶”力量集中、项目集聚、带动力强、成效明显，为全市探索多元化的扶贫工作机制积累了宝贵经验。在实施“集团帮扶”的实践中，我们有以下几点启示。

（一）集中力量发展生产力，是贫困地区彻底脱贫的根本途径

过去的扶贫方式，由于点多面广，项目单一，资金有限，覆盖面窄，使得每个项目发挥的作用不够明显，加之项目资金来源渠道不一，各项目实施单位无法形成合力，资金难以捆绑使用，体现不出综合效益。实施“集团帮扶”，把资金、政策与技术进行捆绑投入，集中有限的人力、财力、物力，对单个极贫乡（镇）实行全方位立体式扶贫，既“输血”又“造血”，以发挥项目的集聚效应和综合效益。如农业和卫生部门把沼气池建设的政策和资金结合起来，民政、城建和移民部门把灾民的安置，新村、小城镇建设和移民搬迁政策、资金捆绑起来，发挥了巨大的综合效应。实践证明，“集团帮扶”是贫困乡镇实现综合扶贫的最佳形式，做到了帮扶一个，彻底脱贫一个，同时，对周围的贫困乡（镇）也起到了良好的示范带动作用。

（二）加强基础设施建设，是贫困地区告别穷根的关键所在

贫困地区要发展生产力，迫切需要解决水、电、路、医、学等问题，这是扶贫工作的首要责任。“集团帮扶”从夯实基础设施入手，着眼于改变贫困群众生产生活条件和生存环境，着力增强贫困地区的造血功能，提高了抗御自然灾害的能力，有效遏止了返贫，是贫困群众脱离贫困的长久之计。

（三）提高贫困群体素质，是贫困地区治穷致富的有效保证

人是生产力中最活跃的因素，人力资本是最重要的生产资本。扶贫先扶志，治穷先治愚。“集团帮扶”提高了基层干部和贫困群众的素质，在干部的带动下，贫困群众发扬自力更生的精神，贫困地区的生产力得到了较快发展。“集团帮扶”对贫困地区科学技术推广、文化教育发展和思想观念更新都起到了积极的推动作用。通过“集团帮扶”，贫困群众在干部的引导和帮助下，调整农业产业结构，科学发展种养殖业，增加了收入，生活水平得到逐步提高。

（四）切实转变干部作风，是贫困地区加快发展的政治前提

“集团帮扶”中，机关和基础层干部都深入基层调查研究，避免了只听汇报、只看材料和坐而论道；定期督促检查和调度工作进度，避免了只部署不落实；资金捆绑专款专用，避免了层层克扣，雁过拔毛。通过“集团帮扶”，基层干部解放了思想，开阔了眼界，理清了思路，增强了信心，党群、干群关系更加融洽，贫困地区的发展速度得到进一步加快。

“威宁试点”的经验与启示

威宁县扶贫开发办公室

摘　要

威宁县实施的喀斯特地区扶贫开发综合治理试点工作，按照“近期作示范、长远探路子”的要求，始终致力于“开发扶贫、生态建设、人口控制”三大主题的实践，坚持以“十个优先、十个推进”为抓手，突出重点，点面结合，推动了“威宁试点”工作的顺利开展，取得了明显的阶段性成效。“威宁试点”工作两年多来，是威宁自治县发展最快、贫困农民受益最多、农村面貌变化最大的时期，全县上下风正气顺、干群齐心，发展之势正猛，改革之风正盛，扶贫开发为推动全县经济社会提速发展、跨越发展作出了重要贡献，并得出以脱贫致富为核心，坚持解放思想、政策支持、抢抓机遇、强化组织建设、落实科学发展观、合理编制规划和建立“大扶贫”格局等几点经验与体会。

关键词

威宁试点　喀斯特地区　脱贫致富

2009 年 9 月，在党和国家领导人的亲切关怀下，威宁自治县拉开了喀斯特地区扶贫开发综合治理试点（以下简称“威宁试点”）工作的序幕。两年多来，威宁自治县各族干部群众以科学发展观为指导，按照“近期作示范、长远探路子”的要求，始终致力于“开发扶贫、生态建设、人口控制”三大主题的实践，感恩立志，迎难而上，大胆实践，“威宁试点”阶段性成效明显，经济强劲增长，民生明显改善，社会事业全面发展，迎来了“发展机遇最好、发展力度最大、发展速度最快”的时期，走出了一条符合县情实际的后发赶超之路。

一、"威宁试点"工作开展的背景

威宁彝族回族苗族自治县地处贵州西部，是全省面积最大、海拔最高、人口众多的县，全县总面积6298平方公里，平均海拔2200米，辖35个乡镇，居住着彝、回、苗等19个民族，2011年末总人口140.32万人，其中农村人口129.22万人，少数民族人口32.89万人，是全省唯一由三个少数民族自治的县，也是国家级贫困县。1986年被国务院首批认定为全国的贫困县之一，1994年被确定为国家"八七"扶贫攻坚县之一，2001年再次被确定为全国592个新阶段扶贫开发工作重点县之一，2009年被确定为全国喀斯特地区扶贫开发综合治理试点县。其贫穷落后主要表现在以下十个方面：

1. 农村贫困程度较深

全县经济基础薄弱，2009年全县人均GDP为4677元，比全区低2434元，处于全区挂末，比全省低5632元，处于全省第81位。财政收支矛盾非常突出，2009年财政总收入完成5.02亿元，财政总支出19.45亿元，刚性支出达11.48亿元。农村贫困面大，2009年年末全县126.5万农业人口中，年纯收入在1196元以下的贫困人口有24.37万人，贫困发生率达22%，比全省高4.6个百分点。全县农民人均纯收入2553元，比全省平均水平低452元。全县有66533户农村危房未改造，其中无住房户1454户2051人，不具备基本生产生活条件的有1486户7105人。

2. 基础设施建设薄弱

县境内没有机场，没有高速公路，铁路客运量排名靠后，出租车数量少，没有环城公路和公交车。有18个乡镇不通油路、115个村不通公路，乡级公路通畅率仅为42.8%，村级公路通畅率仅为11.1%。农村工程性缺水和水源点缺水问题突出，城区仅靠一个日供水量5000吨的自来水厂供水，有47.16万群众未解决饮水安全问题。农村电网未改造面大，配电网改造率仅达50%，农村一户一表率仅为62.5%。广播、电视覆盖率仅为71.2%和73%。

3. 结构调整进程缓慢

粮食品种种类单一，除了玉米、马铃薯和荞麦，几乎没有别的品种；龙头企业少，农产品加工滞后，产业化水平低。工业总量小、效益低，2009年规模工业总产值为16.53亿元，工业总产值仅占地区生产总值的20.46%；没有一个达到"五通一平"的工业园区。城镇路网、供电、供水、通讯等基础设施滞后，特色不突出、功能不完善、品味不高雅、内涵不丰富；城镇化率 21.52%，比全省低 12.23%。第三产业水平不高，金融、房地产和信息咨询等现代服务业发展较为滞后。

4. 安全生产形势严峻

全县只有 3 个合法煤矿正式生产，煤炭资源紧张，导致煤矿私挖盗采现象严重，如东风镇有不同规模的非法煤井上千个。加之地方保护伞和黑恶势力暗地与政府“较劲”，形成了一条集非法生产、运输、营销为一体的产业链条，非法开采屡禁不止、安全生产事故多发。2006—2009 年，2 名县长、1 名副县长因非法采煤窝点发生事故而引咎辞职。由于打击非法开采涉及群众利益，干群矛盾突出。有的地方老百姓无奈之下上山砍柴取暖煮饭，森林植被受人为破坏日趋严重。生态脆弱，森林覆盖率仅有 30.8%。

5. 人口计生工作被动

由于长期以来忽视经常性的管理工作，措施不力，落实不力，被动应付，导致人口计生工作底数不清、对象不明，形成了年年抓手术、多孩年年生的恶性循环。2009 年全县常住人口总数 122.14 万人（当时的统计数），人口出生率达 15.66‰以上，人口自然增长率为 8.56‰。全县多孩妇女 105996 人，占已婚育龄妇女的 50.42%。二女户、多女户超生严重，一男一女或两个男孩的家庭超生比较普遍。工作中二女户、女儿户绝育措施的落实未打开局面，整个计生工作局面较为被动。

6. 维稳信访问题突出

公安警力严重不足，全县仅有公安干警 518 人，占总人口万分之 3.6，且年龄结构偏大。地方黑恶势力横行，家族宗派势力抬头，“两抢一盗”案件多，矛盾纠纷多、群体性事件多。陈尸堵路、围堵领导、冲击机关、暴力抗法事件经常发生。部分乡镇存在多具长达 8 年之久的尸体不埋、“死人压活人”现象。2009 年人民群众安全感率 70.98%，在全省排名倒数第三，被市综治委予以黄牌警告，并列为社会治安重点挂牌整治县。信访工作陷入恶性循环的怪圈，2009 年进京上访达 146 人次。

7. 社会事业发展滞后

教育事业方面，人均受教育程度仅为 4.5 年，学前三年入园率仅为 9%，高中入学率仅为 21.96%，教育教学质量处于全市最后位置。中小学附属设施不完善，农村教师住房紧缺，教育经费缺口大。卫生事业方面，部分乡镇卫生院业务用房狭窄破旧，医疗设备陈旧落后；医疗机构人力资源欠缺，专业技术人员匮乏，低职称、低学历人员比例较大。2010 年前 35 个乡镇卫生院编制为 555 人，在编人员仅为 365 人，最高职称仅为不超过 10 人的主治医师。按全省卫生技术人员占总人口比例的平均水平 2.58‰计算，全县应增加 1400 多医务人员。城市低保和农村低保未做到“应保尽保”。

8. 投资环境问题突出

招商引资工作体制不灵活、制度不健全，政策透明度不高，对一些优惠政策的落实和执行情况不好，政府在投资者心目中的诚信度较低。一些部门和工作人员过分强调部门条块利益，存在“吃、拿、卡、要”和互相推诿扯皮的现象。城乡“脏乱差”现象严重，2009 年 9 月省委领导到威宁自治县检查指导工作，曾批评威宁是“世界脏乱差中心”。“整脏治乱”群众满意度测评极低，在全省评比中屡次挂末，极大地影响了招商引资和旅游推介形象。

9. 村级组织工作软弱

大部分村级党组织的凝聚力、战斗力、创造力严重不足，“村为主”管理的作用未有效发挥，“怕管、懒管、假管”现象突出。一是待遇较差，不愿干事。村干部工资报酬低（2008 年前每人仅 180 元/月，2009 年调整为每人 300 元/月）。二是素质偏低，不能干事。现任村干部整体素质不高，部分年龄结构老化。一方面，当地的能人、强人不愿“自找苦吃”；另一方面，后备力量发展不起来，或因年轻人出外打工缺乏发展对象，或现任村干部怕别人“抢位子”而不愿发展。三是顾虑太多，不敢干事。部分村干部在工作中怕得罪三亲六戚，怕遭到打击报复，在“急、难、险、重”任务面前“绕道走”、“装糊涂”。

10. 干部精神状态不佳

部分干部“庸懒散”问题突出，有的发展意识淡化，不愿沉下心来带领群众发展经济，更不懂得算产业经济收入账；有的干部对工作悲观泄气，认为上级有关安全生产有的工作责任追究的政策太“左”，不问过程、只看结果，动辄拿干部“问罪”，许多同志工作虽兢兢业业、任劳任怨，但最终因出乎意料的事故而难逃“追究”，各级干部为此怨气不小；一些班子和干部工作工作能力差，缺乏谋大事、干大事的气魄与胆识，工作要求低、标准低，重点工作推不开，畏难情绪严重。

2009 年 9 月 6 日、7 日，时任总书记胡锦涛、总理温家宝、副总理回良玉在新华社《国内动态清样》第 3629 期上就威宁县的农民陷入卖血、盗采、超生“怪圈”问题作出重要批示。胡锦涛重要批示指出：“看了此份报告，甚感内疚。毕节生态治理、扶贫开发已经20年，威宁有如此地方仍处在‘三穷’状态。希望你们认真研究部署，采取有力措施，经过几年艰苦努力，帮助贫困群众切实脱贫”。温家宝重要批示指出：“要重视加强威宁的扶贫工作，对每户每个村都要作出科学而具体的规划和措施，并狠抓落实。扶贫办要给予指导和支持”。回良玉重要批示指出：“锦涛总书记的批示充满感情，发人深省。扶贫开发工作确实是任务艰巨，责任重大。国务院扶贫开发领导小组要认真传达学习，进一步提高思想认识，细化量化政策举措，坚决打好扶贫开发攻坚战。”同月15日，胡锦涛总书记等国家领导人在百忙之中再次对威宁工作作出重要批示，同意将威宁县列为喀斯特地区扶贫开发综合治理试点县。全国人大副委员长、九三学社中央主席韩启德，全国政协副主席、中央统战部部长杜青林等领导和中直国家机关有关部委负责人亲临调研指导工作，关心支持威宁县开发扶贫，加快发展，为威宁自治县发展带来了千载难逢的历史机遇。

二、“威宁试点”阶段性成效

通过努力，“威宁试点”工作取得了阶段性成效，主要体现在以下九个方面。

1. 经济发展势头强劲

2011年经济发展综合测评排名位居全省第15位，同比2009年上升39位、同比2010年上升6位，实现了增比进位、创新突破的目标。完成生产总值79.73亿元，同比2009年增长79.91%（不变价）；固定资产投资达95.24亿元，同比增长381.61%；招商引资到位资金78.5亿元，同比增长513.28%；完成规模工业增加值14.55亿元，同比增长126.99%；财政总收入10.3亿元，同比增长105.26%；实现旅游收入22.2亿元，同比增长64.2%；金融机构各项存款余额完成53.02亿元，同比增长56.49%；金融机构各项贷款余额完成18.72亿元，同比增长58.78%；社会消费品零售总额完成14.86亿元，同比增长47.27%；城镇居民可支配收入14174元，同比增加3439元；农民人均纯收入4068元，同比增加1515元。

2. 农村面貌大幅变化

以交通、水利、电力等为重点的基础设施建设取得新突破。自2010年以来新修通村公路687公里、通乡油路424公里、通村油路873公里，解决了18个乡镇不通油路、115个村不通公路的困境，有效缓解交通“瓶颈”制约；完成S102威宁至中水改造，县城环城公路投入运行，毕节市至威宁高速威宁段即将完工，威宁至六盘水市、威宁至昭通市、威宁至宣威高速公路和威宁机场建设项目前期工作稳步推进，全新的立体交通体系正在加速构建。实施了总投资2.99亿元、解决476个村47.16万人的农村饮水安全工程；实施了总投资1600万的小型农田水利工程，实施了配套农业产业“五小”水利工程，启动实施中小型骨干水源工程2座，实施了总投资3451万元的15座病险水库除险加固工程，实施了总投资2004万元的4条中小河流治理工程，实施了总投资8592万元的2处防洪排涝工程，农村群众生产生活用水条件明显改善，防洪减灾能力得到进一步加强。实施了格闹河梯级水电站、猴场水电站、拖海河水电开发项目、220KV威宁输变电工程（续建）、220KV威宁变110KV送出工程（续建）等工程已投入运行。投入资金8.35万元，全面启动全县各村配套电网改造工程，完成线路5370公里，配电变压器安装1038台，供电能力大大提高，供电量从2009年的3.2亿度增加到6.4亿度，其中工业用电量达3.99亿度，同比增长193.38%，有效缓解了“用电难”问题。新增完成30个乡镇综合文化服务站，实现乡乡有文化站、村村通广播，乡镇、村级文化信息共享工程全覆盖，城乡公共文化服务网络逐步建全。建成坡改梯基本农田5875亩；新增灌溉4500亩、防洪保护耕地8200亩；完成巩固退耕还林成果基本口粮田工程11942亩，建成农村沼气池3.35万口、小水池（窖）工程5510口，农建基础设施建设进一步加强。

3. 民生问题有效解决

建设“四在农家”67454户、改造农村危房66533户，较大部分群众住上了宽敞明亮的新居。建设保障性住房1980套，县城住房紧张的局面得到有效缓解。截至2012年4月5日，实现新型农村养老保险参保42.41万人、参保率83.3%；其中60周岁以上享受待遇10.28万人、参保率为99.53%，基本实现“老有所养”；健全城乡最低生活保障制度，纳入农村低保23.9万人、城镇低保6111人，实现“应保尽保”；新增完成30所农村敬老院建设，实现乡乡有敬老院；完成1620户老年公寓集中建设，集中供养了1431名五保对象，百姓认同感、归宿感、幸福感进一步增强。新型农村合作医疗参合率达99.23%，同比2009年提高了5.77%；城镇居民基本医疗保险参保率达96.26%；完成了34所乡镇卫生院和356个村卫生室建设，实现乡乡有卫生院，村村有卫生室、卫生员；燃煤污染型氟中毒病区改炉改灶3.2万户，地氟病得到了有效预防和控制。积极拓宽就业渠道，2011年培训农民11.66万人，比2009年增加5.66万人；引导贫困群众通过参加工程建设，获得劳动报酬，实现农村剩余劳动力转移18.2万人，创劳务收入达30亿元以上。

4. 扶贫攻坚成效明显

自2009年以来，全县24个扶贫重点乡镇中实现了16个乡镇“减贫摘帽”，净减少贫困人口18.09万人，打造了么站镇新飞村、东风镇元木村、炉山镇新庄村和迤那镇、海拉乡、板底乡等许多扶贫攻坚示范点，许多昔日的上访户和贫困户现已变成了致富的带头人和政策发展的宣传员。其中迤那镇是威宁自治县典型的二类贫困乡镇，通过努力，实现通村油路、农村饮水安全、农村电网升级改造“三个全覆盖”，全面消除农村危房，新建、改建教学楼7万平方米；实现村村有活动场所，有计生室、卫生室，有农家书屋和文化广场。开展了全省城乡医疗均等化试点，开通了全省第一个“远程会诊”系统，医疗卫生服务水平进一步提升；开展全省第一个电视、广播、电影、电话“四位一体”建设试点，解决了过去群众收看电视、收听广播难的问题。全镇农民人均纯收入达5229元，同比2010年增加2166元；4266人贫困人口全部实现“脱贫摘帽”。栗战书书记今年2月在迤那镇回访调研时说，迤那镇一年来发生的变化有七点：一是人民群众收入有了普遍提高，生活条件开始改善；二是基础设施建设有了明显改善，脱贫发展基础得到加强；三是农业结构调整和农业产业化初见成效，农民增收的路子开始拓宽；四是社会事业发展明显进步，社会文明得到加强；五是党的建设有许多创新，基层班子的作用发挥得越来越好；六是扶贫工作创造了新的经验，走出了一条好的路子；七是干部群众的精神面貌、思想观念发生了变化。

5. “三化同步”进程加快

新型工业化开创新局面。自2010年以来，全县实施项目537个，总投资419.08亿元，项目数量明显增加，投资规模不断加大，规模以上工业企业达68家。华能集团、国电集团、招商局集团、华电集团、中电投集团等央企和华锐集团、恒大集团等全国知名民营企业纷纷进驻威宁开发投资。由五里岗工业园、金钟工业园、巴西工业园构成的“一轴两翼”园区经济集群发展和集约发展效应初步形成，完成征地6.87平方公里，开发3平方公里以上，入住企业25家园区，计划总投资45亿元。2011年完成规模工业总产值48.1亿元，同比2009年增长191.16%；规模工业增加值完成14.55亿元，同比增长126.99%。城镇化水平不断提升。全面启动特色小城镇建设，重点镇建设速度明显加快，城镇化率由2009年17.51%提高到21.69%。深入开展创建省级卫生县城和文明县城，建设高原湿地生态休闲度假旅游观光城市“双创一建”

活动，取缔了县城427辆电三轮摩托车，新增城市出租车200辆，提升了城镇形象；硬化县城背街小巷98条、30余万平方米，方便了群众出行；“整脏治乱”实现大幅转变，昔日“世界脏乱差中心”变成整洁、卫生、文明的县城，2010年以来相继被评为“市级卫生城市、市级文明县城”和“省级文明县城先进县”。农业产业化迈出新步伐。2011年实现粮食种植183.52万亩，粮食总产量49.26万吨，比2009年增加12.17万吨，粮食产量实现连年增产，2010年、2011年分别被农业部、国务院授予“全国粮食生产先进县”、“全国粮食生产先进单位”荣誉称号。积极发展草地生态畜牧业、马铃薯产业、烟草产业、蔬菜产业和精品苹果五大特色产业，实施了“五个百万”工程，即：100万亩草地生态畜牧业基地、100万亩马铃薯种薯和鲜薯基地、100万亩蔬菜和中药材基地、100万担优质烟叶基地、100万亩经果林基地，打造了双龙—哈喇河—观风海—秀水的10万亩“草地生态畜牧业产业化科技扶贫示范百里长廊”；建设了迤那镇湖南中烟“芙蓉王”、黑石镇湖北中烟“黄鹤楼”、秀水乡贵州中烟“贵烟”及草海镇湖南中烟“白沙新烟区”基地单元，打造了10余万亩高质量、高标准高原烟海，有效增加了农民收入。

6. 人口计生取得突破

对全县35个乡镇按照一、二、三类乡镇采取分类管理、分类指导，全县乡、村两级“想抓、敢管”的态势基本形成。新建了县妇幼保健服务中心和35个乡镇计生服务站标准化、规范化建设，招考95名公务员充实到乡镇计生办和流管办工作，招聘345名流动人口协管员主抓流动人口工作，招考93名化验人员和临床医学人员补充到乡镇妇幼保健服务站工作。创新开展了腹腔镜输卵管结扎微创术，其先进技术在全省推广。2010年度实现人口出生率12.1‰，在2009年的基础上降低了3.24‰，少出生4167人；2011年实现人口出生率9.08‰，在2010年的基础上又降低了3.02‰，少出生4960人；多年来二女户结扎难的困境得到有效突破，扭转了人口过快增长的被动局面。

7. 生态环境明显改善

开展了野马海、凉山等小流域石漠化综合治理试点工程，完成石漠化治理34.87平方公里，控制水土流失45平方公里。完成各类营造林60.61万亩，其中，特色经果林25万亩，仅核桃种植就达到23.01万亩，打造了玉龙乡、牛棚、中水、迤那等10万亩核桃产业示范带和东风镇万亩核桃产业示范园。城郊绿化及生态文明家园绿化3000余亩。每年7月中旬至8月雨季造林高峰时节，群众积极性空前高涨，县乡平均每天参与造林人数达3000人以上，森林覆盖率由 2009 年的 34.6% 提高到 38.64%，2010 年获“贵州省绿化先进集体”荣誉称号。预计“十二五”末全县森林覆盖率将在 2009 年的基础上提高 10.18 个百分点。

8. 安全生产形势向好

我们以铁的决心、铁的手腕、铁的纪律“三铁”措施，始终保持打击非法采煤采矿的高压态势，2010 年以来全县累计巡查 2 万余次，发现、取缔非法采煤窝点 2778 个（次），查扣非法运煤车辆 748 辆；公安机关累计抓获非法业主 523 人次。全县非法煤窑“保护伞”全部被抓获处置，煤窑全部被炸封或依法关闭。非法开采重灾区东风镇 2010 年初排查有上千口非法煤窑，现在全镇境内无非法煤窑。安全生产实现了常态化管理，多数行业和领域保持了安全生产事故为“零”的良好态势，实现了安全生产事故起数和死亡人数“双降”目标。2010 年、2011 年安全生产分别获全市一等奖和二等奖，改写了长达 15 年未获奖的尴尬历史。

9. 社会事业发展加快

教学质量稳步提高。新建和改扩建中小学学生食堂 435 个，新建教师周转房 1.23 万平方米、校舍 43.39 万平方米，维修加固学校 18.67 万平方米，大部分学校面貌焕然一新。实现“两基”复查和“普实”验收目标，并评出 7 所省级实验示范校。全县教师综合素质不断提高，中高考成绩连年攀升，2011 年参加普通高考 4308 人，本科专科上线 4255 人，综合上线率达 98.77%；高考质量综合评比由五年前全区挂末连续两年跃居全市前列。以“忠心、孝心、爱心、诚心、信心”为主题开展“五心教育”活动，编写了“五心”教育地方德育教材，成为全省第一套中小学地方德育教材。2012 年 3 月 26 日在威宁自治县召开的贵州省共青团宣传工作会议上，团省委要求全省上下开展“五心”教育活动。信访工作成效明显。新建了 516 平方米的信访大厅；建成规范化司法所 25 个，建成 35 个乡级调解委员会，620 个村（居）民调解委员会，8 个跨界接边联合调解委员会，共有调解人员 3639 人。2009 年全县进京上访达 146 人次，名列全省、全区之首，2010 年进京非正常上访仅 1 人次；2011 年实现赴京“零非访”、无赴省市“集体访”，消除了进京或赴省市上访现象。社会治安大幅转变。2010 年成功摘掉了治安黄牌，2011 年人民群众安全感测评上升到顺位第 47 位，公、检、法机关满意率大幅提升，为人民群众创造了舒心、安心、放心的社会环境。加强法制宣传，“五五”普法工作顺利通过省、地验收，其中黑石头镇三河村由省司法厅上报司法部表彰为“全国民主示范村”。全县35个乡镇整治成效日益凸显。随着环境的改善，海内外客商纷纷前来投资创业，游客大幅度增加，旅游综合收入大幅提升，2011年实现旅游接待人数205.25万人次，旅游收入22.2亿元、同比2009年增长64.2%。与2009年面向全省招聘300名卫生人员、只有210人报考相比，2010年全县招聘300名教师，却有6200多人报考，2011年县直属部门招考部分人员，结果县城招待所、旅馆、饭店更是拥挤不堪。这充分说明了环境改变后会更吸引人。在威宁自治县召开的全市加强和创新社会管理、做好新形势的群众工作经验交流现场会上，市委书记如培同志号召全市上下要“远学瓮安、近学威宁”。

由于相关工作成效明显，被省、市有关领导称之为“取得了脱胎换骨的变化”。2010年以来连续两年在全市综合考核中荣获一等奖；相继获得“全国粮食生产先进县”、“全国绿色能源示范县”、“全国科普示范县”等17项国家级荣誉，有82项工作获得省级表彰、212项工作获得市级表彰；迎来了全国新型农村养老保险暨城镇居民养老保险启动仪式、全省玉米高产创建现场会、全省调整产业结构发展特色农业现场会等全国、省、市43个现场会相继在威宁自治县召开。

三、“威宁试点”工作的主要措施

“威宁试点”工作开展以来，县委、县政府结合县情实际，提出了“怀感恩之心，立奋斗之志，举发展之旗，聚团结之力，提速发展，提前脱贫，经济倍增，加快转型，奋力实现威宁经济社会大发展、大繁荣、大跨越”的主基调，确立了以富在农家增收入、学在农家长智慧、乐在农家爽精神、美在农家展新貌的“四在农家”，破解“三农”难题，以把忠心献给祖国、孝心献给父母、爱心献给社会、诚心献给他人、信心留给自己的“五心教育”提升全民素质，以正党风、清政风、淳民风、浓学风、转作风、优行风的“六风”建设创建发展环境，坚持以“威宁试点”推动发展、以新型工业化引领发展、以城镇化拉动发展、以合理利用资源科学发展、以改善环境支撑发展、以构建和谐社会协调发展、以党的建设保障发展的“七个坚持”谋划发展的“四五六七”工作思路，努力实施强农稳县、扶贫助县、项目立县、工业富县、旅游活县、科教兴县“六大战略”，强力推进经济建设、政治建设、文化建设、社会建设、生态文明建设和党的建设“六大建设”，着力创建富裕威宁、平安威宁、生态威宁、开放威宁、文明威宁、和谐威宁“六个威宁”，千方百计增一产、强二产、扩三产，集中力量打基础、建基地、上园区，艰苦拼搏实现以“三化”带“三农”、城乡共繁荣，力争创建全国优质烟叶基地、全国生态畜牧养殖基地、全国马铃薯种薯和鲜薯生产基地，全国高原反季节蔬菜基地，全国农特产品加工基地，全国高原湿地生态休闲旅游中等城市“六张国家级名片”。

在具体工作中，威宁自治县坚持以“十个优先、十个推进”为抓手，突出重点，点面结合，推动了“威宁试点”工作顺利开展。

（一）坚持解放思想优先，奋力冲出“经济洼地”，推进经济提速发展

2010 年 3 月 30 日，威宁自治县召开了建县以来规模最大、规格最高、内容最丰富、意义最深远的全县三级干部解放思想动员大会，时任毕节市委书记秦如培同志亲临参会并作了重要讲话，秦如培书记高度评价三级干部会议是威宁自治县发展历史上的“遵义会议”。在这次 1200 人参加的全县三级干部会上，要求全县广大党员、群众从不思进取的萎靡中振奋起来，从畏难发愁的悲观中解脱出来，以改革的思路、开放的思维、创新的观念，不断探索发展的新思路，在解放思想中转变观念，在转变观念中谋求发展，强调了要实现“七个方面”的解放和发展，即：从狭隘的故步自封思想束缚中解放出来，谋求开放发展；从急功近利的短期思想束缚中解放出来，谋求长远发展；从因循守旧的本本思想束缚中解放出来，谋求创新发展；从唯条件论的畏难思想束缚中解放出来，谋求突破性发展；从坐而论道的说教思想束缚中解放出来，谋求合力发展；从“等、靠、要”的依赖思想束缚中解放出来，谋求自主发展；从论资排辈的保守思想中解放出来，谋求高位发展。通过解放思想，调动了全县各级干部的工作激情和积极性，干部工作作风明显转变，干事创业热情高涨，发展信心明显增强，工作思路明显拓宽，很多干部坚持“五加二”、“白加黑”，加班加点成为常态，比着干、追着干蔚然成风，“工作创一流、目标争第一”已成为工作要求，许多工作位次前移，干成了许多过去不曾想、不敢干、干不成的事情。

（二）坚持基础设施优先，着力突破“发展瓶颈”，推进支撑能力不断提高

我们着力推进水、电、路等基础设施建设，破解长期以来制约全县经济社会发展的“瓶颈”。科学规划保质量。针对威宁自治县地形崎岖、山高坡陡的实际情况，聘请专业技术人员对道路交通工程进行了合理规划和整体设计，使乡村公路与乡公路主干道有机连接，确保公路村村相连、组组相通。抢抓水利部将威宁自治县列为“全国第三批小型农田水利建设重点县”和“全国水务一体化改革试点县”等历史机遇，建立完善了交通、水利、电力等基础设施建设项目库，加大项目编报力度。协调资金保进度。坚持“向内挖掘、向上争取、向外引进”，拓宽资金来源渠道，2010 年来县投入 2.85 亿元、贷款 2.63 亿元、向上争取 29.98 亿元，加大对水电路基础设施建设的投入。在通村油路建设中，除中央投资每公里 35 万元外，积极对接国开行，解决工程地方配套建设资金。采取招商引资垫资代建方式，将规划内的通村油路提前启动建设，确保在 2012 年计划建成通村油路 639.29 公里，实现半数以上的行政村通油路；到 2015 年达 75% 的行政村通油路。基础设施建设得到了上级相关部门的大力支持和帮助，省交通厅大力指导威宁自治县环城公路建设，帮助完成路网规划，增加通村油路建设指标，解决交通“瓶颈”制约。省水利厅优先安排规划内水利建设项目。省气象局支援威宁自治县高炮 5 门，投资 140 万元为威宁自治县增设 10 个炮站建设项目；投资 40 余万元支援威宁自治县在草海镇鸭子塘村和迤那镇中心村建成多功能信息服务站。安全监管保平稳。对公路建设安全工作进行定期检查，严格执行工程建设相关法律、法规，严格安全施工操作规程，严格执行民爆物品使用管理的规定，加强对施工方的安全生产技术指导，对工人进行严格的安全生产技能培训，提高施工人员的安全生产意识和技能，以严防安全事故的发生。督促检查保效率。抓住关键环节，落实督促措施，将工程建设相关指标纳入责任领导的年度目标考核，兑现奖惩；抽调专门人员不定期对工程质量、工程进度、资金使用、安全保障等进行督导，确保工程质量过得硬，工程进度能加快，资金使用能公开，安全施工有保障。

（三）坚持民生民计优先，树立“民生为本”发展理念，推进民众幸福指数提升

2010 年以来，省委、省政府将威宁自治县列为全省新型农村养老保险项目试点县、农村危旧房改造“整县推进”项目试点县、新型农村合作医疗项目试点县、产业化扶贫综合项目试点县、“一事一议”财政奖补项目试点县、村级债务化解项目试点等八大民生项目试点县。我们抢抓机遇，进一步强化民生意识，改善民生，促进民和，确保民安。着力攻克“住房难”、“基本生活保障难”、“养老保障难”“群众看病难看病贵”、“就业难”等问题，用干部的“辛苦指数”，换来群众的“幸福指数”，让改革发展的成果更多地惠及广大人民群众。强力推进全国新型农村养老保险项目试点。威宁自治县设立了县、乡人力资源和社会保障服务中心，招考了 115 名从事城乡居民社会养老保险工作人员、620名村公益性岗位协理员，投资1305万元新建了6350平方米的基层劳动就业社会保障服务平台，投入了165万元工作启动经费、60万元奖励经费，实现了60周岁以上人员每人每月领取60元的基础养老金，共发放了养老金8884.15万元，其中县匹配资金达1028.59万元，使农民养老保障这一千年梦想得以实现。两年来，国家、省有关部门领导纷纷深入威宁自治县指导，由于推进新型养老保险工作试点效果好，全国新型农村和城镇居民社会养老保险宣传活动启动仪式在威宁自治县召开。强力推进农村危旧房“整县推进”项目试点。我们严把“入户关、登记关、影像采集关、审核关”，确定农村危房改造对象；对当前易造成安全事故的危房，将其列入首批改造范围；在省、市各级财政补助到位资金2.01亿元的基础上，威宁自治县多渠道筹措先行垫付2.24亿元，提前全面启动了55597户农村危房改造，并对在2011年12月底前完成农村危房改造的乡镇奖励20万元，确保按时保质保量完成危改任务，有效解决贫困群众“住房难”的问题。强力推进新型农村合作医疗项目试点。威宁自治县农民看病难、看病贵，因病致贫、因病返贫是导致过去农民生活困难的重要原因之一。我们招聘了499名县乡医技人员，补充了826名村级卫生人员，县、乡卫生人员得到加强。南京军区福州总医院与威宁自治县人民医院建立对口支援帮扶关系，派出了20余位院部级领导和20余名专家到威宁自治县帮扶指导；投入资金50余万元参与援建县人民医院门诊大楼，捐赠235余万元的医疗设备，免费为威宁自治县37名医务人员进修培训等，县人民医院创“二甲”通过省考评验收，医疗卫生服务水平得到大幅提升。强力推进“一事一议”财政奖补项目试点。省财政厅投入了8139万元在威宁自治县开展全省整县推进“一事一议”试点工作，农村公益设施特别是道路交通条件逐步得到改善等，切实解决了人民群众最关心、最直接、最现实的利益问题。

（四）坚持结构调整优先，以“四在农家”破解“三农”难题，推进农业产业化经营

针对威宁自治县“三农”问题，我们着力做好贫困地区的文章到发达地区去做，以农业产业化带动农民增收；农业的文章到工业去做，以工业化带动农业增效；农村的文章到城镇去做，以城镇化带动农村发展“三篇文章”，开展了以“富在农家增收入、学在农家长智慧、乐在农家爽精神、美在农家展新貌”为主要内容的“四在农家”破解“三农”难题，极大地调动了人民群众追求美好生活的愿望，深刻改变了昔日农村“脏、乱、差”的落后面貌，整洁明朗、殷实优美的村庄不断进入人们的视线，为全县找到一条农民增收、农业发展、农村进步的道路。以“富在农，增收入”为前提，采取“六大”措施推进农业产业化经营：科技大提升。农民技术培训过去不足几万人增加到2011年的20万人，100余万农民基本掌握了1~2项旱地组装实用配套技术；推广杂交玉米、脱毒马铃薯和玉米育苗移栽等良种良法，科技在粮食生产中的贡献份额由过去不足40%上升到现在的45%以上；粮食单产从过去202.4公斤增加到现在的268.4公斤。产业大规划。切实做好马铃薯、玉米、蔬菜等农业产业“三个一工程”，即一个产业一个规划、一个政策性意见、一篇总结文章；充分发扬“三动”精神，即动感情，动脑筋，动真格，每一个产业成立了一个领导小组和办公室，明确一名县领导负责，实现了产业发展的前瞻性、科学性和合理性。在农业产业发展规划中，农业部选派国家级专家进驻威宁，帮助指导完成了威宁县2010—2015年马铃薯产业发展规划、蔬菜产业发展规划、草地生态畜牧业发展规划、精品苹果产业发展规划和农民培训发展规划“五大规划”，为威宁农业产业今后的发展指明了发展方向。先后派出干部到威宁挂职，帮助威宁农业产业发展。农业部部长韩长赋、副部长危朝安、张桃林和省农委主任刘福成等先后到威宁进行调研指导，并把小海镇松山村列为农业部部长联系点，即将投资352.5万元，在小海镇松山村建立玉米高产创建基地、马铃薯高产创建基地、蔬菜标准园基地、苹果标准园基地、沼气池建设和清洁能源建设基地6个基地建设。项目大投入。省农委2011年投入了1200万元投入迤那支持产业发展，各级各部门共帮扶威宁农业产业发展项目60个，总投资2.7亿元，到位资金2.49亿元。在秀水乡建立“畜—沼—烟”循环农业示范园，示范项目有6000亩生态烟田、500头标准化肉牛养殖场和一个500立方米的中型沼气池，配套50千瓦的发电站。毕节市委、市政府支持1000万元、威宁自治县投入1000万元、总投资达8700多万元的草海泰丰现代特色农业科技示范园，其年产5000万粒的原种繁育中心即将投产，将是中国南方最大的马铃薯脱毒种薯扩繁基地。农业大招商。引进了恒丰农业开发有限公司、天宝生态农业有限公司、深圳爱心培食品有限公司、郅臻食品科技开发有限公司等10余家企业入驻工业园区，计划总投资4.58亿元。山东乐义蔬菜集团公司在威宁注册了贵州威宁津汕现代农业科技发展有限公司，在草海津汕现代农业科技示范基地配套双斜面日光温室、喷灌、滴灌蔬菜示范园800亩，带动周边发展蔬菜种植3万亩。品牌大创建。对公司、专业合作社获得的知名商标、地理标志等分别奖励20万元，威宁洋芋、威宁荞酥、威宁党参等已获地理标志认证4个涉农企业获得省级龙头企业称号、8个涉农企业地级龙头企业称号，一些种植大户、专业合作社、农业企业建立了初具规模的生产基地，有效带动了20余万农户发展生态畜牧业、马铃薯、蔬菜、荞麦等产业发展。土地大流转。在35个乡镇成立了土地流转服务中心，实现土地流转13.75万亩，占全县耕地12.74%，促进了农民增收。成立了“县农业产业发展投资公司”，为扶贫贷款提供担保，抢抓发展先机。实施合作社和大户带动，全县合作社达313家，覆盖农户3万多户，有力推进了威宁自治县“三农”工作进程。

（五）坚持扶贫开发优先，全力总攻“绝对贫困”，推进“减贫摘帽”目标实现

我们结合县情，认真落实省领导号召全省要向“绝对贫困”发起“总攻”、推进开发扶贫的总动员令。采取“六个有效措施”，推进扶贫开发工作的深入开展。加强组织领导。在国家层面成立由国务院扶贫办主任范小建任组长、国家相关部委为成员的国家协调小组，在省、市分别成立“威宁试点”领导小组的基础上，威宁自治县成立了以县委书记为第一组长的“威宁试点”领导小组，形成了县、乡、村、群众四级联动工作机制。充分尊重民意，集中编制了县、乡、村677个参与式扶贫发展规划（1个县级总规划、31个部门子规划、35个乡级规划、610个村级规划）。衔接两项制度。衔接农村低保和扶贫开发两项制度，对有劳动能力和劳动致富意愿的贫困人口全面实施扶贫政策，对没有劳动能力或劳动能力丧失的贫困人口实行低保救助。抓好项目扶贫。加强与中直机关、国家有关部委和九三学社中央、招商局集团、深圳市对口办、深圳市南山区等对口帮扶单位的联络联系，积极争取各级各部门的大力支持和帮助。坚持扶贫规划到村、项目安排到村、扶贫资金到村、跟踪管理到村，政策扶持进户、技术服务进户、产业培植进户、扶贫效益进户“四进村、四进户”，整合项目资金57.83亿元，实施扶贫项目1115个，扶贫资金集中用于扶贫攻坚地区，对哪个村先上，哪个村后上，实行申报制，对群众积极性高、项目实施好、能自力更生的，进行优先安排、择优扶持。推进改革试验。大力构建扶贫开发整县推进、集团帮扶和扶贫开发投融资“三大改革试验机制”。围绕省委领导在迤那镇提出的“打基础、调结构；提素质、控人口；惠民生、保生态”发展定位，变“输血式”扶贫为“造血式”扶贫，“减贫摘帽”工作全面开展。如在迤那镇创新开展了集团帮扶改革试验机制，栗战书、赵克志、陈敏尔等省领导、60多位厅局长、2400多名干部先后深入迤那镇调研，倾情帮扶，各级各部门投资5.4亿元，迤那镇迎来了“发展机遇最好、发展力度最大、发展速度最快”的时期。通过创新开展扶贫机制，整合部门资源、对口帮扶资源、社会资源，凝聚各方力量，多重优势叠加，形成党政主导、部门社会参与、资金多元投入的大扶贫格局。创新扶贫模式。全面开展了点面结合的区域性连片开发模式、产业化扶贫模式、劳务经济带动扶贫开发模式、非农产业助推扶贫开发模式、科技扶贫模式“五种模式”，千方百计确保实现贫困群众“脱贫摘帽”。通过以上举措，扶贫开发综合治理取得了多重互动效应，实现了“五个转变”：一是着力培育特色优势产业，推动扶贫开发由过去的单个项目扶持向产业化扶贫转变；二是着力实施集中连片开发，推动扶贫开发由过去的一村一户扶持向区域性扶贫和扶贫到户并重转变；三是着力解决基本公共服务均等化，推动扶贫开发由过去解决温饱为主向注重全面发展转变；四是着力构建大扶贫格局，推动扶贫开发由“单打独斗”向专项扶贫、行业扶贫、社会扶贫“三位一体”为主转变，形成扶贫合力；五是着力推动由“等、靠、要”为“急、争、抢”，向主动“减贫摘帽”转变，为贫困地区以“开发扶贫、生态建设、人口控制”三大主题向贫困宣战，探索了一条科学发展之路。

（六）坚持园区建设优先，发挥资源优势，推进新型工业化进程

我们立足资源优势，突出项目带动，以项目建设的大突破带动工业经济的大发展。园区引领。我们与机械三元规划设计院等设计单位对接，在广泛调研的基础上，制定出科学合理的园区发展规划，提出“工业进园区”工作方针，按照“工业园区化、园区产业化、产业集群化”的要求，积极争取贵州威宁经济开发区建设，并经省人民政府批准成立，辖五里岗、金钟、巴西三个工业园。按照以五里岗工业园为轴，辐射带动金钟、巴西两翼发展的“一轴两翼”发展定位，完成开发面积3.91平方公里，其中建立了占地面积2平方公里的农副产品加工区，占地面积1平方公里的煤化工园区，占地面积0.5平方公里的装备制造区等，县财政通过贷款投入资金5亿余元进行园区基础设施建设，基本达到了“五通一平”。各级领导纷纷深入园区检查指导，并协调相关项目资金落户园区；各级部门帮助威宁自治县园区基础设施建设，迎来了全市产业园区发展暨项目建设年现场观摩会召开，获得了2011年度毕节市产业园区建设工作一等奖。

(1) 项目带动。围绕“水光风、煤化工，锌铜铁、制造业，烟农畜、园聚集”的产业重点，全面推进“工业富县”战略，一批批重点工程项目建设顺利推进、如火如荼。总投资131亿元、总装机容量达131万千瓦的27个风电项目有序推进，目前龙源公司马摆大山风电场、西凉山风电场首批机组共 10 万千瓦已于 2011 年 12 月投产送电，华能公司乌江源风电场首台风电机组 5 万千瓦进入发电试运行，华锐公司风电设备制造项目进入投产试运行，大法、祖安山、海柱风电项目预计 2013 年 7 月投入运营。二塘福利铁业有限公司、福威焦化有限公司已于 2010 年完成下游产品深加工项目，形成了年产初苯 1400 吨、煤焦油 3200 吨，年发电 1200 万千瓦时的生产能力。登峰炭化型煤有限公司 60 万吨/年工业型煤项目一期工程 1 号炉已于 2011 年 8 月建成投产，填补了西南地区无工业型煤的历史空白。中央财政预算补助 500 万元、省粮食局补助 15 万元、县配套 600 余万元支持威宁自治县 5 万吨粮食储备库建设，加强了粮食储备库基础设施建设。

（2）引资拉动。对产业关联度大、带动力强项目，在用地和优惠政策方面予以倾斜。进一步加大软硬环境建设力度，完成固定资产投资 21.2 亿元；对总投资超过 5000 万元的重点项目、对利用威宁本地农特产品为原料的地级以上龙头企业、对经省级以上部门认定的高新企业，在确定工业用地出让底价时，可按不低于所在地等级相对应全国标准的 10% ~50% 执行等，通过以良好的环境“筑巢引凤”，2010 年以来引进项目 76 个，招商引资 416 亿元，到位资金 103.8 亿元。招商局集团董事长傅育宁到园区物流集团威宁分发中心检查指导，招商局集团将在园区投资 2 亿元建设一个占地 300 亩的物流分发中心。

（3）服务推动。园区管委会行使园区的管理职能，下设五个处室。高起点、高水平建设园区内道路、供电、通信、给排水等基础设施，为企业入驻项目创造好的条件。2012 年规模工业企业入驻园区将达 30 家以上，实现产值 40 亿元以上；煤炭产量突破 300 万吨；风电装机容量 30 万千瓦以上；光伏发电装机容量达 10 万 ~20 万千瓦以上；水电装机容量达 20 万千瓦以上。

（七）坚持城镇建设优先，加快城镇化进程，推进城乡统筹发展

我们针对过去乡镇和小城镇建设的起点低、投资不足、办法不多、盘活土地能力不强，以及县城城镇化建设特色还不够突出、功能不够完善、品味不够高雅、内涵不够丰富的实际，采取“六条”措施，加快推进城镇化进程。规划先行。围绕“百鸟之都、阳光威宁”发展定位，以适当的人口规模、便捷的交通通讯、合理的土地利用、优美的居住环境、良好的治安秩序、有效的景区保护、完备的功能设施、严格的卫生管理和健全的社会保障为要求，科学规划，改造完善旧城，拓展开发新区，拉大县城框架，完善城市功能。编制和实施的2011—2030年县域体系规划、城镇总体规划和集镇规划，《城市总规》、《大桥组团、老城组团控规》、《老城风貌整治规划》和《旅游城市设计》，到2015年县城建成区面积达16平方公里以上、承载20万人口；2020年县城建成区面积达30平方公里以上、承载30万人口；2030年建成区面积达50平方公里以上、承载50万人口的中等城市。拓展新城。按照“改造老城区、建设新城区”的理念拉开框架，以老城区为依托，实施以草海开发保护为重点的“南退北进、东缩西移”县城发展战略，新城区建设达16平方公里。坚持“先规划、后建设，先设计、后施工，先地下、后地上”的原则，加强了地下管网建设，统筹协调各类工程管线的规划、建设管理，注重城镇与五里岗经济开发区和金钟工业园区的衔接和融合，在新城区实施了奥体中心工程建设项目、奥体花园小区工程建设项目、阳光海韵二期（农科所片区）开发项目、高原明珠开发项目、草海商贸城建设项目，启动建设投资公司、启动贵州威宁草海国际养生基地项目、乌撒民族文化公园建设项目、体育场馆建设项目等项目建设。城镇统筹。以县城中心城市为核心，辐射全县形成“一核、两轴、四片区”的城镇空间布局结构，即以县城中心城市为核心，加快推进金钟、迤那、雪山、黑石4个次中心城市建设，形成以六盘水至昭通高速公路的横向发展轴、以毕节至宣威高速公路的纵向发展轴；建成以雪山为中心的北部城镇区，以迤那、中水为中心的西北部城镇区，以黑石、哲觉为中心的西南部城镇区，以金钟、东风为中心的东南部城镇区。全面推进幸福小镇建设，到2016年全面建成“幸福小镇”。在推进城镇化建设中，省国土资源厅厅长朱立军、省住建厅厅长李光荣和省环保厅厅长郭猛深入威宁自治县开展项目帮扶。省国土资源厅倾斜威宁自治县享受全省28个经济强县直供地政策待遇；省住建厅各投入100万元用于迤那镇、观风海镇集镇风貌整治，投入3000余万元用于县规划局进行规划建设项目；投入120万元用于迤那镇合心村、大山村和哲觉镇营红村村庄整治；省环保厅投入115万元在迤那镇中海村、茨营村进行村庄整治，并规划建设迤那镇其余12个村等。2010年以来投入4000余万元，加大基础设施和环卫设备建设力度，硬化了城区98条背街小巷，改造21座旱厕为水冲式公厕，实施了街巷路灯安装、污水处理厂和垃圾填埋场建设等工程，实现了城区垃圾日产日清，城区污水集中处理率、路灯普及率大幅度提高；环卫工人由原来200名增加到524名，进行“三班倒”开展清扫保洁、监管工作，确保城区干净整洁。为切实推进工作，1名不作为的城管副局长被免职。部门联动。将城区56条街道、16个村（居）委会、乡镇及公路沿线划分给四大班子领导和县直单位监督管理，彻底改变了过去职责不清、推诿扯皮的现象。为根治“牛皮癣”、“野广告”，采取执法部门管立面、环卫部门管地面、治安部门打窝点、通信部门停机号、街道社区抓配合等综合性措施，使城区“牛皮癣”广告得到有效遏制。推行“一办一队一协会”管理模式，将县爱卫办、文明办和整治办 69 名职工整合为整治创建办，改变了过去分工不明、职责交错、忙闲不均现象；组建了 60 人的市容监察服务队伍，重点对城区“门前三包”、市容市貌进行监管；在旅游、旅馆、餐饮等行业分别成立了整治管理协会，带头抓好本行业的整治工作。全民参与。对县城 280 栋 6950 户楼群院落，实行单位院落单位管、散落院落社区管、乡村区域村委会管的“网格化”管理，彻底消除背街小巷、城郊结合部等整治盲区盲点。集中开展了 100 多次大规模整治创建活动，广大市民积极踊跃参加。2010 年，“整脏治乱”综合测评从 2009 年全省 85 位升到第 37 位、2011 年全年综合评比名列全省第 26 位，变成了卫生、文明、整洁的县城；迎来了全省“整脏治乱”专项行动现场会在威宁自治县召开。“整脏治乱”为群众带来实惠，使该项工作由过去政府要抓变成群众要抓，成为深得民心的民生工程。

（八）坚持人口控制优先，全力破解“超生怪圈”，推进造林绿化保生态

始终坚持人口控制优先，围绕人口和计划生育工作“双降”目标，多措并举，多管齐下。

（1）强化组织领导。设立人口计生“升位摘牌”领导小组；从县直机关抽调 35 名科级干部成立人口和计划生育工作督导组；乡镇的工作由乡镇党委书记全面负责，乡镇长专抓人口和计划生育工作；每个乡镇配备 1 名专职计生副乡镇长，切实抓好人口和计划生育工作。建立定期自查和向上级党政、人口计生部门报告工作进展的制度，每月召开一次人口和计划生育工作领导小组联席会议；每月召开一次全县人口计生工作调度会议；每逢双月向省、市计生部门报告工作进展情况。

（2）夯实基层基础。省人口计生委投入了 1000 万元帮助威宁修建乡级计生服务站；今年 2 次召集威宁自治县召开了人口计生工作推进会议，专题研究和指导威宁自治县人口计生工作；新建了县妇幼保健服务中心和 35 个乡镇计生服务站标准化规范化建设，招考 95 名公务员充实到乡镇计生办和流管办工作，招聘 345 名流动人口协管员主抓流动人口工作，招考 93 名化验人员和临床医学人员补充到乡镇妇幼保健服务站工作。设立副科级机构的威宁自治县流动人口和计划生育管理局、人口和计划生育妇幼保健服务中心，加强县计生局

领导班子配备；在乡镇设立副科级的人口计生协会，设立专职副会长1名。县计生协会增设群众工作部、项目工作部2个股室；公开招聘685名高素质的特岗计生员，确保从乡镇层面上每个村有1名专抓人口计生工作的人员，农村人口在5000人以上的村配备2名。

（3）找准突破口。实行家庭、学校、社会“三位一体”负责制，坚决控制早婚非婚生育。杜绝政策外生育，设立“人口·生育关怀基金会”，截至目前全县社会各界募捐700余万元。在所有行政村全面推行诚信计生工作，确保目标人群承诺书签约率和违约责任兑现率均达100%；强化依法行政，确保“干成事、不出事”。

（4）加大考核奖惩。依据考核结果，对前3名乡镇的党委书记、乡镇长各奖励5000元，分管领导奖励3000元，计生办主任奖励2000元。对后10名的乡镇分别给予相应处理：倒数第一名的乡镇，对其党委书记、分管领导就地免职；倒数第二名的乡镇，对乡镇长、分管领导就地免职；倒数第三名的乡镇，对分管领导就地免职，对党政主要领导进行诫勉谈话；倒数第四名、第五名的乡镇，对党政主要领导进行诫勉谈话，扣除党政主要领导岗位津贴各1200元；对倒数第6～10名的乡镇，在全县通报批评，并扣除党政主要领导岗位津贴各1000元。生态环境有效改善，森林覆盖率明显提高。完成各类造林53.32万亩，完成石漠化治理21.79平方公里。雨季造林高峰时节，群众积极性空前高涨，平均每天参与造林人数达3000人以上，森林覆盖率由2009年的34.6%提高到38.64%，连续两年获“贵州省绿化先进集体”荣誉称号。省环保厅将威宁自治县纳入《重金属污染防治“十二五”规划》，计划投入资金2亿元；列为全省23个重金属污染监测能力建设县之一，计划投入资金500万元。

（九）坚持教育事业优先，全面推广“五心”教育，推进人口素质提高

省教育厅以真金白银、真情实意、真抓实干“三真”精神，派出了35个处室领导分别挂帮威宁自治县35个乡镇，派出业务骨干150余人次到威宁自治县进行指导；投入各类教育工程资金4.3亿元，启动实施了乡镇幼儿园建设、职业学校建设、薄改工程建设、义务教育学校标准化建设、教师周转房建设、教师培训等工程项目1700余个，倾情帮扶威宁自治县教育事业发展。两年来新建和改扩建中小学学生食堂435个，新建教师周转房450套；新建校舍面积43.39万平方米，维修加固面积18.67万平方米，大部分学校面貌焕然一新。补充特岗教师达7139名，招考幼儿教师39名、小学教师312名、高中教师309名，公开选拔副校长255名和校长助理347名，教师队伍建设不断加强；组织教师开展各类培训22795人次，对迤那镇364名教师轮流到省师范学院培训，全县教师综合素质不断提高，2011年获“全省中小学教师继续教育先进单位”、“全省中小学继续教育工程先进单位”等荣誉称号。以“忠心、孝心、爱心、诚心、信心”为主题开展了“五心教育”活动，广大干部群众素质不断提高，助人为乐、孝老爱亲、诚实守信精神得到发扬，为加强和创新社会管理找到了一个有力的抓手。编写了“五心”教育地方德育教材，分为小学、初中、高中各学段一套三册，经贵州省中小学教材审查委员会2011年审查通过，成为全省第一套中小学地方德育教材。2012年3月26日在威宁自治县召开的贵州省共青团宣传工作会议上，团省委要求全省上下开展“五心”教育活动。义务教育阶段适龄儿童入学率和巩固率不断提高，入学率达99.13%，巩固率达78.46%，为威宁自治县九年义务教育均衡发展打下了坚实的基础。尤其是在基础差、起点低、差距大的情况下，全县“两基”复查和“普实”验收经省人民政府验收双合格，并评出7所省级试验示范校。在威宁自治县首次召开了由七省市60多所中职学校参与的中职招生洽谈会，完成中职招生7004人；教育教学质量大幅提升，中高考成绩连年攀升，2011年普通高考本科专科总计上线4255人，综合上线率98.77%，高考质量综合评比由五年前全区排名最后连续两年跃居全市前列。

（十）坚持加强和创新社会管理优先，推进“平安威宁”、“和谐威宁”，推进社会和谐稳定

针对过去社会治安形势严峻，人民群众安全感低，我们加大对黑恶势力和“两抢一盗”的打击力度，用铁的手腕整治地方黑恶势力，刑事发案、“两抢一盗”案件发案数大幅下降。加强法制宣传，“五五”普法工作顺利通过省、地验收，其中黑石头镇三河村由省司法厅上报司法部表彰为“全国民主示范村”。不断加大了人力、物力、财力投入，采用招考聘用形式，为法院配备了15名编外书记员、为检察院配备了10名编外书记员、为司法系统配备了35名编外司法助理员和64名安置帮教、社区校正公益性岗位工作人员；在35个乡镇招聘了1114名协警人员，有效缓解了政法机关警力不足的问题；多渠道筹措资金，确保工作有序推进，共为公检法司办案经费和装备经费投入3786.86万元，对集中地段和城关地区实行全天候网格化巡逻，社会治安实现大幅转变，2010年成功摘掉了治安黄牌，2011年人民群众安全感测评上升到第47位，公、检、法机关满意率大幅提升，公安工作获“全省公安机关执法示范单位”荣誉称号，为人民群众创造了舒心、安心、放心的社会环境。针对过去信访工作极为被动，2009 年进京上访达 146 人次，名列全省之首的现状，我们深刻汲取瓮安“6·28”、西秀“7·26”、黔西“8·11”事件教训，坚持倾心于民、取信于民、服务于民、让利于民、问需于民和亲民不纵民、敬民不宠民的执政理念，着力改变主要靠行政手段通过管、控、压、罚实施社会管理的方式，更加善于运用群众路线的方式、民主的方式、服务的方式，尽可能通过平等的对话、沟通、协商、协调等办法来解决社会问题，化解社会矛盾；落实好“一岗双责”责任制，抓好源头治理，坚持开展“书记大接访”活动，对群众反映的合理诉求，我们一一签批督办。利用“书记信箱”、“百姓贴吧”等网络渠道收集舆情信息，2010 年以来签批督办网络舆情 1600 余条，消除了进京和赴省、市上访现象，有效维护了社会稳定。针对过去安全生产事故多发、煤矿私挖盗采现象严重，2006—2009 年，2 名县长、1 名副县长因非法采煤窝点事故引咎辞职。根据 14 年来在全区安全生产综合考核中一直排名倒数第一的实际，我们以铁的决心、铁的手腕、铁的纪律“三铁”措施，始终保持打击非法采煤采矿的高压态势，安全生产实现了常态化管理，多数行业和领域保持了安全生产事故为“零”的良好态势，实现了安全生产事故起数和死亡人数“双降”目标。

四、“威宁试点”工作几点体会

“威宁试点”工作两年多以来，是威宁自治县发展最快、贫困农民受益最多、农村面貌变化最大的时期，全县上下风正气顺、干群齐心，发展之势正猛，改革之风正盛，扶贫开发为推动全县经济社会提速发展、跨越发展作出了重要贡献。我们的经验与体会如下。

（1）坚持解放思想，发扬敢想敢干、敢闯敢试、敢为人先、敢于担当“四敢精神”是推进“威宁试点”的思想基础。只有永远落后的观念，没有永远落后的地区。只要有志气、有信心，就能创造出跨越发展的“奇迹”，就能催生高于过去的“速度”。2010 年 3 月，新一届县委领导班子召开了三级干部解放思想动员大会，原毕节市委书记秦如培高度评价“三级干部会议”是威宁自治县发展历史上的“遵义会议”。全县上下不断加大思想解放力度，“五加二”、“白加黑”成为工作常态，比着干、追着干蔚然成风，“工作创一流、目标争第一”成为工作要求，许多工作位次前移，干成了许多过去不曾想、不敢干、干不成的事情，创造了顺势跨越、逆势超越的不凡成绩。威宁和迤那镇昨与今的历史巨变表明，贫穷落后只是暂时的，贫穷落后并不是威宁的代名词，更不是威宁的固有标签，只有思想领先，才能牢牢抓住发展的主动权，构筑发展的新优势，赢得发展的加速度。

（2）党中央、国务院的亲切关怀，省委、省政府的高度重视，市委、市政府的坚强领导，是实施“威宁试点”工作的强大动力。时任总书记胡锦涛、总理温家宝、副总理回良玉在百忙之中两次对威宁工作作出重要批示，将威宁县列为喀斯特地区扶贫开发综合治理试点县，成立了国家扶贫办主任范小建任组长、国家多个部委组成的协调小组，帮助指导和支持威宁开展工作。全国人大副委员长、九三学社中央主席韩启德，全国政协副主席、中央统战部部长杜青林都曾亲临调研指导工作。时任省委书记栗战书和省长赵克志到贵州上任不到一个月，就亲赴调研、现场办公，要求全省上下大力支持威宁自治县的发展，将威宁自治县列为全省新型农村养老保险项目试点县、农村危旧房整体推进项目试点县、农村安全饮水和小型农田水利建设项目试点县、村村通油路项目试点县、新型农村合作医疗项目试点县、产业化扶贫综合项目试点县、“一事一议”财政奖补项目试点县、村级债务化解项目试点县等多个项目试点县，在两年内确保实现24.37万贫困人口全面脱贫，全面完成55597户的农村危房“整县推进”任务、实现半数以上的村通油路硬化、全面完成47.16万人的农村饮水安全工程、年满60周岁以上的农业人口全覆盖农村养老保险、农民合医参合率达100%，彻底消除地方病，在党的十八大以前向党中央、国务院交一份合格的答卷，向威宁人民交一份满意的答卷。时任省委书记的栗战书还将威宁自治县和迤那镇作为联系帮扶点，两年四次深入百姓和农家，指导威宁自治县奋力攻坚。2010年9月24日下午，省委副书记、省长赵克志主持召开了省政府第31次常务会议，要求省“威宁试点”领导小组要进一步帮助威宁自治县加快推进各项工作，各项改革措施在毕节试验区尤其是威宁县先行先试，给予威宁自治县更大的支持。还成立了以省委副书记王富玉为组长、省人民政府副省长禄智明为副组长，省扶贫办主任叶韬同志为办公室主任的贵州省“威宁试点”工作领导小组，多次率领有关部门进村入户进行调研，对威宁县发展思路、规划编制提出了指导性意见，安排专项投入，协调国家有关部委落实帮扶资金。时任毕节市委书记秦如培、市长张吉勇等领导也将威宁有关乡镇作为联系帮扶点，多次亲临指导，帮助我们理清思路谋发展，在人力、物力、财力上都给予了极大的倾斜和支持。

（3）坚持抢抓机遇，大力争取中直机关和国务院有关部委、对口帮扶单位以及省直、市直部门的鼎力支持，是推进“威宁试点”工作的重要条件。在推进“威宁试点”工作进程中，中央统战部、中央政策研究室等中直机关，国务院各相关部委纷纷亲临威宁自治县调查研究、检查指导，开展有针对性的政策支持和资金、项目帮扶。农业部针对威宁县的具体实际，先后出台了一系列支持和优惠政策措施，安排了2亿余元的发展资金；国务院扶贫办不断加大财政扶贫资金投入力度，投入财政扶贫资金3亿余元，并积极协调国家各有关部委投入基础设施建设项目、社会事业项目等到威宁自治县实施；国家烟草专卖总局2009年来共增加威宁自治县68.5万担收购计划；财政部将威宁自治县列为“一事一议”财政奖补项目试点县；国家开发银行出台了开发性金融支持政策，对威宁县扶贫项目资金贷款享受对“藏区”的优惠政策，在贷款规模和利率方面给予优惠，放宽了贷款期限，支持威宁自治县项目贷款9.11亿元；九三学社中央还组织华东六省市九三学社省级组织进行对口支援威宁自治县、开展“亮康行动”；招商局集团在威宁自治县实施了“四个一”工程，即帮助培训一批干部、建一个幸福小镇、建一个物流园、引进一批企业，帮扶成效显著；深圳市对口办、深圳市南山区也加大了对口帮扶力度。省直、市直各部门都纷纷到威宁自治县调研，开展有针对性的政策支持和资金、项目帮扶，千方百计支持威宁发展。省、地“威宁试点”工作领导小组多次召开会议，研究部署“威宁试点”工作。国务院扶贫办、农业部、九三学社中央、国家开发银行、招商局集团、省扶贫办、省交通运输厅、省发改委及地直部门纷纷派出精兵强将到威宁自治县挂任职。省委组建了分别由省发改委、交通运输厅、财政厅牵头，相关厅局为成员的三个省直党建扶贫工作队定点帮扶威宁自治县；组建了由省政府研究室牵头，省直相关部门为成员组成的党建扶贫工作队定点帮扶迤那镇。毕节市委、市政府组成了大调研、大帮扶工作队深入威宁自治县35个乡镇进村入户开展摸实情、听民意、解民忧活动，派出督导组驻县指导，派出三个工作组到威宁自治县么站、东风、炉山三个重点试点乡镇开展工作，有力地推进了“威宁试点”扶贫攻坚进程。

（4）坚持发展型党组织建设，真正树立立党为公、执政为民的理念，加强改善党的建设，是做好“威宁试点”工作的有力保障。威宁县委、县政府正视问题、高度重视、超前谋划、真抓实干，针对威宁自治县村级干部力量弱、部门作风飘浮和县四大班子凝聚力、战斗力不强的实际，以发展型党组织建设为重点，狠抓党的思想、作风和基层组织建设。建强发展队伍。一批发展型干部在发展中脱颖而出。乡镇换届后，乡镇干部35岁以下的年轻干部110名，占30.56%，其中年龄最小的25岁；营造了良好的政治生态环境，168名政治过硬、实绩突出、群众公认的干部被提拔或被重用，456名干部进行了岗位交流，在县、乡换届中实现了真正意义上的风清气正，领导班子成员在选举时均满票或高票当选。夯实发展基础。采取党政干部到困难村、政法干部到乱村、经济干部到穷村、农业干部到产业村、离职干部回原村等方式，先后选派222名干部到村担任第一支部书记或村委会主任助理，村级班子建设不断加强。推进发展型乡镇党委、发展型村党组织、发展型“两新”组织，使基层党组织成为推动发展的坚强战斗堡垒。不断改善乡村办公环境，新建、改扩建19个乡镇办公楼和132个村级组织活动场所；在35个乡镇机关实施一个食堂、一个厕所、一个澡堂、一个图书室、一个文娱室“五个一舒心工程”建设，建成乡镇机关食堂34个、水冲式公厕35个、淋浴室68个、图书室35个、文娱活动室34个，积极改善乡镇干部工作生活条件。提高基层干部待遇，村干部补贴由原来每人每月600元提高到1000元；乡镇党政主要领导和人大主席由县财政每月分别发放津贴1200元和1000元，激发了乡村干部工作热情。不断优化基层党组织设置方式，设立109个片区党的工作委员会，形成了“乡镇党委+片区党工委+村党支部”的“网格化”工作模式。转变发展作风。深入开展“六风”建设，切实解决风气不正、工作不实、干部不干、发展不快“四不现象”。掀起责任风暴，深入开展庸懒散“三治”专项活动，2010年以来对378名多年来处于挂末状态的村干部进行了淘汰，全县“一好双强”发展型村党支部书记达96.5%；对5名工作不在状态的乡镇党政主要领导进行降职或就地免职。深入开展了创先争优活动，在计生、“打非”等工作中涌现出近200名模范执法先进个人和先进典型，并对他们进行了表彰，弘扬了正气。深入开展“三个建设年”、“四进四帮”、“千名干部下基层”、“局长下基层”系列活动，实现了“四个转变”：即在工作理念上，从“重办事轻服务”向“在服务中体现办事”转变；在工作态度上，从“朝上看”向“朝下看”转变；在具体问题上，从“不能办”向“怎么办”转变；在绩效评价上，从“主管部门说了算”向“服务对象说了算”转变，全县呈现出党风正、政风清、民风淳、学风浓、行风好和作风优的和谐发展局面。

（5）认真落实科学发展观，真正树立立党为公、执政为民的理念，是推进“威宁试点”工作的重要前提。“威宁试点”工作以来，威宁县委、县政府坚持以人为本，进一步改善民生，促进民和，确保民安，增加百姓福祉，提高幸福指数，让改革发展的成果更多地惠及广大人民群众。2010年以来共投入涉农及民生资金36.54亿元，占财政总支出53.31%，在水、电、路、气、房、科、教、文、卫、保等方面取得了重大突破。筑牢民生之基。实施了“一事一议”财政奖补整县推进项目试点，投入项目资金1.04亿元，涉及交通、环境、水利、文体等民生项目469个，优先安排农民最关心、最急需的村级公益事业建设。实施了全省农村危旧房改造“整县推进”项目试点，全面完成了农村危房改造，还建成了许多“四在农家”示范点，贫困群众住房难的问题得到有效解决。铸造民生之盾。实施了全国新型农村养老保险项目试点，基本实现了“老有所养”目标；进一步扩大农村低保和城镇低保范围，全面实现了“应保尽保”；全面完成了29所农村敬老院建设，实现乡乡有敬老院，集中供养了1020名五保对象，解除了他们的后顾之忧。改善民生之需。通过多方集资，全面完成了乡镇卫生院和村卫生室建设，招聘了349名县乡医技人员，补充了620名村级卫生人员，实现乡乡有卫生院、村村有卫生室、村村有卫生人员；农村合作医疗参合率和城镇居民基本医疗参保率大幅提高，群众看病难、看病贵的矛盾得到有效缓解。关注民生之要。取缔了黔峰公司在威宁自治县的采浆站，积极开展了对原出售血浆人员的帮扶，解决重点村饮水困难、地质灾害受灾农户搬迁和贫困群众子女上学难等人民群众最关心、最直接、最现实的利益问题。实践证明，坚持以人为本，关注民生，全心全意为人民群众谋福利，是一切工作的出发点和落脚点。

（6）坚持科学发展，合理编制规划，认真制定可持续全面发展的各项措施，是推进“威宁试点”的重要基础。能否科学合理编制好试点规划，直接关系到能否实现贫困人口切实脱贫的目标。实施“威宁试点”，直接面对的是经济社会发展千差万别的农村。在规划编制实施前，威宁县在“吃透县情、摸透镇情、了解民情”的基础上，因地制宜、科学制定、认真组织、分步实施专项扶贫规划。立足贫困村的实际，以参与式方法为基础，充分尊重民意，充分尊重社情，充分尊重事实，撰写调研报告646份，集中开展了1个县级总规划、31个部门子规划、35个乡级规划、610个村级规划的编制工作，扶贫规划到村，每个村都有自己的规划。其中《“威宁试点”总规》由省人民政府正式批复实施，其余规划由县人民政府批复实施，保证规划编制的全面性、科学性和合理性。科学合理的规划，引领了试点工作健康发展。

（7）坚持“大扶贫”理念，紧紧抓住贫困人口脱贫致富这一牛鼻子，是推进“威宁试点”工作的前提。在“威宁试点”工作中，威宁自治县注重规划定位和贫困瞄准，重点扶持贫困乡村和贫困人口，再考虑兼顾区域内其他乡村和一般户。紧紧围绕“威宁试点”总体规划，以帮助贫困群众脱贫致富为“第一要务”，坚持以解决“三个基本问题”（改善贫困群众的基本生产生活条件、拓宽贫困群众的基本增收门路、帮助贫困群众提高基本素质）的扶贫工作方法，建立贫困户档案，制定和落实帮扶政策及措施，把有限的资金真正用于需要扶持的贫困人口上，始终把群众满意不满意、支持不支持，作为检验和衡量工作成效的一个重要标准。

安顺市“集团帮扶”经验与启示

安顺市扶贫开发办公室

摘　要

安顺市“集团帮扶”是按照“党政领导、部门负责、群众主体、社会参与”的原则，通过政策统筹、机制创新，推进专项扶贫与行业扶贫、社会扶贫有机结合，积极构建“大扶贫”格局的一项创新性举措，这项扶贫措施发挥了各部门在扶贫开发中的职能作用和贫困群众的主体作用，同时还调动了社会各界的积极参与作用，在产业化扶贫、农村基础设施建设、“减贫摘帽”任务落实、加快扶贫脱贫攻坚等方面取得了显著成效。

关键词

“集团帮扶”　整合资源　脱贫增收

“集团帮扶”是按照“党政领导、部门负责、群众主体、社会参与”的原则，通过政策统筹、机制创新，推进专项扶贫与行业扶贫、社会扶贫有机结合，积极构建“大扶贫”格局的一项创新性举措。2010 年以来，安顺市相继在5个贫困乡（镇）实施省级“集团帮扶”，在 18 个乡（镇）实施市级“集团帮扶”，采取由省、市领导联系、整合职能部门（单位）资源帮扶一个乡（镇）的方式，旨在通过统筹规划、整合资源、重点突破、培育典型、板块推进，用 2 ~ 3 年的时间使定点帮扶乡（镇）基本达到脱贫、增收和“摘帽”的目标。从目前开展情况来看，这项工作充分体现了省、市领导率先垂范的作用，发挥了各部门在扶贫开发中的职能作用和贫困群众的主体作用，同时还调动了社会各界的积极参与，取得了显著成效。

一、集团帮扶项目实施基本情况

1. 省领导联系点集团帮扶项目

从 2010 年开始，经市、县积极申报，省扶贫办立项批复安顺市 2010 年省领导联系点集团帮扶项目分别在关岭县板贵乡和紫云县水塘镇实施，投入财政扶贫资金 2000 万元，项目建设期两年（2010—2011 年）。项目建设内容为：关岭县板贵乡种植花椒 7700 亩，经果林 10500 亩，早熟蔬菜 2000 亩，火龙果 500 亩；扶持六花猪养殖 130 户。紫云县水塘镇种植经果林 3000 亩，蔬菜 2500 亩，林下养鸡 60 万羽，大棚蔬菜基地 100 亩等。目前项目已实施完毕，通过了市级检查验收，正待省级检查验收。

2011 年省扶贫办批复安顺市省领导联系点集团帮扶项目分别在镇宁县马厂乡、关岭县普利乡和紫云县宗地乡实施，投入财政扶贫资金 3000 万元，项目建设期两年（2011—2012 年）。项目建设内容为：种植核桃 53000 亩，中药材 8100 亩，大蒜 610 亩，刺梨 4500 亩；扶持六花猪养殖 10100 头，灰鹅 35000 羽。目前以上项目按省批复方案正抓紧实施。

2012 年省扶贫办新增省领导扶贫联系点集团帮扶项目在镇宁县六马乡实施，建设期两年（2012—2013 年），已下达项目资金 500 万元，目前项目已按计划启动实施。

2. 市领导联系点集团帮扶项目

安顺市 2011—2012 年第一批实施集团帮扶的乡（镇）共 18 个，即紫云县火花乡、达帮乡、猫营镇、四大寨乡；镇宁县六马乡、革利乡、募役乡；关岭县花江镇、永宁镇、沙云乡、岗乌镇；普定县城关镇、化处镇、猫洞乡、猴场乡；平坝县城关镇、齐伯乡；西秀区刘官乡。每个联系点由 1～2 名市级领导干部联系，一个牵头单位及几个成员单位和协办单位组成，本着“定点到乡、帮扶到村”的原则，2011 年对每个定点帮扶乡（镇）集中投入财政扶贫资金 40 万元，重点围绕加强基础设施建设和特色产业，在 18 个村实施开发式扶贫项目，发挥带动作用，为下一步推进全市集团帮扶作示范、打基础。2012 年对每个定点帮扶乡（镇）再增加 5 万元，实施开发式扶贫村项目建设，目前项目正在按计划实施。

二、集团帮扶采取的主要措施

1. 各级领导高度重视，为集团帮扶工作提供了坚强的组织保障

集团帮扶实施以来，省、市级牵头领导多次率牵头单位和成员单位，深入帮扶点开展调研，对集团帮扶工作进行具体部署，落实工作责任制。一方面，实施集团帮扶的县和乡（镇）均成立了集团帮扶工作实施领导小组，有的乡（镇）还成立了产业化办公室，抽调业务能力和综合素质强的干部到产业办工作，主要负责项目建设的组织协调、检查督促和工作落实。有的村成立了集团帮扶项目实施小组，明确村干部专抓落实工作。另一方面，各牵头单位主动与项目县和乡（镇）配合，围绕各地主导产业，研究制定集团帮扶的总体规划，帮助实施集团帮扶的乡（镇）编制扶贫开发规划和项目年度实施方案。市、县还采取了召开集团帮扶调度会等方式，加强对帮扶项目的监督、管理和经验交流等工作，推进集团帮扶工作有序进行。

2. 加强资金整合，发挥集团帮扶聚集效应

在省级集团帮扶项目实施中，各县均采取以 1000 万元财政扶贫资金为“引子”的方式，按照“渠道不乱、用途不变、各负其责、各记其功”的原则，以县为单位，整合部门涉农资金，用于基础设施建设和社会事业发展，发挥了不同渠道资金的“集聚效应”，使整合资金实现了高到位率、高整合率。如紫云县共整合资金 6400 余万元，投入水塘镇、宗地乡实施水利、危改、交通、卫生、林业等项目；关岭县板贵乡和普利乡分别整合资金 9131.54 万元、4482.8 万元，投入通组道路、人畜饮水、村寨道路硬化、村办公室改扩建、村级卫生室、农家书屋等项目建设。每个集团帮扶乡（镇）在集中投入 1000 万元财政扶贫资金基础上，整合涉农资金的比例均超过 1∶3 以上。同时，各有关部门根据自身职责，把加强基础设施建设、改善生产生活状况、提升社会事业发展水平列入规划，优先保证集团帮扶乡（镇）发展项目的需要，提高项目资金综合使用效益。

3. 各单位加强协调沟通，确保集团帮扶工作稳步推进

一是各集团帮扶牵头单位、成员单位和协办单位通过深入帮扶点开展调研，结合本单位职能职责，制定帮扶方案和措施，确定具体的帮扶项目、实施步骤和完成时限。二是各牵头单位每个季度至少召开一次联席会议，研究帮扶工作，通报进展情况，加强协调沟通，形成了上下联动、横向互动的工作合

力。三是开展扎实有效的督促检查。由市委组织部、市扶贫办等单位牵头，对帮扶项目实施进展情况进行督促检查。重点查找影响项目实施进度和工程质量等方面的问题，了解群众的反映和想法，对群众满意度进行测评，有针对性地提出解决问题的办法和措施。对实施进度慢、群众反映的问题进行督促检查，提出整改意见，确保帮扶项目按期完成，达到帮扶效果。

三、集团帮扶取得的初步成效

实施省、市级集团帮扶以来，安顺市充分发挥集团帮扶集中力量打歼灭战的优势，通过资金和政策整合、机制创新，以财政扶贫资金为引导，吸引相关部门资金投入产业开发及配套项目。如市级18个开展集团帮扶的乡（镇），除最初投入的720万元启动资金外，现已整合各类资金8500多万元，实施和正在实施各类项目建设，促进扶贫开发与区域经济发展相结合，加快了定点帮扶乡（镇）经济社会协调发展和贫困农户增收的步伐。

1. 推进了产业化扶贫

全市各帮扶单位从当地自然资源优势出发，坚持把推进产业化作为集团帮扶的核心内容，以草地生态畜牧业、蔬菜、干果、中药材和乡村旅游等扶贫产业为重点，在18个帮扶乡（镇）投入草地生态畜牧业产业化扶贫资金1500万元；蔬菜产业化扶贫项目资金500万元；核桃、薏仁米等果药产业化扶贫项目资金440万元；种植桔梗、黄柏等中药材产业化扶贫项目资金2000万元；生猪、林下鸡等特色养殖项目资金125万元等。这些项目的实施，有力地促进了贫困地区培育发展特色优势产业并向专业化、规模化发展，通过大力推进产业化经营，使特色主导产业成为覆盖贫困区域、贫困群体和促进农民可持续增收的重要载体。

如紫云县水塘镇通过实施省级集团帮扶项目，扶贫产业和基地齐头并进，现已成立了林下养鸡和蔬菜种植2个农民专业合作社，2011年出栏林下土鸡15万羽，产值900万元；养殖五黑绿壳蛋鸡8000只，日均产蛋3500枚，年产值达250万元以上；蔬菜种植2700亩，年产值635万元，产业项目初现成效。

2. 加强了农村基础设施建设

各帮扶单位切实加强农村基础设施和文教卫等公共服务设施建设，按照缺什么补什么的原则，从各帮扶村实际出发，加强“水、电、路、气、房”等基础设施建设，共投入通村（组）公路建设1844万元；农村安全饮水项目资金128.9万元；农村“五小工程”1030万元；地质灾害防治582万元；农村集贸市场建设50万元；村办公楼、学校建设107万元以及抗旱资金106万元等，有效改善了帮扶村生产生活条件。

3. 完成了省下达的“减贫摘帽”任务

2011年普定县化处镇被列为全省第一批“减贫摘帽”乡（镇）。化处镇把“减贫摘帽”作为推动全镇经济社会发展的良好机遇，全镇坚持以“减贫摘帽”工作统揽全局，广泛发动群众参与，扎实推进“千元增收、万人输出”战略，加大科技兴农，积极调整产业结构，推进民生项目工程建设，切实开展包保帮扶。市委宣传部、市扶贫办等市直部门和10余家县直机关、单位、企业参与对全镇1209户贫困户实行包保帮扶，提供了100余万元的帮扶资金、物资。在各级各部门关心、支持下，化处镇“减贫摘帽”工作取得显著成效。2011年全镇减少贫困人口12071人，全面消除了绝对贫困现象；农民人均纯收入达到4000元以上，比上年增长33.9%；粮食总产量达1.5万吨，比上年增长6%；人口自然增长率为7.4‰，比上年降低0.4‰，“减贫摘帽”目标任务预计能如期完成。2012年化处镇实现“减贫摘帽”，经省扶贫开发领导小组综合考评验收，达到省定考核标准，获得了省级奖励项目资金。

4. 加快了扶贫脱贫攻坚

各帮扶单位深入贯彻落实市委、市政府《关于扶贫开发脱贫攻坚的实施意见》，以农民增收和“减贫摘帽”为核心，不断创新扶贫开发工作思路，切实加大工作力度，使全市扶贫开发工作迈上了新的台阶。2011年全市共争取到各类扶贫项目资金1.6亿元，比2010年的7900万元增加8100万元，增长103%。同时整合其他项目资金3亿多元，实施了10大重点、12个专项扶贫产业，全市减少农村贫困人口3.65万人。2012年全市又争取到各类扶贫资金2.36亿元，其中争取财政扶贫资金2.25亿元，比上年增长40%；争取青岛对口帮扶资金1100万元。通过实施草地生态畜牧业、蔬菜、中药、核桃、水果、乡村旅游、油茶、茶叶及特色养殖等产业化扶贫项目，促进了贫困农民收入持续增长，全市减少农村贫困人口15.37万人。由于扶贫资金投入的带动，整合了其他项目资金，有力地推动了全市整体、连片扶贫开发，使农村贫困人口不断减少，为加快贫困地区经济社会发展作出了积极贡献。

安顺市集团帮扶工作目前已取得了阶段性成效，下一步将进一步加强集团帮扶工作协调配合机制创新，充分发挥各部门各单位相互配合、协调一致、合力攻坚的作用，着力推动专项扶贫与行业扶贫、社会扶贫有机结合，积极构建全市“大扶贫”格局。一是进一步强化组织领导。各项目县、区党委和政府是第一责任主体，要充分发挥集团帮扶工作领导小组的组织领导、统筹协调作用，充分发挥基层党组织在实施集团帮扶项目中的战斗堡垒作用，积极整合各类扶贫资源，建立健全目标责任制，切实抓好各项工作任务的分解和落实。二是加强资金管理，提高使用效益。集团帮扶财政扶贫资金要重点用于增收产业的培育和贫困群众自我发展能力的提升，整合资金项目要坚持按照“渠道不乱、用途不变、各负其责、各记其功”的原则，着重用于基础设施建设。充分发挥集团帮扶、集中力量打歼灭战的优势，通过资金和政策整合、机制创新，在整村推进基础上实施整乡数乡区域化连片开发，以促进定点帮扶乡（镇）经济社会协调发展和贫困农户稳定增收。三是强化基层组织建设。坚持把集团帮扶与推进基层组织建设相结合，全面提升基层组织执政能力和扶贫开发工作水平，确保集团帮扶工作的各项措施落到实处。

果蔬专业合作社的“发耳模式”

水城县扶贫开发局

摘　要

水城县发耳四季鲜果蔬专业合作社围绕果蔬“产前、产中、产后”抓服务，按照合作化发展、科技化种植、品牌化经营、规范化管理的发展方向，在农资供应、示范种植、鲜品销售、产品加工、技术培训方面开展工作，先后经历了“让农民知道合作社、让农民加入合作社、让农民组织参与管理合作社、让利益惠及农民”的发展历程，有效地提高了农民的组织化程度，增加了农民的收入。合作社发展在推进现代农业发展、提高农民素质等方面得到了有益启示。

关键词

专业合作社　组织化　规范化

水城县发耳四季鲜果蔬专业合作社注册成立于 2008 年 8 月 8 日，位于水城县发耳乡农贸市场，在上级党委政府的正确领导下，在各级农业部门的关心指导下，围绕果蔬“产前、产中、产后”抓服务，按照合作化发展、科技化种植、品牌化经营、规范化管理的发展方向，坚持“民办、民管、民受益”的原则，秉持“持诚信互利共荣，汇民智合作发展”的理念，通过社员的共同努力，合作社逐渐步入了快速发展的快车道。

一、基本情况

水城县四季鲜果蔬专业合作社主要在农资供应、示范种植、鲜品销售、产品加工和技术培训方面开展工作。合作社成立以来，每年均引进、试验、推广果蔬新品种 10 种；共向社员供应 400 余万元的生产资料，供应的覆盖面积达

2200 亩以上；建成 29 个示范种植大棚蔬菜和常年蔬菜基地 200 亩；加工“学农”牌鸡枞油和“布依鲊”牌精肉鲊。2011 年汇同钟山大桥果蔬合作社、水城沙坡蔬菜合作社在六盘水市区设立果蔬及特色产品直销店，2011 年销售额为 180 万元；有针对性地举办各种形式的农技培训，每年均培训人数 400 余人。合作社在成立之初社员人均收入不足 1800 元，2011 年增加到 5780 元，同时还带动了周边鸡场乡、杨梅乡、发耳乡的 12 个村的农户发展蔬菜种植。现已发展社员 138 名，2011 年获得“省级示范农民专业社”称号。

二、主要做法

（一）统一农资供应，积极推广良种，增强“产前”服务功能

一是围绕增收目标，大力引进、培育推广新品种。根据当地的气候、土壤等条件，合作社先后从安徽农作物研究所、北京中研益农公司等单位引进黑宝石瓜、巨葱、东方神剑（辣椒）等 40 种新品种试种，种植成功 24 种，其中益农 988（西红柿）、早春紫架豆、长沙特选肉丝瓜、东方神剑（辣椒）等推广种植效果较好。在安徽引进的瓜王冰糖脆（属于早熟西瓜）试种成功后，2010 年推广连片种植 50 亩，比当地传统西瓜提前上市 1 个月左右，亩产量达 3000 公斤左右，每亩经济效益可达 8000 元左右，增加了社员的经济收入。通过到外出考察学习后，合作社成功培育出水上蔬菜（白菜、黄瓜、番茄）漂浮育苗，该育苗具有生长快、不易染病虫害、易移栽等特点，现已免费向社员提供早春蔬菜育苗 100 万余株，种植面积达 508 亩，提高了蔬菜栽培的科技含量。二是围绕市场需求，优化种植结构。合作社根据市场需求，优化种植结构。从常规、单一的小杂 55、小杂 56、春夏（白菜）品种调整到早熟白菜（嫩黄白 55）、高产早熟西瓜（瓜王冰糖脆）、早熟辣椒（湘研 958）等特色、众多品种。合作社还因地制宜突出区域布局。在低海拔地区种植反季节蔬菜，高海拔地区种植常年蔬菜，大力发展大棚蔬菜，做到大宗品种与精、细品种相结合，提高四季蔬菜供应产量和质量的稳定性。三是围绕农民需要，及时提供安全、廉价的农副产品生产资料。合作社成立了农资供应部，以低于市场价 10% 的价格向社员供应种子、薄膜、农药等生产资料，高产早熟西瓜等高产示范品种免费发放，在今年特大干旱时，还免费向社员发放推广无公害农药（生命素）。使社员在采购上“省时”，质量上“省心”，资金上“省钱”，降低种植成本，提高种植效益。自成立农资供应部以来，合作社共向社员供应价

值约为400余万元的生产资料，免费向社员发放价值约为3.2万元的高产示范种子和无公害农药。

（二）统一技术指导，加强培训宣传，提高“产中”服务水平

一是加强技术培训，提高农民科技素质。采取请进来与送出去相结合、综合培训与专项培训相结合、集中培训与实地培训相结合的方式，多层次、多渠道、全方位开展科技培训，较大程度地提高了农民的科技文化素质。2008年至今，请市县科协、农业局、科技局等单位人员综合培训12次共420人次；组织社员到山东、昆明等地参观考察学习5次共48人次；合作社举办蔬菜大棚种植技术等专项培训36次共680人次，其中举办8次远程教育专项培训，在组织远程教育培训的同时，合作社技术人员还现场结合高产示范种植、产品加工等有关典型经验，对培训的内容“明白化”。由于合作社管理得当，培训效果明显，发耳乡明确大寨村远程教育站点由合作社管理使用；组织社员参与市县科协、农业局、科技局等单位的各种培训10次共360人次。到目前为止，合作社累计培训人数1600余人次，其中85%的参训人员人均掌握1~2门实用技术。二是加强技术指导，促进科技成果转化。成立技术物资服务部，专门为社员提供种植技术指导服务。2008年以来，通过电话联系指导服务810余次，上门指导社员种植660余次。共帮助社员解决施肥、病虫害防治等种植技术问题220个，合作社培养的6名“土专家”，专门为社员提供技术服务指导。三是加强设施建设，强化科普宣传阵地。合作社以科普活动站建设为重点，深化农民科技培训工作；以科普宣传栏建设为手段，拓宽科技致富信息渠道；以配备科普宣传员为载体，发挥骨干作用。合作社建成45平方米的科技活动站1个，配备科普图书300余册。科普宣传栏2个，主要宣传党和政府关于“三农”的政策、实用技术和新品种、新种植模式、卫生健康、优生优育知识、破除封建迷信、反对黄赌毒的宣传、现代科技知识。明确专人管理，对宣传栏的内容每月更换一次，负责日常维护管理。

（三）统一销售品牌，注重产品加工，拓展“产后”营销渠道

一是重加工、树品牌，延伸产业链，增加附加值。合作社按照社员入股的方式成立产品加工部，加工具有民族特色的精肉鲊和具有地方特点的鸡纵油（两种部分原料为合作社生产），成功注册“布依鲊”和“学农”牌商标，不但可以解决部分产品的销售问题，而且还可以延伸产业链，增加农产品的附加值。产品先后被市、县农业局推荐参加中国贵阳特色农产品加工博览会及市县

有关农产品展销会，产品质量得到广大顾客的青睐，供不应求，产量 20000 斤，总产值达 68 万元。二是畅渠道、搭平台，促进产品销售，增加市场份额。合作社通过统一送出去卖和引进来买的方式，加大了在农经网和蔬菜批发市场的宣传力度。仅 2011 年，通过各种宣传方式引进 9 批蔬菜批发商，22 人先后来到合作社收购蔬菜 100 余吨，价格高出当地 0.2 元/斤，增加了社员的经济收入。

（四）承担社会责任，培训康复涉毒人员，提高合作社的知名度

合作社在不断发展的同时，响应党委政府的号召，培训安置发耳乡康复涉毒人员，为社会稳定作出应有的贡献。2011 年 10 月以来，合作社充分发挥群众优势、技术优势，围绕农村实用技术，共培训康复涉毒人员 21 人，为其中 5 人修建蔬菜大棚 8 个，使所培训的康复涉毒人员不断地掌握技术，在合作社的帮助下自主经营，增加收入。

三、几点体会

水城县四季鲜果蔬专业合作社成立 4 年以来，先后经历了“让农民知道合作社、让农民加入合作社、让农民组织参与管理合作社、让利益惠及农民”的发展历程，有效地提高了农民的组织化程度，增加了农民的收入，在摸索发展中有以下几点体会：

（一）合作化发展是实现商品农业向现代农业发展的有效途径

在国家的大力扶持下，基本上实现了由“自给自足”的小农经济向商品农业经济转变，但由于农户种植面积零散、科技含量低、信息不对称、结构单一、品种传统、基础设施薄弱等原因，由于存在种植的盲目性，在蔬菜集中上市的时候，还存在种植户相互挤压的现象，“小生产”无法与“大市场”相衔接，农民持续增收无保障。因此，农村专业合作经济组织使农民有效参与市场竞争，合作化发展可以提高农民抵御市场风险的能力，增加农民经济收入。

（二）合作化发展是提高农民素质的有效载体

专业合作组织是农民自己的组织，通过专家授课、典型讲解、田间指导等多种形式，为农民提供着全套的技术培训和指导，帮助农民从根本上解决素质低、技术水平差的问题。合作社以农村中技术骨干为主体，以技术为纽带，把群众吸引在自己周围，以其特有的组织形式和功能对农民进行技术培训和传

播，如：现场指导、社员联系户传帮带等，这种特有的培训形式为农民的自我教育提供了条件和机会，培养了农民的专业化意识，提高了农民的科技水平。在一定的程度上改变了农民的知识结构，从而促进了农民科学素质的提升。

（三）合作化经营可以解决“政府帮不了、企业带不了、群众办不了”的问题

实践证明，政府过分地干预农户自主经营，不能充分发挥农民生产积极性和主动性，反而部分农户也会对政府产生依赖性，对政府的一些扶持政策有等、靠、要的思想，同时，也违背市场规律。在农村，由于交通、市场环境等方面原因，在交通不便的农村地区落户带动发展的企业极少。由于一家一户的小生产不能与市场衔接，普遍存在规模小、品种单一、种植传统、信息闭塞等原因，因此，群众合作化、专业化发展可以充分发挥农户的积极性和主观能动性，因地制宜地开展农业生产，对生产和销售中存在的问题“对症下药”，可以有效地整合各种资源，为群众提供方便、快捷可靠的服务。

（四）有效的合作化发展，能人带动是关键

农村专业合作经济组织可以有效整合各种资源，在农民的科技化、规模化、专业化种养殖过程中发挥着不可以替代的作用，但良好的运行机制和管理措施是农村专业合作经济组织有效运行的前提，归根到底能人带动是根本。只有能人的牵头发动，农村专业合作经济组织才能组建；只有能人的组织管理，才能发挥其应有的作用。

种草养畜的“晴隆模式”

林佳权*

摘　要

晴隆县在石漠化地区通过基地带动、滚动发展、“中心＋合作社＋农户”、集体转产、信贷担保、农户自我发展等模式发展种草生态畜牧业，并建立了中心与农户利益联动机制、扶贫资金效益扩大机制、龙头企业为农民服务激励机制、瞄准贫困群体机制等发展机制，产生了良好的经济效益、社会效益和生态效益，成为全国有效治理石漠化和扶贫开发的典范。

关键词

石漠化地区　种草养畜　晴隆模式

“晴隆模式”是指在石漠化地区通过种草养畜，利用生物手段修复生态、既治理了石漠化又促进了农民增收，产生良好的经济效益、社会效益和生态效益的扶贫开发工作经验。通过基地带动、滚动发展、集体转产等模式发展种草生态畜牧业，促进农民增收、农业增效，成为全国有效治理石漠化的典范。

一、发展历程及背景

2001年，在省扶贫办等各级各部门的支持帮助下，投入科技扶贫资金70万元在晴隆县试点了种草养羊科技扶贫项目，把治理石漠化地区恶劣的生态环境与扶贫开发有机地结合起来，以科技为支撑、项目为载体、扶贫开发为目的、农业产业化为方向，建基地带农户种草养羊开展科技扶贫。经过几年的探

* 林佳权，黔西南州扶贫办规划统计科。

索，在喀斯特地区成功地尝试了“生态建设与扶贫开发有机结合”的新路子，取得了显著的扶贫成效。2006 年 6 月，国务院扶贫办与中央智力支边协调小组联合在晴隆县召开了“科技扶贫（南方草地畜牧业）现场经验交流暨培训会”，国务院扶贫办、各民主党派中央和省委省政府对晴隆县这一经验给予高度赞扬和充分肯定。随后，国家农业部、国务院扶贫办、国家石漠化治理考察团相继到晴隆调研，把晴隆种草养畜增加农民收入，实现石漠化地区生态、经济和社会“三效益”相统一的扶贫开发经验称为“晴隆模式”。

二、扶贫效益

晴隆县 12 年来累计投入扶贫资金 14924.17 元，其中财政专项扶贫资金 6653 万元，科技扶贫资金 8271.17 万元，整合省直有关部门资金 3400 多万元。从 2001 年的 1 个村开展试点发展到 2012 年全县范围 168 个村[1]，养羊农户从 2001 年的 30 户发展到 2012 年的 12800 户，建有可供服务的种畜场 15 个，扩繁场 49 个，聘用农民技术辅导员 400 人。种植人工牧草 42 万亩，改良草地 20.5 万亩，羊存栏由 2001 年的 2600 只增加到 2012 年的 42 万只，累计销售商品羊 50 万只，项目区农民人均年现金收入从 630 元增加到 5900 元。养羊户年均收入 3 万元以上，最高达 13.8 万元。每年治理水土流失面积 20 平方公里左右。

三、发展运作模式

（一）基地带动发展模式

以晴隆县草地畜牧业发展中心为依托，以草地中心技术干部为支撑建立种草养羊示范基地，农户有两种方式参与基地建设：一种是将农户承包的责任地作价入股，并参与基地的建设管理，利益按股分成，另一种是将农户的土地评级作价后一次性补偿，根据农户意愿，优先培训并安排在基地务工，管理草地与羊群，领取劳务报酬。有的农民经过中心培训熟练掌握种草养畜技术后，草地中心将其聘为技术员又派到其他基地作技术指导，月工资均在 2000 元以上。

---

[1] 村级整合前，全县共计 185 个行政村。

（二）滚动发展模式

草地中心用扶贫资金购买基础羊群、草种，无偿向养羊农户提供，农户拿出自己的土地建设草场，在中心的指导下进行放牧、守牧和草地管理。中心为养羊农户提供羊圈建设资金补助和技术服务，并负责销售羊只，从第二年开始，中心与养羊农户按 2∶8 的比例分配增加的羊群，每年结算一次。待第五年后农户自有羊达到 50 只或存栏年达 90 只时，中心根据农户脱贫情况，按原发放数量收回基础羊群，然后以同样方式发放给另外的贫困户饲养。通过这样滚动发展，一方面扩大了项目对贫困户的扶持面，农户不出资金就能获得基础羊群发展生产，收入稳定增长；另一方面中心也在没有增加其他投入的情况下，规模逐步扩大。

（三）“中心＋合作社＋农户”发展模式

草地中心帮助实施项目的片区建立养羊专业合作社，合作社上联中心，下联农户，主要负责组织协调该片区发展新的养羊户、解决养羊农户之间草地等利益关系，负责搞好合作社草场建设以及羊群的日常管理，参与中心对合作社羊群的销售。每销售合作社 1 只羊提取 4 元钱作为专业合作社的日常管理费用。

（四）集体转产发展模式

即整村推进，连片发展，彻底改变原有产业结构的形式。具体做法是：发动农民将土地全部拿出来，统一规划、统一种草、分片区管理、分户饲养、分户核算，进行规模化养殖。中心长期派技术人员蹲点，负责提供草种、种羊、配套技术服务和销售商品羊；农户负责种草、放牧、守牧、管理草地。在利益分配上，第一年不分成，收入全部归农户，第二年以后利润中心与农户按 2∶8 比例进行分成。中心所分得部分，又用于扶持其他农户，逐步实现连片规模发展。

（五）信贷担保发展模式

主要是对具有一定生产经营能力和经济基础较好的农户，由中心向银行担保，为每户农户贷款 1～2 万元发展种草养羊。中心负责技术培训、技术服务、商品羊销售等，防疫治病只收成本，无偿提供种公羊，帮助农户选购基础母羊，协调解决发展中出现的问题，利润按1∶9比例分成（中心占 1 成，农户占 9 成）。中心所得分成仍用于扶持其他农户。

（六）农户自我发展模式

以土地入股或被中心吸收的农户，经过 3～5 年的发展，在不断得到中心的技术指导和培训后，对羊的饲养管理、疫病防治、草地管理都能熟练掌握，并有一定数量的自有羊群后，凡不想再隶属于中心、自愿要求自己饲养的农户，中心为该养羊农户每8个月更换一次种公羊，每年负责春秋两季羊群的防疫疫苗注射，负责销售农户的商品羊，从销售利润中提取10%作为技术服务费。

四、管理机制

（一）中心与农户利益联动机制

中心将技术人员的工资、奖金、职称评定等与工作目标完成情况及农户的经济效益情况挂钩，每个技术人员负责的示范基地及养殖农户要达到“三个95%”，承包片区内种草养羊农户每年的现金收入要在5000元以上，并建立相应的奖惩制度，规范技术干部的服务目标和标准。

（二）扶贫资金效益扩大机制

由政府和扶贫部门牵头协调有关部门，将扶贫资金作为引导资金、黏合剂，引导更多的资金投入扶贫开发，本着统一规划、集中使用、渠道不乱、任务不变、各尽其职、各计其功的原则，使有限的扶贫资金发挥更大效益。比如用扶贫资金购买基础羊群提供给贫困农民饲养，新增加羊群按比例分成，经过几年发展，再把基础羊群收回来循环利用，这不是一个简单的周转，它在周转过程中实现了扶贫资金的良性循环使用。

（三）龙头企业为农民服务激励机制

县草地发展中心是事业单位，也是国家级扶贫龙头企业，实行事业单位、企业管理双重考核制。政府领导与中心负责人、中心负责人与技术干部、技术干部为农户服务层层签订目标管理责任书，技术干部的工资与所服务的养羊户羊只增长数量、成活率、死亡率等指标挂钩，充分调动技术人员、管理人员的积极性，为养羊户的发展提供保障。

（四）瞄准贫困群体机制

统筹兼顾，机制灵活，区别对待，对贫困农户，中心无偿提供基础羊群，无偿提供培训服务，降低利润分成比例，延长畜群的收回时间等，对非贫困户中心实行为其担保，到银行贷款来发展养羊，使贫困户与非贫困户扶持标准有所区别，形成了瞄准贫困群体的机制。

印江“整县推进”模式

铜仁市扶贫开发办公室

摘　要

印江县“县为单位、整合资金、整村推进、连片开发”的扶贫开发试点取得了积极成效。在新的发展阶段，要以提高群众收入为核心，以整合资源实施产业化扶贫为重点，继续探索和深入实施扶贫开发“整县推进”，大力发展茶叶、经果林、竹产业、林下养禽、特色养殖等优势产业，推动农业不断增效、农民持续稳定增收、农村面貌极大改变，实现农村经济社会加速发展。

关键词

整县推进　整合资源　扶贫开发

“十一五”期间，铜仁市印江土家族苗族自治县通过积极争取财政扶贫资金，整合部门各类资金，带动民间资本投入扶贫开发工作，全县交通、水利等基础设施建设不断改善，茶、果、畜等农业主导产业初具规模，群众收入稳定增加，农村面貌明显改善。“十一五”期末，实现农民人均纯收入 3026 元，年均增长 15.4%。全县绝对贫困人口由 2001 年的 15.78 万人减少到 6.59 万人，其中，“十一五”期间减少贫困人口 3.9 万人。

一、扶贫开发基本情况

（一）杉树乡“县为单位、整合资金、整村推进、连片开发”试点项目建设情况

2007 年铜仁市印江县有幸成为全国首批全省首个“县为单位、整合资金、整村推进、连片开发”项目试点县。县党委、县政府高度重视，抓住这千载

难逢的历史机遇，在基础最差、群众最穷、生产生活条件最落后的杉树乡开展试点，开始了对集中连片贫困区域扶贫开发工作的积极探索。

全县坚持将财政扶贫资金与部门涉农资金整合、基层组织建设与扶贫开发工作结合、基础设施建设与产业化扶贫配合、整村推进与连片开发融合、企业发展与基地建设联合，以国家试点专项资金950万元为引子，整合部门资金5493.9万元，着力实施了粮食自给工程、基础设施建设、农业产业化、社会事业发展和产业配套服务建设5大类203个子项目，覆盖了杉树乡全部14个村1.8万人，取得了项目区人均纯收入增长49%，贫困发生率下降到20%的成绩，实现了扶贫开发"整乡推进"。

事实证明，"县为单位、整合资金、整村推进、连片开发"扶贫开发模式，是破解贫困地区发展困境的有效路子。以县为单位整合资金，可以有效解决资金投入规模和投入有效性问题；实施整村推进、连片开发，有利于统筹规划、区域联动、规模发展，能够有效夯实发展基础，培育壮大支柱产业，使群众增收致富有依托，脱贫不返贫。

（二）2010年探索"整县推进"扶贫开发的工作情况

为进一步加快脱贫致富步伐，探索扶贫开发新路子，2010年3月，印江县启动了"全县农村居民增收致富行动工程"，按照"统一规划、分步实施、区域推进、连片开发、试点先行、以点促面、长短结合、统筹兼顾"的原则，以整合资源实施产业化扶贫为重要抓手，以提高农民群众致富能力和收入水平为中心，大力加强基础设施建设，积极推进产业发展，拓宽就业增收渠道，优化公共服务，强化党建帮扶和社会援助，完善城乡社会保障体系，努力探索扶贫开发工作由"整乡推进"向"整县推进"转变。

一是统一规划、分步实施。以基础设施建设和农业产业结构调整为主要手段，全县科学规划、分步实施了农业产业化经营、劳动技能培训、基础设施建设等工程，努力促进群众增收致富。二是区域推进，连片开发。大力推广杉树乡"县为单位、整合资金、整村推进、连片开发"扶贫试点建设经验，因地制宜规划建设产业发展专业乡（村、组、户）和产业带，积极引导群众集中连片发展产业，努力做到"户有经营项目、村有主导产业、区域有整体效应"。三是试点先行、以点促面。坚持一手抓全县面上群众增收致富，一手抓试点村群众增收致富。采取整合资金、集中投入、整村推进的方法，将项目和资金向试点村倾斜，集中力量建设试点，确保试点既出成效又出经验，通过试点引导，逐步全面推开，达到以点促面的目的。四是党政主导、群众主体。充分发挥党委、政府在实施群众增收致富行动中的主导作用，确立了 35 个示范村，由县四大班子成员直接联系，108 个县直部门与村结对帮扶，广泛动员社会各界以多种形式参与；充分发挥广大农民群众的主体作用，广泛调动农民群众积极主动参与，集中力量打响扶贫攻坚战。五是注重结合、确保实效。坚持长效产业与短平快产业相结合，扶贫和扶智相结合，开发式扶贫与救助式扶贫相结合。建立完善“一乡（村）一策一干部”的工作机制，根据村、组、农户具体情况和发展意愿确定发展载体，确定帮扶措施，突出工作重点，确保取得实效。经过精心组织，深入实施，2010 年全县 35 个试点村实现人均增收 600 元以上，全县面上各村实现人均增收 400 元以上，极大地增强了全县上下加快脱贫致富的信心和决心。

二、进一步探索“整县推进”扶贫开发模式

当前，印江县扶贫开发步入了一个新的发展阶段，国家将武陵山区确定为新一轮西部大开发的重点区域，地处武陵山区腹地的印江县又一次迎来千载难逢的发展机遇。全县将按照“政府主导、社会参与、自力更生、开发扶贫”的方针，坚持以实施“县为单位、整合资金、整村推进、连片开发”试点项目和“农村居民增收致富行动工程”为载体，以提高群众收入为核心，以整合资源实施产业化扶贫为重点，继续探索和深入实施扶贫开发“整县推进”，大力发展茶叶、经果林、竹产业、林下养禽、特色养殖等优势产业，力争经过 3 年的努力，使全县农民人均纯收入超过 5000 元，推动农业不断增效、农民持续稳定增收、农村面貌极大改变，实现农村经济社会加速发展。

第一，继续抓好资源整合，发挥项目资金的集聚效应。坚持按照“渠道不乱、用途不变、统筹安排、各负其责、各记其功”的原则，积极整合发改、交通、水利、扶贫、农业、林业、民政等方面的项目，实行资金优化组合，合理分配，最大限度发挥项目资金的集聚效应。一是集中农业产业发展资金，引导农民发展特色优势主导产业；二是整合交通、水利、石漠化治理项目资金，将项目投放到产业发展集中区域，为产业发展提供基础支撑；三是抓好村庄整治、沼气建设和畜牧业发展资金整合，建设社会主义新农村，为扶贫开发工作顺利开展提供坚强后盾。

第二，继续抓好连片开发，发挥产业发展的规模效应。在实现粮食自给的同时，采取规划建设产业发展专业乡（村、组、户）、产业带等形式，实行区

域推进、连片开发，做到“户有经营项目、村有主导产业、区域有整体效应”。一是打破行政区域限制，集中连片规划发展茶叶。二是以扶持龙头企业、养殖大户为突破口，大力发展生态畜牧业，积极发展山鸡、野猪、大鲵等特种养殖。三是积极培育优势产业。因地制宜发展食用菌、经果林，大力发展特色蔬菜，围绕梵净山旅游发展中药材和竹产业。四是将龙头企业、专业合作组织的培植壮大和基地建设相结合，积极推行“公司+基地+协会+农户”的现代农业发展模式，尽快形成“产、加、销”一体化发展格局，实现农业产业规模化生产、产业化经营。

第三，继续抓好基础配套，构建产业扶贫的综合保障体系。按照“基础设施带产业，产业建设促增收”的思路，进一步整合项目和资金，着力夯实发展基础，改善农民群众生产生活条件，增强增收致富能力。一是按照“三个优先”（产业发展优先、连片开发区域优先、人口相对集中地优先）原则，重点建设“一环十连线”交通骨架网络，切实改善群众生活条件，支撑产业发展。二是整合渠系配套建设、农业综合开发、石漠化综合治理、病险水库整治、巩固退耕还林成果等项目资金，着力解决工程性缺水问题。三是抢抓国家实施新一轮农村电网升级改造工程机遇，以解决群众生产生活用电矛盾和支撑产业发展为立足点，不断满足生产生活用电需求。四是坚持把教育、卫生等社会事业建设摆在重要位置，着力改善民生，不断提升群众生产生活水平。

第四，继续抓好基层组织建设，充分发挥基层党组织的战斗堡垒作用。巩固“全省党的基层建设先进县”创建成果，坚持把基层党组织建设和干部队伍建设放在首位，充分发挥基层党组织和党员在扶贫开发工作中的战斗堡垒作用和先锋模范作用。认真落实党建工作“双诺双评”制度，建立健全党建扶贫工作制度，进一步深化县级班子成员包乡（镇）、联系重点村，县直部门与村结对帮扶的工作机制。继续以基层组织建设为依托，整合各类培训资源，集中开展农村居民劳动技能培训，为扶贫开发工作的深入推进提供人才技术保障。

“长顺做法”的实践与启示

黔南州扶贫开发局

摘 要

长顺县从产业化扶贫修复生态、治理石漠化入手，破解贫困问题，大力发展山地立体生态农业，总结出了“一业为主、多品共生，种养结合、长短互补，多种经营、循环利用”的长顺做法，实现了“生态改善—产业发展—农民增收”的良性循环，走出一条以科学发展理念引领石漠化山区开发式扶贫的新路径。

关键词

石漠化山区　科学扶贫　长顺做法

“坡地织绿毯，岩山变林园；满坡牛羊壮，遍地鸡鹅肥”，这是长顺县扶贫开发项目区的真实写照。2008 年 1 月，时任国家主席胡锦涛在新华社《国内动态清样》第 283 期上作出了“要探索因地制宜，开发扶贫的新路子”的重要批示。按照总书记的重要批示精神，长顺县在扶贫开发工作中认真贯彻落实科学发展观，用科学的理念谋划扶贫开发，用科学的方法推进扶贫开发，谱写了扶贫开发的壮丽篇章。从产业化扶贫修复生态、治理石漠化入手，破解贫困问题，采取“资源大整合、项目大集中、社会大参与、群众大发动”连片大开发的方式，大力发展山地立体生态农业，总结出了“一业为主、多品共生，种养结合、长短互补，多种经营、循环利用”的长顺做法，走出一条经济社会协调发展、人与自然生态友好相处、人的素质全面提高的可持续发展的开发式扶贫新路，初步扭转了“水土流失—土地石漠化—生活贫困”的怪圈，实现了“生态改善—产业发展—农民增收”的良性循环。全县农村贫困人口从 2005 年的 7.55 万人减少到 2010 年的 4.13 万人，农民人均纯收入从 1712 元增加到 3555 元，森林覆盖率从 30.5% 提高到 45.9%。“长顺做法”得到了省委、省政府和国务院扶贫办的充分肯定。

一、科学理念作引领

1. 树立大扶贫理念

坚持把扶贫开发纳入党委政府的重点工作，努力构建政府主导、农民主体、社会参与、合力攻坚的“大扶贫”格局，政府、社会、企业、农民全方位参与，统筹各类要素，整合各类资源，实行连片大开发。坚持做到四个结合：将扶贫开发与产业打造相结合，集中支农惠农资金引导农民发展增收产业；将扶贫开发与石漠化治理相结合，积极探索水利、生态、石漠化治理“三位一体”的新模式，坚持石漠化治理、水利生态建设、产业培育“三措并举”；将扶贫开发与基础设施建设相结合，增强贫困山区自我发展能力，不断改善贫困群众的生产生活条件；把扶贫开发与提高人口素质相结合，强化基础教育，搞好技能培训。同时，抓好计划生育，走出“越穷越生，越生越穷”的怪圈。

2. 树立以人为本扶贫理念

坚持以人为本，尊重群众意愿，体现群众的本质要求，代表群众的根本利益。始终以增加贫困人口收入、减少贫困人口数量、改善生产生活条件和提高农民素质为目标，以贫困片区和贫困村为重点区域，以贫困人口为重点对象，着力创新体制机制。尊重贫困农民的主体地位，加强民主管理，推行扶贫资金“三制”管理，即：项目备案制、公示制和责任追究制，提高资金使用效益。探索建立以农民为主体的扶贫项目后期管护责任制，确保项目长期发挥作用。

3. 树立造血扶贫理念

注重提高群众的精神境界和智力素质。积极培养群众“自尊、自信、自立、自强”的精神和品质，摒弃不思进取的思想和“等、靠、要”的观念，转变“小富即安”的小农思想，激发贫困群众“我要脱贫”的强烈愿望。坚持“治穷先治愚，富民先富脑”，强调“知识改变命运，技能创造财富”，从提高群众的自我脱贫能力和自我发展能力入手，整合各方面的培训资源，加强对农民的科学文化、市场经济、实用技术的教育培训，加大科技扶贫力度，提高贫困群众素质。

4. 树立持续发展扶贫理念

坚持产业化扶贫，积极帮助贫困乡村谋划好、组织好、实施好扶贫项目，引导他们以市场为导向，调整经济结构，开发当地资源，走上自我积累、自我发展的道路。用现代农业的理念抓农业，把产业培育作为支撑，精心谋划近期、中期、远期产业发展，推广一次投入、滚动发展、长期利用、扶持到户的方式，做到长短结合，通过产业发展使农民持续增收致富，为贫困群众找到一条有效的、可持续的增收路子，变“长远扶”为“扶长远”。

二、科学方法促扶贫

1. 科学规划，有序推进

坚持规划先行，长顺县专门邀请有关专家和业内人士编制了《长顺县农业产业化规划》、《山地农业扶贫规划》、《长顺县十二五扶贫规划》、《长顺县减贫摘帽扶贫规划》、《“185”工程规划》、《长顺县喀斯特石漠化综合防治规划》等，根据全县不同区域、不同资源条件，重点打造四条产业带：一是北部优质烟叶产业带，集中连片面积近5万亩；二是中北部果猪沼立体循环农业产业带，发展生猪养殖，配套沼气池，规划种植优质苹果5万亩；三是中南部喀斯特山区立体生态农业扶贫开发产业带，近期以种草养畜养禽为主，后期以种植优质核桃为主，着力打造“喀斯特地区综合治理百里长廊”；四是中北部农副产品加工产业带，寻求延长产业链，走加工增值的路子。全力培育以红色苹果、黑色山羊、绿色鸡蛋、黄色生姜、白色蘑菇、金色烤烟、褐色核桃为主的“七彩产业”。在集中连片、特殊类型贫困程度最深的石漠化山区，以竹子托一线为重点，按照“点轴衍生”的模式，规划建设产业发展、基础设施建设、社会事业发展3个大类9个子项目，结合草地生态畜牧业的发展，着力打造“石漠化综合治理百里长廊”。

2. 整合资源，综合开发

长顺县积极抢抓被列为国家“县为单位、整合资金、整乡推进、连片开发”项目试点县、全国100个石漠化综合治理试点县及全省43个草地生态畜牧业产业化项目试点县的机遇，采取“资源大整合、项目大集中、社会大参与、群众大发动、连片大开发”的方式，充分发挥扶贫资金的“引领”作用，积极整合发改、农业、林业、水利、交通、民政等方面的项目，打好“组合拳”，集中财力、物力、人力，综合投入，各记其功，避免部门资金撒胡椒面、单打一，各自为战，充分发挥资金的集合效应。通过对项目和资金进行有效整合，试点资金从开始的1000万元整合成4443.21万元，惠及农户4132户

17865人。政府资金的杠杆作用，有效激发了群众的建设热情和吸引了民间资金的投入。据统计，群众投劳折资417.72万元。坚持石漠化治理、生态建设、产业培育“三措并举”，积极探索“封、改、种、养、集、护”的开发方式。“封”就是封山育林；“改”就是改造低产林，改造中低产田土，改善群众生产生活基础设施；“种”就是植树造林，退耕还林、种草、种经济林；“养”就是根据群众习惯和意愿发展山羊、青草鹅、绿壳蛋鸡养殖；“集”就是发展现代集雨农业、高效灌溉技术；“护”就是加强植被管护，发展农村沼气，推广节能炉灶，减少薪柴砍伐。在项目区修建了33公里通村水泥路，完成了两个村的人畜饮水工程建设，建成了200口沼气池和460户危房改造，25公里通乡通村油路，农田灌溉工程正在加紧建设，完成农村实用技术培训3850人次等。

3. 产业支撑，持续发展

长顺县结合各类扶贫项目的实施，因地制宜在石漠化山区大力发展立体生态农业，积极探索在有限的土地上实现“一业为主、多品共生，种养结合、长短互补，多种经营、循环利用”的发展模式，推动“185”工程“入地上山下水升空”。短期针对区域内退耕还林还草的农户，在未产生效益前，县财政每年挤出资金每亩按239元的标准作为转产农户的吃粮补助，并积极扶持农户发展种草养鹅、林下养绿壳蛋鸡、高效集雨池中养鱼，确保当年见效；中期扶持农户发展种草养羊产业，确保三年大见成效；长期以草地种植优质核桃为主，确保5年见成效。通过长短结合，使群众能够在3～5年后有较为稳定的收入，基本走上稳定脱贫致富的道路。群众在林下养鹅，一亩养30只，每亩年净收入1800元以上；养绿壳蛋鸡，每亩养80只，平均每年产蛋150～200个，年增收万元以上。如，竹子托村村民杨光能，2009年与农户协议承包了60多亩地种核桃，林下种草养了300多只鹅，现在年收入已达上万元。目前，长顺县已连片种植牧草1600公顷、核桃1133公顷，养鹅3.1万只，羊存栏8.8万只，绿壳蛋鸡35万多羽，形成了连接县内中南部地区、环线120公里的综合扶贫开发产业带。许多群众在扶贫开发中都尝到了甜头，都说：以往“烧一坡、种一坡，收成不到一背萝”，而如今“养好一只羊胜过开荒半匹坡”、“一亩草养鹅胜过种十亩苞谷坡”。2010年，全县农民人均纯收入3555元，比上年净增553元，产业化扶贫带来的收益占62.62%；项目区农民人均纯收入从开发治理前的1320元增加到2060元。

4. 创新机制，激发活力

一是建立投入保障机制。坚决保障退耕缺粮户的吃粮问题，对种植100亩以上经果林的农户实行 3 年贷款贴息，注资 1000 万元成立县担保公司为农业产业发展提供担保，近两年共为 154 户农户办理贷款 1457 万元。二是建立农民利益连结机制。建立农村合作组织，成立以大户为核心的专业合作社，通过“土地入股”将土地流转给大户，每亩按 7∶3 的比例参与分成，并由协会组织生产和销售，共同发展，把生产量小的分散农户连接起来共同进入市场。三是建立科技支撑机制。依托贵州大学等省内外十多家科研院所，引进各类专家和具备专业技术、技能人才 50 多人，取得各类科技、管理、试验成果 10 多项，借“脑”借“智”治理石漠化，促进扶贫开发。如在石洼中建设环境友好型高效集雨池，就是贵州大学程剑平博士的研究成果，有效解决了石漠化山区缺水的问题。四是建立龙头带动机制。通过培育壮大 10 多家龙头企业，建立技术推广繁育中心，不断提高产品质量。如通过品种的选育和提纯，绿壳鸡蛋获得了国家农业部本地产品认证，蛋价上涨了 5 倍，产业规模不断壮大。五是建立“参与式”扶贫开发机制。在实施扶贫开发过程中，让群众成为扶贫开发的主体，成立“组管委”，赋权予民，引导群众参与扶贫项目中立项、评估、实施、监督、验收、管理的每个环节，激发群众的主人翁意识，调动积极性，发挥创造性。六是建立结对帮扶机制。建立挂乡包村制度，全县机关单位、各乡镇干部职工均与贫困户建立了结对帮扶关系，帮扶贫困农户筹资金、传信息、出点子。

5. 组织领导，强化保障

一是实行“集团承包”。变“部门单打”为县级统筹，由县四家班子成员按区域分别牵头承包，县直部门领办、乡镇主体实施，严格实行年度考核排位制度，有奖有罚，全县上下形成了合力攻坚、带民奔富的良好局面。二是出台优惠政策。鼓励机关干部预领 5 年工资到项目区带头发展产业，做给农民看、带着农民干、帮助农民赚，全县共有 38 名干部领办农牧场 30 余个，形成了以机关干部种养殖示范点为核心的示范小区 20 多个，带动周边 300 多户农民发展种养殖业，有力推动了扶贫开发工作的深入开展。三是坚持在扶贫开发工作中“赛马选马”。积极探索“在艰苦环境中选干部，在产业上用干部”的任免机制，先后选派 541 名干部职工组成工作队深入项目区驻村工作，41 名优秀干部被选拔。四是建立产业党支部。创立“产业建支部，品牌闯销路，党员带头富，群众增收入”的党建扶贫新格局，搭建“乡镇党委—村（社区）党总支—产业党支部—党小组”的四级管理框架，形成了以能人党员为骨干、农户为主体的齐抓共管局面。

三、科学扶贫的启示

1. 科学扶贫，就是向解放思想要活力

扶贫开发的进程，是一个不断解放思想、勇于创新的过程。“长顺做法”的探索实践，也是解放思想、不断创新的结果。在新的发展形势面前，应当准确定位扶贫开发目标，紧扣发展脉搏，围绕科学发展解放思想，真正树立起敢想敢干、敢闯敢试、勇于超越的创新意识，打破思维惯性，走出思维定式，不断拓展和提升思路，以求真务实的精神、科学的方法、创新的手段，抢占发展先机，实现扶贫开发的新跨越。

2. 科学扶贫，就是向科学发展要实力

“长顺做法”采取“资源大整合、项目大集中、社会大参与、群众大发动”连片大开发的方式，实施“一业为主、多品共生，种养结合、长短互补，多种经营、循环利用”的发展模式，克服了资金短缺问题，创新了扶贫模式，加快了脱贫速度。加快推进扶贫开发，实现贫困地区经济社会平稳较快发展，应当坚持科学发展，合力推动，以产业结构调整转变经济发展方式，以先进技术改造传统产业，以循环经济的理念走可持续发展道路。

3. 科学扶贫，就是向改革开放要动力

牢固树立改革创新意识，用改革的办法解决问题，用改革激发加快扶贫开发的动力和活力。“长顺做法”，创新了工作机制，强化工作力度，推动资金集中，引导人才聚集，促进效益凸显，扶贫开发的带动辐射效应成倍放大。解决影响和制约扶贫开发的突出问题，加快形成有利于扶贫开发的机制，需要在改革中找思路，在创新中找办法，对内继续深化改革、创新体制机制，对外推进开放式发展，积极引进资金、引进技术、引进管理。

4. 科学扶贫，就是向求真务实要潜力

扶贫开发是一项艰难的工作，需要保持一种越是困难越向前的气概，一种攻坚克难促发展的劲头。常思富民之策，常办富民之事，常兴富民之举。在应对挑战中赢得新机遇，在破解难题中实现新发展。

开磷集团“良肥、良种、良法”扶贫启示

魏　霞　童祥龙*

摘　要

贵州开磷集团作为一个支农型企业，始终将“支持农业发展、支援农村建设、帮助农民致富”作为企业的责任，创新履行社会责任和扶贫济困新模式，有力地促进了农业增产、农民增收和地方经济发展，使地企关系更加和谐。特别是认真贯彻2012年1月15日贵州省委农村工作暨扶贫开发工作会上提出的“通过工业化促进农民增收致富，实现以工带农、以工投农、以工补农改农”的精神，真正将服务“三农”、扶贫开发作为企业生产经营和发展最高境界并付诸实践，大力开展“良肥、良种、良法”帮扶活动，推进“造血式”扶贫工程，取得了明显的经济效益和社会效益。开磷集团摸索出的“良肥、良种、良法”等“三良”帮扶做法和成功经验，对贵州扶贫开发具有典型示范意义。

关键词

“三良”帮扶　开磷集团　企业社会责任

一、企业简介

贵州开磷（集团）有限责任公司是我国最大的磷矿石地下开采企业和季戊四醇生产企业，其高浓度磷复肥生产能力位居行业第二位。开磷集团是国家在第二个五年计划期间建设的全国三大磷矿石生产基地之一，自1958年10月

---

* 魏霞，贵州省社会科学院区域经济研究所副研究员，主要研究方向为区域经济；童祥龙，贵州开磷集团政工部副部长。

成立以来，经过50多年的建设与发展，现已成为一个集矿业、磷化工、煤化工、氯碱化工、氟化工、硅化工、贸易物流、建设建材、物业服务等多元产业为一体的现代化大型企业集团。2012年，开磷集团销售收入突破200亿元，资产总额近304亿元。按照贵州省委、省政府实施工业强省战略和更好更快发展的要求，开磷集团进一步提出了建设千亿企业的“新三步”发展战略，即依托已经形成的多元化产业平台，进一步向磷、煤精细化工产业延伸，向氟化工、硅化工、氯碱化工产业拓展；进一步推进磷、煤、氟、硅、氯碱化工的耦合共生；进一步实施国际化战略，在经济全球化进程中加快“走出去”步伐，主动吸纳和整合资源；进一步提高资本运营能力，加快企业上市步伐，在未来10～15年，借力资本运作实现跨越发展，使开磷集团销售收入增长到300亿元、500亿元和1000亿元。

开磷集团在企业快速发展的同时，不断加大对贫困地区的扶持力度，在总结多年帮扶经验的基础上，依托自有高浓度磷肥的优势，总结出一套行之有效的“良种、良肥、良法”种植方式，实施统一种子、统一育苗移栽，无偿提供肥料，免费为受帮扶的农户提供化肥、种子和技术，为受帮扶的农户实现增产增收，充分发挥了国有企业心系“三农”，扶贫开发，在工业化、城镇化和农业现代化“三化同步”中勇于担当社会责任的排头兵作用。开磷集团先后被评为贵州省履行社会责任先进单位、贵州省“双万”结对帮扶优秀单位，开磷集团董事长、党委书记屈庆麟被评为“CCTV2010年度三农人物”公益奖。

二、“三良”帮扶的基本做法

多年来，开磷集团始终将“支持农业发展、支援农村建设、帮助农民致富”作为企业的责任，不断创新扶贫开发模式，通过大力开展“良肥、良种、良法”的“三良”帮扶活动，不断推进“造血式”扶贫工程，有力地促进了帮扶所在地农业增产、农民增收和农村经济的发展，取得了明显的经济效益和社会效益。

帮扶典型对象之一——贵阳市息烽县小寨坝镇

息烽县小寨坝镇现有农业人口2.6万余人、耕地面积3万亩。在开展良肥、良种、良法的“三良”帮扶活动之前，当地农民用肥不统一，各自在市场上购买杂牌化肥，质量没有保障，影响了产量和收入。每年的秋季是当地种植油菜的主要季节，由于产量低、收入少，农民根本没有积极性。春播秋收之后，许多耕地闲置，守着良田却不能致富，白白浪费了土地资源。针对小寨坝镇的情况，开磷集团对小寨坝镇制定并实施了“三良”帮扶方案，即用5年的时间，无偿向小寨坝镇提供优质磷酸二铵，以“良肥、良种、良法”对小寨坝镇进行真心实意的帮扶，促进该镇农民增收和经济健康持续发展。

从2008年秋季开始，开磷集团就按照“平地良种良肥良法夺高产，高坡还林还草还花扶青山”的思路，向贵阳市息烽县小寨坝镇20个行政村进行“三良”扶贫，即通过“良肥、良种、良法”免费为开磷集团息烽磷煤化工基地所在地小寨坝镇的20个行政村、180个村民组、5326户农民送化肥、送技术，实施工业反哺农业，变“输血”为“造血”，坚定不移地推进工业化、城镇化建设，带动了小寨坝镇群众的脱贫致富。近年来，小寨坝镇农民种植的玉米和油菜及其他农作物，连年获得丰收。

开磷集团肥料主要用于油菜、玉米、马铃薯、水稻等粮食和经济作物种植，据息烽县人民政府提供的资料显示，自实施“三良”工程以来，开磷集团每年惠及息烽县农民近22万人。广大农民少支出肥料资金4410万元，共增产37233吨，增收7080万元，息烽县21.9万农业人口合计增收13619万元，人均增收622元。自2009年以来，在开磷集团的支持下，息烽县每年“三良”推广面积达27万亩，每亩得到“开磷牌”磷酸二铵20公斤补助，仅息烽县小寨坝镇就得到开磷集团免费赠送的437.5吨二铵，使该镇农民耕种的农作物有了丰收保障。其中，水稻种植面积5.79万亩、玉米9.71万亩、油菜7万亩、洋芋4.5万亩，均获得了丰收。仅一年春种和秋播用肥，开磷集团就为小寨坝镇送去高品质的“开磷牌”磷酸二铵957.5吨，价值300余万元。

帮扶典型对象之二——贵州省水城县金盆乡双塘村、棋林村

金盆乡地处贵州水城县、纳雍县、赫章县三县边缘结合部，是水城县东北部的一个边远民族乡，总面积107.14平方公里，耕地面积28785亩，辖16个行政村、106个村民组、5415户、21804人，居住着苗、彝、布依、汉等民族，其中少数民族2502户11257人，占总人口的51.7%。该乡粮食作物以玉米、马铃薯为主，经济作物几乎为零。双塘村和棋林村是全乡最贫困的两个村，属于新阶段扶贫开发一类重点贫困村。对于金盆乡村民来说，每天能吃上一顿饱饭就是他们最大的愿望。

自2008年开始，按照省委、省国资委党委的安排，开磷集团对金盆乡双塘和棋林两个贫困村进行结对帮扶，几年来，开磷集团情系金盆，真心实意帮

助两个村脱贫致富，取得了较好的成效。据统计，截至2012年，开磷集团共投入199.36万元对金盆乡的双塘和棋林两个贫困村进行帮扶，其中“开磷牌”磷酸二铵良肥投入239吨、价值88.42万元，种植面积14512亩、14491人受益；马铃薯、玉米良种及绿肥投入312.2吨、价值90.46万元，种植面积12920亩。此外，开磷集团还开展了党建阵地建设帮扶活动，通过场地硬化、集场捐建等共计筹资20.48万元，使双塘和棋林两个贫困村17002人受益。据金盆乡棋林村村委会主任左坤智介绍，在开磷集团的帮扶下，有2000多人口的棋林村发生了巨大变化，近几年连续增产增收，农民得到了实惠，粮食产量、农民收入均翻番。据金盆乡农业中心主任黄光高介绍，2012年，在施用了开磷集团捐赠的“磷酸二铵”良肥产品后，金盆乡土豆、玉米等农作物产量比原来提高了1倍，村民们得到了更多的实惠。金盆乡副乡长张辉介绍，开磷集团2012年送来的4.1吨毕单13号种子，分发给双塘村和棋林村，种植面积1900亩。受干旱影响，产量虽然有所下降，但采用开磷集团的“良肥、良种、良法”的“三良”做法，双塘村仅减产10%。最重要的是农民思想意识和观念的改变，因开磷集团“三良”的推广，大大提高了农业种植水平。双塘村、棋林村人均纯收入也从2007年的1864元增长到现在的4000元，彻底扔掉了贫困这顶帽子。自开磷集团推广“三良”扶贫以来，庄稼连年丰收，村民们现在都盖起了新房子。如今的金盆乡，村民穿新衣、住楼房，碗里有饭、锅里有肉，日子一天更比一天好。

三、“三良”帮扶的启示

作为支农型企业的贵州开磷集团，长期坚持造血式“三良”扶贫，特别是2012年元月省委农村工作暨全省扶贫开发工作会提出“通过工业化促进农民增收致富，实现以工带农、以工投农、以工补农改农”以来，开磷集团积极响应并付诸实践，真正将服务“三农”、扶贫开发作为企业生产经营和发展的最高境界，其造血式“三良”扶贫的有效做法和成功经验对贵州扶贫开发具有典型示范意义，给了我们如下启示。

启示一：扶贫开发注“引导”、重“实效”

开磷集团在做大做强企业的同时，积极践行“利与天下，惠及员工”的企业宗旨，大力实施“以工补农”的政策，特别是在扶贫开发过程中，积极引导农户改变传统施肥习惯，大大提高了农作物的产量和质量。实施“良肥、良种、良法”的“三良”工程以来，开磷集团董事长、党委书记屈庆麟高度关注，派专人经常深入帮扶地区庄稼地和农户家中，向村民们了解化肥使用效果、农作物长势及玉米、洋芋收成情况。集团公司团委组织青年志愿者开展农化服务活动，随车运送化肥。青年志愿者们走村串寨，向农户宣传“良肥、良种、良法”的惠农政策，传授“开磷”牌磷酸二铵施用方法，提供田间服务，确保农民正确使用产品。青年志愿者们还结合各乡镇实际情况，利用赶场天设点宣传，到送肥点集中宣传。志愿者们还深入到息烽县 9 个乡镇 132 个行政村，走访了解近 500 个村民组，向农户发放“三良”农化服务宣传单 6 万份，使农户对党的“强农惠农”政策有了进一步了解，对开磷集团和开磷集团的产品有了更深的认识。通过推广开磷集团“良肥、良种、良法”的“三良”做法，小寨坝镇 2012 年玉米种植平均亩产达到 700 多公斤，比上年增产 300 多公斤，息烽县其他 9 个乡镇玉米平均亩产 580 公斤，比上年亩产增加 200 多公斤，累计增产 1942 万公斤，森林覆盖率提高 14.5%，增强了土壤保水能力。按照“平地良种良肥良法夺高产，高坡还林还草还花扶青山”的思路，开磷集团“让利”支持，对种粮农民无偿送肥、统一供种、提供种植技术指导，提高粮食单产，扶持当地农业生产，并使小寨坝镇整体致富。据统计，开磷集团每年支持小寨坝镇农民的化肥达 1000 多吨，价值 300 多万元。当地的农民已经连续 5 年免费使用开磷集团的优质化肥。从 2008 年开始，开磷集团用 5 年时间，无偿投入价值 2000 万元的优质肥料，通过“三良”扶贫方式，支持小寨坝当地农民发展农业生产。依托开磷集团的发展壮大，小寨坝镇采取“以工哺农”、“反租倒包”、“支部 + 协会（公司） + 群众”等发展模式，建立了红岩万亩葡萄、王家坪万亩粮增工程、瓮沙 700 亩次早熟蔬菜、南极 3000 亩秋淡蔬菜、息烽天蓬生猪养殖场、永江蛋鸡养殖场等一批特色农业示范基地，发展特色农业增收。如今的小寨坝镇已发展成为息烽县第一经济强镇，成为为数不多的亿元镇之一。

启示二：扶贫开发促“就业”、利“和谐”

近年来，随着工业化和城市化进程的加快，越来越多的失地农民成为社会新的弱势群体，成为影响社会稳定的因素，能否妥善安置失地农民事关稳定和发展大局，无论企业还是政府都应该从为人民服务的宗旨上来思考和解决失地农民持续稳定增收问题。2011 年 8 月 5 日，开磷集团息烽磷煤化工基地党委正式成立农村工作部，这是企业在群众工作体制上的又一创新和突破。开磷集团董事长、党委书记屈庆麟说：“要做好群众工作，了解情况很重要。”对此，农村工作部抽调专人组成工作组，深入到群众家中，实地调查了解相关情况，并购置了复印机等设备上门方便群众复印资料。调查组调查内容详细，包括被征用土地农户有多少，每户实际被征用多少亩；需要流转土地给开磷集团的有多少户，每户多少亩；失地农民每户家庭现状：人口、年龄、性别、受教育情况和就业情况等。调查结束后，农村工作部随即根据调查情况建立档案，进行梳理分析，对各种情况作近期、远期判断；再根据生产性辅业、生活性辅业、生态恢复等三个方面发展现状，结合失地农户和土地现状调整情况做出发展规划和就业规划，明确目标。组织实施做到了有计划、有步骤推进，努力把好事做实、做好。据悉，目前农村工作部已入户调查 4461 户、10121 人，建立民情档案 1560 份。企业周边的村民就业一直是大企业面临的重要而紧迫的问题。对此，开磷集团规定，凡属于集团公司征地和土地已实际流转给集团公司的失地农民，其年龄和受教育等条件达不到集团公司主业录用的失业人员，集团公司辅业放宽条件进行录用。这些被集团公司录用的人员，身份不改变，但政治上与集团公司职工享受同等待遇，经济上同工同酬，社会保障法定部分依法享受。开磷集团还给失地农民修建了住宅小区，村民可以自住或出租，大大改善了周边村民的住宿条件。据介绍，开磷集团农村工作部成立后，架起了企业和群众的连心桥。开磷集团在不断发展的同时，不忘回报社会，通过“工业反辅农业”、“企业帮助农村”、实施“三良”工程等，充分发挥自身优势，为群众办好事、办实事，同时，企业的发展也得到群众的大力支持，形成了“企业关注群众冷暖，群众拥护企业发展”的良性循环。开磷集团公司磷煤化工基地党委还与小寨坝镇党委政府及村支两委共同建立了矛盾纠纷排查调处机制，坚持以人为本，维护人民群众的根本利益，积极主动开展矛盾纠纷的排查化解工作，征地 4200 余亩，拆迁安置农户 700 余户，解决 3000 余人就业，化解矛盾纠纷 140 余件。开磷集团坚持不懈地为周边农民提供就业岗位、创造财富，解决后顾之忧。每年在小寨坝镇选择 100 名失地农民青年免费进入磷煤化工技术分院学习，毕业后开磷集团优先录用。为进一步解决农民就业问题，开磷集团在发展主业的同时加快发展辅业，使失地农民成为开磷集团大家庭中的一员。据统计，近年来息烽县和开阳县已有 7300 余名农民被吸纳到开磷集团就业，如今是“一人进厂，脱贫一家；二人进厂，致富一家”，真正实现了农民变市民，安居又乐业。

启示三：扶贫开发既“扶贫”、更“扶志”

开磷集团在扶贫开发过程中，既注重扶贫，更注重扶志。为丰富村民精神文化生活，开磷集团扶贫工作队还向水城县金盆乡村民赠送液晶电视机、影碟机、卫星接收器以及科普文化书籍、党员活动室看板等价值 2 万余元的党建活动器材，注重广大村民的科学文化知识的提高。近年来，开磷集团扶贫工作队经常深入扶贫帮困地区，鼓励和示范农户科学种植，通过育苗移栽示范、现场测产等，使村民思想意识和观念发生了较大改变，调动了村民科学种植的积极性，开磷集团通过推广良肥、良种、良法“三良”做法，大大提高了帮扶地区的农业种植水平，农作物获得丰收，农民收入大幅度提高，农民得到了更多实惠。经息烽县农业局和开磷集团农化服务人员对息烽县帮扶地区“开磷二铵”良肥示范栽种的玉米实地进行测产验收，小寨坝镇玉米平均亩产 662. 2 公斤，流长乡玉米平均亩产 661. 07 公斤，西山乡玉米平均亩产 527 公斤。特别值得一提的是，息烽县小寨坝镇王家坪村玉米亩产高达 850 公斤。2011 年全省遭遇大旱，广大农村处处抗旱保收，开磷集团加大工业反哺农业力度，为息烽县扶贫送肥 3500 多吨。由于施用“开磷二铵”良肥栽种抗旱保收，2012 年息烽县全县玉米比 2011 年增产 15% 以上，这些都得益于开磷集团“良肥、良种、良法”的“三良”做法的推广。

监　测　篇

贵州连片特困地区发展监测报告（2011年）

江宗德*

一、贵州连片特困地区发展情况

按照新的扶贫标准，贵州省是中国农村贫困面最大、贫困程度最深、贫困人口最多的省份。据统计，贵州目前有贫困人口1149万，占中国全国贫困人口总量的9.4%，在中国确定的14个集中连片特殊困难地区中，贵州省涉及武陵山、乌蒙山、滇桂黔石漠化三个片区，覆盖了全省80.3%的国土面积，涉及65个县，其中有49个县为国家扶贫开发工作重点县。

（一）武陵山片区

本区涉及铜仁市和遵义市，包括铜仁市的碧江区、江口县、石阡县、思南县、德江县、沿河土家族自治县、松桃苗族自治县、玉屏侗族自治县、印江土家族苗族自治县、万山区和遵义市的正安县、凤冈县、湄潭县、道真仡佬族苗族自治县、务川仡佬族苗族自治县、余庆县共16个县（区），总国土面积31430.61平方公里，占整个武陵山片区国土面积的18.3%。一般海拔高度1000米以上，地貌呈熔岩发育状态，是地质灾害高发区。

2010年，贵州武陵山片区地区生产总值437.81亿元，占全省GDP的9.5%；人均地区生产总值8795元，为全省人均GDP的66%。规模以上工业增加值52.99亿元，第一、二、三产业结构比例为33∶24∶43。武陵山片区财政收入23.94亿元，财政一般预算支出171.60亿元。农村居民人均纯收入3327

* 江宗德，四川省人民政府研究室副研究员、经济学博士。

元，比全省农村居民人均纯收入 3472 元低 145 元。

按国家采用的新标准计算，2011 年片区内有农村扶贫对象 209.62 万人，占农村户籍人口的 33.8%，比全国高 21.1 个百分点。片区内有 10 个国家级扶贫开发工作重点县，占整个武陵山片区内国家级扶贫开发工作重点县总数的 23.8%。片区内贫困人口占全省农村贫困人口总量的 18.2%。

表 1　贵州省境内的武陵山区扶贫开发重点县名单

贵州省	遵义市	正安县、凤冈县、湄潭县、道真仡佬族苗族自治县、务川仡佬族苗族自治县、余庆县
	铜仁市	碧江区、江口县、石阡县、思南县、德江县、沿河土家族自治县、松桃苗族自治县、玉屏侗族自治县、印江土家族苗族自治县、万山区

（二）乌蒙山片区

本区涉及四川、贵州、云南 3 省。贵州境内的乌蒙山连片特困地区包括遵义市和毕节市的 10 个县（市、区）和 1 个镇（六盘水市钟山区的大湾镇），总国土面积 32443.77 平方公里，占整个乌蒙山片区国土面积的 30.3%。该区气候和自然环境恶劣多变，山高路险，交通不便，土地贫瘠，自然灾害频繁，生活环境恶劣，地方病高发。

2010 年，该地区扶贫开发工作重点县（市）年末总人口 726.69 万人，占全省年末人口的 20.9%。地区生产总值 637.18 亿元，占全省总量的 13.8%；财政收入 43.63 亿元，财政一般预算支出 190.41 亿元。人均地区生产总值 8768 元，为全省人均 GDP 的 66%。规模以上工业增加值 136.19 亿元，第一、二、三产业结构比例为 22∶39∶39。农村居民人均纯收入 3379 元，比全省农村居民人均纯收入 3472 元低 93 元。

该片区内有 6 个国家级扶贫开发工作重点县，占整个乌蒙山片区内国家级扶贫开发工作重点县总数的 18.8%。按国家采用的新标准计算，2011 年有农村扶贫对象 276.12 万人，占农村户籍人口的 34.2%，比全国高 21.5 个百分点，占全省农村贫困人口的 24.03%。

表 2　贵州省境内的乌蒙山区县名单

贵州省	遵义市	赤水市、习水县、桐梓县
	毕节市	七星关区、大方县、黔西县、织金县、纳雍县、赫章县、威宁彝族回族苗族自治县
	六盘水市	大湾镇

（三）滇黔桂石漠化区

本区涉及广西、贵州、云南 3 省。贵州境内的滇黔桂石漠化连片特困地区包括六盘水市、安顺市、黔西南布依族苗族自治州、黔南布依族苗族自治州和黔东南苗族侗族自治州境内，包括六盘水市的钟山区（大湾镇除外，因其已纳入乌蒙山片区）、水城县和六枝特区，安顺市的西秀区、平坝县、普定县、关岭布依族苗族自治县、镇宁布依族苗族自治县和紫云苗族布依族自治县，黔西南布依族苗族自治州的兴义市、兴仁县、普安县、晴隆县、安龙县、望谟县、贞丰县和册亨县，黔南布依族苗族自治州的都匀市、荔波县、贵定县、瓮安县、平塘县、罗甸县、长顺县、龙里县、惠水县、独山县和三都水族自治县，黔东南苗族侗族自治州的凯里市、黄平县、施秉县、三穗县、镇远县、岑巩县、天柱县、锦屏县、剑河县、台江县、黎平县、榕江县、从江县、雷山县、麻江县和丹寨县，共 44 个县（市、区），总国土面积 8.67 万平方公里，占整个滇桂黔石漠化片区国土面积的 38%，占整个贵州省国土面积 17.62 万平方公里的 49%，是贵州省三个集中连片特殊困难地区中最大的片区。有“生态癌症”之称的西南石漠化地区地形地貌复杂，生态环境脆弱，自然灾害频发，交通灯基础设施薄弱。

2011 年，片区内地区生产总值 1786.09 亿元，占全省 GDP 的 31.3%；人均地区生产总值 13380 元，为全省人均 GDP 的 82%。规模以上工业增加值 536.59 亿元，第一、第二、第三产业结构比例为 15∶41∶44。地方一般财政预算收入 195.34 亿元，财政一般预算支出 680.96 亿元。农村居民人均纯收入 4132 元，比全省农村居民人均纯收入 4145 元低 13 元。片区内年末常住总人口 1334.91 万人，占全省年末常住总人口的 38.5%，其中乡村人口 995.73 万人，城镇化率 25.4%，人口密度 154 人/平方公里。

按国家采用的新标准计算，2011 年有农村扶贫对象 529.03 万人，占农村户籍人口的 37.3%，比全国高 24.6 个百分点。片区内有 33 个国家级扶贫开发工作重点县，占整个滇桂黔石漠化片区内国家级扶贫开发工作重点县总数的 49%。贫困人口占全省农村贫困人口的 46%。

表 3　贵州省境内的滇黔桂石漠化区县名单

贵州省	六盘水市	钟山区（大湾镇除外，因其已纳入乌蒙山片区）、水城县和六枝特区
	安顺市	西秀区、平坝县、普定县、关岭布依族苗族自治县、镇宁布依族苗族自治县、紫云苗族布依族自治县

续表

贵州省	黔西南州	兴义市、兴仁县、普安县、晴隆县、安龙县、望谟县、贞丰县、册亨县
	黔东南苗族侗族自治州	凯里市、黄平县、施秉县、三穗县、镇远县、岑巩县、天柱县、锦屏县、剑河县、台江县、黎平县、榕江县、从江县、雷山县、麻江县、丹寨县
	黔南布依族苗族自治州	都匀市、荔波县、贵定县、瓮安县、平塘县、罗甸县、长顺县、龙里县、惠水县、独山县、三都水族自治县

二、贵州贫困县发展情况

贵州是我国西部欠发达多民族省份，有 50 个扶贫开发重点县，总面积 11.63 万平方公里，占全省国土面积的 66%。到 2011 年末，贵州扶贫开发重点县的户籍总人口数为 2245.45 万人，占全省比重为 52.98%；常住总人口 1776.21 万人，占全省总人口的比重为 51.2%。在国家和省市一系列特惠政策的支持下，贫困县的社会经济持续发展，人民生活水平稳步提高，减贫成果显著。

（一）贫困程度及区域经济

1. 贫困程度

截至 2011 年底，贵州 50 个扶贫开发工作重点县贫困人口总数约 866.4 万人，贫困发生率 40.6%，是全省平均水平（33.4%）的 1.2 倍；城镇人口 350.93 万人，城镇人口比例 21.08%，比全国平均水平还低 2.95 个百分点。

2. 区域经济

2011 年，全省扶贫开发重点县人均生产总值 9978.5 元，占全省平均水平的 83.7%。2011 年，全省扶贫开发重点县工业增加值为 391 亿元，占全省总量的 22.6%，其中，轻工业增加值为 48.7 亿元，重工业增加值为 342.3 亿元；地方生产总值 1906.94 亿元，占全省总量的 33.4%，其中，第一产业生产总值 408.62 亿元，占全省第一产业生产总值的 55.17%，与上年相比增加 2.44 个百分点；第二产业生产总值 772.08 亿元，占全省第二产业生产总值的 31.15%，与上年相比增加 6.85 个百分点；第三产业生产总值 726.23 亿元，占全省第三产业生产总值的 28.67%，与上年相比增加 2.12 个百分点。总体来看，贫困县更注重发展第二产业，因此，其发展速度比第一、三产业快，在地区生产总值中的比重也快速提高。

2011 年，全省扶贫开发重点县规模以上工业增加值 512.87 亿元，占全省总量的 29.8%；2011 年扶贫开发重点县固定资产投资 125.12 亿元，仅占全省总量的 2.87%；粮食产量 524.1 万吨，占全省总量的 59.8%，人均粮食产量 248.7 公斤，比全省平均水平（全省平均水平 264.5 公斤，扣除贵阳市的南明区、云岩区、乌当区、白云区、小河区等完全城镇化地区）少 15.7 公斤；地方预算内财政收入 162.91 亿元，占全省总量的 21.1%，人均财政支出 4202 元，是全省平均水平的 1.2 倍；城乡居民储蓄存款余额 1093.5 亿元，占全省总量的 27.8%。

（二）农户生产与生活条件

1. 土地

扶贫开发重点县国土面积为 11.63 万平方公里，占全省比重为 66%。截至 2011 年底，全省扶贫开发重点县常用耕地面积 1042796 公顷，占全省比重为 59.4%，其中，水田面积为 398507 公顷，占全省比重为 53%。人均耕地面积为 0.88 亩，比全省平均水平的 1.16 亩少 0.29 亩。

2. 生活设施及财产

扶贫开发重点县的住房条件得到了进一步的改善。截至 2011 年底，全省扶贫开发重点县农民人均住房面积为 26.63 平方米。从住房结构看，到 2011 年，贫困县居住钢筋混凝土结构和砖木结构住房农户比重为 81.7%，比上年增加了 3 个百分点；仍有 15.3% 的农户居住在竹草、土坯结构的住房中，但与上年相比下降了 2 个百分点；其他结构住房的农户占 3%，也下降了 1 个百分点。

2011 年，农户的耐用消费品拥有量继续增加，每百户拥有冰箱、冰柜 24.78 台，彩色电视机 89.51 台，拥有摩托车 28.35 辆，拥有固定电话和移动电话 135.9 部，分别比上年增加 5.14 台、5.31 台、21 部。总体来说，贫困县农户耐用消费品拥有量快速提高，但仍低于全省平均水平。

（三）农户收入与消费

1. 农民收入情况

2011 年，贫困县农民人均纯收入为 3937 元，比上年的 3146.3 元增加 790.7 元，增长了 25.1%。从收入来源看，以 2010 年为例，工资性收入为 1167.1 元，经营性收入为 1668.6 元，财产性收入为 41.7 元，转移性收入为 268.8 元。2009 年，农民人均纯收入为 2698.1 元，其中，工资性收入为 1000

元，经营性收入为 1434.7 元，财产性收入为 32.3 元，转移性收入为 231.2 元。

2. 农民生活消费情况

2011 年扶贫开发重点县社会消费品零售总额 417.54 亿元，占全省社会消费品零售总额的 23.8%，其中，乡村社会消费品零售总额为 177.34 亿元，占扶贫开发重点县社会消费品零售总额的比重为 41%。

农民生活消费支出快速增长。2010 年，农民人均生活消费支出 2433.2 元，比上年增加 358.8 元，增长了 17.3%。从消费结构看，农民人均食品消费支出 1217.4 元，比上年增加 227.4 元，比上年增长 23%；人均衣着消费支出 121.5 元，增加 17.1 元，比上年增长 16.4%；人均居住消费支出 448.9 元，增加 33.9 元，增长 8.2%；人均家庭设备用品支出 119.2 元，增加 11.6 元，年均增长 10.8%；人均交通通信支出 200.6 元，增加 27.5 元，比上年增长 15.9%；人均文化教育支出 172.8 元，增加 19.1 元，增长 12.4%；人均医疗保健支出 114.7 元，增加 19.4 元，比上年增长 20.4%；人均其他商品支出 38.1 元，增加 2.7 元，年均增长 7.6%。

（四）农村教育

2011 年底，扶贫开发重点县小学学校数 7294 个，小学在校学生数 2408293 人，小学专任教师 113538 人，教师学生比为 1∶21.2；初中学校数 1159 个，初中在校学生数 1136951 人，初中专任教师 61143 人，教师学生比为 1∶18.6；高中在校学生数 292913 人，高中专任教师 14876 人，教师学生比为 1∶19.7。从辍学率看，2011 年，小学学生辍学率为 15.0%，初中学生辍学率为 14.1%，高中辍学率为 40.2%。

（五）劳动力就业

从劳动力从事的主要行业来看，2011 年，扶贫开发重点县第一产业乡村从业人员 680.7 万人，占全部劳动力的比重为 56.6%；第二产业乡村从业人员 100.07 万人，占全部劳动力的比重为 8.3%；第三产业乡村从业人员 422.74 万人，占全部劳动力的比重为 35.1%。

贵州民族贫困地区发展监测报告（2012年）

黄　勇　朱　薇*

贵州省有48个少数民族，数量仅次于云南和新疆，居全国第三位。其中，世居少数民族17个，包括苗、布依、侗、土家、彝、仡佬、水、回、白、瑶、壮、毛南、蒙古、仫佬、满、羌等民族。人口超过10万人的少数民族有苗族、布依族、侗族、土家族、彝族、仡佬族、水族、回族和白族等9个民族。根据第六次人口普查数据，2010年贵州有少数民族常住人口1240.44万人，占全省常住人口的35.7%，约占全国少数民族人口总数的11.1%。贵州少数民族人口整体上呈“大杂居、小聚居”状态分布在88个县（市、区），全省实行民族区域自治的民族有苗、布依、侗、土家、彝、仡佬、水、回等8个民族，有黔东南、黔南、黔西南三个自治州、11个民族自治县和236个民族乡。2012年民族自治地方国土面积97825平方公里，占全省总面积的55.5%。全省民族自治地方共有46个县，剔除民族自治地方中的凯里市、镇远县、都匀市、福泉市、贵定县、瓮安县、龙里县、惠水县、兴义市、玉屏县等10个非贫困县（市），属于国家级贫困县的有36个。其分布情况如表1所示。

一、经济总量

“九五”以来，贵州少数民族地区经济持续健康发展，地区生产总值由

* 黄勇，贵州省社会科学院区域经济研究所所长、研究员，研究方向为区域和产业经济、投资经济、发展经济学。朱薇，贵州省社会科学院区域经济研究所副研究员，研究方向为区域经济、产业经济。

1995 年的 181.55 亿元增加到 2012 年的 1982.78 亿元，年均名义增长 16.1%（未扣除价格因素。下同）。2012 年平均每县生产总值为 43.1 亿元，仅相当于全省县级平均水平的 53.9%。2012 年，贵州民族自治地方人均 GDP 为 14690 元。全省 46 个民族县人口合计占全省总人口的 38.8%，国土面积占 55.5%，但地区生产总值仅占 28.9%。经济总量小，发展缓慢，是民族地区近年的基本特点。

表 1　36 个民族贫困县分布情况

地　区	少数民族贫困县
遵义市	道真仡佬族苗族自治县、务川仡佬族苗族自治县
安顺市	镇宁布依族苗族自治县、关岭布依族苗族自治县、紫云苗族布依族自治县
毕节市	威宁彝族回族苗族自治县
铜仁市	印江土家族苗族自治县、沿河土家族县、松桃苗族自治县
黔南布依族苗族自治州	荔波县、独山县、平塘县、罗甸县、长顺县、三都水族自治县
黔东南苗族侗族自治州	黄平县、施秉县、三穗县、岑巩县、天柱县、锦屏县、剑河县、台江县、黎平县、榕江县、从江县、雷山县、麻江县、丹寨县
黔西南布依族苗族自治州	兴仁县、普安县、晴隆县、贞丰县、望谟县、册亨县、安龙县

国家级重点扶持的 36 个民族贫困县占全部民族县的 78.3%。2012 年，这 36 个民族贫困县共实现地区生产总值 1217.42 亿元，仅占贵州省民族县的 61.4%；其中，地区生产总值最小的雷山县仅 14.59 亿元，地区生产总值最大的威宁县为 100.66 亿元；每县平均生产总值为 33.82 亿元，仅为全省民族县平均水平的 78.5%；人均 GDP 为 12096.54 元，仅为全省民族自治地方人均 GDP 的 82.3%。总的来看，贵州民族贫困地区经济总量规模较小，发展较缓。

表 2　贵州省民族自治地方地区生产总值（GDP）发展情况

年份	地区生产总值（亿元）	其中：第一产业（亿元）	第二产业（亿元）	第三产业（亿元）	人均生产总值（元）
1995	181.55	94.27	46.40	40.87	1288
2000	309.30	130.13	98.50	80.67	2039
2005	561.89	186.39	176.96	198.54	3480
2012	1982.78	395.64	667.33	919.81	14690

资料来源：贵州省统计局编：《贵州统计年鉴》（1996—2013 年）。

二、社会经济结构

二元结构是贵州民族地区普遍存在的典型社会经济现象，其总体特征是城乡二元经济结构和城乡二元社会结构，即一方面是发展中的工业，另一方面是传统的农业；一方面是朝着现代化方向发展的城市，另一方面是落后的农村，这是城乡二元结构的集中体现。解决二元结构矛盾，是贵州少数民族地区工业化和现代化进程的主线，也是贵州民族贫困地区新农村建设的重中之重。

在贵州民族贫困地区，城乡二元经济结构主要表现为传统农业部门比重过大、工业经济部门发展不足以及城乡差距十分明显的一种状态。城乡二元经济结构，主要是由城乡生产力发展差异而形成的，并随着这种差异的扩大而日益突出。城乡二元经济结构主要表现在三次产业结构与就业结构的差异、城市化与工业化水平的差异等方面。

2012 年，贵州民族贫困地区第一产业增加值为 304.69 亿元，比重为 25.0%，比 2007 年下降了 12.87 个百分点，但仍比全省高出 12.03 个百分点，产业结构还处于较低的层次，第一产业比重过大，粗放经营，增加值有限；第二产业增加值为 369.57 亿元，比重为 30.4%，比 2007 年的 26.9% 上升了 3.46 个百分点，但比全省水平低 8.7 个百分点，第二产业以资源主导型采掘、加工业为主体，优势资源路径依赖现象严重；第三产业增加值为 543.16 亿元，比重为 44.6%，比 2007 年增加了 9.4 个百分点，比全省水平低 3.3 个百分点，虽然第三产业在贵州民族地区是最具活力的经济增长点，但民族地区由于经济规模总量太小，人均收入与消费水平过低，基础设施发展落后，第三产业规模有限，后发效益也难以发挥。

2012 年全省的产业结构已经调整到 13.0∶39.1∶47.9，但贵州民族地区中的 36 个国家重点扶持的贫困县为 25.0∶30.4∶44.6，虽然民族贫困地区近年来产业结构在逐步优化，但第一产业比重过大，第二产业比重很低，产业结构仍处于较低的水平，工业化水平同全省的工业相比有一定的差距。在计划经济条件下，区域经济封闭运行，形成了大而全、小而全的产业体系。而在市场经济条件下许多企业依然是生产技术落后、产品粗糙、效益下滑、亏损严重，但却是地方经济的发展支柱，发挥着保地方经济增长、保财政增收、保社会稳定不可替代的作用。从总体来看，民族地区产业结构不合理问题一方面表现为发展中的工业与落后的种养业经济形成强烈反差，农村自给自足或半自给自足的自然经济仍占相当比重，涵盖了大量乡村人口；粗放的手工劳作、原始落后的工具和技术与城市较先进的现代工业形成巨大反差；城市文明与自然经济并存，中心城市辐射力弱，城乡差距远大于全国水平。

贵州民族地区的城乡二元社会结构表现为农村社会结构严重滞后，以及社会结构滞后于经济结构等。社会结构反映了社会发展水平的提高。尽管贵州民族地区经过了改革开放 30 年来的发展，但作为民族贫困地区，社会整合程度仍然很低，城乡之间不仅在经济发展上存在较大的差距，而且在社会事业、公共服务、收入分配等方面也存在不统一、不公平的体制和政策，导致城乡经济社会发展不协调、城乡居民收入的差距和国民待遇上的不平等。其一，反映在城乡人口分布结构仍未得到根本的改变。根据第六次人口普查统计的2010 年城镇人口占比数据，贵州民族贫困地区中城镇人口占比最高的施秉县为 29.8%，最低的从江县仅为 13.55%，均远低于 2010 年全国城镇人口比重（49.68%）和全省城镇人口比重（33.8%），城镇化水平很低。其二，就业结构仍呈现数量型特征，从数量型至效益型的转化速度较慢。目前贵州农村第二、三产业从业人员比重较小，也说明农村就业不充分（向第二、三产业和城镇转移农业劳动力较困难）是农民收入增长缓慢的深层原因。其三，农村社会阶层结构变迁缓慢。反应在农村内部社会分化进程缓慢，乡村企业主、个体户、农村专业户、手工业者、农业技术人员等农村精英数量非常缺乏，农村社会阶层结构单一。其四，社会发展布局结构中不同层次的社会发展级没有形成。由于城镇化水平较低，城镇的带动作用不明显，未能形成有影响力的发展级，从而未能带动社会事业的发展，尤其是“两山”地区（瑶山、麻山地区）及一些边远民族山区社会发育程度极低。因此存在社会结构方面的矛盾，一是城乡二元社会结构还没有根本改变，城乡社会分化、城乡差别在呈现扩大趋势，但从农村内部来讲，贵州农村社会发展非常滞后，贫困问题较突出。二是经济社会发展极不平衡，民族地区的社会结构调整严重滞后于经济结构调整，工业化已进入中期阶段，而城镇化还在初期阶段，乡村基础设施建设甚至还没有起步。

城乡二元结构是贵州民族地区从传统的农业社会走向工业化和现代化必经的过渡形态，是贵州民族地区不发达的标志，反映了城乡之间的制度差异。改变城乡二元结构的主要途径是提高工业化和城市化水平，推进城乡一体化发展。

三、“三农”发展

贵州民族地区的二元结构非常突出，农业经济、农村发展更为落后，农民收入水平和生活水平更低。

农业问题主要表现为农业内部结构仍较传统，增长缓慢，农业生产风险较大，经济效益低下。从农林牧渔业结构来看，2012 年，贵州民族地区中的 36 个国家重点扶持的贫困县的农林牧渔业总产值为 486.35 亿元。在农林牧渔业结构中，2012 年农林牧渔比为 54.5∶7.6∶33.2∶2.7∶2.0，仍是以种养业为主的传统农牧型结构。从主要农产品来看，贵州民族地区农业结构调整迈出新步伐、产业化经营取得新进展，农业科技含量、基础设施建设、技术装备水平得到一定增强，形成了粮食、油料、烟草、生猪等几大支柱产业格局。其中，2012 年人均粮食产量为 367 公斤，比全省平均水平高 18%。

从贵州民族地区的农村发展来看，农村经济不发达，较为落后，文化教育也很落后。首先是农村社会事业发展水平仍较落后。体现在：一是农村教育事业发展较快，但目前举步维艰。近年来加大了农村“普九”力度，全省已全面实现“两基”目标，但民族地区农村教学条件仍需要较大程度的改进，适龄儿童辍学现象仍有波动，农村劳动力平均受教育年限仍然较低。二是农村科技培训、示范与推广力度不断加大，农业科技含量逐步提高，但由于农业产业的科技发展起点低，科技推广与服务的内在动力不足，科技发展对农村经济增长的边际报酬率仍不突出。三是农村文化事业虽有所发展，加快了“村村通”网络建设，但农民文化生活仍非常贫乏。四是卫生服务条件不断改善，但基层公共卫生、预防保健服务滞后，农村医疗保障制度不健全，农村生活方式和生产方式存在疾病流行的隐患，农民的健康状况仍不容乐观，农民因病致贫、因病返贫的问题在农村地区相当突出。总的来看，民族地区农村人口控制、教育、科技、医疗卫生、文化等社会事业发展还比较落后。其次，民族地区农民的生活质量水平不高。生活质量是农村社会发展的最终目标。从总的来看，贵州农民的收入来源较为单一，消费结构转型较慢（用于满足生存需要的吃穿费用比重仍较高，满足享受和发展需要的教育、居住、文化娱乐、医疗保健、交通通讯费用水平较低，消费结构尚未由生存型向发展型转变），城乡收入、消费、居住水平及社会公共资源享用水平的二元结构差异仍较显著。综上所述，贵州民族贫困地区农村社会发展总体特征可概括为：社会持续稳定向前发展，但社会事业发展水平仍较落后，农村社会结构转型滞后，社会整体效益较低，人口素质较为落后，生活质量水平不高，社会保障力度薄弱，小康实现程度还较低。

从农民问题来看，贵州民族地区农民问题最主要的是农民增收渠道少，收入低。民族地区农民的主要来源是种养业和外出打工，其中从事农业生产的劳动力高达60%以上，这种单一的产业结构，加上农业生产条件差，导致贫困地区农民通过家庭经营种养业提高收入水平的难度较大。另外，农民劳务收入虽然一直是贫困地区农民的主要增收途径，但是由于贫困地区大多二、三产业发展落后，当地就业机会较少。外出务工也受到农民自身素质的限制，缺少技能培训，又难以获得进入劳务市场的信息，就业渠道不畅。而且，即使外出打工，收入水平也非常低。另外，贵州民族地区的贫困问题依然突出，扶贫攻坚任务艰巨。尽管贵州少数民族地区脱贫致富取得很大成效，但很多地区仍未摆脱贫穷落后的局面。一方面少数民族地区贫困面还很大，贫困人口还较多。目前，934个贫困乡镇中民族地区乡镇占719个，其中100个一类重点乡镇中民族地区乡镇占79个，全省农村没有解决温饱的贫困人口中，少数民族占60%，全省46个民族自治地方的县中有45个县是武陵山、乌蒙山、滇黔桂三大连片贫困区域的扶贫重点县。另一方面，脱贫的难度较大，贫困地区大多地理位置偏僻，自然环境恶劣，基础设施薄弱，生产水平低下，抗御自然灾害能力差，以上因素使得扶贫攻坚的任务更为艰巨。除此之外，民族地区农民的社会保障力度薄弱。从农村养老保障来看，家庭养老方式仍然是农村养老的主要形式。据有关部门的调查和估计，在农村，家庭养老约占整个养老保障的90%以上，具体形式主要包括：老年人靠自己的劳动和以往收入的积累来自养、靠子女供养、配偶供养和其他直系或非直系亲属供养。而农村医疗保障及失业人员的再就业等涉及社会弱势群体的社会保障问题，仍没有从体制和法律的角度得到根本解决。在自然灾害救济、贫困户救济、五保供养、优抚工作等社会救助工作方面也存在覆盖面儿小、资金不足等问题。总的来讲，农村人口的抗风险能力相当薄弱。

四、地方财力

从2007年到2012年，36个民族贫困县的地方财政收入有了较快发展，平均每个县的公共财政收入从6586万元增长到2012年的30663亿元，年均增长

36%，但同期财政支出的年均增长速度达到了32.5%，地方公共财政收入占财政支出的比重由2007年的17.1%上升到2012年的19.4%，尽管地方财政有了明显改善，但赤字总量仍占到80%以上，100%的民族贫困县都是财政赤字县，在当前宏观经济形势下下行压力仍然较大。贵州目前正处于提速发展期，民族贫困地区地方财政总量小、支出增长较快、收支矛盾尖锐的现象越来越严重。总之，长期以来，在粗放经济增长方式与现有社会分工格局下，贵州民族贫困地区资本要素的发展的总体特征可归纳为：储蓄、投资水平逐年增长，但水平偏低，金融约束与金融抑制现象严重。

贵州民族地区资本积累长期滞后，其原因可以总结如下：一、区域发展落后。贵州民族地区的经济发展是恶性循环的：Y低→S低→I低→Y低，即收入水平约束了储蓄与投资的增长，储蓄与投资水平又进一步约束了收入的增长。民族地区的经济要实现跨越式发展，就必须打破恶性循环，实现经济增长方式的良性循环（Y高→S高→I高→Y高），这样，资本多→收入多……由此转化成良性循环。二、资金内生机能差。资金运行处于低投入——低效益——低积累——低产出的低水平循环状态，资本生成与资本积累能力差，资本形成能力严重不足，从而实际投资与东部相比存在明显差异，并且这种差异呈现扩大趋势。民族地区不仅政府穷，百姓也穷。以2012年为例，民族地区人均城乡居民储蓄存款余额为9962元，仅为全国平均水平的32%。由于政府和老百姓都没有钱，从而制约了再生产的投入，而投入的减少又影响经济的进一步发展，使整个地区经济陷入一种恶性循环。

五、基础设施建设

近年来国家加大了对民族地区基础设施的投资，贵州民族地区固定资产投资得到较快增长，从2007年的263.66增长到2012年的2110.36亿元，年均增长超过50%（名义增长率）。随着固定资产投资力度的加大，贵州民族地区的基础设施状况得到进一步改善。在2012年，贵州民族地区公路里程达到了83453.50公里，比2007年增加了32135公里，增长了62.8%，公路密度达到0.85公里/平方公里；邮路总长度达到18719公里，比2007年增长了13.9%，以农田水利、交通、通信、城镇为重点的基础设施建设得到加强。

尽管民族地区的交通、通信等基础设施有了较大的改善，但与全省人均固定资产投资力度相比，贵州民族贫困地区固定投资的发展水平还远远落后于全省水平。2012 年，36 个少数民族贫困县的固定投资为 1250.57 亿元，仅占全省固定投资的 21.9%。基础设施薄弱严重制约了贵州民族贫困地区的发展，由于民族地区自身条件不足，因此政府加大在这些方面的投入是必须的。能源、交通、水利等应成为贵州少数民族地区建设的重点，这些不仅为这些地区以后的发展提供一个必须的平台，而且也会带动其他相关产业的发展，具有明显的“乘数效应”，农村的饮水、通电、医疗卫生等基础设施的建设也是一个解决重点。

大 事 记

贵州农村扶贫开发大事记

王　曼　向　青*

2010 年

一月

1 月 14 日

团省委在贵阳举行春晖行动工作推进会，回顾总结过去五年的工作，安排部署下一步工作。省委副书记王富玉出席会议并讲话，省人大常委会副主任傅传耀、省政协副主席武鸿麟出席会议。

1 月 18 日

2009 年江口县第一批实施“一事一议”项目 108 个基本完工，项目涉及 9 个乡镇，15 个行政村，受益人口 62151 人，项目总投资 1099.16 万元。

1 月 20 日

贵州省制定 2010 年扶贫开发工作目标：全年减贫 50 万人、培训转移农村劳动力 10 万人、实施 2000 个村整村推进、筹集社会帮扶资金 1 亿元；突出五项工作重点，抓好七项试点工作，组织编制全省 2011—2020 年扶贫开发纲要，研究制定《贵州省扶贫开发条例（草案）》；平稳开展扶贫开发重点县调整工作，实现 50 个重点县农民人均纯收入增幅高于全省平均水平。

西部大开发战略实施以来，贵州省扶贫开发成绩喜人：到 2008 年，全省农民人均纯收入达 2780 元，比 2000 年的 1374 元翻了一番多，2009 年预计农民人均纯收入突破 3000 元大关，其中 50 个国家扶贫开发工作重点县从 2000 年的 1262 元增加到 2700 元，增长了一倍多。

---

* 王曼，贵州省图书馆；向青，贵州省图书馆。

2009 年，按照新的扶贫标准，贵州省开展了农村最低生活保障制度和扶贫开发政策有效衔接试点工作。

二月

2 月 8 日

省扶贫开发专题工作会在贵阳召开。会议决定，从今年起，贵州省将改革财政扶贫资金分配导向，加强扶贫规划编制，大力实施集团帮扶，确保实现“到 2020 年基本消除绝对贫困现象、农民人均纯收入比 2008 年翻一番、国家扶贫开发工作重点县农民人均纯收入增幅高于全国平均水平”3 大目标。大力开展集团帮扶，力争到 2020 年，使 57 个乡镇中的 1000 个以上贫困村整体脱贫。

2 月 13 日

贵州省当前还约有 550 万年收入在 1196 元以下的贫困人口，面临着全面建设社会主义新农村与推进扶贫开发的双重历史任务。

三月

3 月 16 日至 17 日

全省扶贫开发工作会议在印江自治县召开。会议的主要任务是，贯彻落实中央农村工作会议、全国扶贫工作会议精神，总结印江自治县“县为单位、整合资金、整乡（村）推进、连片开发”试点工作经验，研究部署今年和今后一段时期的扶贫开发以及 2010 年的党建扶贫工作。省扶贫开发领导小组与各市（州、地）签订了 2010 年目标责任书。

3 月 22 日

省直机关赴农村党建扶贫表彰暨 2010 年度动员培训会在贵阳召开。会议总结并充分肯定了贵州省 2009 年党建扶贫工作队取得的成绩，同时表彰了 19 个先进工作队和 51 名优秀队员。

四月

省政府成立“两项制度有效衔接试点工作领导小组”。省扶贫办、省民政厅、省财政厅、省调查总队、省统计局、省残联共同下发《关于做好农村低保制度与扶贫开发政策有效衔接试点工作的指导意见》。1 月贵州省确定在 9 个县的 11 个村开展“农村最低生活保障制度和扶贫开发政策有效衔接”试点。

4 月 6 日

在省委、省政府的重视、推动下，贵州贫困山区小水池、小水窖、小山塘（三小工程）建设，取得了一些成效：据统计，2004 年—2009 年，全省共投入财政扶贫小水池建设资金 3.4 亿元，建设 30 立方米/口小水池 21.5 万口，136.66 万人受益，受益农民人均增粮 21.95 公斤，受益农民人均增钱 82.1 元，覆盖农田面积 90.3 万亩，解决人饮水 72.3 万人，解决畜饮水 54.16 万(头/匹)。

4 月 23 日

省委、省政府领导扶贫联系点集团帮扶座谈会在贵阳召开。

五月

5 月 20 日

福耀集团通过中国扶贫基金会向云南、贵州、广西、重庆、四川五省（市、区）贫困家庭捐赠善款 2 亿元人民币，贵州省获赠 5000 万元。

七月

7 月 15 日

全省扶贫开发与农村低保两项制度有效衔接扩大试点工作培训暨现场会在六盘水市召开。

7 月 22 日

由省委统战部、省委政研室主办，省经济学会协办的贵州省统一战线服务科学发展“毕节模式”理论研讨会暨“毕节试验区研究中心”挂牌仪式在贵阳举行。

全省两项制度有效衔接扩大试点工作电视电话会议在贵阳召开。据统计，目前，贵州省贫困人口 555.3 万人，占全国贫困人口的 15.4%，是全国农村贫困面最大、贫困程度最深的省份。今年，在认真总结去年两项制度有效衔接试点工作的基础上，全省 50 个国家扶贫开发重点县、33 个有扶贫开发任务的县及贵阳市乌当、白云、南明、云岩、小河的所有乡（镇）、村都将列入本次扩大试点范围。

八月

8 月 15 日

印江自治县 2010 年度“县为单位、整合资金、整乡推进、连片开发”试点项目启动。这是继财政部、国务院扶贫办在该县杉树乡实施“县为单位、整合资金、整村推进、连片开发”试点项目后的新一轮扶贫开发试点项目，项目建设总投资 5379.42 万元。实施时间为 2010 年 7 月至 2012 年 6 月。项目包括建成茶园 5000 亩、蔬菜基地 2000 亩；发展良种母猪 1500 头；新建公路 40.5 公里、小水窖 5400 立方米、沼气池 400 口、卫生室 10 个；新建和完善小学（教学点）配套基础设施建设 3 个，美化农舍 300 栋；安装广播电视 1030

套等119个子项目。预计到2015年，新增的茶园、蔬菜、生猪等项目全部产生效益后，可为试点区群众人均年收入增加2000元左右，使试点区人均纯收入达4000元以上。

8月17日

由省扶贫开发领导小组主办的“雨露计划·圆梦行动”资助贫困大学生仪式在这里举行，50名贫困大学生代表每人领到了4000元资助金。

九月

9月6日，省政协召开“两山（麻山、瑶山）”地区扶贫开发协商座谈会。

9月12日至14日

由国务院扶贫办和省政府联合主办的石漠化地区种草养畜产业化扶贫贵州试点工作会议在贵阳召开。自2007年贵州省实施草地生态畜牧业产业化科技扶贫项目以来，共累计投入中央和省级财政扶贫资金6.2亿元，人工种草178.5万亩，改良草山草坡78.8万亩，建成500多个养殖示范基地。2009年项目区扶持农户2.77万户，户均收入1.83万元。

9月23日

近日，贵州省出台《关于推进扶贫资金使用监管改革工作的意见》，规定对扶贫资金和扶贫项目管理使用效果好的单位和个人，要给予通报表彰和奖励，并在资金分配和项目安排上倾斜。国务院扶贫办对贵州省财政扶贫资金在分配使用方式上进行重大调整的基本思路给予充分肯定，认为贵州省扶贫资金突出“统筹兼顾、突出重点、资源整合、集中使用”的使用导向，很值得重视。

9月26日

省委统战部组织召开的晴隆县马场乡集团帮扶工作座谈会在贵阳举行。

全省山地农业扶贫开发工作现场会在长顺县召开。

2008年，长顺县被列为国家“县为单位、整合资金、整乡推进、连片开发”项目试点县，从修复生态、治理石漠化、破解贫困入手，采取“资源大整合、项目大集中、社会大参与、群众大发动”的方式，大力发展山地农业，总结出了“一业为主、多品共存，以短养长、长短结合，多种经营、循环利用”的发展模式，初步扭转了“水土流失—土地石漠化—生活贫困”的循环怪圈，探索出了“生态改善—产业发展—农民增收”的有效途径。

十月

10月6日

为期3天的贵州省农村开发扶贫促进会项目管理及业务培训会在贵阳结

束，来自全省促进会的县级代表、乡镇综合服务中心负责人共30多人聚集一堂，共同探讨农村开发扶贫项目管理及业务发展。

10月12日

由团省委主办、省春晖行动发展基金会承办的“春晖家园计划”自2008年底实施以来，在全省已实施完成了104个“春晖家园计划”项目，每个项目由省春晖行动发展基金会无偿提供部分启动资金，按照“五位一体”运作模式，整合资金2000余万元，项目覆盖全省9个地州市的54个县，惠及605个村民组、32万余名群众。

10月26日

全省扶贫系统业务工作会在松桃自治县召开。

十一月

11月24日

全省首期扶贫开发项目档案管理培训班在贵阳结束，来自全省各市（州、地）的100名学员参加培训。

11月26日

11月以来，普安县采取整合资金整村推进连片开发，结合引进龙头企业参与实施等办法，全力推进5万亩特色薄壳核桃富民民生工程。

11月26至27日

由省农村开发扶贫促进会与毕节地区共同筹办的试验区产业化扶贫研讨会在毕节召开。

11月29日

经全国哲学社会科学规划领导小组批准，贵州省申报的国家社科重大招标项目《未来十年我国扶贫开发战略的完善及其重点突破——着重基于西部地区的研究》正式立项。该项目由省委政策研究室牵头，与省哲学社会科学规划办公室协同国家和省扶贫部门、省委讲师团、贵州师大等方面，在前期大量相关研究成果基础上组织研究力量共同申报。该项目申报成功，实现了近年贵州省开展国家社科重大项目投标工作以来零的突破。

十二月

12月3日

由省委组织部、省文明办、省农委、省教育厅、团省委联合举办，省春晖行动发展中心、省春晖行动发展基金会承办的第二届春晖行动表彰大会暨捐赠仪式在贵阳举行。春晖行动实施6年来，贵州省各级团组织共礼聘各类春晖使者28000多名，主要开展了“春晖感恩教育”、“春晖助学”、“春晖行动——我与家乡共发展”等活动；两年来完成“春晖家园计划”项目104个，整合资金2000余万元，项目覆盖全省9个市州地的54个县，惠及605个村民组，32万群众从中受益。

12月5日

中国首部扶贫开发电影《情系喀斯特》在贵州黔西县化屋基乌江源百里画廊开机。省人大常委会副主任顾久、省委统战部常务副部长陈庆义、毕节地委副书记安金黎、电影导演杜云萍、电影编剧刘峻杰共同为影片开机揭幕。

12月9日

省扶贫办向全社会公开郑重承诺：一、优化流程、限时办理。次年第一批中央及省级财政扶贫资金项目于当年12月底前完成审批并下达计划，第二批中央及省级财政扶贫资金项目于中央及省下达文件之日起30日内完成审批并下达计划。二、效率优先、制度保障。在资金使用方向上，由“因素分配”向“产业分配”转变；在分配方式上，实行产业主导、市场取向、效益优先、竞争入围、结果导向、绩效考评、以奖代补、公开透明；在资金监管上，实行全程监控的资金使用监管体系。三、简政放权、分级管理。按照“一业为主、多品共生”的要求，在产业化财政扶贫资金中安排20%以内的资金实施“有偿使用、滚动发展”辅助产业项目。项目资金实行地、县审批，报省办确认、备案。乡镇特色产业扶贫资金由地、县扶贫部门审批，报省办确认、备案。四、阳光审批、公开运作。公开扶贫资金总量、资金分配方法、扶贫资金数额、项目申报程序、项目申报结果、项目实施、项目考评结果、以奖代补资金数额等。产业化项目实现网上、文本双向申报，竞争入围、公开审批。五、监督检查、绩效考评。项目实施全过程自觉接受监督。

12月11日

毕节地区建立煤矿企业帮扶矿区农村发展长效机制试点工作在大方县启动，该县凤山乡凤山煤矿、大方镇海燕煤矿等12家煤矿企业成为首批帮扶所涉行政村发展的试点。

12月23日

三都水族自治县扶贫开发网正式开通运行，标志着贵州省县域扶贫开发路径从实体向网络拓展、扶贫开发手段从常规化向信息化演进。

12月29日

省光彩事业促进会第三次会员代表大会暨三届一次理事会在贵阳召开。省光彩事业促进会成立6年来，贵州省各级光彩促进会实施光彩事业项目4130个，其中6个被列为全国光彩事业重点项目，累计在贵州省实施光彩事业项目投资的民营企业家和港澳台侨工商界人士达到4300人，到位资金149亿多元，安排就业45.2万人，带动16.77万人脱贫致富，捐资助学和资助其他公益事业8.35亿元。

12月30日

国家开发银行贵州省分行在对威宁自治县的扶助开发中，变“输血”式扶贫为“造血”式开发，积极支持该县按生态文明模式，建立可持续发展的健康模式。截至2010年底，开行已向威宁境内承诺贷款12.8亿元，实际发放贷款1.94亿元。

2011年

二月

2月18日

沿河自治县“十一五”期间共计整合投入扶贫资金4.5亿元，减少各类贫困人口6.78万人。

2月22日

省直机关党建扶贫工作队2010年度总结表彰暨2011年度动员培训会议在贵阳召开。2010年，省委、省政府从225个省直机关、企事业单位和人民团体中抽调283名干部，组成53支农村党建扶贫工作队，分赴全省50个扶贫开发重点县和黔西县的贫困乡村开展党建扶贫工作。

2月26日

全省扶贫开发工作会议在贵阳召开。

2月28日

2011年，贵阳市将以贫困面比较大和集中的“一区（花溪）、一市（清镇）和三县（修文、息烽、开阳）”贫困乡、村为主攻方向和工作重点，大力实施四大工程。全年目标任务：全市减少绝对贫困人口3.2万人。

三月

3月12日

长顺县召开整县率先“脱贫摘帽”动员大会。根据计划，长顺县在2012年率先实现脱贫摘帽，这意味着该县吹响了扶贫总攻的“号角”。

3 月 21 日至 23 日

省委副书记、省长赵克志深入黔西南州望谟县麻山乡，吃住在普通农家，走村入户看望群众，实地考察当地扶贫开发和农业结构调整情况，召开座谈会听取基层干部群众的意见和建议，现场解决群众生产生活中遇到的困难。

四月

4 月 21 日

由广东省民营商会投资 50 万元资金，在赫章县安乐溪乡碗厂村实施的“同心水窖”项目建设启动。该工程将修建小水窖 100 口，总容积量为 2500 立方米。项目建成后，可解决 100 户 450 人、大小牲畜 950 头（匹）饮水困难问题。

4 月 22 日

国家开发银行贵州省分行与长顺县人民政府签署开发性金融合作备忘录。双方将在“十二五”期间，就城镇基础设施建设、土地储备、保障性住房、工业园区建设、农业产业化及中小企业等领域展开合作，合作额度 10 亿元。

“十一五”期间，按照党中央、国务院决定，开展东西部对口扶贫协作，深圳等 4 城市开始对口帮扶贵州。深圳市通过多种渠道、多种形式向贵州省贫困地区捐赠资金物资 3.53 亿元。仅近 5 年，为贵州省无偿捐赠资金 2.93 亿元，新（续）建或改扩建学校 33 所，兴建乡村医院（卫生院）11 所，资助 5.7 万名失学儿童和特困学生入学就读，资助兴修基本农田 1.52 万亩，解决了 13.1 万人 3.92 万头大牲畜饮水问题，兴修乡村公路 441.45 公里，解决 90 多个村通电照明。

五月

5 月 10 日

省扶贫办在去年投入 700 万元试点乡村旅游扶贫初见成效基础上，今年加大投入 1 亿元资金，对全省 8 个市州地 21 个乡村实施乡村旅游扶贫。

5 月 18 日至 25 日

贵州省开展首届乡村旅游扶贫宣传周活动。

自 2010 年起，省扶贫办积极探索扶贫开发新途径，在黔东南州和铜仁地区确定了 7 个乡村旅游扶贫项目作为试点，取得了初步成效。今年，又在全省 8 个地州市确定了 21 个乡村旅游扶贫项目。在首个“中国旅游日”到来之际，省扶贫办将以“多彩贵州乡村游、城乡和谐促增收”为主题，以“挖掘民俗文化打造风情旅游、弘扬红色文化感受长征历程、传承农耕文化体验生态旅游”为重点，开展首届乡村旅游扶贫宣传周活动。活动内容包括唱响红歌乐乡村红歌比赛、乡村旅游商品展示、农民藤编比赛、农民水果采摘比赛、红村红歌比赛、红色文化书法展、农民趣味运动会、乡村旅游服务礼仪竞赛等。

5月19日

省"整乡推进"扶贫开发项目落户沿河自治县谯家镇。"整乡推进"项目是继草地生态畜牧业科技扶贫项目后又一落户该县的大项目，该项目于今年2月份立项批复，总投入财政扶贫项目资金1000万元，安排以奖代补资金200万元，将在该县谯家镇的24个村实施。

5月20日

全省乡村旅游扶贫工作推进会在遵义市汇川区召开。

六月

6月10日

贵州省组队参加由国务院扶贫开发领导小组主办、国务院扶贫开发领导小组办公室和北京市人民政府共同承办的"新世纪中国农村扶贫开发成就展"。喀斯特地区扶贫开发的典范——扶贫开发"贵州模式"在成就展上深受关注，贵州馆获得"协作贡献奖"。

6月23日

黔西制定出台《关于对扶贫开发工作重点乡镇加快脱贫攻坚步伐进行奖励的意见》，对在2013年以前实现"减贫摘帽"的乡镇分别实施奖励。

兴仁县农业林业和扶贫开发局为切实提高行政审批效率，对34个行政审批项目加大审批督促力度。积极配合政务服务中心工作，为群众提供"一站式"、"一条龙"服务。截至6月16日，政务中心大厅共受理各项行政审批项目125件，办结率为100%。

七月

7月2日

由中国社会科学院承办的"非洲国家减贫与可持续发展官员研修班"座谈会在贵州饭店举行，来自非洲15个国家的34名外籍学员与省社科院、省扶贫办、省农委、省商务厅的领导及专家学者们就扶贫开发与可持续发展进行了交流。

7月14日

省扶贫开发领导小组会议在贵阳召开。

八月

8月4日，新十年扶贫开发纲要重点县党政领导干部送教上门轮训（云南、贵州）班在贵阳开班。国务院扶贫办主任范小建出席开班仪式并对新十年扶贫开发纲要进行解读。

8 月 5 日，《武陵山区（贵州）扶贫开发与社会建设协调发展研究》开题仪式暨研讨会在贵阳举行。

8 月 9 日至 10 日

全省“185 农业产业化工程”党建扶贫集团帮扶工作现场会在黔南召开。黔南州“185 农业产业化工程”是在农业生产条件和产业基础较好的地区，使每亩土地在一个生产年度内生产的农产品销售收入达到 10000 元、8000 元或 5000 元以上，从而推动农业农村经济结构调整，发展农业产业化经营。

8 月 12 日

由省扶贫办主办的 2011 贵州省“雨露计划 · 圆梦行动”启动仪式在贵阳举行，5000 名农村贫困学生每人获得财政扶贫资金 4000 元资助。

九月

9 月 28 日至 29 日

全省核桃产业扶贫工作推进会在赫章举行。会议强调要全面贯彻落实《中国农村扶贫开发纲要（2011—2020 年）》，下大力调整产业结构，推进产业规模发展，确保 2015 年核桃种植实现 1000 万亩，着力把核桃产业打造成贫困地区新的经济增长点和农民增收的致富产业。

十月

10 月 11 日

今年省委、省政府提出核桃产业化扶贫的宏伟目标：“2015 年发展核桃 1000 万亩；到 2018 年，实现 1500 万亩规模。”目前，全省核桃种植面积约 140 万亩，年产量 1.3 万吨，产值约 3 亿元，仅占全国核桃市场的 2.6%。

10 月 25 日

《省扶贫办省民委“十二五”时期联合推进民族地区扶贫开发事业发展合作备忘录》签字仪式在贵阳举行，旨在共同推进双方认定的“全省民族地区 500 个贫困乡镇”和“全省 500 个特色民族文化村寨”发展。

10 月 26 日

当代中国农村社会管理暨武陵山区扶贫开发与社会建设学术研讨会在贵阳举行。

十一月

11 月 1 日

全省民族地区贫困乡镇扶贫开发和特色民族文化村寨建设现场会在黔西

县召开。

省扶贫办与国家开发银行贵州省分行签署《开发性金融支持贵州省扶贫开发合作项目实施方案》。该《实施方案》的签署标志着省扶贫办与国开行贵州省分行正式建立战略伙伴关系，合作额度达100亿元。

11月4日

贵州省扶贫办在贵阳市组织召开了全省扶贫产业结构调整暨经济运行分析工作会。截至目前，贵州完成减贫人口33.5万人，年底有望全面完成“减贫55万人”的总体目标；“2个国家扶贫开发工作重点县、58个贫困乡“减贫摘帽”将顺利实现，力争3个县66个乡完成“摘帽”任务；完成了291个贫困乡1342个贫困村整（乡）村推进任务；50个国家扶贫开发工作重点县农民年人均纯收入预计超额完成13%的目标。

11月16日

全民健康扶贫工程、贵州农村饮水工程捐赠仪式在贵阳举行。贵州省共获赠物资总价4088余万元。

11月28日

国务院已批复《武陵山片区区域发展与扶贫攻坚规划（2011—2020年）》，贵州省铜仁地区10个县市区及遵义市道真自治县、务川自治县、正安县、湄潭县、凤冈县、余庆县16个县区列入武陵山区范围，这是继西部大开发后，国家对连片特殊困难地区实施的又一战略性政策支持。

11月30日

荔波县扶贫办始于去年的1000万元经果林种植项目全部实施完成，推动了荔波县经果林产业化扶贫进程，数百户果农因此受益。

十二月

12月5日

“十一五”以来，锦屏县以开发式扶贫为着力点，全力打好扶贫攻坚战，全县41587名贫困人口摆脱了贫困，走上了致富之路。预计到年底，农民年人均纯收入达3510元。

12月8日

贵州省近日出台《关于大力实施乡村旅游扶贫倍增计划的意见》。从今年起，贵州省每年安排不低于1亿元的财政扶贫资金，以加快贫困地区脱贫致富步伐。5年内，在300个贫困村实施乡村旅游扶贫倍增计划，围绕红色旅游、民族风情游和生态休闲游等主题，加快形成种类丰富、特色鲜明、功能配套、服务规范的多元化乡村旅游扶贫产业体系。到 2015 年形成 10 个以上具有较大影响力的省级乡村旅游扶贫示范区、20 个地级乡村旅游扶贫示范区和 100 个各具特色的县级乡村旅游扶贫示范点。按照农民人均纯收入的 20% 来自乡村旅游、全省旅游总收入的 20% 来自乡村旅游、农村就业人员的 20% 来自乡村旅游的要求，到 2015 年全省乡村旅游扶贫项目区旅游总收入达 20 亿元以上，项目区贫困农民人均纯收入达 8000 元以上，年均增收幅度高于全省农民人均纯收入 3 个百分点。

12 月 13 日

武警黔西南州支队被评为全国扶贫开发先进集体，全国武警部队中有两个单位获此殊荣。

2012 年

一月

1 月起，长顺县为进一步完善城乡社会救助制度，及时有效地解决全县城乡困难群众的临时生活困难，该县将城市低保标准从每月 248 元提高到每月 280 元，月增加 32 元，增幅 12.9%；农村低保从每年 1344 元提高到每年 1480 元，增幅 10.12%。

1 月 4 日

省委副书记、省长赵克志在贵阳接受中央电视台《焦点访谈》采访，介绍近年来贵州省扶贫开发情况和新一轮扶贫开发攻坚打算。

1 月 13 日

省扶贫办评选出 2011 年贵州省十大扶贫开发新闻事件。①贵州省委、省政府把扶贫开发作为第一民生工程；②贵州减贫 60 万人，农民人均纯收入 4200 元；③栗战书在中央扶贫开发工作会议上第一个交流发言《举全省之力，向贫困发起“总攻”》；④摘帽不摘政策，从“要我脱贫”到“我要脱贫”；⑤“四帮四促”，万名处长下基层，扎扎实实帮群众；⑥武陵山片区区域发展与扶贫攻坚试点启动，贵州 16 个县市区纳入范围；⑦贵州 65 个县市区列入三大片区；⑧打造十大扶贫产业名片，把扶贫产业做成工业的第一车间；⑨集团帮扶，贵州走进“大兵团”扶贫时代；⑩乡村旅游扶贫，不离土不离乡的贵州扶贫模式。

1 月 15 日

省委召开农村工作暨全省扶贫开发工作会议。

1月18日

记录“贵州式”扶贫的《热土——中国扶贫攻坚主战场》一书，由新华出版社出版发行。

1月21日

贵州省委、省人民政府提出《关于贯彻落实〈中国农村扶贫开发纲要（2011—2020年）〉的实施意见》。

二月

2月3日

安顺市农村工作暨全市扶贫开发工作会议强调，把扶贫作为最突出的民生工作，大力推进开发式扶贫和产业化扶贫，确保到2016年全市贫困人口减少到46万人以下（按新标准测算），力争到2018年实现全市贫困地区农村人口“脱贫摘帽”。

2月13日

省扶贫办产业化扶贫专家服务团座谈会在贵阳召开。会上，省扶贫办组建了草地畜牧业、水果和蔬菜产业化扶贫专家服务团，旨在进一步提高贵州省草地畜牧业、水果、蔬菜产业化扶贫的科技水平，切实解决扶贫系统专业技术力量薄弱的问题，提高产业化扶贫效益。

2月27日

省直机关党建扶贫工作队2011年度总结表彰暨2012年度动员培训会议在贵阳召开。

三月

3月6日

全国人大代表、省委副书记、省长赵克志在北京贵州代表团驻地接受了《农民日报》社社长唐园结专访，围绕贯彻落实中央扶贫开发工作会议、国发［2012］2号文件精神，就深入推进脱贫攻坚、加快农业结构调整、实施扶贫生态移民搬迁等重点问题，阐述了当前和今后一个时期贵州省的工作思路、目标和任务，具有重要的指导意义。

3月16日

全省深化“四帮四促”活动扎实开展“部门帮县、处长联乡、干部驻村”工作电视电话会议在贵阳召开。

3月20日

全国农村残疾人扶贫开发工作会议在贵阳召开。

3 月 30 日

滇桂黔石漠化片区扶贫工作贵州座谈会在贵阳召开。

3 月 31 日

印江自治县新阶段扶贫开发总动员会明确提出到 2014 年实现全县“减贫摘帽”，向绝对“贫困”发起“总攻”。

五月

5 月 4 日

由省委创先争优活动领导小组办公室、省委宣传部、省委外宣办组织的“中央香港驻黔及省新闻单位‘走转改’——‘扶贫攻坚在滇那’暨‘帮县联乡促发展’大型主题采访活动”启动。27 家新闻媒体记者奔赴六盘水市和威宁自治县进行为期 8 天的集中采访。

5 月 14 日

贵州省连片特困地区落实扶贫开发政策措施情况汇报会在贵阳召开。

5 月 22 日

国务院扶贫开发领导小组办公室、贵州省人民政府在北京签署《推进贵州扶贫开发攻坚示范区建设合作协议》。国务院扶贫办党组书记、主任范小建，副省长禄智明出席签约仪式并讲话。

六月

6 月 13 日，全省连片特困地区扶贫攻坚推进暨减贫摘帽表彰大会在松桃自治县召开。

6 月 28 日，滇桂黔石漠化片区区域发展与扶贫攻坚启动会在黔西南布依族苗族自治州兴义市召开。会上宣布滇桂黔石漠化片区区域发展与扶贫攻坚正式启动。

七月

7 月 15 日

省扶贫开发领导小组办公室向社会公布，经考核验收，2011 年度首批申请“减贫摘帽”的盘县、施秉县和兴仁县三个国家扶贫开发工作重点县如期实现了“减贫摘帽”目标。

7 月 19 日

全省扶贫办主任会议在贵阳召开。

八月

8 月 5 日

作为全国扶贫开发攻坚示范区，贵州省把三大片区 65 个县作为扶贫主攻方向，今年着力打造十个扶贫攻坚示范县，分别为威宁、松桃、长顺、丹寨、江口、道真、水城、紫云、晴隆和贵阳市（以修文、开阳、息烽为重点），开展连片开发、整县推进、产业化扶贫等试点工作。

8月15日

丹寨县与中国国际经济技术交流中心合作开展的“社会扶贫创新试验区建设”项目签约仪式在贵阳举行。

九月

9月5日

省扶贫办和省农村信用社联合社在贵阳举行“扶贫金融合作协议”签约仪式，明确“十二五”期间共同支持产业化扶贫，合作额度为500亿元。

十月

10月8日

2002年到2011年，贵州省农村贫困人口从892万人（扶贫标准为869元）下降到418万人（扶贫标准为1274元）。10年，净减少400万贫困人口，贫困发生率从28.2%下降到12.1%。

10月15日

贵州省委、省人民政府提出《关于加快创建全国扶贫开发攻坚示范区的实施意见》。

十一月

11月5日

贵州省已被国务院扶贫办列入世界银行贷款中国贫困片区产业扶贫试点示范项目；贵州省世界银行贷款贵州农村发展项目被国家发改委、财政部列入世行贷款2013—2015财年备选项目规划。两个项目贷款总额为1.4亿美元，折合人民币8.82亿元，覆盖武陵山片区、乌蒙山片区的毕节市、遵义市、铜仁市三市16个县，将极大推动新阶段的贵州扶贫攻坚。